나사는 어떻게 일하는가

나사는 어떻게 일하는가

인류 최초로 사람을 달에 보낸
우주산업 선두주자의 비하인드 히스토리

데이브 윌리엄스, 엘리자베스 하월 지음

강주헌 옮김

현대
지성

이 책에 쏟아진 찬사

우주비행은 까다롭고 가혹한 환경에서 이루어진다. 인간을 우주에 보내는 데 성공하려면 탁월한 리더십 역량이 필요하다. 이 책은 유인 우주비행과 무관한 분야에서도 리더십 역량을 연구하고 향상하려는 사람에게 필독서다.

빌 게르스텐마이어 | 스페이스X 부사장

나사의 최전선에 있었던 많은 사람으로부터 리더십에 대한 교훈을 끌어낸 매력적인 책이다. 나사의 역사도 적잖게 소개되어 미래를 위한 안내서로도 충분하다.

마이크 그리핀 | 前 나사 국장

나사는 뛰어난 리더들 덕분에 끊임없이 동기를 부여받았으며, 임무를 완수하기 위해 부닥친 전례 없는 어려움을 극복하는 데 성공했다. 이 책은 나사의 성공적인 리더십의 본질을 포착하고, 그들의 이야기를 흥미롭고 통찰력 있게 전달한다.

조 로젠버그 | 前 나사 우주비행국 관리자

이 책의 저자는 잘못된 결정이나 비효율적인 방식이 자칫하면 죽음으로 이어질 수 있는 위험한 환경에서 성공적인 리더십을 보여준 뛰어난 리더다. 어떤 분야에 속하든 그에게 배울 점이 있다. 인간을 우주에 보낸 공적은 시스템이 아니라 위대한 리더들과, 시스템을 현명하게 활용한 리더 주변의 인재들에게 있다. 이 책을 통해 당신도 위대한 조직을 만들 수 있다!

짐 웨더비 | 前 미군 해군 장교, 나사 우주비행사

'조직은 어떻게 성장해야 하는가?' 이 책에서 인류 역사에 가장 큰 영향력을 미치는 조직인 나사만의 리더십과 조직 문화를 엿볼 수 있었다. 누구도 꿈꾸지 못하는 큰 비전을 제시하고, 최고의 전문가들과 함께 학습하고, 솔직하게 자신의 의견을 개진할 수 있으며, 실패했을 때는 객관적으로 분석하고 새로운 문화를 창조하려는 노력. 바로 이것이 책을 읽으며 나사에서 찾은 '리더십 모멘트'다. 어쩌면 나사는 높은 비전과 함께 위기 상황에서 거듭된 피드백을 통해 지금의 조직과 성공을 만들어왔을지도 모른다. 이 책은 성공을 꿈꾸기만 하는 사람들에게 '달성하기 어려운 큰 목표를 설정하고, 노력하고, 실패하는 과정에서 얻을 수 있는 피드백이 성공의 지름길임을 알게 해주는 책'이 될 듯하다. 더불어, 그 과정에서 모두의 생각과 의견을 솔직하게 공유할 수 있는 조직 문화를 만들어가는 것이 중요하다는 사실을 나사의 성장 과정을 통해 다시 한번 깨달을 수 있었다.

백종화 | 리더십 코치, 그로플 대표
『요즘 팀장은 이렇게 일합니다』 저자

이 책은 리더십에 관한 매우 훌륭한 통찰력을 모아놓은 책이다. 당신이 역사가 증명하는 극도로 높은 위험 상황에서 균형을 이룬 리더들의 이야기를 통해 영감과 가르침을 받고 싶은 사람이라면, 이 책은 당신을 위한 것이다!

스콧 홀데인 | 前 YMCA 캐나다 지부 회장 겸 CEO

저자들의 매력적인 글솜씨는 상상력을 자극하며, 리더로서 시도할 수 있는 수많은 가능성을 열어준다. 이 책은 리더십 여정을 계속하려는 여러분이 항상 옆에 두고 읽으면 많은 통찰을 얻기에 충분하다.

다이앤 크레이그 | 코퍼레이트 클래스 주식회사 최고경영자

불가능한 것을 이루어내려면 리더십의 역할이 중요하다는 사실을 설득력 있게 설명한다. 미래 세대의 리더들에게 필독서로 권하고 싶은 책이다.

앤 스노든 | 캐나다 윈저대학교 오데트 경영대학원 교수

도전적인 환경에서 대담한 비전을 가지고 위대한 업적을 성취한 이야기를 읽고 싶다면 이 책을 강력하게 추천한다. 두 저자는 노련하게 역사상 가장 중요한 업적을 성취한 리더들과 그들의 팀워크가 이루어낸 아폴로 프로젝트에서 특별한 통찰력으로 결론을 도출해냈다.

이안 그레이엄 | 기업가, 스타트업 코치

이 책은 우주 탐험과 리더십을 개척한 나사의 일을 철저하게 분석했다. 잘 요약된 리더십 전략은 어느 상황에서나 적용된다. 어떤 개척지든 당신이 대담하게 나아가고자 한다면 이 책이 훌륭한 참고 자료가 되어줄 것이다.

로렌 페이델퍼드 | 슬라이스Slice 최고위험관리자

우주여행을 가능하게 하려고 혼신을 다하는
우주정거장 협력국의 리더들에게 이 책을 바친다.

★

탁월한 리더, 조지 M. 로를 추모하며
– 데이브 윌리엄스

★

나에게 우주에 관한 관심을 처음 불어넣어준
아폴로 프로그램의 리더들과 팀원들에게
– 엘리자베스 하월

차례

시작하며

"휴스턴, 여기는 고요의 기지. 이글호 착륙." 1969년 7월 20일은 인류의 역사에 영원히 기록될 날이었다. 텔레비전이 발명된 덕분에 역사상 어떤 사건보다 많은 사람이 미국항공우주국National Aeronautics and Space Administration, NASA (이하 나사)의 달 착륙 순간을 지켜보고 있었다. 존 F. 케네디 대통령이 나사를 앞세워 10년 내로 인간을 달에 보내고 지구로 안전하게 귀환시키겠다고 선포한 이후 8년이 지난 때였다. 당시 케네디는 이 일이 "쉬워서가 아니라 어렵기 때문에" 인간을 달에 보내기로 결정했다고 말했다. 리더십과 팀워크, 위험 관리와 관련된 역사적으로 가장 경이로운 이야기가 이 선언으로 시작되었다. 불가능한 목표를 이루어내려면 끝없는 용기와 헌신이 필요하다. 현재의 우주탐사 역량으로도 불가능해 보이는 그 위업을 나사가 어떻게 달성할 수 있었는지, 케네디의 목표를 10년이라는 한정된 시간 안에 어떻게 성공적으로 이루어낼 수 있었는지 궁금해하는 사람이 많다.

우주탐사를 꿈꾸던 많은 사람이 케네디의 목표를 불가능하다고 생각했다. 텔레비전으로 방송된 머큐리, 제미니, 아폴로 프로그램의 임무나 『라이프』와 『내셔널지오그래픽』 같은 잡지에 실린 수많은 기사가 남녀

노소 모두의 상상력을 자극했다. 우주탐사는 위험이 따를 수밖에 없다. 미지의 세계로 경계를 넘어가려는 계획은 결코 가볍게 생각할 일이 아니었다. 1967년 1월, 아폴로 1호의 승무원들이 사망했다. 그것도 우주가 아닌 발사대에서 90초 동안 지속된 화재로 말이다! 승무원들은 탈출할 방법이 없어 아폴로 우주선의 캡슐에 갇혀 있었고, 나사는 처음으로 우주비행사를 잃는 고통을 견뎌야 했다. 1966년 12월, 아폴로 1호의 선장으로 내정된 버질 그리섬은 우주비행의 위험성에 관한 질문을 받았을 때 "그런 걱정은 잊어버리십시오. 물론 비극적인 실패를 맞이할 가능성은 언제나 있습니다. 그런 위험은 어떤 비행에나 있을 수 있습니다. 첫 비행은 물론이고 마지막 비행에도 위험이 따릅니다. 그래서 만일의 사태에 대비해 최선의 계획을 세우고, 잘 훈련된 승무원들과 함께 비행에 나서는 겁니다"라고 대답했다. 그로부터 한 달 후, 그리섬은 로저 채피 및 에드 화이트와 함께 비극적인 화재로 사망했다.

우주탐사는 환희와 비극을 동시에 겪으면서 함께 일하는 사람들의 이야기다. 아폴로 13호 프로그램의 운항 관제 감독으로 널리 알려진 유진 크랜츠는 아폴로 1호의 화재가 발생하고 나서 사흘 뒤에 운항 관제 센터 직원회의를 소집했다. 그는 "우리는 일정을 맞추는 데만 열중했습니다. 우리가 일하면서 매일 부딪히던 문제들을 가볍게 넘겼습니다. 아폴로 계획의 성공에 필요한 부분들 하나하나가 엉망진창이었고, 우리도 마찬가지였습니다"라고 노골적으로 말했다. 항공우주공학자이자 전직 전투기 조종사인 크랜츠는 차가운 눈빛과 짧게 깎은 머리를 하고 있었다. 나사 문화의 상징적인 존재였던 그는 팀원 한 명 한 명과 눈을 맞추며 덧붙여 말했다. "오늘부터 비행 관제팀은 '엄격함과 유능함 Tough and Competent'이란 두 단어로 알려지게 될 것입니다. 우리가 하는 일과 하지 않는 일에 대해서도 끝까지 책임을 진다는 뜻에서 '엄격'할 것입니다. 앞으로 우리는 책임 범위를 두고 다시는 타협하지 않을 것입니다. … 우리는 어떤 일도 대수롭지 않게 넘기지 않을 것이란 뜻에서 '유능'해야 합니다. … 비행 관제는 앞으로 완벽하게 진행될 것입니다. 여러분이 회의장을 떠나 각자 사무실로 돌아가서 가장 먼저 해야 할 일은 칠판에 '엄격함과 유능함'이란 두 단어를 커다랗게 쓰는 것입니다. 어떤 경우에도 절대 지우지 마십시오. 매일 사무실에 들어갈 때마다 두 단어가 그리섬과 화이트, 채피가 대신 치렀던 비극을 여러분에게 떠올려줄 테니까요. 그 두 단어가 우주비행 관제 센터에 들어가는 입장료라고 생각하십시오." 팀원들은 회의장을 나선 순간부터 인류 역사상 매우 의미가 깊은 업적 중 하나인 인간을 달에 보내는 목표에 모든 노력을 쏟아부었다.

세계 전역에서 약 6억 5,000만 명의 시청자가 텔레비전 앞에 앉아 손에 땀을 쥔 채 아폴로 11호의 승무원들이 달 착륙선을 사령기계선에서 분리하고, 마침내 닐 암스트롱과 버즈 올드린이 달 표면에 내려오기 시작하는 모습을 지켜보았다. 닐 암스트롱은 오래전부터 성품이 겸손하다는 평판을 얻은 우주비행사답게 압박감에 시달리면서도 본래의 역량을 발휘하며 과묵하고 침착하게 움직였다. 암스트롱은 제미니 8호의 반동 추진 엔진이 작동하지 않아 통제력을 상실했을 때도 우주선의 기능을 되살려냈고, '수직 이착륙 실험 비행기'가 수백 미터까지 공중으로 치솟은 뒤에 제멋대로 곤두박질치기 시작했을 때도 침착하게 대응하며 실험 비행기에서 탈출한 전력이 있어, 우주비행 세계에서는 이미 전설적인 존재였다. 이제 세 시간 후면 암스트롱과 올드린이 달 표면에 발을 딛고 지구에 귀환한 최초의 인간이 될 것인지 결정이 날 터였다.

지상의 교신 담당자가 말했다. "분리를 시작한다." 달 착륙선이 사령기계선으로부터 서서히 떨어져 나오기 시작했고, 사령선에 홀로 남겨질 마이클 콜린스는 동료들이 달 표면에서 돌아오지 못할 경우 자신에게 닥칠 운명을 조용히 생각해보았다. "알았다." 올드린이 대답했다. 암스트롱은 상황을 정확하게 파악한 뒤에 "이글호, 날개를 폈다"라고 관제 센터에 알렸다. 달 착륙선의 고도가 달 표면을 향해 조금씩 낮아졌다. 그때 착륙선 위쪽에서 경보가 요란하게 울렸다. 암스트롱이 "1202"라고 경보 신호를 보고한 뒤에 "1202의 내용을 알려주길 바람"이라고 요청했다. 유도 관리관 스티브 베일스가 운항 관제사 유진 크랜츠에게 "비행 대기"라고 소리쳤다. 1202 신호는 달 착륙선에 탑재된 컴퓨터(인간을 달 표면에 최초로 인도한 컴퓨터)에 문제가 발생했다는 뜻이었다. 지금의 컴퓨터 기계도 여전히 기억 용량과 속도에 한계가 있다. 오히려 휴대전화가 아폴로 11호의 달 착륙선에 탑재된 컴퓨터보다 기억 장치 용량이 훨씬 더 크다. 게다가 누구나 알고 있듯이, 기억 용량이 부족한 경우뿐만 아니라 프로세서로부터 능력 이상의 처리를 요구하는 응용프로그램을 사용할 때도 문제가 발생한다.

크랜츠는 당시를 회상하며 "어느 쪽을 선택해야 할지 모르는 갈림길에 맞닥뜨린 듯한 기분이었다"라고 말했다. 달 착륙선이 컴퓨터의 유도를 받으며 계속 하강할 때 암스트롱과 올드린과 콜린스가 무슨 생각을 했는지는 짐작만 할 수 있을 뿐이다. 착륙 시도를 중단하고 컴퓨터에 어떤 문제가 있는지 더 신중하게 파악해야 한다고 의문을 품은 사람도 있을 수 있다. 운항 관제팀과 달 궤도를 회전하던 우주비행사들에게 영겁 같은 30초가 흘렀고, 베일스가 "착륙 비행을 계속한다!"라고 소리쳤다. 운항 관제사와 운항 관제팀, 우주비행사 들은 "정말입니까?"라며 반발하지도 않고 어떤 의혹이나 의문을 제기하지도 않았다. 모두가 신속한 대응을 신뢰하고 받아들였다. 신뢰는 어디에서 왔을까? 우주비행사는 물론 운항 관제사와 운항 관제팀이 경보에 의문을 품지 않았던 이유는 무엇이었을까? 모두가 착륙 계획을 말없이 계속 추진한 이유는 '역량competency'이라는 한 단어로 설명된다. 운항 관제팀은 '엄격함'과 '유능함'이라는 유진 크랜츠의 신조를 유감없이 보여주고 있었다.

달 착륙을 앞두고 수백 시간을 실시한 모의 훈련에서, 유진 크랜츠는 모든 팀원에게 최고의 역량을 발휘하라고 요구했다. 운항 관제 팀원 한 명 한 명에게 탁월한 수준에 이르도록 혼신을 다하고 빈틈없는 역량을 갖추도록 요구했다. 그의 리더십은 보상받았다. 당시 아폴로 11호와의 교신을 담당한 찰스 M. 듀크는 "우리는 훈련 과정에서 똑같은 상황을 겪은 적이 있었다"라고 말했다. 그들은 엄격한 모의 훈련을 통해 어떤 상황에도 대비할 수 있는 상태였다. 누구도 듀크의 응답에 의문을 제기하지 않았다. 모두가 '엄격함과 유능함'으로 무장한 덕분에, 그날은 나사가 인간을 달에 보낸 뒤에 지구로 안전하게 귀환시키는, 불가능해 보였던 목표를 이루어낸 날이 되었다. 나사가 우주로 첫 인간을 올려보내고 9년 만에 거둔 성과였다.

그 경보는 달 착륙팀에게 찾아온 첫 번째 시련이었다. 운항 관제 센터로부터 "착륙을 계속하라"라는 지시를 받은 직후, 또다시 경보가 울렸다. 이번에는 1201이었다. 컴퓨터의 기억장치와 성능이 달 표면에 성공적으로 착륙하기 위해 필요한 계산과 자료를 처리하기에 턱없이 부족했다. 그러나 운항 관제 센터의 대응은 똑같았다. "착륙 비행을 계속하라!" 결정은 자신 있게 내려졌으며, 그런 자신감은 훈련하는 동안 유사한 상황을 겪으며 터득한 교훈에서 비롯되었다. 하지만 경보의 빈도가 잦아지자 운항 관제 센터에서도 긴장감이 고조되기 시작했다. 그때, 재앙으로 귀결될 만한, 임무의 처참한 실패로 끝날 수 있는 한층 더 중대한 문제가 발생했다. 달 착륙선이 예정된 곳에 안전하게 착륙하지 못하고 돌투성이인 데다 움푹 파인 구덩이가 많은 곳에 불시착할 가능성이 커지고 있었던 것이다.

재앙을 피하려면 착륙 궤도를 연장해서라도 착륙 지점을 바꿔야 했다. 암스트롱은 침착하게 착륙선의 조종을 수동으로 전환한 뒤에 착륙하기 안전한 곳을 찾기 시작했다. 달 착륙선이 하강을 계속하는 동안,

1969년 7월 20일은 인류가 최초로 달 표면에 발자국을 남긴 역사적인 날이다. 사진에 등장하는 우주비행사는 버즈 올드린이다.

우주비행사들만이 아니라 항공 관제팀도 연료 잔량을 주도면밀하게 추적했다. 연료가 떨어지면 달 착륙선이 달 표면에 추락해 박살될 게 뻔했기 때문이다. 그런 재앙이 닥친다면 추락 장소는 인간을 달에 착륙시키려던 첫 시도가 실패한 곳으로 영원히 기억될 게 분명했다. 닐 암스트롱 선장의 창밖으로 보이는 달 표면은 돌투성이인 데다가 움푹 파여서 착륙하기에 적합하지 않았다. 모두가 착륙 시도를 중단할 수밖에 없다고 생각하기 시작했다. 그러나 착륙선을 수동으로 조종하던 암스트롱에게는 바로 아래의 분화구를 지나 조금 떨어진 곳에 안전하게 착륙할 만한 장소가 보였다. 당대 최고의 우주비행사는 불안정한 우주선을 수동으로 조종하며, 역사적인 그날을 다시 구해내려고 조종대를 움켜잡았다. 당시 착륙선은 첨단 과학기술이 집결된 우주선이었지만, 달 표면에 안전하게 착륙할 결정권은 인간의 손에 달려 있었던 셈이다.

암스트롱은 착륙 궤도를 계속 연장했다. 그때 운항 관제사에게 '연료 부족'이라며 연료량이 2분 정도밖에 남지 않았다는 경고가 전해졌다. 그때부터 올드린은 착륙선의 고도와 이동 상황을 침착하게 알리면서도 연료 잔량을 점검하며 두려움에 떨었다. 암스트롱은 안전한 착륙지를 찾아 계속 착륙 궤도를 연장했다. 저 멀리 착륙하기에 적합한 평평한 지역이 눈에 들어왔다. 듀크는 우주비행사들에게 연료 잔량을 알려주었다. "60초!" 차분했지만 야무진 목소리였다. 텔레비전을 지켜보던 수백만 명의 시청자에게는 항공 관제 센터에서 전개되는 상황이 이해하기 힘들었을 것이다. 올드린은 달 착륙선의 하강 상황을 계속 보고했다. "하강, 2.5피트. 전진. 전진. 양호함." 연료량이 급속히 줄어들었다. 암스트롱은 착륙 궤도를 계속 연장하며 착륙선을 옆으로 이상하게 누이면서까지 성공적인 착륙을 위해 연료를 아끼려고 애썼다. 생존이냐, 임무 실패냐. 성패를 가르는 중단 버튼이 암스트롱의 눈앞에서 어른거렸다.

"40피트, 2.5피트 하강. 30피트, 2.5피트 하강. 희미한 그림자." 올드린의 보고는 계속되었고, 착륙선은 계속 하강했다. 그리고 유일하게 착륙이 가능했던 구역 부근에서 먼지가 크게 피어올랐다. "착륙!" 잠깐의 침묵이 지난 뒤에 "휴스턴, 이글호 착륙"이라는 보고가 뒤따랐다. 마침내 그들이 해냈다! 아폴로 11호의 승무원들과 운항 관제팀이 역경을 극복하고 불가능해 보이던 목표를 달성했다. 듀크는 감정에 북받친 목소리로 승무원들에게 축하 인사를 건넸다. "알았다, 고요의 기지. 안전하게 착륙한 걸 축하한다. 우리 모두 너무 긴장해 숨도 못 쉴 지경이었지만 덕분에 다시 숨을 쉬고 있다. 정말 고맙다." 미소와 환호가 관제 센터를 가득 메웠고, 모두가 악수를 주고받으며 사진을 찍었다. 역사가 만들어지는 순간이었다. 몇 초를 남겨둔 막바지 단계에서는 착륙이 재앙으로 끝날지 성공으로 끝날지 누구도 장담할 수 없었다. 실패로 끝날 확률이 무척 높았고, 압박감은 말로 표현하기 힘들 정도였다. 마침내 착륙을 알리는 전구에 불이 들어왔다. 전구가 반짝거리며 성공을 확인했다. 그들이 마침내 해낸 것이다. 유진 크랜츠는 팀원들에게 활짝 웃어 보였지만 임무가 아직 끝나지 않았다고 알렸다. 우주비행사들이 인류 역사상 처음으로 달에서 우주를 유영하는 업적을 지원하기 위해 각자의 자리로 돌아가야 할 시간이란 뜻이었다. 얼마 뒤에는 모두가 두려워하던 순간, 즉 착륙선이 달 표면에서 수직 이륙해 다시 달 궤도에 진입하고 사령선과 랑데부하는 순간을 마주해야 했다. 그러나 팀원들의 머릿속에는 '불가능해 보이던 목표를 이루어냈다'라는 자부심이 가득해 시간이 잠시나마 멈춘 듯했다.

아폴로 11호의 이야기는 팀워크와 리더십, 용기와 헌신에 관한 이야기다. 우주탐사라는 도전적 과제에도 겁내지 않는 불굴의 문화에 기반을 둔 이야기이기도 하다. 따라서 우리 모두 이 이야기로부터 많은 것을 배울 수 있다. 궁극적으로 아폴로 11호의 이야기에는 나사의 문화가 집약되어 있다. 우주비행사, 공학자, 운항 관제사 등 엄청난 위험을 관리하며 성공을 이루어낸 리더들의 경험이 축적된 문화로, 열정과 탁월한 능력, 회복력과 끝없는 학습에 관한 이야기다. 아폴로 11호는 스카이랩 우주정거장과 아폴로-소유스 공동 우주 계획을 거쳐 우주왕복선과 국제 우주정거장International Space Station, ISS의 시대로 이어지는 막을 열었다.

나사의 역사에는 리더십 모멘트leadership moment, 즉 위기 상황에서 리더십이 빛을 발한 순간이 많았다. 그런 순간은 어김없이 우리에게도 적용될 수 있는 교훈을 남겼다. 크고 작은 조직에서 리더로 성장하며 팀원들과 함께 일할 때 마주하는 많은 문젯거리를 관리하는 방법을 배우고 싶은가? 최고의 성과를 내는 팀에서 일하는 방법을 알고 싶은가? 나사가 과거에 우주에서 배운 교훈은 오늘날 지상에서도 유효하게 적용된다. 원래 보람 있는 일은 대체로 까다로워서, 팀원들에게 복잡한 문젯거리를 떠안기고 데이터를 바탕으로 성공적인 결정을 내리라고 요구하는 경우가 많다. 나사는 전통적인 리더십의 한계를 뛰어넘어 팀원 하나하나가 각자의 역량을 키우고 신뢰를 쌓으며 팀 전체를 하나로 묶어주는 강력한 연결 고리를 만들기 위해 끊임없이 노력한다. 이를 바탕으로 최고의 성과를 이루는 팀을 구축한다. 이 책에서 마지막 개척지인 우주 정복에 나선 선구자들의 경험을 통해 교훈을 얻길 바란다.

'지구 돋이Earthrise' 역사상 가장 유명한 사진 중 하나인 이 사진은 아폴로 우주선 8호에 탑승한 우주비행사 윌리엄 앤더스가 인류 최초로 직접 촬영한 사진이다.

세계를
바꿔놓은 소리

1 장

옛것과 새것을 영원히 갈라놓는

저 소리를 들어보십시오.

—NBC 라디오

20세기와 관련된 모든 소리 중에서 라디오를 통해 반복적으로 들렸던 소리가 역사의 흐름을 바꿔놓았다는 사실이 놀랍기만 하다. 그 '발신음'은 1957년 10월 4일 금요일에 처음 들렸다. 모스크바 시간으로 같은 날 오후 10시 29분에 발사된 러시아의 인공위성 스푸트니크 1호가 보낸 것이었다. 인공위성이 보낸 또렷한 발신음은 북아메리카에서 당일 늦은 저녁에 처음 들렸다고 기록되었다. 미국의 거대 방송사 CBS는 긴급 뉴스 시간을 편성해 스푸트니크 1호의 발사와 18초 동안 기록된 발신음에서 비롯된 파장을 다뤘다. 이날 뉴스를 진행한 더글러스 에드워즈는 "지구에서는 한 번도 들린 적이 없는 소리였습니다. 여러분의 집에서 웅웅대는 진공청소기 같은 그 소리가 느닷없이 20세기 삶의 일부가 되었습니다"라고 논평했다.[1] 0.3초 간격으로 연속해서 반복된 발신음은 미국 과학기술과 서구 세계의 생활 방식에 대한 도전으로 간주되었다. 한마디로, 세계를 영원히 바꿔놓은 소리였다.

그로부터 7년 전, 우주과학자 다수가 제임스 밴 앨런의 거실에 모여 처음 제정된 '국제 지구물리학의 해International Geophysical year, IGY' 활동의 일환으로 국제적으로 우주 연구를 협력할 가능성이 있는지에 관해 상의했다. 그 결과 '국제 과학 연맹 위원회International Council of Scientific Unions, ICSU'가 제안되었고, 1952년에는 1957년 7월부터 1958년 12월까지를 IGY로 선포하는 발표가 있었다. 1955년 7월, 백악관은 정부 차원에서 IGY를 지원하기 위해 인공위성을 띄우겠다는 계획을 발표했다.[2] 소련은 즉각적으로 반응했고, 미국의 발표가 있고 나서 나흘 후에 열린 국제 우주 연맹 제6차 회의에서 과학자 레오니드 세도프를 앞세워 소련 또한 가까운 장래에 인공위성을 쏘아 올릴 계획이라고 알렸다.[3] 양국 간 냉전 상황은 점점 짙어졌고, 결국 우주 경쟁의 발판이 마련된 셈이었다.

백악관 공보 비서 제임스 해거티가 IGY를 지원하기 위한 미국의 계획을 발표하기 두 달 전, 드와이트 아이젠하워 대통령이 승인한 새로운 우주 정책에는 과학 위성 발사뿐 아니라 육해공군을 위해 우주 발사체를 개발하는 군사 프로그램도 포함되었다. 1955년부터 IGY가 시작될 때까지 우주에서 미국의 입지를 확보하기 위해 서로 다른 네 개의 프로그램이 진행되었지만, 국제적인 공동 작업은 거의 이루어지지 않았다. 한편, 소련은 한층 실리적으로 접근하며 군사적 발사 역량과 과학적 적재물을 결합하는 통합 프로그램에 초점을 맞췄다. 1957년 1월, 아이젠하워는 여러 프로그램을 동시에 추진하는 데 사용될 예산이 2,000만 달러에서 8,000만 달러로 치솟은 것을 크게 우려했다. 그는 해군 주도로 개발한 뱅가드 우주 발사체를 사용해 소형 과학 위성을 운반하는 최초의 발사 시도를 그해 10월에 실시하겠다는 계획에 승인했다.

같은 시기에 육군에서는 제2차세계대전 이후 미국에 건너온 독일 로켓 과학자들의 수장, 베르너 폰 브라운의 지휘하에 육군 탄도 미사일청Army Ballistic Missile Agency, ABMA이 발사 역량을 키워가고 있었다. 1957년 정례 풋볼 경기에서는 해군이 육군을 압도했지만, 로켓 개발에서는 육군이 해군의 뱅가드 프로그램을 훨씬 앞섰다. 1956년 9월, 즉 스푸트니크 1호가 발사되기 1년 전, 육군은 다단계 우주선을 고도 1,097킬로미터까지 쏘아 올리는 데 성공했다. 이때 개발한 주피터-C 로켓이었다면 인공위성을 궤도까지 운반할 수 있었을 것이다. 그러나 IGY에 참여하는 과학 임무는 해군의 뱅가드 프로그램에 할당되었다. 그리하여 미국은 세계 최초의 인공위성을 쏘아 올린 국가가 될 기회를 놓치고 말았다.

이는 독일에서 건너온 로켓 과학자들에게 장거리 유도 미사일 개발을 맡긴 육군의 조치에 대한 의심 때문이었다. 육군의 레드스톤 로켓 개발은 1952년에 시작되었다. 폰 브라운은 다단계 로켓을 사용하면 인공위성을 궤도에 밀어 올릴 수 있을 거라고 예상하며 "레드스톤으로도 가능할 겁니다. … 물론 인공위성을 궤도에 올릴 수 있습니다"라고 말했다. 독일 과학자들에게는 이미 그 기회가 물 건너갔지만, 폰 브라운은 쉽게 꿈을 포기할 사람이 아니었다. 그는 비전을 가지고 리더십을 발휘하며 지구를 공전하는 우주정거장의 인공중력 상태에서 우주비행사들이 작업하고 달까지 비행할 수 있다는 등 기발한 발상을 거침없이 밝혔고, 인간을 화성에 보내자는 의견을 제안하기도 했다. 당시 그의 제안들은 공상 과학에 가깝게 여겨졌지만, 수십 년도 지나지 않아 과학적으로 가능한 사실이 되었다.

1957년 7월, IGY가 시작되면서 소련의 인공위성 발사가 임박했다는 가능성이 제기되었다. 미국 행정부는 소련이 인공위성 발사에 성공하면 들끓는 냉전의 선전 도구로 사용할 수도 있다고 인정했다. 아이젠하워는 단순하더라도 인공위성을 가능한 한 가장 빠른 시일 내에 발사하도록 해군에 압력을 가했다. 그해 여름이 깊어감에 따라, 소련의 발사가 임박했다는 미국 행정부의 의심은 확신으로 변했다. 하지만 미국 행정부는 소련의 성공적인 발사, 치밀하게 계획된 발표, 발사된 인공위성이 계속 보내는 발신음이 다른 세계와 미국 국민 및 언론에 어떤 영향을 미칠지는 과소평가했다. 스푸트니크 1호가 발사된 이후에 열린 기자회견에서 미국이 "소련과 경쟁하고 있다"라고 생각한 적이 없다는 해거티의 발언에는 누구도 귀를 기울이지 않았다.

2개월 뒤, 해군의 뱅가드 위성과 우주선이 발사 준비를 끝냈다. 해군 개발팀은 스푸트니크의 성공으로 사기가 꺾였지만, 서둘러 마음을 가다듬고 12월 6일에 거행할 발사를 준비했다. 동부 표준시로 오전 11시 44분 35초, 엔진의 우레와 같은 점화 소리와 함께 개발팀의 희망도 한껏 치솟았다. 발사체가 공중으로 1.2미터쯤 올라갔을까? 엔진이 추진력을 잃고 발사체는 이륙하지 못한 채 털썩 떨어졌고, 이내 발사대에서 폭발하고 말았다. 엎친 데 덮친 격으로 원추형 발사체의 앞부분이 발사체에서 분리되어 땅에 떨어졌고, 인공위성은 속절없이 계속 삐삐거렸다.⁴ 바로 지난달에 소련이 또 한 번의 발사를 성공한 뒤였고, 언론은 뱅가드 계획의 실패를 '카푸트니크Kaputnik' '스테이푸트니크Stayputnik' '플로프니크Flopnik'라고 부르며 비판을 쏟아냈다.

실패는 그다음으로 나아가는 데 진정으로 필요한 시금석이다. 우리가 성공하지 못했을 때 어떻게 하느냐에 따라 궁극적인 성공의 가능성이 결정된다. 제트 추진 연구소Jet Propulsion Laborator, JPL와 육군 탄도 미사일청은 언론의 비판에도 단념하지 않고 미국이 IGY에 참여한 몫으로 당당하게 1958년 1월 31일 동부 표준시로 오후 10시 48분에 인공위성 익스플로러 1호를 발사했다. JPL이 설계하고 제작한 익스플로러 1호에는 밴 앨런 방사선대Van Allen radiation belt(간략히 '밴 앨런대')를 탐지하는 데 사용하는 과학 장비가 설치되었고, ABMA는 주피터-C 로켓 중 하나를 개량해 인공위성을 우주로 운반할 발사체를 제작했다. 과학적인 관점에서 볼 때 이 프로젝트는 IGY에 크게 기여했지만, 그 성과는 스푸트니크의 성공과 뱅가드 우주선의 폭발로 빛을 잃고 말았다. 스푸트니크 1호의 발신음은 23일 동안 지속되었다. 스푸트니크 1호는 발사되고 나서 100일을 넘기지 못하고 지구 대기권에 재진입해 불타 사라졌지만, 이 사건이 미친 여파는 익스플로러 1호보다 훨씬 더 컸다.

1950년대 말에 미국은 기회의 땅이었다. 중산층이 급속히 증가했고 새로운 재화와 용역, 편의 시설 덕분에 혜택을 누렸다. 이는 현대 민주주의의 좋은 점과 국가의 전략적 우선순위를 뚜렷하게 보여줬다. 따라서 당시 미국이 우주탐사에서 뒤처졌다는 사실은 상상조차 할 수 없었다. 미국은 이에 대응해야 했고 실제로 그렇게 했다. 스푸트니크 효과는 실로 엄청나서 미국의 나사 창설을 앞당겼고, 과학 연구와 과학기술의 개발을 최우선 순위에 올리게 했으며, 향후 10년간 우주탐사를 위한 발판을 놓았다.

> 진주만 공습 이후에 이처럼 대중의 삶에 큰 반향을 일으킨 사건은 없었다.
> —월터 A. 맥두걸, 역사학자

아이젠하워 대통령과 국가 우주 협의회는 국가의 우주개발을 조직적으로 운영할 기관의 필요성을 인식했고, 그리하여 '미국항공우주국', 즉 우리가 잘 아는 나사가 설립되었다. 아주 전문적이고 중대한 나사의 임무를 고려했을 때, 한때 영화 산업계에서 활동했던 대학 총장이 초대 기관장으로 임명되자 적잖은 사람이 놀라움을 금치 못했다.

적합한 리더

리더로서 성공하는 데 필요한 구체적인 공식은 없다. 어쩌면 이러한 이유 때문에 리더십을 집중적으로 다룬 책과 세미나와 강의가 끊이지 않는 것일 수 있다. 리더십은 전문 지식과 실천력을 겸비함으로써 큰 집단에 영향을 주어 성과를 얻어내는 폭넓은 역량에서 비롯된다. 아이젠하위의 과학 보좌관이었던 제임스 킬리언은 오하이오에 있는 케이스공과대학의 당시 총장이던 토머스 키스 글레넌이라면 그 역할을 완벽하게 해낼 거라고 생각했다.

글레넌은 당시를 이렇게 회상했다. "아마 8월 초였을 것이다. 대통령이 그 법안에 7월 29일에 서명했다. 제임스가 전화를 걸어왔다. '키스, 최대한 빠른 시일 내에 워싱턴을 방문해줄 수 있겠나? 자네가 이곳에서 할 수 있는 일에 대해 상의하고 싶은데. 대통령께서도 자네를 보자고 할 수도 있고.'" 글레넌은 지체하지 않고 대답했다. "알았네, 제임스."

글레넌은 그날 늦은 저녁에 워싱턴에 도착해 킬리언의 아파트를 찾아갔다. 킬리언은 글레넌에게 나사의 창설과 관련된 법안을 보여주었다. 글레넌은 법안을 재빨리 훑어보고는 "어렵겠는데… 하지만 해볼 만하겠어. 그래서 나한테 원하는 게 뭔가?"라고 물었다. 킬리언은 "자네가 초대 국장을 맡아주면 좋겠네"라고 말했다. 훗날 글레넌은 "내 이름이 지명된 이유는 지금도 모르겠다. 제임스가 나를 아는 게 전부였고, 썩 잘 아는 것도 아니었으니까. 하기야 내가 케이스공과대학을 잘 이끌기는 했다"라고 회고했다.[5]

글레넌은 예일대학교에서 전기공학을 전공했다. 졸업한 후에 유성영화 산업계에서 줄곧 리더십을 발휘해야 할 위치에 있었고, 제2차세계대전 동안에는 미해군 수중 음향 연구소의 책임자로 근무했다. 전쟁이 끝난 뒤에는 안스코 주식회사에서 중역을 지냈고 오하이오에 소재한 케이스공과대학의 총장이 되었다.

겸손한 리더가 흔히 그렇듯이, 글레넌은 케이스공과대학에서 이루어낸 성과를 언급할 때 그가 대학을 탈바꿈하는 데 기여한 역할을 크게 절제해 표현했다. 그는 많은 문젯거리에 직면했다. "할 일이 산더미였다. 완전히 새로운 학교를 만들어내려고 애를 썼다. 거듭 말하지만 나는 학자가 아니다. 평생 단 하루, 단 한 강좌도 한 적이 없었다. 나는 사람들을 믿고 의지했다. 좋은 사람을 채용하고 기금을 마련해 학교를 다시 세우려고 애썼다."[6] 킬리언은 글레넌이 신규 기관 나사의 국장이 갖춰야 할 중요한 능력을 갖춘 입증된 리더라고 생각했다.

이튿날, 글레넌은 아이젠하워를 만났다. "나는 지금도 제임스가 나에게 특별히 호의적이었다고 생각하지 않는다. 그래도 제임스는 아이젠하워 대통령에게 나를 소개했다. … 대통령은 나에게 앉으라고 말하고는 우리 앞에 놓인 과제에 대해 말했다. 그런 다음 이런저런 질문을 했다. 나는 로켓의 어느 쪽에 불을 붙여야 하는지도 모

> 나에게는 목표를 더 명확히 규정한 뒤에 리더십을 발휘할 방법을 찾는 것이 중요하다. 지금처럼 소련의 행동에 대응하는 식으로만 행동한다면, 우리의 실패는 불 보듯 뻔하다.
>
> —토머스 키스 글레넌, 나사 초대 국장

른다고 말했다. 우리 학교를 정상 궤도에 올려놓기 바빴을 뿐이다. 그러자 대통령이 '당신이 초대 국장이 되어주면 정말 좋겠습니다. 우리는 발 빠르게 움직이고 싶습니다. 내가 오래 기다리지 않을 수 있다면 좋겠군요'라고 말했다." 글레넌은 다른 일거리를 최대한 빨리 처리하겠다고 대답했다. "8월 19일이었다. 나는 선서를 하고 나사의 초대 국장으로 취임했다."[7]

글레넌은 경험이 많은 리더들로 팀을 꾸리는 게 성공의 지름길이라는 사실을 알았다. 글레넌은 미국국가항공자문위원회National Advisory Committee for Aeronautics, NACA를 통째로 나사에 통합하라는 지시를 받았다. 이를 위한 첫 단계로 글레넌은 NACA의 기술 담당 책임자인 휴 드라이든을 설득해 나사의 부국장으로 임명했다. 당시를 회상하며 글레넌은 "NACA팀에게 휴 드라이든은 신과 같은 존재였다. 우리가 휴를 붙

잡지 않았다면 NACA 직원들로부터 전폭적인 협력을 받지 못했을 것"
이라고 말했다.[8] 수개월 만에 글레넌은 8,000명의 NACA 직원, 세 곳
의 주요 연구소(랭글리 항공 연구소, 에임스 항공 연구소, 루이스 비행 추진 연
구소)를 한데 모아 연간 1억 달러의 예산을 사용하는 새로운 항공우주
국을 설립했다.

역량을 키워라

글레넌이 단기적으로 추구한 전략은 최고의 공학자와 과학자를 필두
로 나사를 탁월한 조직으로 키워내는 것이었다. 반면에 장기적인 전략
은 "우리가 이 경쟁에서 궁극적인 우위에 올라설 수 있도록 설계된 …
프로그램을 우리만의 고유한 방식으로 개발하는 것"이었다.[9] 성공하기
위해서는 미국이 보유한 모든 역량을 우주탐사에 결집하는 일이 무엇
보다 중요했다. 몇 개월 만에 글레넌은 여러 연방 부서에 흩어져 우주
탐사 업무를 담당하던 부서들을 나사에 통합하는 데 성공했다. 한 가지
사례로, 해군 연구소Naval Research Laboratory, NRL의 일부를 나사로 끌어와
메릴랜드주 그린벨트에 위치한 고더드 우주비행 센터Goddard Space Flight
Center를 창설했다. 또 약 453톤의 추진력을 지닌 단기통 로켓 엔진을
개발하던 국방부의 고등 연구 계획국과 공군 등 개별적으로 진행되던
여러 인공위성 개발 프로그램을 통합하기도 했다.

  1958년 12월, 글레넌은 캘리포니아 패서디나에서 캘리포니아공과대
학(일명 '칼텍Caltech')이 운영하던 계약 기관인 제트 추진 연구소를 나사
에 끌어왔다. 마지막으로 내린 중대한 전략적 결정은 육군 탄도 미사일
청을 나사에 통합해 앨라배마주의 헌츠빌에 마셜 우주비행 센터Marshall
Space Flight Center를 창설하는 것이었다. 글레넌은 나사 국장으로 재직하

는 동안 기관의 역량을 신속하게 구축하는 동시에 팀원들 사이에 신뢰를 형성하는 데 주력했다. 글레넌은 전반적으로 전략적 쟁점들에 초점을 맞추고 백악관 및 행정부와 좋은 관계를 유지할 필요가 있다는 사실을 알았다. 그사이에 휴 드라이든은 머큐리 계획을 지휘하며 유인 우주비행 프로그램의 초석을 마련했다. 글레넌은 스페이스 태스크 그룹Space Task Group, STG을 신설해 로버트 R. 길러스를 책임자로 임명했고, 수학자 호머 뉴얼을 팀원으로 데려왔다. 제각각 다양한 배경과 다른 능력을 지닌 네 명의 리더가 나사의 성공에 중대한 역할을 했다.

인간을 우주에 보내기 위해 나사는 신속하고 지속적으로 성장해야 했다. 글레넌은 당시를 회상하며 "나는 지출을 늘리려고 정부 기관에 들어간 게 아니었다. … 나는 30개월 동안 그곳에서 지냈고, 그사이에 나사는 약 8,000~8,500명에서 18,000명 정도로 불어났지만 신규 채용은 1,600명 정도에 불과했다. 나머지는 ABMA와 JPL, NRL, 육군 통신대Army Signal Corps 등 기존 조직에서 옮겨온 사람들이었다"라고 말했다.[10] 머큐리 계획에서 사용할 새로운 우주선을 개발하려면 새로운 과학기술 역량을 신속하게 키워내야 했다. 따라서 새로운 공학자도 중요했지만, 각계각층의 더 많은 도움이 필요했다.

특히 민간 부문의 도움이 필수적이었다. 글레넌은 모임을 마련해 항공우주 기업들을 초대했고, 나사의 향후 계획을 알린 다음 물자 조달을 위한 과정에 도입할 그들의 경쟁 방법을 개략적으로 설명했다. 글레넌은 세 개의 독립 위원회를 두고, 입찰에 참여한 기업의 경영 능력 및 과거의 업무 성과를 평가했으며 기술 역량까지 살펴보았다. 각 위원회에 소속된 전문가는 다른 위원회에 누가 있는지 알 수 없었다. 각 위원회가 작성한 권고안은 글레넌과 드라이든에게 전달되었고, 둘은 머리를 맞대고 낙찰자를 선정했다.

글레넌에게는 안전도 중요했다. 관리해야 할 위험이 많았고, 그중에는 일반적으로 알려진 위험과 그렇지 않은 위험도 있었다. 당시는 통계적 품질 관리가 막 대두되기 시작하던 때였지만 글레넌은 품질 관리를 나사의 우선 과제로 두었다. "머큐리 계획과 유인 우주비행에 관해 논의할 때 나는 신중에 신중을 기해야 한다고 생각했다. 우리는 한 전문가를 찾아냈다. … 그는 통계적 품질 관리 전문가였으며 자기 역할을 잘 알고 있었다. 그래서 나는 그에게 무제한의 자유 재량권을 주었다. 그는 무엇이든 살펴볼 수 있었고, 제작 과정이나 조립 과정에 결함이 있으면 신뢰성과 안전성을 개선하기 위해 무엇이든 수정하라고 요구할 수 있었다. … 그는 그런 결함들을 찾아냈다."[11]

글레넌의 회고에 따르면, 당시 길러스가 랭글리에서부터 달려와 "대체 무얼 하자는 겁니까? 우리에게 그 사람은 필요 없습니다. 우리가 이곳에서 하는 일 자체가 신중하게 다뤄지고 있고, 모든 걸 확실하게 처리하는 과정입니다. 품질 관리가 바로 우리가 하는 일의 일부입니다"라고 말했다. 글레넌은 "밥, 미안합니다. 당신도 품질 관리를 받아야 합니다. 우리가 행하는 모든 일이 외부의 품질 관리 평가를 받아야 한다는 게 내 지론입니다"라고 말했다.[12] 글레넌은 리더로서 위험 관리 프로세스를 나사 문화의 일부로 만드는 데 중간 관리자들의 헌신적인 노력이 중요하다고 생각했다.

거의 평생을 NACA에서 공학자로 일했던 길러스는 스페이스 태스크 그룹의 책임자로서 매우 뛰어나고 똑똑한 인재를 나사에 끌어들이려는 글레넌의 욕심을 이해했다. 길러스도 끊임없이 인재를 찾아다녔다. 초창기부터 나사는 뛰어난 인재들을 끌어들이는 조직이었다. 길러스는 적합한 인재를 찾아 캐나다 토론토까지 날아갔다. 공교롭게도 그날은 스푸트니크호가 발사된 날이었고, 많은 사람이 캐나다 애브로 항공사가 제작한 초음속 요격기 CF-105 애로우의 제막식을 보기 위해 토론토 몰튼 공항에 모여 있었다.

애브로의 공학자 오언 메이너드는 당시를 회상하며 "그날 우리는 애브로 애로우를 언론에 공개하려고 격납고 문을 열었다. … 언론은 큰 관심을 보이지 않았다. 우리는 예상조차 하지 못했다. 우리는 전혀 몰랐다"라고 말했다.[13] 수개월 뒤에 애로우 개발 계획이 중단되었고, 캐나다의 많은 정상급 항공우주공학자들이 일자리를 잃었다. 뛰어난 공학자들을 찾아내 채용하는 임무를 맡은 길러스에게 그 소식은 놓칠 수 없는 기회였다. 길러스는 당시를 회상하며 "캐나다에 있던 한 친구에게 전화를 받았습니다. 애브로 회사가 전투기를 제작하는 큰 계약을 놓쳤다고 알려주더군요. 애브로는 인재들을 해고할 수밖에 없는 처지였습니다. 우리 스페이스 태스크 그룹에는 정상급 인재가 절대적으로 부족한 상황이었고요. … 그 소식은 우리에게 커다란 기회였습니다"라고 말했다.[14] 나사 인사팀은 애로우 개발 팀원들로부터 400장의 지원서를 받아 검토했고, 숙련된 항공우주공학자 25명을 채용했다.

이로써 글레넌은 1960년 여름까지 나사가 성공하는 데 필요한 확고한 기반을 다졌다. 나사는 국방부가 직접 관리하는 소수의 프로그램을 제외하고는 우주와 관련한 모든 활동을 총괄하는 핵심 부서가 되었다. 1961년 1월 글레넌은 나사를 떠나 원래 자리였던 케이스공과대학의 총장직으로 돌아갔다. 그로부터 수개월 뒤, 소련에서 유리 가가린이 인류 최초로 우주비행에 성공했고, 미국에서는 앨런 셰퍼드가 역사적인 우주비행에 성공했다. 글레넌은 1966년까지 케이스공과대학의 총장으로 지내며 웨스턴리저브대학과 케이스공과대학의 합병 협상을 지원했고, 케이스웨스턴대학교 설립에 큰 역할을 했다. 하지만 글레넌이 남긴 진정한 유산은 나사의 초대 국장으로서 나사가 우주개발 경쟁에서 앞서도록 기반을 다져놓은 데 있다.

나사는 운 좋게도 글레넌을 초대 국장으로 맞이할 수 있었다. 나사의 역사를 연구한 로저 라우니어스는 글레넌을 "신생 조직을 맡기기에 완벽한 선택"이었다고 평가하며 "정부와 산업계와 기업계 모두에서 일한 경력을 지닌 공학자인 … 글레넌은 나사가 우주개발 경쟁에서 뒤처지지 않고 소련과 경쟁할 수 있도록 기반을 닦았다"라고 덧붙였다.[15] 글레넌이 리더로서 입증한 과거의 실적 또한 그가 성공하는 데 적잖은 역할을 했다. 요컨대 그는 무엇을 해야 하는지 알았고, 반드시 해내야 할 일을 해냈다. 그렇게 구축해놓은 팀이 결국 인간을 달에 보내는 일에 성공했고, 그가 나사에 심어놓은 문화는 불가능해 보이는 목표에도 기꺼이 도전하는 기반이 되었다.

인사이트 노트

♦ 처음부터 신뢰받지 못하면 신뢰를 쌓는 데만 수년이 걸릴 수 있다. 리더가 팀을 이끌 만큼 신뢰를 받으려면, 우선 그들의 리더십이 신뢰를 받아야 한다.

♦ 다른 사람의 경험을 보고 배워라. 만약 가능하다면 분야를 통합하고, 가능할 때마다 협력하며, 역량과 효율성과 전문성을 키워라.

♦ 최선을 찾고 최고를 고용하라. 이미 최고라도 훈련을 통해 더 나아지도록 하고, 최고에게 각자의 역할을 다하게 하라.

♦ 다양하면서도 상호 보완적인 기량 및 입증된 리더십을 지닌 관리자 팀을 구성하라. 그들을 믿고 그들의 말에 귀를 기울여라.

미래를
창조하라

미래를 예측하는 가장 좋은 방법은
미래를 직접 만들어내는 것이다.
―앨런 케이, 컴퓨터 공학자

인간을 안전하게 우주에 보내는 역량을 쌓으려면 시간과 리더십이 필요하다. 소련과 미국이 인공위성을 발사하고 우주비행이라는 새로운 시대가 열렸다. 이쯤에서 중대한 의문이 제기된다. 얼마나 오랜 뒤에야 인간이 우주를 여행할 수 있을까? 스푸트니크가 발사되기 직전, 유명한 공군 조종사이자 NACA 주 위원회 의장이던 제임스 H. 둘리틀이 매사추세츠공과대학 공학부 부처장이던 가이퍼드 스티버에게 우주공학의 발전을 위해 장래에 필요한 부분을 평가하는 특별위원회를 이끌어달라고 요청했다. 특별위원회는 베르너 폰 브라운, 휴 드라이든, 에이브 실버스틴, 로버트 길러스, 윌리엄 랜돌프 러브레이스 등 우주 전문가로 구성되었고, 이들 모두가 훗날 머큐리 계획(나사가 실행한 미국 최초의 유인 우주비행 탐사 계획―편집자)에서 핵심적인 역할을 맡아 유명해졌다. 그들이 작성한 보고서는 유인 우주비행의 초석이 되었고, 특히 가장 중요하게 생각해야 할 목표 즉, "모든 역량을 쏟아부어 빠른 시일 내에 인간을 우주로 보내고 지구로 무사히 귀환시키는 목표"를 거듭 강조했다.[1] 글레넌은 1959년 1월 'Man In Space Soonest 프로그램'(소련보다 먼저 인간을 우주로 보내는 프로그램—옮긴이)을 발족하면서 길러스를 머큐리 계획의 책임자로 임명했다.

당시 길러스는 글레넌이 수개월 전에 신설한 스페이스 태스크 그룹을 이끌고 있었다. 팀의 명칭을 어떻게 정했느냐는 질문에 길러스는 "우리에게 필요한 것은 적절한 명칭이었다. 우리가 감당하지 못할 임무를 떠맡은 것 같은 이름으로 짓고 싶지 않았다. 우리는 태스크 그룹이었다. 우리가 맡은 임무는 특별했고, 우리는 전문가 집단이었다"라고 말했다.[2] 길러스는 훌륭한 팀을 꾸리고 계획을 세웠지만, 그의 팀은 인간을 우주로 보내기 위해 무엇이 필요한지부터 알아내야 했다. 머큐리 계획에는 인간이 탑승할 수 있는 로켓이나 발사체, 우주선과 우주비행사, 일종의 관제 센터가 필요했지만, 대부분 당시에는 존재하지 않는 것들이었다. 따라서 그들이 선구자가 되어 그것들을 만들어내야 했다.

길러스팀은 조지 로와 맥심 파제를 비롯한 다수의 뛰어난 NACA 공학자들로 구성되었다. 그 팀은 이후 10년 동안 인간을 달에 보내기 위한 기술 전문가 집단의 시초였다. 로는 나사가 미래에 정말로 이루어낸 대담한 목표를 거침없이 토해내는 예지력을 지닌 공상가였다. 길러스는 로의 역량을 즉각 알아보았으며 "로는 모든 면에서 탁월했다. 그는 최고의 공학자이자 과학자였다. 또한 사람을 능숙하게 다루었고 돈을 관리하는 데도 재주가 있었다. 함께하기에 정말 편한 사람이었다. … 그는 이상적인 관리자이자 친구였으며 우리에게 큰 도움이 되었다. 특히 사람이 부족한 시기에 더더욱 필요한 인재였다. 로는 열 사람 몫을 너끈히 해냈다"라고 평가했다.[3] 길러스팀은 유인 우주비행을 위한 계획을 수립하는 데 필요한 일을 해냈으며 시간에 아랑곳하지 않고 더할 수 없이 열심히 일했다. 그들의 보고서가 결국 머큐리 계획의 탄생으로 이어졌고, 그 결과 미국인을 최초로 우주에 보내기 위한 3년간의 여정이 시작되었다. 길러스팀의 보고서를 받은 글레넌의 반응("당장 시작하세요!")에서 당시의 지배적인 정서를 확인할 수 있었다.

길러스는 로가 태스크 그룹에 합류해 당시 우주선 설계를 담당하던 수석 공학자 파제를 보좌하는 부책임직을 맡고 머큐리 우주선을 설계하는 임무를 도와주기를 바랐다. 하지만 안타깝게도 팀은 로 없이 작업을 진행해야 했다. 에이브 실버스틴 또한 로의 잠재력을 알아보고 그에게 워싱턴에 있는 나사 본부에 와서 나사의 장기적인 계획 수립 작업을 지원해달라고 요청했기 때문이다.[4]

실버스틴의 요청은 무척 중요했다. 이는 로가 나사가 제시한 1960년 예산안을 설득하려고 상원 항공공학 및 우주과학 위원회에 출석해 증언했을 때 입증되었다. 로는 당시 상원 위원회 의장이던 린든 B. 존슨을 똑바로 바라보며 향후 과학기술의 발전에 박차를 가하기 위해서라도 우주탐사를 지원하는 일이 중요하다고 역설했다. "논리적으로 보면 머큐리 계획이 유인 우주탐사의 첫 단계에 불과하겠지만 우리는 더 앞선 수준의 시스템을 이미 연구하고 있었다. … 동시에 여러 명을 하루가 아닌 훨씬 오랫동안 궤도에 올려보내는 역량을 개발할 것이다. 그때가 오면 궤도를 선회하는 일련의 유인 궤도 실험실에서 과학 실험이 가능하게 될 것이다. 그와 동시에 지구에서 더 멀리 떨어진 곳, 달 부근까지 비행하기 위한 노력도 박차를 가할 것이다. 그러나 달에 착륙하려면 오늘날 사용하는 추진 로켓보다 거의 20배나 강력한 추진 로켓을 개발해야 한다."[5]

영원한 공상가였던 로는 인간을 달에 보내는 계획이 머큐리 프로그램의 기존 목표를 넘어섬으로써 새로운 과학기술의 발전을 촉진하고,

유인 우주비행에서 비롯될 위험을 감수하며 엄청난 비용을 쏟는 만큼 국익에 큰 도움이 될 거라고 예측했다. 이후로 아폴로 계획이 완성되었지만, 나사는 인간을 달에 보내기 위해 인간이 우주에서 어떻게 생존하고 움직이는지를 먼저 알아내야 했다. 이에 필요한 교훈들을 머큐리 계획을 통해 얻었다.

신뢰 환경을 조성하다

길러스가 당면한 과제는 STG가 반드시 해내야 할 모든 일을 최대한 빨리 완수하도록 지원하는 것이었다. 길러스팀의 임무는 소련보다 먼저 인간을 우주에 보내고 안전하게 데려오는 일이었다. 머큐리 계획을 추진하기 위해 원래 35명이었던 STG의 규모가 급속히 커졌고, 1961년 말쯤에는 약 750명으로 늘어났다.[6] 초창기 구성원으로는 애브로에서 함께 일했던 캐나다 출신 짐 체임벌린, 오언 메이너드, 테크윈 로버츠가 있었고, 미국인으로는 NACA에서 함께 일했던 크리스 크래프트, 글린 러니, 유진 크랜츠를 비롯한 여러 전문가가 있었다.

길러스와 그의 동료들은 그때처럼 쉴 새 없이 일한 적이 없었다. 천성이 조용한 성품이던 길러스는 팀원들에게 자신의 생각을 강요하지 않았다. 오히려 치밀하게 질문을 던지며 팀원들이 다른 관점에서 문제를 생각하도록 자극했다. 길러스는 서로 신뢰할 수 있는 환경을 조성함으로써 팀원들이 최선을 다하도록 유도했다. 당시 팀원이던 두에인 캐터슨은 길

내 기억에 밥 길러스는 팀원에게 무엇을 해야 하고, 어떻게 해야 하는지 지시한 적이 없다. 길러스는 팀원에게 자신의 아이디어가 곧 그들의 아이디어라고 생각하도록 충분히 오랫동안 의견을 나누었고, 그 후에 팀원들은 각자의 위치로 돌아가 길러스가 원하는 방향으로 해냈다.
— 케네스 클라인네흐트, 기계공학자

러스를 "영감을 주는 리더, 신사, 적당히 타협하지 않으며 분야에 대한 폭넓은 지식으로 존경을 받았고, 주변 사람들에게 자신감을 북돋워주는 탁월한 리더"였다고 평가했다.[7] 결국 인간을 최초로 우주로 보내기 위해서는 길러스의 리더십 역량과 팀원들의 전문 지식의 결합이 필요했다.

얄궂게도 NACA에서 넘어온 공학자들이 머큐리 계획을 진행하면서 가장 먼저 부딪친 커다란 문젯거리는 머큐리 우주선의 필요성을 설명하는 것이었다. 그 과정에서 매우 중요하고 결코 빠질 수 없는 단계가 이른바 '제안 요청서' 작성이었다. 이는 정부로부터 계약을 얻기 위해 반드시 거쳐야 할 단계였다. 하지만 크리스 크래프트가 말했듯이 "우리는 평생 제안 요청서를 써본 적이 없었다". 길러스는 크래프트를 핵심팀의 일원으로 채용했고, 그에게 부여한 첫 과제가 머큐리 계획의 수립이었다.

크래프트는 "우리는 사람을 우주에 어떻게 보내야 하는지 몰랐다"라며 "비용을 얼마나 들여야 하는지, 아니 비용이 얼마나 들지조차 전혀 알지 못했다. 우리는 기껏해야 무엇인가를 만들어내도록 훈련받은 공학자였지, 인재 관리 훈련을 받은 경영 전문가가 아니었다"라고 말했다.[8] 크래프트는 우주비행을 위한 기준틀(비행 계획, 일정, 절차, 임무 규정, 통신망, 위험 관리 등)을 개발하는 과제와 씨름하는 과정에서 어쩔 수 없이 머큐리 계획에도 관여하게 되었다. 그는 정부에 제출할 제안 요청서를 작성하는 방법을 배워서 머큐리 계획에 참여할 민간 항공우주 기업을 선정하는 임무까지 맡게 되었다. 크래프트에 따르면, 랭글리 연구센터의 연구진은 "항공우주 분야의 DIY 전문가를 자처했다. 필요한 게 있으면 요청하거나 구입했고, 그렇지 않으면 직접 만들었다".[9] 하지만 이런 접근 방식은 바뀌어야 했다.

최근 기업 리더들이 자주 언급하는 조직의 기민함agility이란 하루가 다르게 변하는 불분명한 환경에서 신속하게 대응하고 적응하며 변신하는 조직의 능력을 가리킨다.[10] 이런 역량은 유인 우주비행의 가능성을 연구하던 초기에도 필요했다. 머큐리팀은 "세계에서 가장 먼저 미국인을 지구 궤도에 올려놓아야 한다는 것"을 알았다.[11] 하지만 그 목표를 실현하려면 해결해야 할 과제가 많았다. 우주선 캡슐을 어떻게 설계하는지는 알았지만, 인간을 우주에 보내고 안전하게 귀환시키는 데 필요한 기초적인 조직 구조와 운영 방식은 불확실했다. 길러스는 나사의 다른 팀까지 끌어들여 열띤 토론을 벌였고, 그 토론은 일반 대중과 언론에도 공개되어 관심을 불러일으켰다. 그러나 길러스는 조용히 뒤에서 모든 것을 조종하는 사람이었다. 크래프트의 증언에 따르면, "그는 한 귀퉁이에 앉아 조용히 귀를 기울였고, 나지막한 목소리로 조용히 의견을 제시했다. 그래서인지 그가 거기에 있는지 눈치챈 사람이 많지 않았다".[12] 길러스의 리더십 덕분에 머큐리팀은 3년이란 짧은 시간 안에 어려운 과제를 성공적으로 해냈다. 1961년 초, 머큐리 계획은 처음으로 사람을 우주로 보낼 준비를 완벽하게 끝낸 것처럼 보였다.

1961년은 오대호에서 남쪽으로 밀려 내려온 한랭전선이 워싱턴 DC를 덮치며 시작됐고, 신임 대통령 케네디의 취임식 전날에는 엄청난 눈보라가 휘몰아쳤다. 그 눈보라에는 '케네디 취임을 축하하는 눈보라The Kennedy Inaugural Snowstorm'라는 별명이 붙었다.[13] 나사에도 새로운 변화의 바람이 불고 있었다. 글레넌이 케이스공과대학으로 복귀했고, 제임스 웹이 나사의 새로운 국장으로 취임했다. 한편 케네디 대통령은 매사추세츠공과대학의 제롬 위즈너를 과학자문위원회의 책임자로 임명했고, 위즈너는 유인 우주비행 프로그램을 재검토하겠다는 결정을 내렸다. 이미 첫 우주비행사가 선정되고 훈련을 마친 뒤, 비행을 앞두고 있던 때였다. 그러나 이런 숙명적인 결정으로 소련이 인간을 가장 먼저 우주에 보낸 국가로서 역사에 기록되었다.

길러스는 위즈너위원회에 대해 "그들은 우리를 조사하려고 왔다. 그들은 서둘러 인간을 우주에 보내려는 시도가 터무니없는 짓이라 생각했고, 미국이 정말 올바른 방향으로 가고 있다고 확신하느냐고 물었다. 무척 심각한 상황이었다. 그런 방해가 없었더라면 우리가 소련의 유인 인공위성보다 먼저 앨런 셰퍼드를 우주로 올려보낼 수 있었을 것이다"라고 회상했다.[14] 웹이 백악관의 승낙을 받아내려고 노력했지만, 위즈너위원회가 승리하고 말았다.

안타깝게도 머큐리 계획의 연기는 셰퍼드의 비행 날짜에 영향을 미쳤고, 결국 1961년 4월 12일 유리 가가린이 우주에 올라간 첫 인간이 되었다. 셰퍼드는 그로부터 23일 뒤에야 우주에 올라간 최초의 미국인이 되었다. 셰퍼드를 태우고 비행한 프리덤 7호는 모든 미국인의 마음을 사로잡았다. 당시 미국의 우주탐사 프로그램이 '완전히 끝났다'라고 생각한 사람이 많았지만[15] 프리덤 7호에 대한 반응은 무척 긍정적이었다. 비행의 성공을 축하하는 퍼레이드가 벌어질 때마다 색종이 조각들이 하늘을 뒤덮었고, 전국의 모든 신문이 제1면에서 우주비행 성공 소식을 앞다퉈 다루었다. 소련에 뒤처진 것은 분명했지만 나사는 경쟁의 고삐를 늦추지 않았다.

> 나에게 첫 우주비행이라는 기회를 준 길러스의 결정에 분명히 감사한다. 그러나 길러스는 그런 결정을 내린 이유를 나에게 한 번도 말해주지 않았다. 나는 수년 동안 여러 차례 그 이유를 물었지만 그의 대답은 한결같았다. "글쎄요, 마침 적절한 때에 당신이 적절한 사람이었을 뿐입니다."
>
> —앨런 셰퍼드, 우주비행사

인사이트 노트

♦ 끈질기게 질문하고 주어진 일을 왜, 어떻게 해야 하는지를 명확히 파악하라.

♦ 무엇을 해야 하는지 알았다면 지체 없이 실행에 옮겨라. 무엇을 해야 하는지를 모른다면, 구할 수 있는 최고의 자료와 믿음직한 전문가의 의견을 참고해 최적의 결정을 내려라.

♦ 조직의 기민함은 혁신, 팀워크, 판단력, 역량, 지식 등에서 비롯된다. 잠재력을 끌어올리기 위해 역량을 키워라.

불가능에
도전하라

3장

우리가 참여하든 참여하지 않든 간에

우주탐사는 앞으로 계속될 것입니다. …

다른 국가들을 이끄는 리더국이 되려면

우주개발 경쟁에서 결코 뒤처져 있을 수 없습니다.

―존 F. 케네디, 미국의 제35대 대통령

당신이라면 우주에서 성공적으로 임무를 수행하기 위해 어떤 발판을
마련하겠는가?

나사는 인간을 우주에 보낼 수 있다고 믿었다. 1961년 5월 5일, 앨런
셰퍼드는 비록 지구 궤도에 완전히 오르지 않은 채 15분 동안만 짧게
비행했을 뿐이지만, 미국인의 마음을 사로잡았다. 그날은 존 F. 케네디
대통령이 10년 내로 인간을 달에 보내겠다고 선언하기 고작 며칠 전이
었다. 전임 대통령이던 아이젠하워와 달리 케네디와 그의 팀은 머큐리
계획을 확장하라는 로의 권고안을 적극적으로 수용하며 달 착륙 계획
을 지원하기 시작했다.

그때부터 나사의 속도가 빨라졌다. 당시 미국이 우주에서 '지낸 경
험'은 모두 합해야 15분에 불과했다. 우주비행사들은 모두 유능한 군사

1961년 5월 25일 상하원 합동 회의에서 존 F. 케네디 미국 前 대통령이 역사적인 '달 우주선' 연설을 하고 있다.

용 시험비행 조종사들이었다. 비행 관제 센터에서 일하던 공학자들도 한결같이 똑똑했고, 대부분이 군대나 다른 정부 기관에서 그들의 훈련을 지원한 경험이 있었다.

그러나 인간을 지구 바로 위에 올려보내는 과제를 넘어, 인간을 달에 내려보내는 보름간의 임무는 거의 불가능한 도전처럼 보였다. 그 임무를 완성하려면 비행 관제를 완전히 다른 관점에서 생각해야 했다. 크리스 크래프트가 비행 관제 센터를 창설하고 로버트 길러스가 유인 우주 센터(현재 휴스턴에 있는 나사의 존슨 우주 센터)를 설립함으로써 그 길을 열어주었다. 만약 이 모든 시스템이 신속하고 효율적이면서 안전하게 구축되었다면, 실패로 끝난 아폴로 13호의 우주비행사들이 "휴스턴, 문제가 발생했다!"라고 보고하기 10년도 더 전에 위험 가능성을 파악할 수 있었을 것이다. 그러나 길러스와 크래프트를 비롯한 연구원들은 언제나 문제가 발생하면 해결책을 모색하는 성향을 가졌으며, 무엇보다도 행동이 앞서는 사람들이었다(당시 연구원 대부분이 남자였다).

그들은 우선순위를 어떻게 결정했을까? 개개인의 차이를 어떻게 해결했을까? 이전에 누구도 시도한 적이 없었는데 무슨 일을 어떤 방식으로 해야 하는지를 어떻게 결정했을까? 이 질문들의 답을 찾는 데 수년의 노력이 필요했고, 그 과정에서 발을 헛디디고 허우적대기도 했다. 하지만 결국 목표를 성취했다. 아폴로 11호 우주비행사들은 케네디가 제시한 기한보다 6개월이나 앞서 달에 안전하게 착륙했다. 그러나 달에 가는 모험은 버지니아 앞바다, 면적이 약 16제곱킬로미터에 불과한 작은 섬에서 불길하게 시작되었다.

월롭스 미사일 개발

길러스가 '월롭스섬에서부터 머큐리 계획까지'라고 제목을 붙인 짤막한 회고록에서 말했듯이, 머큐리 계획을 구축한 팀원 대부분이 나사로 통합되며 해체된 NACA에서 근무하던 전문가였다. NACA 공학자들은 월롭스섬에서 미사일 발사장을 운영하면서 크게 성장했다.

길러스는 "NACA가 월롭스섬에서 실시한 대부분 작업은 탄도미사일 개발 계획을 지원하는 차원에서 진행되었다"라며 "탄도미사일 개발을 위한 연구가 없었다면, 재진입체와 유도 시스템 및 우주 발사체에 대해 거의 알지 못했을 것이고, 우주 시대가 도래하고 그렇게 짧은 시간 내에 유인 우주비행을 가능하게 만들 수도 없었을 것이다"라고 덧붙였다.[1]

그들에게는 상당한 수준의 과학기술이 있었지만 고려해야 할 리더십 원칙도 있었다. 중간 관리자들은 임무를 수행하는 동시에 조직을 구축하고 기초를 마련하며 미래를 새롭게 만들어가고 있었다.

나사는 초창기부터 **최고의 인재를 채용**하려고 애썼다. 다행히도 나사는 의회로부터 상당한 기금과 지원을 받을 수 있었고, 우주에서 "러시아를 물리치자"라고 서로 독려했다. 우주개발 경쟁이 뜨겁게 달궈졌다. 앨런 셰퍼드는 짧은 탄도 비행에 그쳤던 반면, 러시아 우주비행사 유리 가가린은 세 번이나 지구 궤도를 돌았고 우주에서 여러 시간을 머물렀다. 셰퍼드와 가가린 둘 다 우주에 다녀오긴 했지만, 가가린과 소련이 미국을 앞선 것은 분명했다.

어느 정도의 압박감은 견디기 힘들 정도였다. 길러스는 "우리는 휴일에도 일했다. 저녁과 주말에도 일했다. 심지어 새해 첫날에도 일했다. … 하지만 12월 31일에는 쉬었다"라며 "적어도 지금까지 내 인생에서 모든 연구원이 그때처럼 집중적이고 헌신적으로 일한 때가 없었다"라고 덧붙였다.[2]

길러스는 정부의 다른 부서, 특히 군부에서 전문가들을 빌려오기도 했다. 공군과 해군에서 차출한 군의관들에게 우주비행사의 건강 관리를 맡겼다. 그 군의관 중 일부는 우주비행사의 선발 기준을 작성하는 작업에 관여했다. 초기에 우주비행사는 러브레이스 클리닉에서 선발되었고, 해당 병원의 운영자인 랜돌프 러브레이스는 우주 의학 문제를 연구하는 자문위원회를 맡았다.

권한 위임

처리해야 할 일이 너무 많아서 권한 위임이 중대한 과제로 떠올랐다. 크래프트가 초기에 과제를 맡긴 연구원은 유진 크랜츠였고, 크랜츠는 훗날 아폴로 계획까지 비행 관제팀을 총괄하는 운항 총책임자가 되었다.

크랜츠는 나사와의 인터뷰에서 "내가 합류하고 약 보름 뒤에 진정한 전환점이 있었다"라고 말했다. "그때까지도 나는 나사의 우주 계획에 대해 아무것도 몰랐다. 그런데 크래프트가 찾아와서 '머큐리-레드스톤 1호를 발사할 준비를 할 예정이네. 자네가 케이프커내버럴에 내려가서 카운트다운과 비행 관제에 대한 규정을 마련해주면 좋겠네. 그 일을 끝내면 전화를 주게. 그럼 우리가 내려가서 우주선을 발사할 테니까'라고 말했다."[3]

머큐리-레드스톤 1호는 머큐리 계획에 따른 최초의 무인 비행 시험이었다. 나사는 우주비행사를 승선시키기 전에 발사 절차를 확립해야만 했다. 크랜츠는 벅찬 과제를 떠맡고 허둥지둥 대답할 수밖에 없었다. "어, 음, 네, 알겠습니다."

크랜츠가 받은 군사 훈련이 효력을 발휘하기 시작했다. 크랜츠는 미국 공군 소속으로 한국전쟁에 참전해 F-86 세이버 전투기를 조종한 적이 있었다. 그는 거의 본능적으로 출장에 필요한 물건들을 꾸리기 시작했다. "낡아서 삐걱대는 록히트 마틴 기종과 컨베이어 기종"에 몸을 맡기고 플로리다 케이프커내버럴까지 가는 여행은 결코 쉽지 않았다.[4] 그러나 크랜츠와 머큐리 계획에 참가한 연구자들을 버지니아 랭글리에서 무인 시험비행이 진행될 플로리다 해안까지 데려가기에는 충분했다.

크랜츠는 발사 기지에 도착하자마자 웨스턴 일렉트릭에서 파견된 전기공학자 폴 존슨과 이야기를 나누기 시작했다. 크랜츠는 그와 대화를 나누며 자신의 업무 지식이 얄팍하다는 사실을 즉각 깨달았다. 존슨은 케이프팀이 어떻게 운영되는지를 꿰뚫어 보고 있는 듯했다. 크랜츠는 당시를 회상하며 "그는 모든 것을 알고 있는 듯했다"라고 말했다. 존슨이 위임받은 역할을 해내는 모습을 관찰하고 귀담아듣고 있으면 자연스레 그런 생각이 들 수밖에 없었다.

존슨과 크랜츠는 발사 절차에 대해 팀원들에게 마음껏 발언할 기회를 주고 그들의 머리를 빌렸다. "이런 방식으로 사람들이 무엇을 요구하고 어떻게 행동할지를 예측해야 했다. 원격 측정법과 비행 관제가 무엇인지 알아야 했다. 우리가 맡은 임무가 정확히 어떤 것인지도 파악해야 했다. 누구나 당장 전화를 걸어와 질문을 던지는 상황 또한 염두에 둬야 했다. 그러고 있으니 마치 언론사에서 파견되어 등을 기대고 앉아 있는 기자가 된 듯한 재미있는 기분이 들었다. 사건이 진행되는 대로 기사를 쓰지만, 그저 몇 분만 더 앞서고자 노력하면 충분했다."[5]

크랜츠의 팀원들은 거침없이 의견을 내놓으며 크랜츠의 전문 지식을 뒤집어놓기도 했다. 예컨대 존슨은 그에게 카운트다운의 개념을 소개했는데, 크랜츠는 훗날 이때를 회상하며 "내 생각이 완전히 달라졌다. 이전까지는 카운트다운이 별로 어렵지 않을 거라고 생각했다. 우리가 무엇인가를 발사하기 전에 모든 게 준비되었음을 확인하는 일련의 절차에 불과하다고 생각했다"라고 말했다.

크랜츠가 겸손해지기까지 오래 걸리지 않았다. 절차는 그나마 배우기 쉬웠다. 일이 진행되었을 때, 만약 우주비행사들이 아직 발사대를 떠나지 않아 안전할 경우에는 발사 또는 중단 명령을 결정하기가 쉬울 터였다. 그러나 정말로 결단력과 신뢰가 필요한 순간은 발사 이후의 비행 관제 규칙이었다. 다시 말하면, 우주비행사들이 위험한 임무를 시작하고 나서부터였다. 크랜츠는 "내가 그때까지 알고 있던 관제 규칙들은 모두 우주선이 발사되기 전에 일어나는 현상에 대한 것이었다. 발사된 이후에 잘못되면 어떻게 대처해야 하는지는 전혀 언급이 없었다"라고 말했다.[6]

팀원들이 전문 지식을 쏟아내고 기꺼이 서로에게 권한을 위임하며 겸손한 자세로 새로운 지식을 배우려고 노력했지만 머큐리-레드스톤 1호의 비행은 계획대로 진행되지 않았다. 굴욕적으로 '10센티미터 비행four-inch flight'이라고 불린 이 실패는 모두에게 당혹스러운 기분을 안겼다. 발사 직후에 엔진이 꺼지고 로켓은 발사대에 다시 떨어지고 말았다.

지행격차

머큐리–레드스톤 1호는 제대로 발사되지 못했고, 캡슐의 탈출 로켓에 느닷없이 불이 붙었다. 그러고는 탈출 로켓과 캡슐이 분리되어 350미 터쯤 떨어진 곳까지 내던져졌다.[7] 머큐리 캡슐, 즉 우주선은 낙하산과 보조 낙하산을 펼치며 제 기능을 발휘했지만, 로켓은 완전한 모습으로 여전히 발사대에 을씨년스럽게 서 있었고 바람만이 거세게 불었다. 로 켓이 느닷없이 발사되거나 폭발할 가능성이 있어서 크랜츠팀은 걱정을 떨치지 못했다. 몇몇 팀원이 전화를 걸었지만, 크랜츠는 전화를 받지 않고 혹시 모를 위험한 상황을 막기 위해 서둘러 조치를 취했다. 무엇 보다 총을 쏘아 추진체 연료통에 구멍을 내야 했다. 최종적으로 그들은 로켓의 상태를 면밀히 관찰하며 배터리를 서서히 방전시키기로 결정했 고, 그 결정은 효과가 있었다.

"무엇을 해야 할지 모르더라도 손을 놓고 있지 말라!"[8] 크랜츠는 해 당 사건을 두고 이런 유명한 말을 남겼다. 이 사건은 스탠퍼드대학교의 두 교수, 제프리 페퍼와 로버트 서턴이 훗날 '지행격차Knowing-Doing Gap' 라고 명명한, 즉 지식과 실행력의 격차가 두드러진 전형적인 예이기도 했다. 이 원칙은 새로운 생각을 실행에 옮기지 못하는 우유부단함을 극 복하는 방법에 초점을 맞춘다.

페퍼와 서턴은 1999년에 발표되고 지금까지도 여전히 리더들에게 교과서처럼 읽히는 『왜 지식 경영이 실패하는가』(지샘, 2002)에서 "아는 것을 실행에 옮기는 일을 방해하는 주된 장벽 중 하나는 무엇에 관해 말하는 행위 자체다. 그것을 실제로 행하는 것처럼 착각하게 만들기 때문이다"라고 말했다.

더 나아가 두 저자는 "조직이 무엇을 수행해야 하는지를 말하고, 조직이 추진해야 하는 사업에 관한 계획을 작성하고, 자료를 수집하고 분석하는 일이 실행에 도움을 주고 동기와 방향성을 부여해주기는 한다"라며 "그럴듯한 말이 행동으로 향하는 중대한 첫걸음인 경우가 많다. 그러나 해야 한다고 말하는 것만으로는 충분하지 않다. 미래를 위한 계획을 수립한다고 해서 미래가 실제로 만들어지진 않는다. **무엇인가를 실제로 행동해야만 한다. 그 무엇인가를 누군가가 해야만 한다**"라고 덧붙였다.[9]

머큐리 계획에서 새로운 아이디어는 무언가를 우주에 쏘아 올리는 것이었다. 하지만 로켓은 발진하지 못했고, 당황한 운항 관제사들의 얼굴에서 무력감이 뚜렷하게 엿보였다. 탈출 시스템만이 제대로 작동했다. 그 과정에서 발사체가 산산조각 나지 않은 것만으로도 천만다행이었다. 그래서 다음에는 무엇을 해야 하는가? 그 간격을 어떻게 메워야 하는가? 페퍼와 서턴의 주장에 따르면 무엇을 해야 하는지에 대한 정보와 자료 수집이 무엇보다 중요하다. 무엇을 해야 하는지 안다면 누구나 그 임무를 해낼 수 있다.

준비한다는 것은 계획을 세우는 데 그치지 않고 실행하고 모의실험한다는 뜻이다. 또한 그 과정에서 무엇인가 잘못될 수 있으며 그 잘못을 올바로 바로잡기 위한 시나리오를 생각해낸다는 뜻이다. '지행격차'라는 개념을 제안한 두 저자는 "임무를 받아 적고 말하는 게 실행하는 것처럼 보여도 실질적인 영향을 미칠 수 없듯이, 계획 수립 또한 아는 것을 실행에 옮기는 것과 별개로 의례적인 행위에 그칠 수 있다"라며 "계획 수립이 지식의 폭을 넓히고 행동을 자극하는 촉매 역할을 할 수 있다. 그러나 계획 수립이 항상 그런 역할을 완벽하게 해내는 것은 아니며 오히려 정반대로 기능하는 경우가 비일비재하다"라고 덧붙였다.[10]

실패를 통해 배워라

크랜츠팀은 신속히 배웠고, 곧이어 우주비행사 존 글렌을 앞세워 궤도 비행을 시도할 준비를 끝냈으며, 결국 글렌은 성공적으로 지구 궤도를 여러 바퀴 돌았다. 발사 날짜를 여러 차례 번복하고 카운트다운 중에 발사를 연기하는 등 실수가 있었지만, 마침내 1962년 2월 20일 현지 시각 오전 9시 47분에 성공적으로 이륙했다. 임무에 돌입하고 5분 뒤, 글렌은 궤도 속도에 도달했음을 알리며 이렇게 보고했다. "무중량 상태, 기분이 좋다. 캡슐은 순항하고 있다. … 경치가 끝내준다."[11]

처음 계획한 목표는 궤도를 세 번 회전하는 것이었지만, 필요한 경우에 일곱 번까지 늘릴 수 있었다. 하지만 우주비행을 시작하고 네 시간을 조금 넘겼을 때 글렌은 하와이 상공에 있었다. 그때 글렌은 비행 관제 센터로부터 모든 것을 바꿀 연락을 받았다. "프렌드십 7(글렌이 탑승한 유인 우주선 머큐리-아틀라스 6호의 호출 신호—옮긴이), 방금 센서 51에서 착륙 보조 장치가 펴진 것으로 읽힌다. 잘못된 신호인 것 같다."[12]

착륙 보조 장치는 그 이름에서 짐작되듯이, 우주선이 바다에 착륙할 때 펴져야 했다. 우주에서 착륙 보조 장치가 펴지면 그야말로 비상사태나 다름없었다. 무엇보다 열을 차단하는 차폐 장치가 느슨해졌다는 신호였기 때문이다. 열을 차폐하지 못하면 우주선이 지구 대기권에 재진입하는 동안 타버릴 수 있었다. 이 상황은 우주에서 처음으로 맞닥뜨린 비상사태였고, 누구도 그 상황을 어떻게 처리해야 하는지 알지 못했다.

운항 관제 감독 크리스 크래프트는 관제관들의 보고를 면밀하게 검토한 뒤에 팀원들이 잘못된 신호를 보고 있는 것이라 '직감'했다. 무엇보다 우주에 있는 글렌이 착륙 보조 장치와 관련해 아무런 보고를 하지 않았기 때문이다. 크래프트는 "글렌으로부터 아무런 소식을 듣지 못했는데 과연 그런 사고가 일어날 수 있을까? 캡슐의 반동 추진 엔진에 발동이 걸릴 때마다 열 차폐막에서 쿵쾅대는 시끄러운 소음이 있지 않았나? 글렌이 캡슐의 계기판에서 착륙 보조 장치가 펴졌다는 신호를 보았다면 즉시 보고하지 않았을까?"라는 의문을 품었다.[13]

당시 우주에 올라간 글렌과 통신하는 역할을 맡은 지상 연락관 앨런 셰퍼드도 크래프트의 의혹에 힘을 실어주었다. 팀원들이 만일의 사태에 대비한 절차를 파악하는 동안, 크랜츠는 관제용 계기판에서 눈을 떼지 않은 채 세계 곳곳의 통신소에 경고를 보내면서 그 이상한 신호에 대해 알렸다.

그때 부국장보이던 월터 윌리엄스가 관제 센터에 들어왔다. 그는 나사에서 이 문제와 관련된 고위 관리자들을 소집했고, 지체 없이 여러 사람이 관제 센터로 달려와서는 크래프트 옆으로 모여들었다. 글렌이 재진입하기 전에 결정이 내려져야 했지만, 누구도 무엇이 최선의 해결책인지 알지 못했다. 게다가 착륙 보조 장치가 펴졌다고 입증하는 자료를 확인할 수도 없었다. 크래프트는 그들이 '잘못된 신호'를 보고 있는 것이라 확신했다. 나사의 공보관 쇼티 파워스가 언론에 그 문제를 성급히 알렸고, 기자들은 무엇인가가 잘못되고 있음을 직감했다. 삶과 죽음의 드라마가 곧 펼쳐진다는 불길한 예감이 점차 짙게 감돌았다. 크래프트는 당시를 회상하며 "수백만 명의 미국인이 하던 일을 멈추고 텔레비전과 라디오 앞에 모여들었다"라고 말했다.[14]

데이터에 근거해 결정을 내려라

결정을 내려야 할 시간이 숨 가쁘게 다가왔다. 하지만 머큐리 관제 센터에서는 누구도 그 신호가 잘못되었다고 단정하지 못했다. 캡슐이 대기권에 재진입한 뒤에 속도를 늦추기 위한 '역추진 보조 로켓' 장치(레도에서 우주선을 조종하는 일련의 엔진들)는 가동된 뒤에 떼어내는 게 원칙이었지만, 계속 남겨두자는 의견이 조심스레 제안되었다. 크래프트는 그 의견에 어떠한 공학적 분석이 뒷받침되지 않았기 때문에 무척 위험한 결정이라 생각했다. 특히 역추진 로켓에 연료가 남아 있다면 폭발할 가능성이 컸다. 그러나 열 차폐막이 실제로 느슨해졌다면 글렌의 목숨을 구할 가능성도 있었다. 크래프트는 불안하기 그지없었지만 재진입을 위해 역추진 로켓을 계속 남겨두기로 결정했다. "역추진 보조 로켓을 그대로 두고 불에 타도록 내버려두는 게 정말 위험하고 무모한 짓이란 생각이 들었지만 우리는 그렇게 하기로 결정했고, 행동에 옮겼다. 자칫하면 존 글렌이 죽을 수도 있었지만, 천만다행으로 우리는 운이 좋았다."[15]

글렌은 안전하게 착륙했다. 그야말로 구사일생이었다. 나사는 지상에서 궤도에 오른 우주선 상태를 더 정밀하게 감시하는 원격 측정 역량을 신속하게 키웠고, 크래프트는 **"절대적으로 필요한 경우가 아니면 결코 규범에서 벗어나지 말라!"**라는 새로운 운항 관제 규칙 하나를 더했다. 글렌의 우주비행이 끝난 뒤에 크랜츠도 운항 관제팀의 일에 도움을 줄 만한 자료를 보완했다며 "부족한 정보를 근거로 무척 어려운 결정을 내린 경험이 시스템을 더 깊이 들여다보는 계기가 되었다"라고 당시를 회상했다.[16] 하지만 나사에는 여러 변화를 모색할 만큼 충분한 시간이 없었다. 바로 수개월 뒤에 스콧 카펜터의 우주비행이 예정되어 있었다. 그 임무를 준비하기 위해 많은 일을 해야 했다.

카펜터의 우주비행에서도 중대한 문제가 발생했지만 기술적으로는 완벽하게 작동했다. 크래프트는 "그 문제만 아니었더라면 최고의 비행이 될 수 있었을 것"이라 한탄하며, 당시를 "이번에는 사람이 제 역할을 해내지 못했다"라고 회고했다. 카펜터에게는 우주선을 수동으로 조작하는 등 빡빡한 일정에 맞추어 많은 실험을 해야 하는 과중한 부담이 주어졌다. 그는 너무 바빴던 탓에 비행 초기에 무척 예민한 제트 엔진을 자신도 모르게 작동시켜 연료를 지나치게 소모했고, 첫 궤도 비행을 끝냈을 즈음에는 연료가 절반도 남아 있지 않았다.[17] 글렌과 마찬가지로 카펜터도 궤도를 세 번 비행할 예정이었으므로 연료 부족이 중요한 문젯거리로 대두되었다.

카펜터는 비행 중에 연료를 아낄 수 있었지만, 자동조종 상태로 전환하려 했을 때 시스템이 필수적으로 유지해야 하는 우주선의 상태로 있을 수 없다는 사실을 알게 되었다. 문제를 해결해보려고 카펜터는 무심코 수동 시스템과 자동 시스템 모두를 10분 동안 켜두는 실수를 저질렀고, 그 때문에 더 많은 연료가 소모되었다. 우주선이 하와이 상공을 지나친 뒤에야 운항 관제팀은 카펜터에게 우주선을 재진입 위치에 맞추라고 지시했다. 따라서 예정보다 3초 늦게 역추진 로켓이 점화되었고, 그 때문에 우주선은 목표 지점에서 280킬로미터나 떨어진 곳에 착륙했다. 회수함이 카펜터를 구하려고 부리나케 그 지점으로 달려갔지만, 착륙 후 한 시간 30분이 지나고 나서야 구명보트에서 그를 찾아내 구조했다. 우주에서 작은 사고들이 일어났지만 다행히 카펜터는 무사했다.[18]

크래프트는 카펜터가 우주에서 맞이한 마지막 몇 분을 두고 "카펜터에게 신속하게 생각하고 영리하게 대처하는 자질이 있다는 걸 인정할 수밖에 없었다"라고 요약했다. 그 임무를 말미암아, 유인 우주비행이 무척 복잡한 작업이고 우주비행사와 운항 관제팀 간에 긴밀한 팀워크가 매우 중요하다는 사실이 여실히 드러났다. 일정표와 점검표, 절차와 관제 규칙에 대한 면밀한 주의는 지상와 우주, 두 곳 모두에서 같은 정도로 중요했다.

제미니 계획

머큐리 계획을 진행하며 나사는 의사결정 자료를 수집하는 방법을 어렵게 배웠지만, 그 과정은 제미니 계획을 준비하기 위해 반드시 거쳐야 할 과정이었다. 제미니 계획은 신속하게 진행되었고, 축적되는 자료량은 급속도로 증가했다. 예컨대 우주비행사들이 우주유영을 시작했으며, 다른 우주선과 랑데부하는 데 그치지 않고 도킹까지 시도했다. 이 모든 활동이 달 착륙을 준비하는 데 필요한 과정이었다.

"나에게는 계획이 있었고 … 일정도 있었다. 계획을 추진할 만한 자금도 있었다. 국가로부터 계속 지원을 받았다." 크래프트는 지구 궤도에서 벗어나 달까지 우주비행사를 보내는 계획에 대해 이렇게 말했다. "의회도 나를 계속 지원했다. 세계에서 가장 뛰어난 사람들이 나를 위해 일했고, 나는 내 앞에 모인 뛰어난 사람들을 위해 일했다. 어쩌면 바로 이것이 성공의 공식이었다. 하지만 처음 시작했을 때는 우리가 대체 무엇을 하고 있는지 몰랐던 것 같다. 우리는 모두 시험비행을 연구하던 공학자였다. 길러스는 시험비행 공학자였고, 나 역시도 그랬다. 어떻게 해야 더 높이, 더 빨리 비행할 수 있을까? 우리는 그런 문제를 풀어내려고 애쓰던 공학자였을 뿐이다."[19]

존 글렌의 숙명적인 머큐리 우주비행 이후에 우주선 설계자들은 경험에 근거한 결정이 아니라 데이터에 입각한 결정을 내리는 데 필요한 정보를 수집하기 위해 선내 감지기를 새롭게 개발해야 했다. 크랜츠는 "측정 결과를 근거로 열 차폐막이 느슨해졌다고 판단했지만, 진입 단계에서 역추진 보조 로켓을 그대로 남겨두고 위험을 무릅쓰는 일련의 결정이 내려졌다. 진입 단계에서 열 차폐막이 손상을 입을지, 입지 않을지 우리는 몰랐다. … 그러나 만약 열 차폐막이 느슨해지지 않았다면 측정이 잘못되었다는 것을 의미했다. 그러했더라면 우리는 다른 조치를 취하지 않았을 것이다. 결국 크래프트는 머큐리 관제 센터에서 정말 어려운 결정을 내려야 했다"라고 회고했다.[20]

여하튼 그들은 성공했다. 머큐리 우주선이 수십 개의 조각된 데이터를 처리했다면, 새로운 제미니 우주선은 연속으로 전달되는 수백 가지의 데이터를 처리했다. 제미니 계획을 수행하면서 얻은 통찰에 크랜츠와 크래프트, 길러스는 흥분하지 않을 수 없었다. 크랜츠는 당시를 회상하며 "우리는 시스템 내부를 들여다보고 우주비행사들이 우주선에 앉아서 볼 수 없던 것까지 볼 수 있었다. 게다가 예전보다 훨씬 빠른 속도로 표본 데이터를 얻었다. 과거에 초당 하나의 표본 데이터를 얻었다면, 이제는 초당 8~10개의 표본 데이터를 확보할 수 있었다"라고 말했다.[21]

그러나 데이터 수집만으로는 충분하지 않았다. 작업을 진행하면서 얻은 교훈, 다음 우주비행을 위해 우주선을 개량할 방향에 대한 의견, 운항 관제의 생명선으로 절차와 위기 대응을 마련하는 방법에 대해 팀원들에게 정기적으로 보고하는 커뮤니케이션이 반드시 필요했다.

회의를 통해 이런 정보를 가지고 정기적으로 논의한 덕분에 크랜츠와 그의 팀은 **"감추어진 문제를 효과적으로 찾아내기 시작했다. 요컨대 시스템 내부를 들여다보기 시작해 문제를 앞서 파악하고, 문제 발생을 상당한 정도로 예방할 수 있었다.** 설령 문제가 발생하더라도 원인을 신속히 파악해 어떻게 조치해야 하는지를 알아낼 수 있었다".[22] 머큐리 계획과 제미니 계획은 모두 아이디어에 그치지 않고 생각을 행동으로 옮긴 덕분에 달성되었다.

인재를 키워라

나사는 하나의 프로그램을 진행하는 동시에 다른 프로그램을 준비할 정도로 빠르게 성장했지만, 그 때문에 뛰어난 젊은 공학자에 대한 수요도 전례 없을 정도로 커졌다. 크랜츠가 말했듯이 "장기적인 관점에서 수년 후를 내다보면, 우주 프로그램 자체가 빠른 속도로 커졌을 뿐만 아니라, 젊은 인재를 끌어와야 할 필요성도 하루가 다르게 커졌다. 따라서 나사의 여러 핵심 부서를 젊은이들이 모인 곳, 흔히 '공급 대학feeder university'이라 일컬어지는 곳 근처에 두기로 한 초기 결정은 정말 올바른 결정이었다".[23]

크랜츠는 덧붙여 말했다. "기본적으로 우리에게 관심이 있는 젊은 인재가 적지 않았고, 그들이 케네디가 시작한 우주 경쟁의 불길을 이어가는 실질적인 연료가 되었다. … 우리가 달에 가는 연구를 위해 필요한 인재를 찾아 나섰을 무렵에는 대학을 직접 방문해 졸업생을 통째로 데려올 수 있었다. 이런 이유에서도 나사의 핵심 부서들을 대학 주변에 둔 것은 올바른 결정이었다."

머큐리 계획은 야심 찬 계획에 따라 2년 동안 여섯 번의 발사와 착륙을 시도했다. 당시에 사용된 최초의 우주선은 창문도 없을 정도로 원시적이었다. 게다가 우주비행사는 우주복을 입은 채 34시간 동안 잠을 자지 않고 깨어 있어야 했다. 모든 자료가 미친 듯이 수집되었고, 치열하게 논의되었으며, 미래의 우주비행을 개선하는 근거로 쓰였다. 제미니 계획 또한 1966년 말까지 거의 광적인 속도로 진행되었다. 그리하여 마침내 그즈음 달을 향해 날아가는 아폴로 계획을 추진할 준비가 갖춰졌다.

오늘날의 유인 우주비행은 머큐리와 제미니 프로그램에서 배운 교훈들로부터 진화한 것이다. **나사는 자료를 수집함으로써 지행격차를 메웠고, 점검에 사용되는 초석을 놓았으며, 실패를 통해 배운 것을 행동에 옮겨 우주선의 성능을 개선했다.** 그들의 지혜는 시간의 시련을 견디어낸 덕분에 지금도 여전히 유효하다.

"당시는 케네디 시대였다. 당시는 카멜롯(아서 왕 전설에 등장하는 아서 왕과 원탁의 기사들의 본거지—편집자)의 시대였다. 한동안 그 카멜롯이 실제로 존재하는 듯했다. 아니, 정말로 존재했다! 정말 마법 같은 시간이었다!"[24] 크랜츠는 그 뜨거웠던 시대를 이렇게 회상했다. 시대가 제미니와 후세대를 위해 남긴 유산은 실로 대단했다.

인사이트 노트

♦ 대담한 비전은 팀에게 대담한 목표를 성취하도록 영감을 줄 수 있다.

♦ 결과를 끌어내고 싶다면 전문가를 채용해 권한을 위임하라.

♦ 새로운 아이디어를 관리하기 위한 과정을 마련하라. 최상의 아이디어를 시행하되 성공 가능성을 측정하고, 만일의 경우를 대비해 다른 아이디어를 준비해둬라.

상상의
실패

4장

극단값을 예측하지 못하는 것은
역사의 흐름을 예측하지 못하는 것과 같다.

─나심 니콜라스 탈레브, 경영학자

"조종실에 불이 났다!"

아폴로 1호의 승무원이 다급한 목소리로 외쳤다. 그 때문에 평소였
다면 차분히 진행되었을 발사를 앞둔 시험 단계가 갑자기 시끄러워졌
다. 거스 그리섬 선장과 두 동료, 에드 화이트와 로저 채피가 발사대에
올려진 사령선에 갇혀 있었다. 그날은 1967년 1월 27일로, 발사를 서
너 주쯤 앞둔 때였다. 다시 말하면, 달을 향한 우주비행을 추진하려는
아폴로 프로그램의 본격적인 개막을 앞둔 때였다.

첫 조난 신호를 보낸 뒤, 우주비행사들은 모두 시험비행으로 잔뼈가
굵은 노련한 조종사답게 즉각 행동에 돌입했다. 화이트와 그리섬은 해
치를 열기 시작했다. 과거의 우주선과 비교했을 때, 새롭게 설계된 우
주선은 무척 복잡해져서 해치를 열려면 서너 개의 장치를 돌린 뒤에 묵

직한 구조물을 안쪽으로 당겨야 했다. 한편 채피는 화재로 인해 비상사태가 닥쳤을 때 지켜야 할 절차에 따라, 자리에 앉은 채 탈출 명령을 기다렸다.

그들은 고도로 훈련을 받아 어떻게 대응해야 하는지 정확히 알았지만, 안타깝게도 시간은 그들의 편이 아니었다. 나사의 자료에 따르면, 그들의 첫 목소리가 전해지고 마지막 절규가 들릴 때까지 약 17초가 걸렸다.[1] 순식간에 화염이 사령선 실내 전체를 뒤덮었다. 하지만 발사대에 있던 보조원들이 사령선의 해치를 열고 안으로 들어가는 데는 5분이란 긴 시간이 걸렸다.

너무 늦었다. 세 우주비행사 모두 질식해 죽고 말았다. 아폴로 1호 승무원들의 사망은 크나큰 비극이었고 가족들과 나사의 전 직원에게는 그야말로 대참사였으며 현장에 있었지만 세 젊은이를 구하지 못한 기술자들에게는 청천벽력이었다. 그 사건은 1961년 5월 앨런 셰퍼드가 역사적인 비행을 하고 채 6년도 지나지 않아 미국의 유인 우주비행을 거의 끝낼 뻔한 비극이기도 했다.

조종실의 화재

돌이켜 생각해보면, 해수면 대기압을 상회하는 100퍼센트 순수 산소 및 상당수의 인화성 물질로 내부를 채운 뒤에 해치를 닫는다는 발상에 적잖은 의문이 제기되었다. 한 번의 불똥으로도 돌발적인 화재가 일어날 수 있어 무척 위험했기 때문이다. 화재의 원인은 명확히 밝혀지지 않았지만, 해치 아래의 조잡한 배선에서 불똥이 처음 시작되었을 가능성이 가장 컸다.

사고를 조사하는 일이 늘 그렇듯이 아폴로 1호의 경우에도 고려할 사항이 많았다. 지나치게 빡빡한 일정 또한 사고에 어느 정도 일조하지 않았을까? 당시 나사의 일정은 3년 안에 인간을 달에 보내기로 계획되어 있었다. 산소로 채워진 환경에서 화재가 돌발적으로 쉽게 일어날 수 있다는 위험이 간과된 건 아닐까? 수년 전, 러시아에서도 우주비행사가 순수 산소로 채워진 환경에서 훈련하던 중에 사고로 사망한 적이 있었지만, 미국의 나사가 그런 사고가 있었다는 걸 알았을 가능성은 거의 없다. 그런데 이미 두 번의 우주비행을 경험한 베테랑이었던 그리섬이 우주선의 성능에 불만을 터뜨렸던 이유는 무엇이었을까?

조사관들은 사고의 원인으로 여겨질 만하다면, 아주 작은 단서라도 빠짐없이 살펴봤다. 준비 과정, 우주선의 설계와 건조 과정, 물리적 요인, 사고가 발생할 때까지의 의사결정 과정 등을 면밀하게 검토했다. 사고의 물리적 원인은 신속히 확인 가능할지라도 조사와 회복에는 오랜 시간이 걸린다. 따라서 아폴로 프로그램은 보류되었고, 소중한 시간을 속절없이 흘려보냈다. 그 기간에 나사는 애도의 시간을 보냈고 상실감에서 점차 회복되어 조사 결과를 의회와 공유했다.

나사 내부에서 일정에 관한 압박은 팀원들 사이에 이런저런 문제를 일으켰다. 막판에 결정된 최종 계획안이 변경 사항의 경로가 명확하게 알려지지 않은 채 제조업체와 나사와 협력 기업에 전달되었다. 예컨대 새로운 우주선의 제작자로 노스아메리칸 항공이 선정된 이후로 제작 공정이 늦어져서 점점 불만이 고조되고 있었다.

일정의 압박과 갈등

1967년 1월 22일, 숙명적인 화재가 발생하기 닷새 전, 그리섬은 사령선에 대한 불만을 비유적으로 토해냈다. 그날 그리섬은 휴스턴에 있는 집에서 휴가를 보내고 있었다. 이때의 휴가가 가족과 함께한 마지막 날이었다. 그리섬은 뒷마당의 나무 한 그루에서 레몬을 땄다. 아내 베티가 레몬으로 무엇을 하려는 거냐고 묻자, 그리섬은 "우주선에 매달아 두려고"라고 대답했다.[2] 그리섬이 레몬을 우주선이 아니라 시뮬레이터 위에 올려두었다는 증언도 있다(영어권에서 레몬은 속어로 '불량품'이라는 의미를 가지고 있다─편집자). 여하튼 승무원들의 비극적인 죽음이 상황을 바꾼 것이다.

정치적으로 결정된 일정에 맞춰야 한다는 압박감 때문에 발사 준비를 서두를 수밖에 없었고, 아폴로 1호의 우주비행사와 다른 우주선의 승무원 들은 불행한 결말을 맞이했다.

아폴로 1호 사고 조사 위원회는 많은 원인을 나열했지만, 그중 하나가 오늘날 '문화'라고 일컬어지는 것이었다. 조사 위원회의 보고서에서 확인되듯이, "프로그램 관리 및 나사와 협력 업체 간에 존재했던 여러 문제 때문에 프로그램 일정 변경 요구에 충분히 대응하지 못한 경우

화재 사건 이후 촬영된
아폴로 1호의 외부(왼쪽)와 내부 사진

가 적지 않았다".[3] 조사 위원회는 "관련된 조직들의 책임 범위를 최대한 명확히 규정하고 이해함으로써 각 조직이 충분히 협력하는 효과적인 프로그램의 운영에 목표를 두어야 할 것"이란 결론을 내렸다.

팀원들은 그런 쟁점에 대해 분명한 목소리를 냈을까? 그들은 다른 사람의 의견을 귀담아들었을까? 아폴로 1호 사건의 선임 조사관이자 우주비행사이던 프랭크 보먼은 의회에서 전형적인 우주비행의 준비 과정에 대해 "비행 안전 요원들이 포함된 완전한 팀을 꾸려야 한다. 나는 제미니 8호를 준비할 때 나에게 직접 보고하는 16명의 요원을 두었다. … 내가 생각한 방향으로 일이 진행되는지 확인하기 위해 그들을 내 눈과 귀, 새를 물어오는 사냥개로 활용했다"라고 증언했다.[4]

그러나 그 과정을 아폴로 계획에 적용하려면 개선할 여지가 있느냐는 질문에 보먼은 대답을 망설였다. "곧바로 대답하기는 어렵습니다. 그 질문을 받기 전까지는 생각해본 적이 없기 때문입니다. 잠시 시간을 주시면 나중에 대답을 드릴 수 있을 것입니다."[5]

화재 사건이 일어나고 얼마 후, 조지 로가 운항 관제팀으로 복귀해 달에 가려는 아폴로팀을 처음으로 지휘하게 되었다. 로의 리더십은 **팀원들에게 안전 관련 문제를 찾아내서 사람들에게 명확히 알리고, 그 문제를 개선하기 위한 의견을 적극 제시하도록 독려했다.** 훗날, 로의 접근 방식은 신뢰도가 높은 조직을 운영하는 데 필요한 리더십으로 지칭된다. 로의 리더십은 아폴로 계획을 정상 궤도로 되돌리는 데 필수적이었다.

검은 백조

해치를 완전히 닫은 채 실행된 시험은 원래 계획에 따른 것이었다. 그러나 팀이 계획대로 임무를 수행할 준비가 갖춰졌는지 확인하기 위해 마련된 준비 점검 과정에서 인화성 물질로 인한 화재의 가능성을 파악하지 못했다. 발사 전 준비 점검 과정에서 시스템의 오류나 이상 징후가 발견되었다면 발사는 당연히 취소되었을 것이다. 지상에서 준비 상태를 판단할 때 적용되는 엄격성은 실제 발사에 적용되는 기준만큼이나 시험의 성공 여부에 중요한 영향을 미쳤다.

　모의시험이 승인되었지만 모든 항목이 검토 대상에 포함되지는 않았다. 조사 위원회가 지적했듯이, 절차에서 중요한 수정이 1967년 1월 26일 동부 표준시로 오후 5시 30분, 즉 시험이 실시되기 약 24시간 전에 이루어졌고, 시험 당일 아침에는 절차 설명서에 4페이지가 추가되었다.[6] 막판에 절차를 변경하면 위험이 증가할 가능성이 크다. 아폴로 이전에 머큐리와 제미니로부터 얻은 교훈도 어떤 규약이 결정되면 가능한 범위 내에서 예외 없이 규약을 따르는 게 중요하다는 걸 거듭 강조했다.

　문제가 꼬리를 물고 이어지면 불만이 쌓이고, 불만은 결국 반복되는 실수로 이어질 수 있다. 아폴로 1호 우주선이 케이프커내버럴에 인도되었을 때, 배선 장애와 냉각수 누수, 생명 유지 장치와 무선 장치 등에서 결함이 발견되었고, 본격적인 시험을 준비하기 전에 해결해야 할 문제가 많았다.

　그리섬은 통신망을 통해 공개적으로 불만을 터뜨리며, "두세 건물밖에 떨어지지 않은 거리에서도 제대로 통신할 수 없는데 어떻게 달까지 갈 수 있겠나?"라고 빈정거렸을 정도였다. 모의실시한 카운트다운 역시 수없이 연기되었다. 그 짜증스러운 날이 끝나갈 무렵, 해치가 마침내 닫혔고 카운트다운이 다시 시작되었으며 우주선은 순수 산소로 채워졌다. 여기까지는 머큐리와 제미니 프로그램에서도 아무런 사고 없이 수행되었다. 어쩌면 이 때문에 위험에 대한 위기의식이 잘못 심어졌을 수 있다.

몇몇 보도에 따르면, 훗날 보먼은 아폴로 1호의 화재를 '상상의 실패 failure of imagination'라고 칭하면서 사고가 없었다면 일상적으로 끝났을 사건이 무엇 때문에 잘못될 수 있는지를 생각해보려 했다. 하지만 그 표현의 출처가 확실하지는 않은 듯하다. 2007년, 위험 분석 전문가 나심 니콜라스 탈레브는 극단적으로 드물게 일어나는 사건을 '검은 백조black swan'라고 칭했다. 그리고 같은 해에 발표한 책 『블랙 스완』(2018, 동녘사이언스)에서 "극단값을 예측하지 못한다는 것은 역사의 흐름을 예측하지 못하는 것과 같다"라고 말했다.[7]

나사는 일련의 사건들로 누적되는 '폭포 효과'(사회적·조직적 시스템에서 정보, 행동, 영향력 등이 연속적으로 전달되고 확산되는 과정을 일컫는다—편집자)를 제대로 인식하지 못했고, 그 결과 우주비행사와 우주선을 잃고 말았다. 이는 프로그램 전체에도 영향을 미쳤다. 그때부터 나사는 우주비행사와 국민, 의회와 신뢰 관계를 재구축해야 했다. 이때 공학자이자 리더로서 로의 역량이 큰 도움이 되었다.

국민의 신뢰를 회복한 통로 중 하나는 프랭크 보먼이 의회 청문회에 출석해 보여준 증언 태도였다. 보먼은 솔직하고 진솔하게 대답하면서도 아폴로팀과 나사를 향한 충성심을 잃지 않았다. 의원들의 개별적인 질문에 대한 그의 대답도 신뢰를 회복하는 데 중요한 역할을 했다. 우주비행사들의 기분에 대해 질문을 받자 보먼은 자신의 비행 경험을 끌어와 대답했다. 한번은 순수 산소로 채워진 제미니 우주선으로 14일 동안 우주를 비행한 적이 있다고 언급하며, 비슷하게 아폴로 우주선에도 산소를 공급해 환경을 조성한 것에는 조금의 의혹도 없다고 대답했다. 의원들은 보먼과 그의 동료 조사 위원들이 조사 절차를 엄격하게 지켜준 것에 감사의 뜻을 표하기도 했다.

또한 보먼은 필요한 경우에 당국의 의견에 따라야 한다는 것을 알았다. 한 의원이 "절반쯤 마무리된 상태에서 우주선을 시험한 것이 적절했는가"라고 단도직입적으로 물었을 때,[8] 보먼은 퇴역 군인답게 위계질서를 언급하며 즉답을 피했다. "그 문제는 의원님이 프로그램 관리자들, 우주선의 인수를 책임지는 사람들과 논의해야 할 영역입니다." 보먼은 자신의 상관, 즉 조지 밀러 부국장이 우주선 정비가 마무리되지 않았다는 걸 알고 있었느냐는 질문에도 "그 문제도 밀러 박사에게 직접 답변을 듣는 편이 좋겠습니다"라며 즉답을 피했다.

헌신과 용기 그리고 회복 탄력성

1999년 나사와 가진 인터뷰에서 프랭크 보먼은 세 우주비행사 모두가 아폴로 우주선에 대한 문제를 알았으며 그 원인이 한층 복잡해진 새로운 우주 로켓 본체에 있다고 추정했다고 회상했다. 그러나 화재가 발생할 때까지 누구도 그 문제가 죽음을 초래하는 비극으로 끝날 거라고는 생각하지 않았다. 첫 조사 작업을 위해 보먼이 새까맣게 타버린 아폴로 1호 우주선에 들어갔을 때 그는 "어떻게 이런 일이 일어날 수 있을까!"라고 소리치며 경악하지 않을 수 없었다. 보먼은 나사와 동료들에게 잘못을 기록해두고 무엇을 바로잡아야 하는지 배워야 한다고 조언했다.

"당장 해야 할 일들이 있었다. 가장 먼저 스위치의 상태를 확인하고 기록해둬야 했다. 다음으로는 절연 상태가 불량인 곳이 있는지 찾고, 만약 있다면 그 이유에 대해 추적해야 했다. 오랜 시간이 걸리는 지루한 작업이었다."

보먼은 나사가 실패할 수 있고, 이로 인해 인간을 다시는 우주에 보내지 못할 거라고 생각해본 적이 있느냐는 질문에 청문회에서 의원들에게 말했던 것만큼이나 솔직담백하게 대답했다. 보먼은 그런 가능성을 걱정하지 않는다며 "실수를 인정합니다. 그렇지만 우리 인간은 자연적으로 낙관성을 가진 존재라고 생각합니다"라고 말했다. 그러고는 공군에 근

무했던 몇몇 시험 비행 조종사들이 맞이한 운명을 언급하고, "반드시 기억해야 할 것이 있습니다. 내 주변에는 추락해 땅바닥에 구멍을 낸 동료가 좀 있습니다. 하지만 그걸로 끝입니다. 우리는 계속 앞으로 나아갈 것입니다"라고 덧붙였다.

나사는 단호하게 밀고 나갔지만 쉽지 않았다. 우주선 해치가 다시 설계되었고, 어떤 결함도 용납하지 않으려고 배선이 몇 번이고 점검되었다. 많은 부분이 바뀌고 보완되었다. 로는 팀원들의 변화를 이렇게 설명했다. "우리는 심각한 실수를 저질렀다. 모든 가연성 물질을 완벽하게 관리하지 못한 실수였다. 그 이후로 우리는 비슷한 실수를 반복하고 싶지 않아서 할 수 있는 모든 노력을 기울였다. 우리는 아폴로 우주선의 모든 도면과 회로, 부품을 재점검했다. 설계와 제작, 시험 과정에서 수천 번 변경을 거쳤다."

로의 리더십 하에 팀원들은 통신망을 개선하고 우주비행사들의 제안을 경청하며 그들의 의견을 반영하고자 혼신의 노력을 다했다. 그리섬을 비롯한 우주비행사들이 노스아메리칸 항공사와 그곳의 협력 업체들과 대화할 때마다 귀에 딱지가 앉도록 들었던 '국내 미개발'이란 말에 진저리가 난다고 하소연한 적이 한두 번이 아니었다. 그러나 그 비극으로 안전에 대한 모두의 의식이 달라졌다. 안전과 관련된 쟁점이 올라오면 곧바로 논의되고 관리된 끝에 해결되었다. 일정 역시 적정한 수준으로 관리되었다. 속도는 여전히 치열했지만 팀원들의 제안을 경청하고 현장에 반영하려는 로의 적극적인 의지 덕분에 더 큰 문제로 발전하지 않았다.

아폴로 1호의 비극이 일어나고 21개월 후, 아폴로 7호의 승무원들은 지구 궤도를 회전하며 새로운 우주선의 기능을 시험하는 11일간의 임무를 성공적으로 완수했다. 새롭게 설계된 사령선과 기계선을 시험하면서 위험을 관리하는 동시에 안전에 관심을 기울였고, 그 결과는 만족스러웠다. 아폴로 7호의 임무는 달을 향해 가는 큰 발걸음이었다.

사고가 일어나기 전, 그리섬은 자신이 원하는 방향으로 아폴로 1호를 바꾸지 못했다. 아무도 그의 의견에 귀를 기울이지 않았다. 비극적인 화재가 일어난 뒤에야 바뀌었다. 아폴로 7호의 선장 월터 시라는 훈련 중이든 우주에서든 아폴로 7호의 승무원들을 적극적으로 변호했고 필요한 경우에는 작업량을 줄이려고 예정된 작업을 취소하기도 했다. 승무원과 운항 관제팀 사이의 관계를 관리하기는 어려웠지만 프로그램의 성공을 위해서는 둘 사이의 원만한 관계가 필수적이었다. 아폴로 8호의 선장 프랭크 보먼은 평소에는 목소리가 부드러우며 정직하고 신실하고 윤리적인 사람이었지만, 임무의 우선순위에 대해 말할 때는 단호하게 변했다.

"내가 두려워한 최악의 상황은 어떤 이유로든 승무원들이 부주의하게 실수해 임무를 망치는 것이었다. 나는 그런 상황이 일어나지 않기를 바랐다."

보먼은 나사와 진행한 인터뷰에서 아폴로 8호에 대해 회상하며 "나는 빌 앤더스, 짐 로벨과 함께 강력한 한 팀을 이루었다. 나는 우리에게 제기되는 어떤 문제라도 우리가 거뜬히 해결할 수 있다는 걸 확인하고 싶었다. … 두 번째로는 우리 임무를 정말 망치고 싶지 않았다. 러시아가 우리를 바싹 뒤쫓고 있지 않다고 누구도 확신할 수 없었기 때문이다. 그래서 나는 계획대로 예정된 시간에 가고 싶었다"라고 말했다.

보먼과 그의 승무원들은 '예정된 시간'에 출발했고, 전에는 누구도 해내지 못한 일, 즉 달까지 안전하게 갔다가 돌아오는 임무를 성공적으

로 수행해냈다. 케네디가 공언한 10년이 되기 1년 전, 나사는 불가능해
보였던 목표를 달성할 만반의 태세를 갖추었다.

인사이트 노트

♦ 신뢰를 재구축하려면 시간이 걸린다. 성실하고 진실하고 투명하게
일하는 동시에, 문제를 찾아내 해결하는 일에 혼신을 다하는 리더가
신뢰를 구축하고 유지하고 회복하는 데 중요한 역할을 한다.

♦ 질문을 던지고 팀원의 의견에 진심으로 경청하고 그들을 독려하는
겸손한 리더는 조직의 문화를 바꿀 수 있다.

♦ 준비 점검 과정은 팀이 계획대로 임무를 진행할 준비가 되었는지 확
인하기 위해 필요하다. 확인된 미해결 쟁점과 통제되지 않은 위험은
반드시 해결해야 한다.

♦ 안전 문화를 조성하려면 고위 관리자의 리더십이 중요하다.

숫자는
무엇을 말하는가?

5장

위험을 무릅쓰지 않고는

진보도 있을 수 없다.

─조지 로, 항공기술자

초창기 나사 조직 내부로 깊이 들어가면 조지 로와 그에게 영향을 받은 사람들을 마주치지 않을 수 없다. 로는 처음부터 나사에 근무했다. 나사가 정부로부터 독립된 기관으로 우주개발 계획을 추진하기 위해 1958년 설립된 초기에, 로는 머큐리와 제미니, 아폴로 프로그램의 기조를 마련한 팀의 일원이었다. 그는 개인적으로 우주선을 설계하고 제작하는 최전선에서 일하기를 바랐지만, 워싱턴 DC에 새로이 마련된 본부로 옮겨가 유인 우주비행을 총괄하는 책임자가 되었다.

그가 있었던 존슨 우주 센터는 우주비행사들이 거주하고 일하며 우주비행 훈련을 받던 휴스턴 지역에 나사가 새롭게 지은 유인 우주비행의 중심지였고, 플로리다의 케이프커내버럴은 우주선이 발사되는 곳이었다. 그럼에도 로는 최고의 팀플레이어답게 존슨 우주 센터와 케이프

조지 로(왼쪽)의 미국 항공우주국 차관 임명식 모습. 오른쪽 인물은 前 나사 국장인 토머스 페인이다.

를 떠나는 걸 흔쾌히 받아들였다. 그는 워싱턴으로의 전근이 필요한 이동이라고 인식했다. 워싱턴에 근무한 덕분에 로는 의원들에게 더 쉽게 다가갈 수 있었고, 나사에 연구 개발비를 계속 지원해줄 의사결정자들의 옆에 있을 수 있었다.

로는 나사가 달에 가는 걸 목표로 삼아야 한다고 처음부터 주장한 사람 중 한 명이었고, 그때는 존 F. 케네디가 1961년에 숙명적인 발표를 하기 훨씬 전이었다. 한 언론인은 로의 강경한 의지에 어찌나 질렸던지, 그를 '원조 달 광신자'라고 칭했다고 한다. 공상가였던 로는 1959년 나사가 설립된 초기 단계에서도 달 착륙을 주장하기도 했다. 미국이 우주로 인공위성을 쏘아 올리기 2년 전이었다.

조지 로는 나사의 장기적인 전략계획을 세운 괴트 위원회Goett Committee 의 일원이었고, 그 계획안은 1959년 4월에 발표되었다. 물론 괴트 위원회는 '최대한 빨리 사람을 우주에 보내'려는 머큐리 계획을 최우선 목표로 삼았지만, 동시에 머큐리를 넘어서는 프로그램이 필요하다고 생각했다. 미래를 향한 그들의 비전은 야심 찼다. 그러나 유인 우주비행에만도 '수동으로 조종할 수 있는 유인 인공위성'과 '유인 우주비행 실험' 및 달 착륙 과정이 필요했다.

나사의 역사를 다룬 『아폴로의 전차들』(Chariots for Apollo)에 따르면, 괴트 위원회의 일부 위원은 달 궤도를 선회하는 데 그치려 했다. 그 책에서 로는 "언젠가 '달 착륙 여부를 언제쯤 결정할 것인가? 달에는 어떻게 착륙할 것인가?'라는 질문을 받았을 때 해리 괴트가 '글쎄요, 아마도 내가 은퇴할 즈음일 테니까 내가 그 문제를 걱정할 필요는 없겠지요'라고 대답했던 장면이 아직도 내 기억에 생생하다"라고 회상했다.[1]

괴트의 풍자적인 유머에도 불구하고 로는 말 그대로 은퇴할 생각이 없었고, 우주비행사를 달에 안전하고 효과적으로 보내겠다는 목표에서 물러서지도 않았다. "위험을 무릅쓰지 않고는 진보도 있을 수 없다"라는 말은 로가 남긴 명언으로 자주 인용되었다. 그는 케네디에게 인류의 달 착륙을 목표로 삼으라고 권고하는 나사 보고서를 작성한 주역이었고, 케네디는 그 권고를 받아들여 1962년 라이스대학교의 연설에서 미국인들에게 달 착륙이란 목표를 향해 매진하자고 독려했다. 케네디 대통령이 나사를 달에 보낸 주역으로 언급되는 경우가 많지만, 실제로 그 계획의 시작에는 로의 권고가 결정적인 역할을 했다.

훌륭한 리더는 경청한다

1961년까지도 위원회에서 모든 것이 명쾌하게 결정된 것은 아니었다. 예컨대 달에 어떻게 착륙할 것인가를 두고 상당한 논쟁이 일어났다. 대부분의 '아는 사람'은 지구 궤도 랑데부로 알려진 방법을 지지했다. 달리 말하면, 사령선과 달 착륙선이 별개의 로켓으로 우주에 올려진 뒤에 지구 궤도에서 만나 함께 달까지 비행하는 방법이었다.

로는 그 자신이 공학적 지식을 지닌 전문가였지만 나사에 소속된 공학자들의 의견을 소중하게 생각하며 그들에게 의견을 구하는 리더의 품격을 보였다. 로는 과거에 시도된 적이 없는 과제를 해내는 최적의 방법은 모든 가능성을 고려해 장단점을 따지는 치열한 논쟁을 통해 얻어진다는 것을 알았다. 달 착륙 계획을 수립하던 초기에 로는 존 휴볼트라는 젊은 공학자에게 큰 영향을 받았다. 휴볼트가 이끌던 팀은 '달 궤도 랑데부'라는 완전히 다른 의견을 제시했다. 이 작전은 사령선과 달 착륙선을 하나의 로켓으로 한 번에 발사하고, 달 궤도에서 달 착륙선만 표면에 내려간 뒤, 다시 올라와 사령선에 합류하는 식이었다.

기막힌 아이디어였지만 문제가 있었다. 휴볼트와 그의 팀원들이 그 아이디어를 두고 고심할 당시에는 그 누구도 우주에서 랑데부를 시도해본 적이 없었다. 지구 궤도에서조차 시도한 적이 없었다. 이러한 이유로 나사가 먼저 신중하게 접근해 지구 궤도 랑데부를 최선의 해결책이라 생각했을 것이다. 그러나 휴볼트는 비용과 프로젝트의 복잡함을 근거로 달 궤도 랑데부를 강력하게 주장했다. 게다가 하나의 로켓만을 발사하면 실패할 가능성이 더 적었고 절약되는 비용도 상당했다.

로는 휴볼트팀의 의견이 상당히 설득력이 있다고 인정했다. 나사의 역사서이자 아폴로 프로그램에 대한 리더들의 다양한 의견을 자세히 기록한 『그 10년이 끝나기 전에』(Before This Decade Is Out)에서 로는 "우리는 휴볼트가 그 문제를 해결하기 위해 공을 들인다는 걸 알았다. 간혹 휴볼트와 그의 팀원들이 달 궤도 랑데부의 가능성을 우리에게 제안하기도 했다. 그러나 처음에는 누구도 그 제안을 진지하게 고려할 만하다고 생각하지 않았다"라고 말했다.[2]

"돌이켜 보면, 그 제안을 처음 접한 모두의 반응은 똑같았다. 달 궤도 랑데부에 관한 제안서를 처음 보았을 때 우리 모두 경악했다. 하지만 휴볼트가 한 것처럼 깊이 연구하고 분석하고 나니, 그 방법이야말로 우리가 가야 할 길이라고 확신했다."

그러나 나사는 달에 가기 전에 우주선이 지구 궤도에서 랑데부할 수 있다는 걸 증명해야 했다. 1964년 로는 휴스턴으로 자리를 옮겨 제미니 프로그램이 향후 아폴로 프로그램과 달에 착륙하는 데 필요한 까다로운 시험을 통과하도록 도왔다. 두 우주선이 음속의 25배로 이동하며 성공적으로 랑데부해 도킹하는 것은 결코 쉬운 과정이 아니었다. 1966년 닐 암스트롱과 데이비드 스콧이 우주에서 아제나 표적기를 만나 최초로 시도한 랑데부와 도킹은 거의 재앙으로 끝났다. 제미니 8호 캡슐의 반동 추진 엔진이 작동하지 않자 도킹된 우주선이 빠르게 회전하기 시작했다. 그 때문에 우주비행사들은 아제나 표적기와의 도킹을 풀었지만, 캡슐은 여전히 급속도로 회전하고 있었고, 그 속도는 제어할 수 없을 정도로 빨랐다. 암스트롱이 재진입을 시도해 회전 속도를 제어하는 데 성공했지만, 제미니 8호의 임무는 조기에 끝나고 말았다. 그러나 암스트롱의 신속한 판단으로 우주비행사들은 목숨을 구할 수 있었다. 여하튼 제미니 8호의 경험을 말미암아 이후의 우주비행사들이 우주에서 도킹이 가능하다는 걸 증명해냈다.

달을 향한 발걸음

또 다른 중요한 과제는 어떻게 해야 우주선 밖에서 활동이 가능한지, 즉 우주유영을 할 수 있는지 가능성을 파악하는 것이었다. 당시에는 우주복을 입은 채 안전하게 움직이는 방법을 이해하는 사람이 극소수에 불과했다. 에드워드 화이트는 미국인 최초로 우주유영을 시도했다. 그는 제미니 4호 밖으로 나가 양 끝에 압축가스 분사기가 달린 지팡이처럼 보이는 장치를 사용해 이리저리 움직였다. 장치가 작동하긴 했지만 더 확실한 제어가 필요했고, 우주비행사가 손으로 잡을 수 있는 장치를 사용해 이곳저곳으로 이동할 수 있어야 한다는 결론이 내려졌다. 제미니 계획 초기에는 우주선 밖에서 사용할 수 있는 손잡이 크기만한 장치가 없어서 문제가 되었다.

제미니 9A호의 우주비행사 유진 서넌이 우주선 밖에 나가 유영하며 도킹 통로를 향해 이동하는 동안, 우주복이 심하게 과열되어 이목을 끌었다. 제미니 10호의 마이클 콜린스는 끈 같은 도구를 사용해 우주유영을 상당히 성공적으로 수행했지만, 그 장치도 여전히 불편했기에 개선이 필요했다. 그때 존슨 우주 센터의 책임자이던 로버트 길러스가 연구팀을 찾아와 "우주선 외부 활동에 필요한 훈련과 모의실험을 최적화하는 방법에 대해 개인적으로 깊이 생각해보았습니다. KC-135(공군 수송기 겸 공중 급유기)의 무중량 궤적과 수중 모의실험을 우리 훈련 프로그램에 도입하면 좋을 것 같습니다"라고 말했다.[3] 제미니 12호의 우주비행사 로벨과 버즈 올드린은 해결책을 찾아냈다. 올드린은 수중 모의실험에서 손잡이 장치를 이용해 우주선 외부에서 이동을 제어하는 실험을 했다. 우주에서 유영하는 동안에 그가 제미니와 아제나에 설치한 일종의 난간 덕분에 우주선 주변에서 쉽게 이동할 수 있었고, 해당 장치의 유용성을 확인했다.

지구 궤도 랑데부, 우주유영, 도킹 등에 대한 의사결정은 많은 관련자의 합의로 내려졌지만, 조지 로는 우주공학에 대한 지식을 바탕으로 막후에서 일하고, 필요한 경우에는 의회의 매파를 설득해 연구를 계속하기 위한 자금을 끌어온 유능한 리더였다. 아폴로 1호의 비극적인 화재가 일어난 후에 로는 아폴로 우주선 계획실Apollo Spacecraft Program Office

의 관리자로서 대대적인 변화를 주도했다. 안전과 환경을 관리하는 새로운 관리 위원회를 두었고, 아폴로 계획을 전면적으로 개편할 때는 위원회를 통해 기술적으로 변경된 부분들을 추적해 관찰했다.

나사에 소속된 연구원들에게 아폴로 8호는 약속된 10년 내에 사람을 달에 보내는 목표를 향해 내딛은 대담한 발걸음으로 기억되었다. 아폴로 8호의 임무는 마지막 순간에 바뀌었다. 사령선은 완벽하게 준비를 끝낸 상태였지만, 달 착륙선의 개발이 지체되었기 때문이다. 아폴로 1호의 참사 이후로 누구도 달 착륙선의 개발을 서두르려 하지 않았다. 그러나 소련이 자체적으로 달 탐사를 준비하고 있다는 비밀 정보가 입수됐다. 나사의 임무는 미국을 사람을 달에 보낸 최초의 국가로 우뚝 세우는 것이었기 때문에 중대한 순간에 직면한 셈이었다.

대담한 결정

로는 한 걸음 뒤로 물러나 큰 그림을 그려보며 당시의 역량으로 무엇을 해낼 수 있을지 냉정하게 생각했다. 원래의 계획대로 아폴로 8호를 지구 궤도에 올려놓고 사령선을 시험하더라도 달 착륙선의 개발이 늦어지면 착륙이 연기될 수밖에 없었다. 또 그 미션은 새턴 5호 로켓을 이용한 최초의 유인 비행이 될 터였지만, 궁극적으로는 아폴로 7호의 임무를 반복하는 것이었다. 게다가 1968년이 급속히 저물어가고 있어, 달 착륙선이 완벽하게 개발되기만을 기다린다면 1년 안에 우주비행사를 달에 보낼 가능성이 희미해질 게 분명했다.

2019년에 발표된 그의 자서전 『극한의 공학자』(*The Ultimate Engineer*)에 따르면, 로는 "물론 정치적으로는 위험한 결정이었다. 화재 참사가 일어난 후 아폴로 8호까지 진행되었지만, 새턴 5호(달 로켓)는 단 두 번 발사되었다. 게다가 두 번 모두 무인 비행이었고, 두 번째 발사할 때는 여러 부분에서 결함이 발견되었다. 새턴 5호 로켓을 아폴로 우주선에 장착해 유인 비행을 진행한 적은 없었다. 제임스 국장이 우리 모두를 미쳤다고 생각할 게 뻔했다"라고 말했다.[4]

1968년 6월과 7월, 달 착륙선이 케네디 우주 센터에 안착했다. 그러나 이런저런 문제가 발생했고, 결국 인증 시험을 통과하지 못했다. 그때 로는 12월에 예정된 발사가 예정대로 진행되지 않을 수 있다고 판단했다. 게다가 누구도 우주선을 서둘러 발사하려고 하지 않았다. 로는 자신에게 허락된 역량을 십분 활용하면 "아폴로 프로그램을 크게 앞당기는 진전"을 거둘 수 있지 않을까 생각했다.

로는 CSM 103으로 알려진 사령기계선을 직접 살폈고, '더할 나위 없이 깨끗한' 데다 준비가 끝난 상태라는 걸 확인했다. 1968년 8월, 로는 사령기계선만으로 달 궤도를 비행하는 계획을 떠올렸고, 크리스 크래프트에게 달 착륙선 없이 달 궤도를 비행하는 가능성에 관해 진지하게 고려해달라고 부탁했다. 동시에 로는 그 아이디어를 길러스에게도 전하면서 그가 어떻게 반응하는지 떠보았다. 길러스는 로의 아이디어를 지지하겠다는 뜻을 밝혔고, 크래프트도 적극적으로 동참했다.

로는 그 아이디어에 내재한 위험을 고려해, 해가 바뀌기 전에 아폴로 우주선을 달에 보낸다면 기술과 운영적인 면에서 예상되는 문제에 관한 모두의 생각을 확인하고 싶었다. 로는 당시 우주비행사 운영실 실장이었던 도널드 슬레이튼을 만나 우주비행사들의 생각을 살피고, 슬레이튼에게 "지상 관제 센터와 우주선에 설치된 컴퓨터 소프트웨어로 확인한 바, 그 임무가 기술적으로 실현 가능하다"라는 확신을 주었다. 그다음으로 로와 아폴로팀은 헌츠빌로 달려가 새턴 5호를 설계한 베르너 폰 브라운과 나사에서 아폴로 유인 달 착륙 프로그램을 지휘하던 새뮤얼 C. 필립스를 만났고, 그 밖의 다른 기관 책임자들과도 의견을 나누었다.

힘들었지만 도전 의식을 불태운 시간이었다. 아폴로팀은 아폴로 1호의 화재로부터 모든 것을 돌려놓기 위해 열심히 일했다. 18개월 동안 존슨 우주 센터의 주차장은 저녁 시간과 주말에도 꽉 차 있었다. 모두가 새턴 5호 로켓, 사령기계선과 달 착륙선을 준비하는 데 필요한 역할에 열중했다. 성공을 향한 열의는 빡빡한 일정과 끝없는 압박에도 전혀 흔들리지 않았다. 로는 '구성 관리 위원회Configuration Control Board, CCB'를 이용해 아폴로팀이 직면한 문제를 이해하려고 애썼고, 실제로 CCB는 팀원들이 자신들 앞에 놓인 기술적인 문제를 결국 해결해낼 수 있을 거라는 신뢰를 심어주었다. 로는 팀원의 전문성을 존중했고, 그들에게 애초부터 극히 어려운 일을 해내라고 요구했으므로, 각자의 역할을 해내는 데 필요한 자율권도 부여했다.

아폴로 달 착륙이 성공하고 40년 뒤에 출간된 『드라이브』(청림출판, 2011)에서 저자 다니엘 핑크는 팀원에게 원대한 목표를 성취하도록 동기를 부여하는 힘에 관해 설명했다.[5] 핑크는 동기 부여를 무려 40년 동안 연구한 끝에, 동기 부여를 이해하는 데 가장 중요한 세 요소(자율성, 숙련, 목적)를 제시했다. 세 요소는 모두 로의 리더십에서 찾아볼 수 있었다. 과연 인간을 달에 착륙시키는 우주선을 개발하는 것보다 오르기 힘들고 어려운 도전 거리가 있을까? 또 논란의 여지는 있겠지만, 약속한 10년이 끝나기 전에 대통령의 목표를 이루는 것보다 더 큰 목적이 있을까? 아폴로 프로그램의 성공은 핑크의 메시지에 설득력이 있고, 로의 리더십에 담긴 지혜를 보여주는 증거인 동시에, 팀워크를 중시한 나사의 중요한 유산이기도 했다.

회의에서 로의 제안에 기술적인 문제를 언급하며 반대한 사람은 아무도 없었다. 따라서 아폴로팀은 회의를 잠정적으로 중단하고 로의 제안을 심사숙고한 뒤에 훗날 열릴 워싱턴 회의에서 최종적인 결정을 내리기로 했다. 그들은 이 결정과 관련이 있다고 생각되는 모든 고위 관리자의 의견을 경청했다. 아폴로 팀은 '조급함'에 굴복하지 않으려고 애쓰면서 모든 구성원의 걱정을 고려하려 했다. 예컨대 나사 부국장으로 유인 우주비행실을 관리하던 조지 밀러가 빈에 출장을 가던 도중 전화를 걸어 로의 제안에 반대했을 때도 아폴로팀은 밀러의 반대를 묵살하지 않고 그의 우려를 해소하기 위해 노력하겠다고 약속했다.

합의를 이끌어내다

당시 나사 부국장이던 토머스 페인은 회의에 참석한 모두의 의견을 고려했고, 그 덕분에 누구도 주변의 압력에 영향을 받아 어쩔 수 없이 결정했다고 느끼지 않았다. 모두가 기술과 운영에 관한 문제를 빠짐없이 검토했으며 임무를 시작할 준비가 다 되었다고 자신 있게 말했다. 그제야 페인도 안심하고 밀러와 그 문제에 관해 직접 이야기를 나눠보겠다고 약속했다. 밀러는 서둘러 움직이는 것에 여전히 유보적인 의견이었지만, 아폴로 7호가 성공적으로 비행한 뒤에 나사가 아폴로 8호의 임무를 공개적으로 발표한다면 그 계획을 인가하겠다고 말했다.

　로는 정부 관리와 협력 업체 연구자를 만나 의견을 나누었고, 그들의 우려를 경청하며 합의를 끌어내려고 계속 노력했다. 그의 전기에서 1968년 8월에 록웰의 고위 관리자 빌 버건과 실랑이한 대화가 소개되었다. 버건은 그 임무를 완벽하게 해낼 만큼 준비하기에는 시간이 부족하다고 걱정했다. 로는 버건을 초청해 함께 아폴로 우주선을 점검하며 사소한 부분들만 바꾸면 아폴로 8호가 달까지 비행할 수 있을 거라고 안심시켰다. 크래프트도 우주비행에서 운영과 관련된 면면을 빠짐없이 점검하고는 계획대로 진행해도 좋다는 승인을 내렸다. 크래프트의 승인을 받은 슬레이튼은 아폴로 8호의 선장 프랭크 보먼을 찾아가 그가 달까지 가는 우주비행에 관심이 있는지 떠보았다.

보먼은 만일 나사가 우주비행사들에게 과중한 부담을 주지 않겠다고 약속한다면 할 수 있을 거라고 대답했다. 보먼은 나사와의 인터뷰에서 "어느 날 오후, 여섯 명 정도의 인원이 크리스 크래프트의 사무실에 모였다. 우린 비행 계획을 검토하며 비행을 하는 전체 시간 동안 … 해야 할 일이 어떤 것인지 정확히 파악해보려 했다"라며 모든 관련인의 생각과 관점을 신중하게 논의함으로써 비행 계획과 임무 수행의 안전성에 모두가 동의할 수 있었다고 말했다. 보먼은 "당시에도 나는 그렇게 생각했지만, 우리가 오후 한나절 만에 임무의 기본 원칙을 정한 것은 크래프트를 비롯한 나사 관리자들의 리더십을 증명하는 전형적인 사례였다"라고도 말했다.

미지에 대비하라

고위층의 승인이 떨어지고 세부적인 기술 사항까지 해결되었다. 이제 우주비행사들이 임무 수행을 준비할 차례였다. "비행하듯 훈련하고, 훈련하듯 비행하라"는 나사 우주비행사들의 공통된 주문이었다. 발사를 두 달쯤 앞두고 아폴로 8호 우주비행사들은 마지막으로 남은 세부 사항에 집중했다.

그들은 모의실험 장치 안에서 많은 시간을 보내며, 그들을 달에 데려갈 '달 전이 궤도 투입trans-lunar injection'과 그들을 지구로 데려올 '지구 전이 궤도 진입trans-Earth injection'을 비롯해 임무에서 가장 까다로운 부분들을 점검하고 또 점검했다. 그들이 원만하게 처리한 사항뿐만 아니라 실수하거나 잘못될 수 있는 부분까지 다각도로 검토하고 점검했다. 그들이 달의 뒤편에 위치할 경우, 운항 관제 센터와 무선 교신이 되지 않고 산소 누출이나 엔진 고장 등 문제가 닥쳤을 때를 대비한 모의실험을 하기도 했다. 심지어 발사대와 바다에서 사령실을 빠져나오는 훈련도 빠뜨리지 않았다. 우주비행사들은 우주선에서 타고 내릴 때 일상적인 부분까지 근육이 기억하도록 훈련했고, 그 덕분에 돌발 상황이 닥쳤을 때 몸부터 움직일 수 있게 되었다.

아폴로 8호의 우주비행사들이 돌아오지 못할 경우를 대비해 가족에게도 마음의 준비를 시켰다. 하지만 달 착륙선 조종을 맡은 빌 앤더스는 무사히 귀환할 확률이 무척 높다고 계산했다. 실제로 앤더스는 "나는 새턴과 사령선의 배선과 계전기에 관해 모르는 게 없었다. 또 공학자였으므로 우리 우주선이 안전한지 그렇지 않은지를 누구보다 잘 판단할 수 있었다"라며 "이 모든 것을 종합했을 때 … 우리가 돌아오지 못할 확률이 3분의 1, 우리가 중단하고 달까지 가지 못할 확률이 대략 3분의 2이거나, 아니면 우리가 임무에 성공할 확률이 3분의 1이란 결론을 내릴 수밖에 없었다"라고 덧붙였다.

인내력과 용기와 자신감

프랭크 보먼, 빌 앤더스, 짐 러벨은 1968년 12월 21일 플로리다에서 하늘로 솟구쳐 올라갔다. 감격적인 순간이었다. 한 세대 전에 대서양을 단독으로 비행한 찰스 린드버그가 아내 앤과 함께 참석해 발사 현장을 지켜보았을 정도로 중대한 행사였다. 항공우주공학자였던 린드버그는 로켓이 발사되는 데 얼마나 많은 연료가 소모되는지 물었다. 답변을 듣고나서는 로켓이 발사되는 단 2초 동안에 그가 1927년 뉴욕에서 파리까지 비행하는 데 사용한 연료량보다 더 많은 연료가 소모되겠다고 중

얼거렸다고 전해진다.

엄청난 훈련량을 증명이라도 하듯이, 아폴로 8호의 우주비행사들과 운항 관제사들은 일상적인 업무를 처리하듯이 모든 과제를 거침없이 해냈다. 그들은 궤도에 진입하자 로켓으로부터 안전하게 분리된 뒤에 아무런 문제 없이 달 궤도 전이 투입을 시도했다. 그들은 달까지 날아갔을 뿐만 아니라 그 순간을 미국 국민과 함께하고자 했다. 1968년은 미국에게 있어 유난히 힘든 해였다. 그래서 보면은 크리스마스 이브에 구약성경 창세기의 일부를 읽기로 결정했다. 성경 구절을 읽었다는 이유로 나사는 호된 비판을 받았지만, 그 이면에는 시민권 투쟁 및 로버트 케네디와 마틴 루서 킹의 암살로 분열된 국가의 재통합을 염원하는 상징적 의미가 숨어 있었다. 그들은 "이곳 달에서 우리 우주비행사들은 미국 전체를 대표하고자 한다"라고 말했다. 그 말은 우주탐사 계획을 응원하는 미국 국민과 더불어, 가장 즐거운 명절날에 지구에서 멀리 떨어져 있는 우주비행사들의 가족을 이어주는 강력한 고리였다.

> 우리는 온몸이 얼어붙고 두려움에 짓눌리는 경험을 할 때마다 인내력과 용기와 자신감을 얻는다. 차마 이겨낼 수 없을 것 같은 상황을 이겨낼 것이 분명하기 때문이다.
>
> ―엘리너 루스벨트,
> 미국의 제32대 대통령 영부인

크리스마스 날에도 임무가 오차 없이 진행되었다. 우주비행사들이 지구로 귀환하기 위해 엔진을 분사한 뒤, 달 주변을 성공적으로 회전하는 임무를 해낸 것이다. 러벨은 달에서 약 38만 킬로미터나 떨어져 있는 휴스턴의 동료들에게 "이곳엔 산타클로스가 있네"라고 농담을 던지기도 했다.

마침내 우주 경쟁에서 미국의 승리로 결론이 났지만, 이는 세계 곳곳에서 많은 인재를 끌어모아 거둔 승리였다. 우주비행사들이 크리스마스이브에 내보낸 방송을 비롯한 그 밖의 임무 활동은 세계 전역에서 많은 사람의 관심을 끌었다. 아폴로 8호는 『타임』지의 표지를 장식했고, 1968년의 혼란스러웠던 사건들을 뒤로하고 사람들에게 미래에 대한 희망을 가져다주었다.

나사는 승리를 거두었다. 그러나 과연 그들이 1969년의 달 착륙을 위해 착륙선을 늦지 않게 준비할 수 있었을까? 달 착륙선의 준비는 앞으로 남은 수개월 내에 인간을 달 표면에 데려가는 임무의 성패를 결정하는 여러 핵심 요인 중 하나였다.

인사이트 노트

- ◆ 상대를 존중하는 토론과 논쟁, 최적의 자료에 기반한 의사결정은 성공적인 팀의 특징이다.
- ◆ 전문가들로 팀을 구성하고, 그들이 당면한 과제를 완전히 파악하는 데 필요한 자원을 제공하라. 그들이 훈련받은 대로 임무를 수행하도록 하고, 그 임무를 해내야 하는 이유를 끊임없이 되새겨라.
- ◆ 대담하고 새로운 아이디어를 시행할 때는 지지층을 확보하라.

착륙을 감행해야 하는가, 중단해야 하는가?

6장

이글호, 착륙.

—닐 암스트롱, 우주비행사

아폴로 11호는 달을 향해 내려갔다. 닐 암스트롱과 버즈 올드린이 달 표면을 향해 급속도로 하강할 때 달 착륙선 이글호에서 이상한 경보음이 요란하게 울리기 시작했다.[1]

"프로그램 경보." 암스트롱이 계기판을 힐끗 보고는 말했다. "1202."

"1202." 올드린이 복창했다.

몇 초가 흘렀다. 두 우주비행사는 이미 마음속으로 하강을 중단하고 휴스턴 운항 관제 센터의 지시를 기다렸다.

"1202 경고에 대해 알려주기 바람." 암스트롱이 다시 말했다.

무선통신이 지구에서 달까지 도달하는 데는 2.5초가 걸렸고, 달에서 지구까지 도착하는 데도 역시 2.5초가 걸렸다. 그런데 마지막 무전을 보내고 7초가 지난 후, 첫 경보음이 울리고 나서 채 30초도 지나지 않아 암스트롱은 휴스턴으로부터 답을 받았다.

"알았다." 지상 교신 담당자이자 동료 우주비행사 찰리 듀크가 휴스턴에서 말했다. "우리도 알고 있다. 비행을 계속한다."

유진 크랜츠는 팀원들이 어떤 돌출 상황에도 대응할 준비가 되어 있다고 확신했다. 그들이 수없이 치른 모의 훈련은 효과가 있었다. 모의실험 장치를 사용한 덕분에 우주비행의 수준이 눈에 띄게 향상되었다. 실제 비행 상황과 유사한 모의실험 장치에 탑승한 우주비행사들은 운항 관제팀과 함께 우주비행의 각 단계를 반복해 훈련했다.

스페이스 셔틀 프로그램 관리자를 지낸 웨인 헤일이 농담조로 '사악하고 음흉한 팀'이라 묘사한 모의실험 훈련팀의 주된 임무는 우주에서 발생할 수 있는 온갖 상황에 대비할 수 있도록 우주비행사와 운항 관제사를 훈련시키는 것이었다.[2] **오작동 여부와 관계없이 모든 절차를 이해하고 시험함으로써 어떤 일이 발생하더라도 대처할 수 있도록 만반의 준비를 하지 않은 채 우주로 떠나고 싶은 우주비행사가 어디 있겠는가?**

지상팀도 사정이 다르지 않았다. 그들에게도 반복된 훈련이 필요하다는 사실은 아폴로 11호의 착륙 성공으로 입증되었다. 암스트롱은 하강하는 동안 혼란스러운 1202 경보를 네 번, 1201 경보를 한 번이나 무시해야 했다. 어떤 상황인지 논의할 시간적 여유조차 없었다. 우주비행사들은 착륙 시도를 계속해도 좋다는 운항 관제팀의 확신을 지체하지 않고 받아들이고 믿어야만 했다.

더구나 다른 문제들도 숨 가쁘게 발생하고 있었다. 암스트롱이 보기에, 자동화된 달 착륙선은 땅이 움푹 꺼진 곳으로 착륙할 것만 같았다. 만약 그렇게 되면 주변 지형을 볼 수 없기 때문에 바람직한 상황이 아니었다. 암스트롱은 즉시 조종 장치를 수동으로 전환하고 직접 조종하기 시작했다. 돌 투성이인 지역을 선회하며 안전한 착륙 지점을 찾아냈다. 그 사이에 연료가 크게 떨어졌다.

"30초."[3] 올드린이 조종실 옆쪽에 설치된 고도계의 표식을 읽었다.

그 이후로 침묵이 이어졌고, 이글호는 1969년 7월 20일 동부 표준시로 오후 4시 17분 39초에 달 표면 '고요의 바다'에 착륙했다. 우주비행사들은 컴퓨터 경고음을 무시한 채 원래 계획한 착륙지를 지나 더 적합한 착륙 지점을 찾아냈고, 20초의 연료만을 남긴 상태에서 착륙했다. 듀크의 표현을 빌리면, "두 분 덕분에 여기, 새파랗게 질린 사람들이 한 무더기입니다. 그래도 이제 다시 숨을 쉴 수 있겠군요." 달 착륙 마지막 순간의 긴장감을 참으로 적절하게 표현한 말이 아닐 수 없다.

경보에 관한 이야기는 오후 한나절만에 임무의 기본 원칙이 정해진 그 7월 어느 날의 훨씬 이전으로 거슬러 간다. 아폴로 9호가 가장 적합한 출발점일 듯하다.

모의실험

우주비행사들이 달 궤도를 무사히 회전했고, 나사는 성공적인 달 착륙을 목전에 둔 것처럼 보였다. 그러나 아폴로 8호가 달까지 비행하는 임무를 완벽하게 해냈다고 해서 달 착륙이 보장된 것은 아니었다. 일의 진행 속도를 높여 아폴로 9호 대신 검증되지 않은 착륙선을 달에 보낼 수도 있었을 것이다. 그러나 선임 관리자들은 달 착륙선으로 위험한 착륙 시도를 하기 전에 두 가지 핵심적인 시험을 선행하기로 결정했다.

아폴로 9호는 지구 궤도에서 달 착륙을 시험할 예정이었다. 달 착륙선은 사령선으로부터 분리된 뒤에 점화하고, 다시 사령선과 부드럽게 도킹할 계획이었다. 정상적인 도킹이 불가능한 경우를 대비해 달 착륙선의 조종사 러스티 슈바이카트가 착륙선을 빠져나와 우주유영으로 사령선에 접근한 뒤, 안으로 들어가는 모의 훈련도 실시했다.

이 임무는 성공적으로 수행되었다. 다만 슈바이카트가 멀미 때문에 우주유영 시간을 줄여야 했던 것이 옥의 티였다. 우주 멀미는 대부분의 우주비행사가 궤도에 진입해 처음 며칠 동안 겪는 일반적인 현상으로, 요즘에는 약물과 간소화된 일정으로 해결한다.

이 임무에는 이름 없는 영웅들이 존재했다. 슈바이카트와 제임스 맥디비트 선장이 사령선에서 떨어져 나와 멀리까지 비행한 뒤에 다시 돌아와 도킹하는 훈련을 할 수 있도록 지상에 달 착륙선 모의실험 장치를 제작한 팀이었다. 프랭크 휴스는 2013년 인터뷰에서, "아폴로 9호가 시대에 뒤처진다고 말하는 사람이 적잖았지만, 우리에게는 전혀 그렇지 않았다"라고 말했다.[4] 휴스는 나사에서 아폴로 및 우주왕복선 프로그램에 참여해 우주비행사들이 비행을 준비할 수 있도록 지원하며 탁월한 성과를 남기고 은퇴한 우주비행 훈련 감독이었다.

따라서 모의 훈련 전문가로서 우주비행사들과 긴밀히 협력하며 일한 휴스는 "임무 수행에 들어간 착륙선이 틀림없이 달에 착륙할 거라고 확신할 수 있어야 했다"라며 "우리는 모의실험 장치라는 세계에서 대체로 조용히 작업했지만 때때로 갑자기 두 모의실험 장치를 동시에 운영하기도 했다. 가령 사령선 훈련 장치에 들어가면 맞은편에 보이는 영상 속에 달 착륙선이 있었지만, 실제 달 착륙선은 아니었다. 모의실험 장치 안에서는 두 모형 중 하나가 보였고 카메라의 움직임에 따라 이리저리 움직였다. 한편 달 착륙선 훈련 장치에 들어가 창밖을 내다보면 사령선의 모형이 보였다"라고 말했다.

모의 훈련 장치는 상대적으로 초보적인 수준에 불과했지만, 그 장치를 이용한 훈련은 아폴로 9호 우주비행사들이 우주에서 성공적으로 임무를 수행하는 방법을 훈련하는 데 많은 도움이 되었고, 그들은 실패를 통해 배울 수 있었다.

허락되지 않은 착륙

1969년 초, 다음 우주비행을 위한 모든 준비가 끝난 듯했다. 아폴로 10호는 그렇게 최종적인 시험비행을 끝냈다. 토머스 스태퍼드 선장을 필두로, 우주비행사들이 달까지 비행해 15킬로미터 이내에 접근했다. '스누피'란 사랑스러운 이름이 붙여진 달 착륙선은 달에 착륙할 목적으로 설계되지 않아서 상대적으로 무거웠다. 하지만 다행스럽게도 스누피는 달 표면에 접근해 사령선으로 되돌아오는 데 필요한 몇 번의 점화를 제외하고 모든 임무를 해냈다.

휴스는 아폴로 10호의 우주비행사들이 임무 수행을 위해 정말 열심히 훈련했다면서, "아폴로 10호는 무척 흥미로웠다. 실제 비행 소프트웨어가 극한까지 사용되었다. 그들은 비행 소프트웨어를 가능한 범위 내에서 거의 한계까지 활용했다. 나는 아폴로 10호의 우주비행사들과 무척 가깝게 지냈으며 좋은 관계를 유지했다. 우주비행사들이 우주를 비행하는 동안 우리는 즐거운 시간을 보냈다"라고 회상했다.

다르게 말하면, 달에 접근할 때까지는 모두가 즐거웠다. 아폴로 10호의 두 우주선이 달의 뒤편, 즉 지구와의 무선통신이 두절되는 곳에서 분리되었다. 그리고 착륙선이 달 표면에 접근하려고 분사를 시작했다. 95킬로미터 고도에서 시작해 15킬로미터까지 내려가는 게 목표였다. 하강에는 문제가 없었다. 그러나 달 착륙선이 사령선에 복귀할 때는 어땠을까? 휴스는 당시 상황을 이렇게 회상했다.

"당시 그들은 사령선이 어디에 있는지만 알았다. 달 착륙선의 정확한 위치는 몰랐다." 휴스는 그 이유를 그들이 달 표면에 내려가는 장치만 가동한 탓이라고 설명했다. 그들은 사령선으로 귀환을 시작하며 "보유한 모든 추적 필터를 가동했다".

달 착륙선이 사령선으로 귀환하기 위해 정확한 방향을 찾아내려고 빙빙 회전하기 시작하자 우주비행사들은 걱정하지 않을 수 없었다. 달 착륙선 조종사 유진 서넌은 크게 놀랐지만 그 문제를 해결하려 애썼고, 켜진 마이크에 대고 자기도 모르게 욕을 내뱉었다. "개자식!"[5] 지상의 운항 관제실에서 적잖은 사람이 서넌의 욕설에 크게 놀란 듯했지만, 토머스 스태퍼드 선장이 그가 긴장을 풀고 집중하도록 최선을 다했다. 결국 달 착륙선이 혼란스레 움직였던 원인은 개폐기의 잘못된 설정으로 밝혀졌다.

1997년 인터뷰에서 스태퍼드는 그 욕설 때문에 아폴로 10호의 임무가 '성인용'이 되었다고 농담했다.[6] 그러나 휴스턴에서 반복한 모의실험 훈련 덕분에 아폴로 10호의 우주비행사들은 달 착륙선의 통제력을 신속히 되찾았고, 스태퍼드는 당시 상황을 "달 착륙선이 통째로 덜컹거리고 빙빙 돌기 시작했다. 나는 신속히 손을 뻗어 하강 엔진을 날려버렸다. 추진 로켓들이 모두 상승에 맞추어져 있었기 때문이다"라고 회상했다.

스누피 달 착륙선은 두 개의 엔진으로 이루어졌다. 하나는 하강 엔진, 다른 하나는 상승 엔진이었다. 스태퍼드는 필요하지 않은 하강 엔진을 제거하고 단순화하는 게 낫겠다고 신속한 결정을 내렸다. 스누피는 애초부터 달에 착륙할 계획이 없었다.

"20초쯤 지났을 때 우리는 안정을 되찾았다." 그들 역시 모든 우주비행사가 훈련받았던 것을 그대로 훈련받은 덕분에 실수를 신속히 만회하고 우물쭈물하지 않았다. 이런 상황에서 우유부단함은 죽음과 직결될 수 있기 때문이다. 서넌과 스태퍼드는 다시 사령선과 선을 맞추고, 천천히 이동했다. 스태퍼드 선장의 말대로 "랑데부를 완벽하게 해냈고, 그렇게 모든 문제가 해결되었다". 그리고 그들의 우주비행은 안정적으로 계속되었다.

당시 우주비행사들이 처한 위험의 정도에 대한 평가는 자료마다 다르다. 그들이 순식간에 통제력을 상실했다고 말하는 자료가 있는 한편, 어떤 자료에서는 그들이 문제를 감지하고 약간의 시간이 지난 뒤에야 진짜 문제에 휘말려 들었다고 말한다. 하지만 나사가 이 경험에서 배운 진짜 교훈은 모의 훈련 과정에서 절차를 재확인하는 것의 중요성이었다. 개폐기의 잘못된 배치가 아폴로 10호의 문제로 이어졌다. 따라서 아폴로 11호가 성공하려면 모든 것이 완벽하게 갖춰져야 했다.

세계가 지켜보았고, 역사가 만들어졌다

아폴로 11호의 발사를 앞두고 몇 주 전부터 유진 크랜츠는 걱정을 떨치지 못했다. 특히 착륙 실험을 하는 도중 운항 관제관 중 하나가 잘못된 신호를 반복해 보내왔기 때문이다. 크랜츠는 우주비행사들을 달에 내려보내야 하는 운항 관제팀의 감독이었다. 그해 초여름 착륙 실험을 진행하는 동안, 모의 이글호의 컴퓨터가 과부하에 걸릴 때마다 유도 관리관 스티브 베일스가 착륙 중단을 요구했다.

운항 관제팀은 모의실험을 검토하는 과정에서 그 신호가 잘못된 신호라는 걸 알아냈다. 다시 말하면, 신호가 울리든 말든 이글호가 달 표면에 착륙할 수 있다는 뜻이었다. 베일스와 그를 지원했던 팀원들은 더 잘하라는 핀잔을 들어야만 했다. 베일스를 지원하는 인재 중에는 젊은 컴퓨터 공학자 잭 가먼이 있었다.

가먼은 2001년 나사와 가진 인터뷰에서 이렇게 증언했다. "우리는 뒷방에 틀어박혀 일한 까닭에 그 문제의 여파를 생각해본 적이 없었다. 모의실험이 현실 세계에 어떤 심각한 영향을 미치는지도 몰랐다. 그래서 우리는 '알겠습니다. 다시 해보겠습니다'라고 말했다. 그러나 이 임무의 진짜 영웅인 유진 크랜츠는 '아닐세, 아니야. 오히려 잘못된 신호일 가능성이 있더라도 컴퓨터 경보를 하나도 빠뜨리지 않고 서면으로 보고해주기를 바라네'라고 말했다."[7]

회복 탄력성과 인내력 그리고 준비

아폴로 11호를 지원한 팀들이 압박감에 얼마나 시달렸을지는 충분히 상상할 수 있다. 최초의 유인 착륙을 앞둔 수주 전이었다. "우리는 이미 초과 근무를 하고 있는데 문제가 될지 안 될지 확실하지도 않은 모호한 경보까지 신경 쓰라는 겁니까?"라는 불만이 제기될 법도 했다. 다행히 크랜츠는 솔선수범하는 리더였다. 그 역시 퇴근을 잊은 채 오랜 시간을 일했고, 뭔가가 잘못되면 모든 책임을 떠안았다. 크랜츠는 운항 관제팀 내에 개방적인 문화를 조성해 팀원들이 기꺼이 실수를 인정하며 실수로부터 배우도록 격려했고, 더 나아지기 위해 서로 허심탄회한 대화를 나누었다. 크랜츠는 항상 엄하고 냉정하게 보였지만 공정한 리더였으며 팀원들의 의견을 귀담아들었다.

따라서 가먼과 베일스는 새로운 임무를 부여받은 셈이었지만, 요청에 따라 컴퓨터 경고 신호들을 일목요연하게 정리했다. 그들은 달 착륙선 컴퓨터 시스템이 정상적으로 작동한다는 걸 알았지만, 각 경보가 울릴 때마다 실제로 어떤 일이 일어나는지를 정확히 알아내려 애썼다.

가먼의 설명에 따르면 "컴퓨터는 2초를 주기로 작동하며 엔진을 구동하는 방법을 계산한다. 달 표면까지 정확한 거리는 잘 기억나지 않지만, 달 표면에 접근할 때 컴퓨터 프로그램의 속도를 두 배로 올리려면 더 정밀한 계산이 필요하다는 결론이 일찌감치 내려졌다. 1초 주기로 컴퓨터가 작동해야 한다는 뜻이었다. … 지상, 즉 달 표면에 점점 가까워질 때 누구도 2초 동안 동력을 쓰지 않고 관성으로 움직이고 싶지는 않을 것이다. 오히려 더 정밀하게 계산한 결과를 알고 싶어 했고, 그 때문에 컴퓨터도 더 빠르게 작동해야만 했다."

그들이 정리한 컴퓨터 경보 목록에는 1201과 1202도 있었다. 두 신호 모두 컴퓨터의 과부하에 반응하는 경보로, 가먼은 이렇게 설명했다. "목록에 있던 경보 중 하나는, 다음 계산 주기를 시작할 시간임에도 컴퓨터가 여전히 이전 주기에 있고, 뭔가가 잘못되었다고 말해주는 경보였다. 다시 말해, 컴퓨터가 감당하기 힘들 정도로 많은 일을 하고 있다는 뜻이었다. 모든 과제가 지지부진하게 진행되고, 제대로 마무리 짓지 못하고 있음을 알려주는 신호이기도 했다. 바람직한 현상은 아니었다. 이에 반응해 컴퓨터는 재시작된다. 모든 것을 밀어내고 깨끗이 한 뒤에 재시작한 화면을 살펴보며 마지막에 있던 위치로 돌아가 계속 진행하면 된다."

아폴로 11호의 우주비행사들이 달 표면을 향해 하강을 시도할 때 베일스와 가먼은 경보 목록을 출력하고 있었다. 가먼이 말했듯이, 경보가 울렸을 때 우주비행사들은 컴퓨터 경보 모의 훈련에 참여한 적이 없었지만 "벽장 안에서 울리는 화재 경보기처럼" 요란하게 울리는 경보음을 들었다. "그들의 심박수가 올라갔고 긴장감이 감돌았다. 잠시도 방심할 수 없었다."

베일스는 가먼에게 어떻게 된 거냐고 물었다. 가먼이 컴퓨터 오류 부호에 대해 누구보다 많이 알았기 때문이다. 베일스와 가먼은 경보 목록을 재빨리 훑어보며 1202를 기억해냈고, 착륙을 계속 진행해도 괜찮다고 연락했다. 가먼은 나사와의 인터뷰에서 "그 오류 부호가 지나치게 자주 발생하지 않는 이상, 아무런 문제가 되지 않았다. 깨끗이 비워내고 다시 시작하면 그만이었기 때문이다"라고 말했다.

가먼은 당시 상황을 회상하며 "베일스는 나머지 데이터를 자세히 뜯어보았다. 이글호가 뒤집힌 것은 아니었다. 잘못된 부분을 찾아낼 수 없었다. 컴퓨터는 정상적으로 복구되고 있었다. 때때로 1초가 아닌 1.5초 간격으로 계산했다. 깨끗이 비워내고 다시 시작해야 했기 때문이다. 약간 느려졌지만, 문제가 될 정도는 아니었다. 컴퓨터는 정상적으로 작동했고 그 오류가 지나치게 자주 반복되지는 않았다. 모든 게 안정적이었다"라고 말했다.

몇 분 뒤, 이번에는 1201 경보가 울렸다. 가먼은 순간적으로 후끈 달아올랐던지, 베일스가 확실히 듣도록 민감한 마이크에 대고 "같은 종류!"라고 소리쳤다. 가먼은 폐쇄 회로를 통해 베일스가 "같은 종류!"라고 반복하는 목소리를 들을 수 있었다. 곧이어 듀크가 그 메시지를 우주비행사들에게 한 단어씩 또박또박 전달했다. "같은 종류!"

가먼은 휴스턴의 작은 뒷방에서 시작된 그의 메시지가 명령 계통에 따라 달까지 올라갔다고 회상하면서, "쭉쭉 올라갔습니다. 정말 재밌었습니다"라며 웃었다.

모의실험으로도 안 되는 것

가먼은 뒷방에 앉아 우주비행사들이 안전하게 달에 착륙하는 장면을 지켜보며 다른 사람들만큼이나 얼어붙었다. 수없이 모의실험을 실행한 까닭에, 가먼에게는 경보 이외에 모든 것이 이상하게 정상적으로 느껴졌다. 그러나 착륙 직전, 이번에는 실제 상황임을 일깨우는 목소리가 들렸다.

가먼의 증언에 따르면, "우리는 모의실험에서 착륙을 수백 번이나 지켜보았다. 모의실험이었지만 현실처럼 느껴졌다. 하지만 이번에는 진짜였다. 최초의 착륙이었다. 버즈 올드린이 '먼지가 시야를 가린다'라고 말했다. 이전에는 한 번도 듣지 못한 소리였다. 이번에는 진짜였다".

가먼은 그 순간을 되돌아보며, 달 표면에 하강하는 동안 발생한 문제는 모의실험에서 자주 겪었던 문제라 해결하는 데 어려움이 없었다고 말했다. 하지만 먼지가 언급되는 순간, 하강 작업은 운항 관제팀이 착륙 수개월 전부터 훈련해왔던 지상 작업과는 전혀 다른 국면으로 전개되었다.

"물론 우리가 할 수 있는 일은 없었다." 암스트롱이 착륙선을 조종하면서 달 표면에 가까이 접근할 때, 운항 관제팀은 그저 지켜보는 수밖에 없었다. 가먼은 당시를 회상하며 "우리는 그저 멍하니 앉아 있었을 뿐이다. 우리는 그저 구경꾼이었다. 숨이 막힐 지경이었다. 정말 굉장했다"라고 말했다.

우주비행사들이 달 표면에 착륙한 순간 온 세상이 얼어붙었지만, 뒷방에서는 경보가 울린 이유를 추적하는 작업이 잠시도 멈추지 않았다. 가먼이 말했듯 "컴퓨터에 관한 지식이 조금이라도 있는 사람 모두가 달라붙어 경보가 울린 이유를 알아내려 애썼다".

문제의 원인은 하드웨어에서 발견되었다. 랑데부 레이더가 잘못 설정되고, 그로 인해 컴퓨터에 과부하가 걸린 탓이었다. 아폴로 11호 운항 관제팀은 착륙선이 상승하는 동안 똑같은 문제가 발생하지 않도록 접근 방식을 변경하느라 몇 시간을 바쁘게 보냈다. 다행히 그 이후로 달에 착륙한 우주비행사들은 고약한 1201과 1202 경보를 다시 겪지 않았다. 가먼은 문제를 해결하는 데 기여한 공로로 은퇴할 때 1201과 1202가 인쇄된 티셔츠를 선물로 받았다.

가먼은 인터뷰에서 "몇 년이 지난 후에야 깨달았지만, 적절한 때에 잘못 행동했더라면 역사가 바뀔 수 있었다는 걸 알게 되었다. 스티브 베일스가 중단하라고 말했다면 우주비행사들은 당연히 착륙을 중단했을 것이다. 물론 여기에도 의문점이 있다. 다시 말해, 우주비행사들이

아폴로 11호가 달에 착륙한 모습이다. 뒷모습을 보이고 있는 우주비행사는 닐 암스트롱이 촬영한 버즈 올드린이다.

아폴로 11호의 달 착륙 이후 보도된 기사(1969)

착륙에 너무 몰두한 나머지, 잘못된 것을 보지 못해 명령을 어겼을지도 모른다"라고 말했다.

가먼은 덧붙여 말했다. "하지만 누구도 가지 않은 길이었다. 따라서 어떤 일이 일어났을지는 아무도 몰랐다. 돌이켜 생각하면, 당시 우리는 … 역사가 바뀌는 순간

> 내가 거인처럼 느껴지지는 않았다. 지극히, 아주 작게 느껴졌다.
> —닐 암스트롱

의 한복판에서 모든 것을 지켜본 목격자였다. 유진 크랜츠와 스티브 베일스를 비롯해 냉정을 잃지 않고 침착하게 상황을 판단한 사람들이 있어 정말 운이 좋았다."

가먼은 겸손하게 자신의 역할을 축소해 말했지만, 그 역시 아폴로 11호 우주비행사들이 세계인 앞에서 역사를 만드는 데 일조했다. 암스트롱과 올드린은 극적인 하강을 끝내고 몇 시간 만에 해치에서 나와 그 유명한 월면보행을 시작했다. 그들은 우주복을 입은 채 달 표면을 한 발로 껑충껑충 뛰어다니며 두 시간 남짓을 보냈다. 그렇게 임무를 완수한 뒤 이튿날 성공적으로 이륙했고 7월 24일 지구에 다시 착륙했다.

수십억 명이 지켜본 역사적인 순간이었다. 나사를 비롯한 세계 곳곳의 협력 업체와 기관에서 일하는 수천 명이 만들어낸 역사의 순간이기도 했다. 나사에서 리더십이 빛난 순간은 많았다. 하지만 사람을 달에 내려보내고 지구로 안전하게 귀환시킨 프로그램은 나사의 역사에서 가장 위대한 업적으로 오랫동안 기억될 것이다.

달 착륙 성공은 나사의 많은 연구원에게 새로운 시작이었다. 즉, 이제 우주에서 더 멀리 탐사를 떠날 수 있음을 뜻했다. 가장 가까운 이웃인 달에 관해 더 많은 것을 알아내기 위해 우주비행사들에게 훨씬 더 많은 과제가 부여될 우주비행이 대거 계획되었다. 가슴이 설레고 두근대는 시기였기에, 미국인의 관심이 그처럼 빨리 식어버릴 거라고 예측한 사람은 거의 없었다.

인사이트 노트

◆ 모의 훈련의 효과는 우주 분야에 국한되지 않는다. 경영에서 의사결정에 관한 논의부터, 새로운 과학기술 제품을 시험하거나 복잡한 장치를 작동하는 방법을 테스트하는 부분 등까지, 다양한 영역에서 유용하게 활용된다.

◆ 모의실험은 실패를 학습 기회로 삼을 수 있는 환경을 조성한다.

◆ 책상에서 절차를 개발했다면 그 후에 반드시 모의실험을 통해 그 절차를 검증하라. 효과가 있으면 끊임없이 절차대로 연습하고 또 연습하라.

다시
우주에 간다고?

비행은 지극히 정상적이었다,

처음 36초 동안은.

─피트 콘래드, 우주비행사

1969년 가을, 미국 국민이 전처럼 달 착륙에 관심을 가지지 않음을 보여주는 징후는 여럿 있었다. 베트남 전쟁, 불안정한 사회에 대한 소식들이 계속 저녁 뉴스를 뒤덮었다. 스미스소니언 항공우주박물관의 아폴로 담당 책임 큐레이터였던 티즐 뮤어 하모니는 BBC와의 인터뷰에서 "미국에서 아폴로 11호에 대한 관심이 여름에 비해 크게 줄어들었다. 그러나 세계 전역으로 눈을 돌리면, 아폴로 12호에 대한 열의는 여전히 뜨거웠다"라고 말했다.[1] 나사는 달 표면에서 지구로 컬러텔레비전 신호음을 보냄으로써 아폴로 프로그램에 대한 언론과 국민의 관심을 되살려낼 수 있기를 바랐다.

아폴로 11호는 시대를 뛰어넘은 업적이었다. 아폴로 팀은 심각한 컴퓨터 문제를 극복하고 우주비행사들을 달에 내려보냈다. 전 세계가 달 착륙 장면을 지켜보았고, 아폴로 11호 우주비행사들은 안전하게 귀환했다. 그들은 뉴욕시를 행진해 색종이 조각을 맞으며 축하를 받았고, 세계를 순회하는 영광을 누리기도 했다. 다시 재현하기 힘든 성과였다.

나사에게는 달에 더 많은 우주비행사를 보내 달 표면에 관한 과학적 지식을 축적하고, 궁극적으로는 지구 궤도에서, 더 나아가서는 태양계와 멀리 떨어진 곳에서 장기적인 임무를 수행하려는 야심 찬 계획이 있었다. 달 착륙을 계속 수행하려면 이 원대한 목표를 향한 지속적이고 헌신적인 노력과 팀워크가 필요했다.

전문가의 의견을 경청하라

아폴로 12호를 지원한 팀은 또 한 번의 달 착륙에 성공하기 위해 많은 복잡한 문제를 해결해야 했다. 안타깝게도 그 임무는 시작부터 운이 따라주지 않았다. 출발하기 얼마 전, 폭풍이 그 지역을 휩쓸고 지나가 구름이 잔뜩 낀 하늘로 로켓이 쏘아 올려졌고, 발사된 직후에는 두 번이나 번개에 맞았다. 운항 관제 감독 제리 그리핀은 "우리가 번개를 일으킨 셈이었다. 새턴 5호가 뿜어낸 어마어마하게 뜨거운 배기가스가 이온화되며 장을 형성했으니까"라고 말했다.[2] 실제로 로켓은 전기를 잔뜩 머금은 구름을 아래의 지구와 연결하는 거대한 전도체가 되었다.

아폴로 12호의 선장 피트 콘래드가 운항 관제 센터에 보고했다. "발사대는 안전하게 출발했다. … 세상의 모든 것이 이제 우리 아래에 있다."[3] 아폴로 12호가 안전하게 우주로 비행한 데는 운항 관제사 존 에런의 신속한 판단이 큰 역할을 했다. 에런은 보조 데이터 소스로 전환하는 동시에 정확한 센터 데이터를 복구하는 방법을 알고 있었다.

에런은 2000년에 나사와 진행한 인터뷰에서 "수개월 전 어느 날 밤

야간 조로 일할 때, 케네디 우주 센터에서 실시하는 사령선 시험 과정을 지켜보고 있었다. 케네디 우주 센터의 야간 조 운영자들은 (학습 과정에 있어) 이른바 A팀, 즉 정예 요원이 아니었기 때문에 사령선의 전력을 끈 상태에서 일련의 과정을 다시 지켜보았다"라고 말했다.[4]

에런은 사령선의 전기 시스템을 다루는 훈련을 받은 적이 있었고, 전원이 꺼진 상태에서 사령선의 컴퓨터를 다시 켜면 모든 숫자가 0으로 재설정되어야 한다고 생각했다. 그런데 숫자판 여러 곳에서 번쩍거리고 있는 숫자들은 0이 아니었다. 에런은 6.7, 12.3 등 '기묘한 숫자'들을 보았다고 회상했다.

컴퓨터 기사들의 도움을 받아 숫자들을 다시 맞추었지만, 퇴근하면서도 에런은 그 숫자들이 어디에서 왔는지 의문을 떨치지 못했다. 이튿날 아침, 에런은 노스아메리칸 항공사의 공학자 딕 브라운을 만나 그 이상한 숫자들이 언제 나타나는지를 정확히 알아내기 위해 수 킬로미터에 달하는 사령선의 전기 회로를 살펴보았다.

브라운과 에런은 그 숫자들이 신호 조정 장비Signal Conditioning Equipment, SCE라는 시스템에서 영향을 받아 나타난다는 사실을 알아냈다. SCE는 우주선의 센서에서 받은 신호를 우주선의 숫자판과 원격 측정 부호기에 사용하는 전압으로 전환하는 시스템이다. SCE는 이해하기 힘든 시스템이었지만, 에런은 호기심을 좇아 SCE가 어떻게 작용하는지 더 깊이 알고 싶었다. 그가 말했듯이 호기심은 우주 프로그램에 참여한 사람에게는 더할 나위 없이 좋은 기질이었다.

예측할 수 없는 것에 대비하라

에런은 전기가 갑자기 끊어졌을 때, SCE를 예비 설정으로 전환해 저전

압 상태에서 가동하면 시스템을 재설정할 수 있다는 것을 알아냈다.

"아폴로 12호를 탑재한 발사체가 번개에 맞았을 때 바로 그 숫자들이 나타날 거라고는 생각조차 못 했다. 따라서 어떤 일이 벌어졌는지 정확히 파악하지는 못했다. 다만 그 숫자들을 알아보았고, 문제를 해결하는 방법을 알았을 뿐이었다"라고 에런은 말했다.

에런은 아폴로 12호의 숫자판을 유심히 보고는 유항 관제팀에게 "유항 관제관님, SCE를 Aux로!"라는 명령을 내렸지만, 그 명령은 기묘한 숫자들보다 더 이상한 마법의 주문처럼 들렸다. 운항 관제 감독 제리 그리핀은 이상하게 배열된 숫자들에 대해 들어본 적이 없었다. 캡슐 커뮤니케이터였던 우주비행사 제럴드 카 역시 마찬가지였다. 카는 에런에게 방금 말한 것을 다시 반복해달라고 요청했지만 여전히 혼란스러웠다. 그는 "대체 그게 뭔데?"라고 되물었다.

그러나 로켓은 예정된 궤적을 따라 속도를 높이고 있었고, 카는 에런을 믿는 것 말고는 다른 선택지가 없어 그 명령을 그대로 우주선에 전달했다. 세 우주비행사 중에서 달 착륙선 조종사였던 앨런 빈은 Aux가 어디에 있는지 알았다. 에런이 그리핀과 카에게 연결해 시작된 신뢰 사슬이 빈에게까지 이어졌다. 빈은 사령선의 Aux 개폐기를 재빨리 전환했다. 우주선의 캡슐은 다시 온라인 상태가 되었고 아폴로 12호는 우주에 안전하게 진입할 수 있었다.

수개월 동안 열심히 일하면서 쌓은 신뢰는 아폴로 1호의 운항 관제팀이 우주선의 비행 역량을 확신하기 위해 데이터를 이중으로 점검하던 초기에도 빛을 발했다. 팀원 모두가 아폴로 12호에 사용된 시스템의 모니터에 표시되는 모든 데이터를 몇 번이고 검토한 뒤에야 달로 향하는 '달 전이 궤도 진입'이 승인되었다. 이 사고로 운항 관제사들이 우주선 내부를 실제로 잘 알고 있어야 한다는 인식이 강화되었고, 훗날 밝혀졌듯이 이 인식은 아폴로 13호를 구하는 데 큰 도움이 되었다.

그러나 아폴로 13호는 미래의 일이었다. 당시에는 아폴로 12호가 달로 향하고 있었다. 아폴로 11호와 달리, 달 표면으로의 하강은 어떠한 오류 없이 순조롭게 시작되었고, 계획된 지점에 정확히 착륙했다. 우주비행사들은 아폴로 11호의 시청자들이 보았던 흑백 영상보다 더 실감나는 영상을 제공하기 위해 컬러 비디오카메라를 들고 달 표면에 내려갔다.

감속에서 가속으로

콘래드는 곧바로 달 탐사 활동을 시작하며 동료 승무원이자 절친한 친구이던 앨런 빈에게 "서두르게, 친구. 할 일이 많으니까"라고 재촉했다.[5] 둘은 나사에서 일하기 전부터 절친한 친구였지만, 우주비행 경력은 콘래드가 더 많았다. 콘래드는 전에도 우주에 다녀온 적이 있었고, 아폴로 13호의 임무를 함께할 동료로 빈을 추천하기도 했다. 나사 경영진은 이 신인 우주비행사를 '아폴로 애플리케이션스Apollo Applications'라는 잘 알려지지 않은 부서에 배치했다. 겸손한 빈은 여러 인터뷰에서 자신이 달 표면에 착륙하는 티켓을 얻은 것은 콘래드 덕분이라고 말했다.

콘래드는 경험이 무척 많은 우주비행사로, 그가 경력 후반기에 성취한 중요한 업적 중 하나는 '스카이랩 우주정거장'의 과열을 막는 데 일조한 것이었다. 그러나 빈에게 "서두르라"라고 말하며 자신도 모르게 위험한 실수를 할 뻔했다. 빨리 움직이라고 말한 행동이 다행인 결과로 이어졌지만, 중대한 실수로 이어지는 단초가 되었을 수도 있었다.

빈은 달 환경에 익숙해지려면 적어도 5분 정도 걸릴 거라고 예상했지만, 그 시간마저 단축하고 서둘러 카메라를 설치했다. 그는 달 표면이 상당히 편안하게 느껴져 자신 있게 일정을 앞당겼고, 지구에서 몇 번이고 연습한 덕분에 카메라 설정에 대해 걱정하지 않았다.

빈의 임무 목록에는 처음에 텔레비전 송출을 위해 광각으로 촬영할 때 카메라를 태양으로부터 멀리 떼어놓으라는 경고문("태양 방향은 피할 것")이 적혀 있었다. 하지만 나사에서 발행한 아폴로 계획의 달 탐사 간행물에 따르면, 당시 카메라가 태양을 향하고 있음을 암시하는 그림자가 카메라 받침대에 보였다. 잠시 후, 태양이 곧장 시야에 들어왔다.

관제팀은 즉시 빈에게 알렸다. "앨런, 텔레비전에 들어오는 빛이 너무 밝다!"[6] 캡슐 커뮤니케이터 에드 깁슨이 말했다. 그 경고를 들은 빈은 훈련받지 않은 일을 처리해야 했기 때문인지, 카메라를 다시 태양 방향으로 설치하는 실수를 저질렀다. 우주비행사들과 지상팀은 카메라를 재설치하려고 상당히 애먹은 끝에, 결국 포기하는 게 낫다는 결론을 내렸다. 임무는 계속 진행되었지만, 카메라 문제로 지구의 시청자들과 언론은 아폴로 12호의 월면 활동을 제대로 지켜볼 수 없었다. 이 사고 또한 아폴로 13호의 초기 보도에 미국인이 보인 무관심에 적잖은 역할을 한 듯하다.

"나는 텔레비전의 한계를 전혀 이해하지 못했다." 빈은 비행 후 보고회에서 그 사고에 대해 이렇게 말했다.[7] 그는 자신의 행동에 전적으로 책임을 떠안으며 모든 우주비행사가 임무를 수행할 때 카메라를 소지하자는 건설적인 제안을 내놓았다.

빈은 덧붙여 말했다. "내 생각에 우리가 그런 상황에서 실수를 피하려면, 비행 전에 미리 대비하는 것 외에도 비행용 텔레비전과 비슷한 텔레비전으로 훈련을 받아야 한다. 태양이 내리쬐는 야외에서 모니터를 사용해 훈련을 받았어야 했다. 만약 우리가 그렇게 훈련을 받았다면 텔레비전이 태양 아래에 지나치게 오랫동안 노출되거나 밝은 물체를 향하게 했을 경우, 튜브가 포화되어 많은 문제를 야기할 수 있다는 사실을 분명히 알았을 것이다."

임무 수행 후 보고

머큐리와 제미니 프로그램 초기부터 임무를 마친 후 보고하는 자리는 향후의 임무를 준비하는 과정에서 반드시 필요했다. 효과가 있었던 것과 그렇지 않았던 것에 대한 평가는 우주비행사와 운항 관제팀이 어떤 부분을 바꿔야 하는지 결정하는 데 도움이 되었다.

보고회에서 얻은 첫 교훈은, 비행 후의 격리 기간을 활용해 최대한 많은 일을 처리하면 우주비행사들이 격리를 끝낸 뒤에 가족과 함께 충분한 휴식을 취할 수 있다는 것이었다. 아폴로 11호의 우주비행사들은 격리되었을 동안 언론을 상대하며 바쁜 시간을 보냈고, 격리 기간이 끝난 뒤에 세계 전역을 돌아다니며 환영 행사에 참석했다. 프로그램은 나무랄 데가 없었지만 우주비행사들과 그들의 가족에게는 상당한 부담이었다. 예컨대 우울증과 알코올의존증에 빠졌던 올드린은 임무 수행이 끝난 뒤에 압박감을 해소하는 시간이 충분히 주어졌다면 좋았을 것이라고 훗날 고백했다. 아폴로 12호는 언론의 관심을 상대적으로 적게 받은 덕분에 우주비행사들이 격리 기간에 임무를 보고하는 시간을 가졌고, 격리 기간이 끝난 뒤에는 편하게 지낼 수 있었다.

아폴로 12호의 사령선 조종사 리처드 고든은 1997년 나사와 가진 인터뷰에서 "우리에게 요구된 모든 보고서를 격리 기간에 작성할 수 있었다. 우주선 조종과 관련된 보고서를 작성하는 데 그치지 않고 모든 브리핑까지 끝냈다. 우리는 차단막을 사이에 두고 다른 우주비행사들에게 내용을 전달했고, 운항 관제팀과 비행 관제팀, 시스템 공학자들에게도 그 내용이 전달되었다. 따라서 격리 기간이 끝났을 즈음에는 모든 일이 마무리된 상태였다. 더는 할 일이 없었다. 아폴로 12호와 관련해서는 우리가 달에서 가져온 물질들을 연구하는 숙제만 남아 있었다"라고 말했다.[8]

고든은 덧붙여 말했다. "감사한 시간이었다. 우리는 격리될 필요가 없다고 생각했지만, 여하튼 그 시간을 유익하게 사용할 수 있었다. 격리가 끝났을 때는 모든 보고서 작성도 마무리되었고 임무 수행 후 보고도 완료된 상태였다. 홀가분하기 그지없었다."

아폴로 12호가 해낸 정밀 착륙의 중요성은 아무리 강조해도 지나치지 않다. 계획된 착륙 지점이 적합하지 않아 목표 지점에서 약간 벗어났지만, 그들은 목적지 중 하나였던 서베이어 3호 무인 탐사선이 쉽게 걸어갈 수 있는 거리 내에 있어 충분히 근접해 착륙하는 데 성공해냈다. 나사는 이전의 경험을 말미암아 아폴로 13호부터는 과학적 성취에 중점을 두었고, 아폴로 11호와 아폴로 12호가 착륙한 널찍한 평지보다 고지대에서 착륙할 만한 곳을 목표로 삼았다.

과거를 이해하라

고지대에 접근하면 달의 초기 역사에 관한 중요한 정보를 얻을 가능성이 컸다. 그러나 고지대에 착륙하려면 오류가 거의 허용되지 않는, 정말로 정밀한 착륙이 필요했다. 아폴로 11호와 12호의 우주비행사들은 거의 같은 시기에 형성된 비슷한 유형의 현무암과 화성암 표본을 채취해 지구에 돌아왔다. 하지만 과학자들은 달이 어떻게 형성되었는지 알고 싶은 원대한 의문을 품었고, 그 의문에 답하려면 달의 역사에서 그 이전에 형성된 다양한 유형의 표본이 필요했다. 아폴로 14호와 15호, 16호와 17호는 차례로 고지대 착륙에 성공해 더 오래된 암석을 가져왔다. 그중에서 '창세기의 암석Genesis Rock'이란 이름이 붙은 표본은 41억 년 정도 된 사장암(화성암의 일종—옮긴이)으로, 달의 초기에 어떤 암석들이 존재했는지를 보여주는 중요한 증거다.

'창세기의 암석' 사진(1971)

아폴로 우주선들이 고지대에서 임무를 수행하고 가져온 자료를 바탕으로, 과학자들은 수십억 년 전에 화성 크기의 행성이 지구에 충돌한 후 달이 형성되었다는 이론을 제시했다. 충돌로 생긴 파편들이 지구를 회전하는 먼지 고리를 형성했고, 그 먼지 고리가 점차 합쳐져서 지금의 달이 되었다는 것이다. 오늘날 여전히 많은 과학자가 "지구와 비교했을 때, 달의 저지대에는 금속이 무척 풍부한데 고지대에는 금속이 부족한 이유가 무엇일까?"라는 의문을 제기한다. 그러나 달 정찰 인공위성 Lunar Reconnaissance Orbiter을 비롯해 다양한 임무와 연구의 결과로 새로운 이론들이 계속 제시되고 있다.

리더십과 팀워크

아폴로 프로그램을 통해 배운 또 하나의 핵심적인 교훈은 팀워크의 중요성이었다. 예컨대 아폴로 12호 우주비행사들의 높은 응집력은 그들의 오랜 관계에서 비롯된 것이었다. 앨런 빈은 메릴랜드에 있는 미 해군 시험비행 조종사 학교에서 피트 콘래드를 처음 만났다. 당시 콘래드는 그 학교의 교관이었다. 콘래드와 리처드 고든은 항공모함 레인저호에서 방을 함께 사용한 동료였고, 제미니 11호에 동승하기도 했다.

우주정거장 시대에 나사는 리더십과 팀워크 훈련을 실시했고, 우주비행사들은 훈련을 통해 함께 생활하고 일하며 충분한 시간을 보낼 수 있었다. 우주왕복선 승무원들과 장기 체류 우주비행사들을 위한 훈련에는 국립 야외 리더십 학교National Outdoor Leadership School의 프로그램이 포함되어 있어, 야생에서 함께 탐험하는 시간을 가지며 우주에 가기 전에 지구에서 팀워크를 함양하는 기회를 가졌다.

> 내 경험상, 우리는 어딘가로 비행할 때마다 우리가 그곳에 가는 데 도움을 준 사람들과 자신의 이야기와 경험을 공유한다.
>
> ─찰리 볼든, 前 나사 국장

나사는 비행 경험이 없는 우주비행사들이 우주의 극단적인 환경에 익숙해지도록 유사한 환경을 조성하기도 했다. 나사가 2001년에 도입해 지금까지도 운영되는 극한 환경 임무 작전Extreme Environment Mission Operations, NEEMO은 우주비행사를 해저 19미터에 설치한 아쿠아리우스 수중 실험실에 내려보낸다. 이 실험실은 플로리다주 키라고섬의 해안에서 조금 떨어진 곳에 지어졌다. 우주비행사들은 그곳에서 팀으로 일하며 각자의 역량을 개발하는 동시에 국제 우주정거장과 향후 달 탐사 임무를 위해 과학 장비를 사용하는 법을 익힌다.

우주정거장에 파견할 승무원의 훈련을 위해 나사는 유럽우주국

European Space Agency, ESA이 추진한 CAVESCooperative Adventure for Valuing and Exercising human behavior and performance Skills(인간의 행동과 수행 역량을 평가하고 훈련시키기 위한 협력적 사업—옮긴이)에 우주비행사들을 파견하기도 했다. CAVES는 우주비행사들을 이탈리아 사르데냐에 있는 동굴에 들여보내 밤과 낮을 구분하기 힘든 어두운 환경에서 과학 실험을 수행하게 하는 프로그램이다.

나사는 사람들이 고립된 환경에서 어떻게 행동하는지 더 자세히 알아보기 위해 유사한 환경을 조성해 운영하기도 한다. 하와이와 유타, 캐나다의 데번섬, 러시아의 생물 의학 문제 연구소, 나사 존슨 우주 센터의 유인 탐사 연구 시설Human Exploration Research Analog 등의 실험실에서 얻은 연구 결과를 바탕으로, 승무원들이 우주에서 수주 혹은 수개월 동안 함께 작업하면서 안전과 건강을 유지할 수 있는 최적의 방법을 알아내려고 노력한다.

아폴로 12호가 번개를 맞고 손실한 데이터를 복구하지 못했다면 우리 기억에 더 깊이 각인되었을지도 모른다. 경쟁이 치열한 저녁 뉴스 사이에서 우주 임무의 성공은 다른 경쟁적인 보도들에 밀려 묻혀버리고 말았다. 우주비행사들은 거의 모든 임무를 완벽하게 끝내고 지구로 귀환했고, 번개 때문에 중단될 수 있었던 상황에서도 신속하게 복구했다. 유일한 문제는 달 표면에 잘못 설치한 카메라였는데, 그 문제는 언론의 관심을 끌지 않았다. 고도로 훈련된 우주비행사들과 운항 관제팀이 아폴로 12호에 닥친 문제를 상대적으로 쉽게 해결한 덕분에 전국적인 관심을 끌지 못한 것일 수도 있다. 하기야 나쁜 소식이 좋은 소식보다 더 큰 관심을 끌기 쉽다. 그 예로, 아폴로 13호는 나사를 전에는 경험하지 못한 정도로 시련에 몰아넣었고, 전 국민의 관심을 되찾았다.

인사이트 노트

◆ 속도를 높이면 오류로 이어지고, 그 오류를 해결하는 데 시간을 소모하게 되어 결국 작업 속도가 더 느려질 수 있다. 일단 속도를 늦춘 뒤, 집중해서 속도를 높여가라.

◆ 시간은 중요한 사산이다. 성공을 최적화하려면 시간을 효율적으로 사용해야 한다.

◆ 리더십 훈련, 팀워크 구축, 개인과 팀의 행동 역량 개발은 기술 훈련과 함께 반드시 진행되어야 하는 중요한 요소다.

실패는
선택 사항이 아니다

8장

사실상 우리는 즉시 시행해야 할

복귀 비행 계획을 짜고 있었다.

—글린 러니, 공학기술자

우주는 결코 평범한 공간일 수 없다. 원천적으로 위험하고, 우주비행에 동원되는 과학기술은 최첨단이다. 실수는 금전적으로도 막대한 손해를 일으키지만, 최악의 경우에는 사람의 목숨까지 앗아간다. 우리는 종종 위험천만한 세 번째 달 착륙 로켓이 1970년 4월 11일 발사되었다는 사실을 잊는다.

 아폴로 13호의 초기 상황은 지극히 평범했다. 소수의 텔레비전 방송국과 신문만이 그 소식을 다루었고, 소식을 취재한 기자들도 임무 자체에 관해 별다른 관심을 기울이지 않았다. 아폴로 13호가 발사되는 모습을 보려고 텔레비전 채널을 돌리는 시청자도 별로 없었다. 아폴로 12호의 카메라가 임무 초기에 고장 나는 바람에, 사람들이 우주선이 달의 다른 지역에 착륙하는 광경을 목격하지 못한 것이 무관심에 한몫

했다.

당시 정서는 '이미 가봐서 다 안다'에 가까워지고 있었다. 처음에 달 착륙 프로그램은 아폴로 20호까지 진행될 예정이었지만, 1970년 1월 에 지원금이 삭감되었다. 그 결과, 아폴로 18호와 19호는 영원히 사라 질 위험에 처했지만 짐 러벨과 프레드 헤이즈, 잭 스위거트가 아폴로 13호에 몸을 싣고 현지 시각 13시 13분에 달을 향해 출발할 때까지는 아무도 확신하지 못했다. 두 아폴로 계획의 취소는 그해 말에야 확정되 었다.

마지막 순간의 변경

우주비행사들에게 발사를 앞둔 마지막 몇 주는 혼란스러웠다. 이번 임 무에서 원래 사령선의 조종사로 지명된 우주비행사는 켄 매팅리였다. 그러나 매팅리는 비행 직전에 뜻하지 않게 풍진에 노출되었다. 그 병에 걸린 동료 우주비행사 찰리 듀크의 아들과 접촉했기 때문이다. 의사는 매팅리에게 자연 면역력이 없다고 진단했다. 결국 아폴로 13호는 예비 우주비행사 잭 스위거트와 함께 출발할 수밖에 없었다.

러벨은 스위거트를 편하게 해주려고 최선을 다했다. 이륙하기 전까지 그들이 단체로 훈련할 수 있는 날은 이틀밖에 없었고, 스위거트는 예비 승무원으로 훈련받은 경험이 전부였다. 러벨이 1999년 인터뷰에서 말 했듯이, 대체로 예비 우주비행사는 훈련 자체보다 훈련장을 방문하는 가족들을 위해 호텔 방을 구하는 일에 더 바빴다.[1] 그러나 스위거트가 러벨과 헤이즈의 옆에 앉은 순간, 러벨의 걱정은 깨끗이 해소되었다.

러벨은 당시를 회상하며 "언젠가 잭은 사령선의 오작동을 해결하는 절차를 보고서로 작성한 적이 있었다. 따라서 그는 사령선에 대해 상당히 잘 알았다"라고 말했다. 문제는 팀의 응집력을 신속히 구축하고 중요한 순간에도 헤이즈와 러벨이 매팅리의 독특한 억양을 읽어낼 수 있는 수준에 올라서는 것이었다. 다행스럽게도 스위거트는 잘 훈련받았고 언제라도 출발할 준비가 된 우주비행사였다.

다시 러벨의 회고로 돌아가면, "우리는 잭과 단 이틀 동안 훈련했다. 그런데도 잭은 비행체에 완벽하게 적응한 것처럼 보였다. 그래서 나는 동료들에게 '갑시다!'라고 말했습니다. 나사의 고위 관리자들이 나에게 개인적으로 다가와 '괜찮겠습니까? 만족하십니까? 출발할 준비가 되었습니까?'라고 물었을 때도 나는 '물론입니다!'라고 대답했다".

항상 그랬듯이 달로 가는 길에는 몇몇 기술적인 문제가 있었지만, 야단법석을 피울 만큼 큰 문제는 아니었다. 스위거트는 자신의 임무를 완벽하게 해내는 것처럼 보였고, 그들은 마침내 달 전이 궤도 진입을 완료하고 프라 마우로 고지대를 향해 비행을 시작했다. 4월 13일 저녁, 우주비행사들이 홍보 행사를 진행했지만, 안타깝게도 그 행사의 중계방송을 실시간으로 보는 시청자는 거의 없었다. 그러나 그다음에 일어난 사건은 세계 전역으로 방송되어 세간의 이목을 끌었다. 러벨은 "이곳 휴스턴은 아마 9시나 10시쯤이었을 것이다. 나는 통로를 통해 내 자리로 돌아가고 있었다. 그런데 갑자기 '쉬익, 펑!'하고 우주선이 크게 흔들렸다"라고 회고했다.

꼬리를 물고 이어지는 사건들

극저온 상태의 산소는 탱크 안에서 분리되는 경향을 띤다. 따라서 아폴로 사령선의 액체 산소 탱크는 정확한 계측을 위해 내부에 설치한 전기 팬이 액체 산소를 휘젓도록 설계되었다.[2] 산소는 우주비행사의 호흡뿐만 아니라 수소와 산소로 작동하는 연료 전지에도 필요했기 때문에 나사는 탱크 안을 휘저으면서도 산소량을 정확히 측정하는 절차를 개발했다.

그 절차는 '냉동 교반cryo-stir'이라 일컬어졌고, 일반적인 상황에서는 무척 간단했다. 승무원(일반적으로 사령선 조종사)이 우주선 내의 개폐기를 올려 전기 팬을 돌리면 그만이었다. 팬은 극저온 상태의 산소를 부드럽게 휘저으며 층을 없앤다. 아폴로 13호의 경우에도 폭발 사고가 있기 전까지 냉동 교반이 네 번 행해졌고, 계획에 따르면 우주비행사가 잠자리에 들기 전에도 마지막으로 점검해야 했다.

이번에는 2번 탱크에서 이상 현상이 발생했다. 2번 탱크가 폭발하면서 중요한 산소가 누출되었고, 사령선의 기능을 제어하는 데 사용되는 연결 장치도 찢어졌다. 우주선의 주 경보 장치가 요란하게 울렸다. 우주비행사들은 다급하게 "휴스턴, 문제가 생겼다!"라고 지상에 알리며 도움을 구했다.

이런 비상사태에서도 우주비행사들은 철저하게 절차를 따랐다. 문제를 진단하고 달 착륙선과 연결된 해치를 닫았다. 그때까지도 그들은 무슨 일이 일어났는지 알지 못했고, 혹시나 유성이 우주선을 때린 것은 아닐지 걱정했다. 그런 와중에도 우주비행사들과 운항 관제팀은 주 경보 장치가 울린 이유를 알아내려고 애썼다. 러벨은 당시를 회상하며 "우리는 몰랐다. '계기에 문제가 있는 건가?'라고 생각했다. 모든 산소가 사라진 것은 아니었으니까"라고 말했다. 여하튼 우주비행사들은 우주복을 입지 않은 상태에서도 여전히 편안하게 숨쉬고 있었다. "그런데 기분이 오락가락하며 편하지 않았다." 처음에는 감지기 오류라고 생각했지만, 더 많은 경보음이 울려댔다. 중대한 문제가 발생한 게 분명했다.

그 문제의 탱크는 아폴로 10호에 처음 설치되었고, 그 이후에 수리하기 위해 떼어졌다. 그러나 탱크를 떼어내던 작업자가 실수로 탱크를

5센티미터 높이에서 떨어뜨려 탱크 내부의 충전선에 충격을 가했고, 당시에는 그 선이 훼손되었다는 사실을 아무도 몰랐다. 바로 그 탱크가 외부 검사를 받은 뒤에 아폴로 13호에 다시 설치된 것이다.

물론 아폴로 13호가 발사되기 전에 지상에서 많은 검사 절차를 거쳤다. 탱크가 제대로 비워지지 않았다. 돌이켜 생각해보면 손상된 충전선이 원인이었을 가능성이 컸다. 기술자들은 이 문제를 해결하려고 최선을 다했고, 그들이 제안한 해결책은 산소를 비워내는 대신에 탱크 가열기를 사용해 산소를 '증발'시키는 것이었다. 모든 절차가 엄격히 지켜졌지만, 2번 탱크를 사고로 몰아넣은 원인에는 설계 문제도 있었다.

무언가 잘못되었다

가장 큰 문제는 전압이었다. 산소 탱크는 원래 사령기계선에서 28볼트 직류 전원으로 가동되도록 설계되었지만, 재설계 과정을 거치며 케네디 우주 센터에서 65볼트 직류 지상 전원으로도 가동되도록 변경되었다. 가열기의 온도 조절 개폐기를 제외한 모든 것의 성능이 개선되었다. 개폐기의 내구성은 간과되었다.

보통 산소 탱크 내의 가열기는 산소를 계속 흐르게 하려고 내부를 살짝 데우고 내부 압력을 높여 무척 짧은 시간 동안만 사용되었다. 2번 탱크의 과잉 산소를 '증발'시키기 위해 가열기를 사용하려면, 65볼트의 직류 전원을 여덟 시간 동안 공급해야 했다. 비행 후에 진행된 조사에 따르면, 장시간의 가열로 인해 원래 28볼트용으로 설계된 가열기의 온도 조절 개폐기가 손상을 입어 눌어붙었을 가능성이 컸다. 그 결과, 탱크 내의 온도가 섭씨 538℃ 이상으로 상승했을 가능성도 커졌다. 하지만 탱크 안에 설치된 감지기들은 섭씨 27℃까지만 측정하도록 설계되어, 그렇게 높은 온도는 감지하지 못했다. 전선을 둘러싼 테플론 절연재가 이 극심한 열에 녹아버렸다. 그로 인해 순수 산소 속에 전선밖에 남지 않았고, 탱크 안에서 길을 잃은 불똥이 하나라도 튀면 끔찍하게 위험한 상황이 벌어질 것은 자명했다.

주 경보기가 우주선 안에서 요란하게 울렸을 때, 아폴로 13호의 우주비행사들이나 운항 관제팀은 이 모든 사실을 전혀 알지 못했다. 하지만 산소 탱크가 폭발하고 몇 분이 지나지 않아, 계기 문제가 아니라는 것을 모두가 알게 되었다.

로벨은 폭발의 여파에 대해 회고하며, "전기 시스템에 문제가 생겼다. 결국 연료 전지 두 개를 잃었다. 연료 전지를 되살려낼 수는 없었다. 산소가 크게 줄어들고 있다는 사실도 알게 되었다. 탱크 하나는 완전히 끝장났으며, 남은 하나도 곤두박질치기 시작했다. 나는 창밖을 내다보았다. 우주선 뒤쪽 끝에서 가스가 빠져나가고 있었다"라고 말했다.

달 착륙 임무를 위해 달로 향하고 있던 아폴로 13호에 심각한 비상사태가 닥쳤다. 전에도 우주에서 위험한 적은 있었지만 이 정도까지는 아니었다. 운항 관제팀은 해결책을 찾기 위해 우주비행사들과 긴밀히 협력해야만 했다. 이미 그들은 달 표면을 걸을 기회를 잃은 것이나 다름없었다. 정말로 위험한 상황이 다시 닥쳐오면, 우주비행사들이 목숨을 잃는 상황으로 치달을 수도 있었다. 만약 그렇게 된다면 스위거트의 부모는 아들을 잃고, 로벨과 헤이즈의 가족은 남편과 아버지를 잃게 될 것이었다. 더구나 헤이즈의 아내 메리는 임신한 상태였다. 헤이즈가 무사히 비행을 마치고 돌아와 곧 태어날 아기를 안을 수 있을지 확신할 수 없는 상황이었다.

한편 휴스턴에서는 운항 관제 감독 유진 크랜츠의 화이트팀이 관제용 계기반을 차지하고, 우주의 우주비행사들과 교신했다. 크랜츠는 문제가 발생하면 즉시 해결책을 찾아내는 데 집중하라고 팀원들을 독려했다. 1999년 나사와 가진 인터뷰에서 크랜츠는 "문제를 알아내는 게 급선무였다. 거의 15분을 골몰한 뒤에야 산소 탱크가 원인이라는 최종적인 결론을 내렸다. 요즘 과학기술이었다면 몇 초 만에 알아냈을 것이다. **문제가 무엇인지 알아낸 뒤에는 모든 것이 일사천리였다. 문제 해결을 위해 무엇을 해야 하고, 어떤 방향을 취해야 하는지 알아내는 건 그다지 어렵지 않았으니까**"라고 말했다.[3]

귀환 계획을 세워라

우주비행사들과 마찬가지로, 운항 관제팀도 발사를 앞두고 광범위한 훈련을 받는다. 크랜츠는 젊고 노련한 관제사들과 한 팀을 꾸리는 행운을 누렸다. 그들은 우주비행사들을 구해내는 방법을 종합하면서, 이미 알 수도 있는 대책을 떠올려보려고 노력했다. 때마침 팀원들에게 어떤 아이디어 하나가 번뜩 떠올랐다. 아폴로 9호의 임무를 준비하기 위해 1968년 말과 1969년 초에 훈련한 기억이었다.

"훈련 과정에서 배운 사항이었다. 어느 날, 우리 팀이 임무를 제대로 해내지 못했다." 크랜츠는 1999년 인터뷰에서 당시 상황을 회고했다. "그때 우리는 훈련 결과를 되짚어보는 시간을 가졌고, 모의 훈련 교관도 우리를 찾아와서는 물었다. '왜 달 착륙선에 계속 전원을 켜두었습니까? 왜 모든 전력을 사용하는 겁니까? 전원을 꺼두어야 할 것들의 목록을 작성했어야 한다고 생각하지 않습니까? 문제가 생기면 에너지와 자원을 한 톨이라도 아낄 방법을 찾아내야 합니다. 그렇게 아낀 에너지와 자원이 언젠가는 필요하게 될 테니까요.'"[4] 사령선을 탈출해

> 우주비행사들이 집으로 돌아오고 있다. … 우리가 그럴 수 있게 해내야 한다.
>
> —유진 크랜츠,
> 前 나사 최고 운항 책임자

달 착륙선을 일시적으로 구명선으로 사용하는, 훗날 크랜츠가 '구명선 절차'라고 부르는 방법이었다.

운항 관제팀은 아폴로 13호를 구하기 위한 계획을 이미 가지고 있던 셈이었다. 그들은 우주비행사들에게 서둘러 절차를 알렸고, 사령선을 폐쇄하고 폭발에도 아무런 손상을 입지 않은 달 착륙선에 전력을 다하라고 지시했다. 크랜츠는 화이트팀이 앞으로 장시간 그 절차에 매달려야 한다는 사실을 알았다. 우주비행사들이 지구로부터 대략 322,000킬로미터쯤 떨어진 곳에 있었고 여전히 달로 향하고 있다는 사실을 고려한다면, 그들이 고향에 무사히 돌아오기 위해서는 며칠은 더 고생해야 할 것이 뻔했다.

다행히 나사는 당시에 운항 관제팀을 교대로 운영하며 인수인계 시간을 두어, 단말기 앞에서 관제사들이 임무 상황을 보고받고 다음 근무를 준비할 수 있도록 했다. 일이 예정대로 진행될 때 이 방법은 효과가 컸다. 크랜츠의 증언에 따르면, "기본적으로, 우리는 굉장히 방대한 정보를 배포할 수 있었고, 정리한 내용을 네 명의 비행 감독에게 일괄적으로 제공했다. 그래서 임무를 수행하는 동안 중요한 결정을 내려야 할 때 다각도로 점검할 수 있었다".

크랜츠는 임무의 관계자들과 상의한 끝에, 화이트팀의 대부분 팀원에게 휴식을 주고 '소모품 문제'를 공격할 '타이거팀'을 구성하기로 결정했다. 그들은 두 사람이 이틀 동안 달에서 임무를 수행하는 대신에 세 사람이 지구로 돌아오는 나흘 동안 달 착륙선에서 생존할 수 있도록 산소와 물을 확보하고, 이산화탄소 청정기의 기능을 유지하는 방법도 찾아내야 했다.

산소 탱크의 폭발 이후에도 사령선의 엔진이 작동할 거라는 보장이 없었기 때문에 나사는 임무의 포기를 신속하면서도 조심스럽게 결정했다. 따라서 우주비행사들은 출력이 상대적으로 약한 달 착륙선을 사용해 달 주위를 빙빙 돌며 달의 중력을 빌려서 최대한 안전하고 신속하게 우주선 방향을 지구 쪽으로 밀어내야 했다.

어떤 아이디어라도 환영하라

크랜츠는 당시를 "재밌었다"라고 회고했다. 크랜츠는 팀원들에게 과거의 훈련 기록을 살펴보며 기억을 짜내서라도 올바른 해결책을 찾아내라고 독려했다. 관제팀은 이전에 이런 문제를 맞닥뜨린 적이 없었지만 아폴로 7호부터 12호까지 유인우주선을 우주에 보내며 축적한 경험과 훈련이 유익했다는 걸 증명해보였다.

"앞이 막막하고 빠져나갈 방법이 없었지만 앞뒤를 가리지 않고 '이런 긴박한 상황에서는 이 방법을 써볼 수 있지 않을까? 그래, 이 방법이라도 써보자!'라고 말할 수는 없었다. 기본적으로 우리는 ⋯ 이런 상황에 대비한 어떤 절차를 마련해두고 있었다. 도서관의 어떤 책꽂이에 그 방법을 써놓은 서류철이 분명히 있었다. 시간이 부족하고 절박한 상황에서도 우리는 즉석에서 기발한 아이디어를 생각해내려고 애쓰기보다, 이미 알고 있고 검증해본 적이 있는 방법을 찾아내고 싶었다. 우리가 말하는 구명선 절차도 그 과정의 일부였다."

글린 러니는 블랙팀의 비행 감독으로, 팀원들을 독려하며 소모품 문제를 해결하고 우주비행사들을 귀환시킬 계획을 수립하는 데 열중했다. 존슨 우주 센터를 방문하는 일반인을 위한 과학박물관 '스페이스 센터 휴스턴'이 2020년에 주최한 한 행사에서, 러니는 우주비행사들이 시시각각 달에 가까워지고 있을 때 블랙팀이 사령선의 전기 시스템에 가해지는 부하를 어떻게 계산했는지를 회상했다.[5]

"어떤 문제에서든 무척, 정말로 무척이나 보수적으로 생각할 수도 있고, 더 현실적으로 생각할 수도 있다. 아폴로 13호의 경우, 현실적인 해결책은 사령선에 전력을 공급하는 것이었다. 달의 모퉁이에 접근했을 때 사령선에 전원을 켜고 분사하고 … 지구로 방향을 튼 뒤에는 전원을 끊는 것이었다. 하지만 우리가 얼마나 보수적으로 계산하느냐에 따라 전력을 절약하는 정도가 달라졌다."

관제사들이 우주선의 소모품 문제를 계속 주시하는 데는 팀의 응집력이 무엇보다 중요했다. 2020년 6월에 진행한 인터뷰에서 러니는 관제팀을 독려하려고 "특별한 조치를 취하지는 않았지만", 그들이 오랫동안 함께 일한 동료였다고 말했다. 일부는 제미니 시절부터 관제팀의 일원이었고, 러니 자신은 아폴로 13호 이전에도 블랙팀의 비행 감독이었다. "관제팀에 없어도 되는 사람은 한 명도 없었다. 우리는 썩 잘 해냈고, 모두가 제 몫을 해냈다."

풍진에 감염되었을지도 모른다는 소동을 겪고 나서 우주선과의 교신을 담당하게 된 켄 매팅리는 적어도 자신이 경험한 바로는 러니의 리더십이 최고였다고 평가했다. "글린은 관제실에 뚜벅뚜벅 들어와 자신에게 주어진 책임을 다했다. 당시에 그 누구도 해당 사고에 대해 입을 뻥긋할 생각조차 하지 못했다. … 나는 그에게서 최고의 프로 정신을 봤다. 그 모든 것은 전적으로 글린 러니 한 사람 덕분이었다. 내가 지금까지 함께한 작업 중에서 가장 감동적인 성과를 거둔 작업이었다"라고 덧붙였다.[6]

그 비상사태는 크랜츠의 근무 시간이 끝날 때쯤 일어났고, 다행히 러니는 일찌감치 출근해 평소처럼 편안한 마음으로 인수인계를 받으려 했다. "나는 원래의 근무 시간이 시작되기 약 여섯 시간 전부터 일했다. 상당히 긴 시간이었다." 크랜츠의 팀이 그랬던 것처럼, 러니의 팀도 문제가 발생하면 그 문제를 해결하는 데 집중했다.

글린 러니는 "나는 우리 팀이 해낸 일이 더없이 자랑스러웠다. 우리는 우주선을 안정시켰고, 지구로 귀환하는 길을 마련했다. 모두 계획대로 차근차근 진행되었다"라며 "우리가 무엇을 해야 하는지에 대해 다양한 의견이 들려왔다. 그러나 최종적으로는 우리 팀이 원하는 계획을 수립했다. 나와 함께한 팀원들이 정말 좋았다. 그들이 일하는 방식도 마음에 들었고, 그들이 모두 잘 훈련된 관제사라는 사실도 정말 마음에 들었다"라고 덧붙였다.

필요한 일을 하라

팀원 대부분이 상당히 젊었다는 사실도 주목할 만하다. 그 시대의 운항 관제사들은 대체로 20대 후반이거나 30대 초였다. 아폴로 13호를 지구로 안전하게 데려오기 위해 장시간 모두가 씨름할 동안, 젊어서 충분했던 체력도 큰 도움이 되었다. 그들은 비교적 어렸지만 예전부터 관제 센터에서 줄곧 일한 까닭에 경험은 많았다. 러니의 회고대로 그들은 사고가 일어난 뒤에 첫 근무 시간이 끝날 때쯤 추진할 만한 계획을 제안했다. 열두 시간의 근무는 평소보다 길었지만, 러니팀은 짧다고 할 수 있는 그 시간에 엄청난 성과를 거두었다.

"사실상 우리는 즉시 시행해야 할 복귀 비행 계획을 짜고 있었다. 달을 회전하는 계획을 거의 확정했을 즈음에는 오히려 약간의 여유가 생겼다." 그 계획은 달의 뒷면에서 엔진을 한 번 분사한 후, 뒷면을 회전하고 두 시간 뒤에 다시 한번 분사함으로 우주선을 지구로 향하는 궤도에 밀어 올리는 것이었다.

우주비행사들이 지구로 돌아오는 동안에도 여기저기에서 문제가 발생했다. 달 착륙선의 이산화탄소 청정기가 포화했을 때 우주비행사들은 운항 관제팀의 도움을 받아 규격과 크기가 다른 청정기를 사령선의 것과 연결할 수 있었다. 배터리가 터지기도 했다. 우주선이 궤도에서 벗어나 엔진을 다시 한번 분사해야 했다. 그러나 복귀 절차가 계획대로 진행되고 있었고, 3년 전 아폴로 1호의 참사가 일어난 뒤에 조지 로가 닦아놓은 복구 방법을 되살려 기억해내고 나서는 운항 관제실의 분위기가 전반적으로 차분하게 유지되었다.

러니는 "선에는 누구도 생각하시 못한 대단한 생각, 뉴스에서 내서 특필할 만큼 참신한 생각을 해낸 것은 아니었다"라고 당시를 회상하며 덧붙여 말했다. "우리는 다양한 상황에 대해 꾸준히 많이 생각했고 그런 상황에 대비한 계획도 세워두었다. 따라서 내가, 우리가 무엇을 해야 하는지 아는 것은 당연했다. 그런 위치에 있었으니까. 우리는 신중하게 한 단계씩 밟아 나아갔다. 당시 조지 로는 휴스턴의 관리자가 아니었다. 조지는 어떤 일 때문에 워싱턴에 있었다. … 그는 우리가 어떻게 일을 처리했는지를 알고는 무척 기뻐했다. 조지는 기뻐할 자격이 충분했다. 아폴로 1호의 참사로부터 회복해야 했을 때 우리와 함께했으니까. … 조지는 자신에게 맡겨진 책무를 등한시하는 법이 없었다."

당시 운항 관제팀이 맞닥뜨린 가장 큰 문제는 우주비행사들을 편안하게 해주면서 의사결정에 참여시키는 것이었다. 때때로 우주비행사들은 통신이 지체되는 걸 느꼈다. 특히 재진입 절차를 논의할 때가 그러했다. 우주비행사들의 신뢰를 얻는 데는 동료들로부터 좋은 평가를 받고 있던 동료, 매팅리에게 재진입 책무를 맡긴 게 도움이 되었다. 매팅리는 풍진에 감염되지 않은 사실이 확인되자 우주선과의 교신 담당자로 운항 관제팀에 참여했고, 사령선을 지구로 귀환시키는 임무를 맡은 팀의 일원이 되었다. 매팅리가 직접 우주비행사들에게 재진입 절차를 전달했고, 그에 따라 우주비행사들은 착수着水를 준비했다.

우주비행사들은 안전하게 귀환했고, 평소처럼 태평양에서 물살에 흔들거리고 있었다. 사고가 발생할 때마다 그러했듯이 이번에도 나사는

아폴로 13호의 '성공적인 실패' 직후 토머스 페인(가운데)과 조지 로(오른쪽)를 비롯한 나사 관리자들이 환호하고 있다.

절차와 우주선을 철저히 재검토했고, 1971년 1월 아폴로 14호를 발사하기로 결정했다. 산소 탱크 폭발 사건은 나사에게 아찔한 시험대이자 승리였다. 그 사고를 말미암아 나사의 팀원들은 위급한 상황에서 꼬리를 물고 이어지는 위험한 요인들을 잘 알게 되었다. 우주비행사들과 운항 관제팀의 탁월한 수행 능력으로 모두가 안전하게 귀환할 수 있었고, 아폴로 13호 임무에는 '성공적인 실패'라는 별명이 붙여졌다. 그러나 미국에게는 나사가 성취한 최고의 순간 중 하나였다.

인사이트 노트

- ◆ 뜻밖에 닥친 상황에서 해결책을 모색할 때는 어떤 의견이라도 환영하라. 의견을 적극적으로 관리하고, 최적의 의견을 실행에 옮기고, 다른 의견들은 덮어버린 것이 아폴로 13호의 임무를 성공으로 이끈 열쇠였다.
- ◆ 비상사태에 효과적으로 대처하기 위해서는 끊임없이 역량과 경험을 키우며 팀워크를 구축해야 한다.
- ◆ 믿음이 곧 성취로 이어진다. 목표를 명확히 세우고, 그 목표를 실현하기 위해 노력하라.

이미 겪어봐서 알잖아, 그다음은 뭐지?

9장

더 많은 악수가

우주에서 나누어져야 한다.

—버즈 올드린, 우주비행사

아폴로 13호는 가까스로 비극을 피했지만, 유인우주선에 내재한 위험을 냉정하게 일깨워준 사건이기도 했다. 우주비행사들의 극적인 구조는 전 국민의 관심을 끌었지만, 연일 쏟아지는 뉴스에 파묻혀 또다시 과거로 돌아가고 말았다. 예산은 점점 더 빠듯해져서 아폴로 13호가 비행을 시작하기도 전에 아폴로 20호가 취소되었고, 아폴로 18호와 19호는 아폴로 13호의 영웅적인 귀환 직후에 똑같은 운명을 맞았다. 1970년과 1972년 사이에 네 명의 우주비행사가 위험을 무릅쓰고 달에 다시 모험을 떠나 보여준 리더십과 과학적 유산은 오늘날에도 여전히 영감을 자극한다.

한편, 뒤에서는 달 탐사를 부추기던 정치적 환경이 변화하고 있었다. 미국과 소련 간 과시적 경쟁은 이미 싸늘하게 식은 뒤였고, 쿠바 미사일 위기도 사라졌다. 게다가 냉전 시대를 무시무시하게 만들었던 핵 보유량을 감축하기 위한 협상도 시작된 터였다. 그렇다면 차라리 두 초강대국이 우주탐사를 두고 경쟁하기보다는 협력하는 게 더 낫지 않을까? 이렇게 생각하기 시작한 사람이 적지 않았다.

소련은 결국 달 로켓을 성공적으로 발사하지 못한 채 지구 궤도에 우주정거장을 건설하는 한층 현실적인 목표로 관심을 돌렸다. 이런 변화는 아폴로 프로그램 이후 비용 효과가 더 높은 비전을 제시해주었기 때문에 미국에도 유리한 방향으로 흘러갔다. 소련이 인정했듯이 몇몇 우주정거장은 민간용으로 위장해 군사적 목적으로 띄워졌지만, 10년쯤 지났을 때 소련은 사람이 우주에서 체류하는 시간을 빠르게 늘려갔다.

최초의 우주정거장은 살류트 1호였다. 세 명의 승무원이 거주하도록 설계된 살류트 1호는 1971년 지구 궤도에서 175일을 보냈지만, 그중 단 23일 동안만 사람이 머물렀다. 소련은 다른 우주정거장을 계속 궤도에 올려 보내려고 시도했지만, 연속으로 세 번이나 실패하고, 승무원이 머물 수 있을 만큼 오랫동안 존속하지 못했다. 그러나 1974년에 발사된 살류트 3호를 필두로 소련은 장기간의 우주비행에서 다수의 성공을 거두었다.

방향을 전환할 시간

그즈음 미국은 하나의 우주정거장, 스카이랩Skylab만을 운영했다. 1973년에 발사된 스카이랩에서는 승무원 세 명이 171일 열세 시간 동안 체류하며 세 번의 임무를 수행했다. 스카이랩 2호에 탑승한 첫 승무원들은 정거장의 과열을 막기 위해 긴급 수리를 해야 했지만, 스카이랩 2호는 우주에 떠 있던 2249일 중에 남은 기간 동안 완벽하게 작동했다. 스카이랩에서 가장 오랫동안 체류한 승무원은 84일 동안 우주에 머물며, 인간이 미세중력 환경에서 어떻게 생활하고 일할 수 있는지를 연구했다. 한편, 소련이 1974년에 쏘아 올린 살류트 3호는 단 24일 동안만 임무를 수행했지만, 몇 년이 채 지나지 않아 발사된 다른 정거장들은 미국의 기록을 빠르게 넘어섰다. 1980년 살류트 6호에서는 승무원들이 185일 동안 체류해 최장 기록을 세웠고, 그 밖에도 100일에 근접하거나 100일을 넘겨 유인 비행한 경우도 적잖았다.

아폴로 계획이 저물기 시작하자, 당시 나사 국장이던 토머스 페인은 제한된 예산을 우주정거장을 준비하는 데 집중하고자 했다. 페인은 이른바 '데탕트détente' 정신을 적극적으로 받아들여, 미국과 소련이 우주에서 협력할 가능성까지 모색했다. 게다가 그는 제2차세계대전이 끝난 뒤 학업으로 복귀해 러시아도 약간 배운 터였다. 전후 세계를 대비하는 데는 핵에너지에 대한 이해와 러시아어 학습이 최선이라고 확신했기 때문이다. 따라서 나사의 예산이 크게 줄어들자, 페인은 우주정거장이라는 새로운 개척지를 탐구하는 데 우주여행을 준비하는 국가들이 함께 노력하고 협력해야 한다고 선언했다.

협력하는 법을 배우고, 배우기 위해 협력하라

토머스 페인은 1970년 인터뷰에서 "제임스 웹이 러시아의 위협에 대응해 나사를 키우고 프로그램을 확충하는 엄청난 업적을 남긴 것은 분명하지만 … 시대는 변했고, 나는 내 확신이 맞길 바랐다. 나는 나사가 국기를 흔들며 애국심을 고취하려던 노력을 멈추고, 소련과 경쟁하는 수준을 넘어 근본적인 차원에서 우리의 우주 계획을 정당화하기 시작할 때가 왔다고 판단했다"라고 말했다.[1] 페인의 의견은 나사의 초대 국장 토머스 키스 글레넌의 견해를 되살려낸 것이었다. 글레넌 또한 이미 나사가 지속 가능하려면 경쟁에만 매몰되지 않고 고유한 비전과 목표를 추구해야 한다고 주장한 적이 있었다.

소련과 협력하는 일이 이제야 처음으로 진지하게 고려된 것은 아니었다. 존 F. 케네디 행정부도 1963년, 정확히 말하면 케네디가 암살되기 수개월 전부터 이미 그 가능성을 숙고하고 있었다. 그러나 미국과 소련이 달에 먼저 가려고 치열하게 경쟁하던 때 서로 협력한다는 생각은 실현되기 힘들었고, 이제 그 경쟁은 끝났다. 과거에도 나사 관리들이 소련 측과 협력해 공동 과학 연구를 진행해보려고 했지만 번번이 실패했다. 그럼에도 페인은 옛 경쟁자의 의도를 알아보기 위해 1969년 초, 소련 과학 아카데미에 다시 편지를 보냈다.

소련 측은 협력을 제안한 페인의 편지를 정중히 받아들였고, 그해 7월 아폴로 11호의 우주비행사들이 달에 착륙했을 때는 성공을 축하하는 따뜻한 메시지를 공개적으로 보내기도 했다. 그해 나사의 스페이스 태스크 그룹이 작성한 보고서에 따르면, 아폴로의 달 착륙 목표가 "사는 곳은 달라도 온 인류에게 '하나'라는 느낌을 안겨줌으로써 … 국제 협력을 새롭게 추진할 수 있는 발판이 마련되었다".

나사에게는 역사적 순간이었던 1969년 말, 미국 대통령 리처드 닉슨은 페인에게 소련과 협력하는 계획을 계속 추진하라고 격려했다. 아폴로 11호가 우주에서 성공적으로 귀환한 뒤, 닉슨 대통령과 페인이 에어포스 원에 함께 탑승해 우주비행사들을 만나러 가던 길에서였다.

그 계획에 따라, 닉슨 대통령은 관계 부처 합동 위원회를 설립해 소련과 공동으로 우주 임무를 수행하는 데 필요한 모든 부

그때는 다른 문화권 사람들을 미국에 데려와 우리의 생활 방식을 알려주며 순조롭게 적응하도록 돕고, 서로 알아가며 진정한 친구로서 평생의 유대감을 형성할 기회였다.

—찰리 볼든

문을 살펴보게 했다. 합동 위원회는 자신들의 견해를 백악관에 보고했고, 나중에 밝혀진 바에 따르면 국방부를 제외하고 모든 기관이 합동 위원회에 참여했다.

아폴로-소유스 시험 계획

모스크바를 오가며 진행된 많은 회의와 협상을 짤막하게 요약하기는 쉽지 않다. **협력이 항상 쉽지는 않다는 것만 말해두자.** 함께 작업하는 방법을 배우기 위해서는 시간과 노력이 필요하다. 더구나 당시에는 공통점을 찾아내기도 어려웠다. 1970년대 초, 미국과 소련이 협력하는 한 가지 방법으로 우주 임무를 함께하는 계획이 대두되었다.

　로버트 길러스 박사를 중심으로 구성된 소규모 팀이 러시아팀을 만나 임무를 위한 이런저런 의견을 나누었다. 훗날 아폴로-소유스 시험 계획의 감독이 된 글린 러니는 당시에 겪었던 어려움을 이렇게 요약했다. "랑데부와 도킹을 서로 호환 가능하게 만드는 단계부터 논의해야 했다. … 배에 싣는 모든 구명선을 똑같은 종류로 만들어, 어떤 것을 선택해도 문제가 없도록 하는 과정과 같았다."[2] 초기에 진행되었던 회의는 껄끄럽기 그지없었다. "경쟁심과 반감이 팽배했다. 당시에는 상대에게 적개심마저 있었다."

　양측 모두가 우려했다. 러니가 기억하듯이 "나사에서 그 프로젝트에 관여하지 않는 사람 중에는 이런저런 경험을 통해 축적된 불신의 잔재가 여전한 사람들이 적지 않았다. … 한편 객관적인 자세로 프로젝트에 중립적인 입장을 유지하는 사람들도 있었다. 그들은 노골적으로 적대하지도 않았고, 그렇다고 공개적으로 지지하지도 않았다". 과거의 숙적이 임무를 위해 잠정적으로 기술적인 면에서 함께 손잡고 일하기 시작하자, 양측 모두에서 신뢰와 존경이 형성되었다. 1972년 마침내 그 임무가 공식적으로 '평화적 목적을 위한 우주탐사 및 이용 협력에 관한 협정'이란 이름으로 합의되고 서명되었다. 이는 냉전 기간에 행해진 가장 특이한 협력 중 하나로 이어졌다. 그 협정은 정치적 사안과는 별개로 사람에 관한 것이었다. 공학자들로 구성된 양 팀은 우주탐사에 관한 열정이라는 공통점을 어렵지 않게 찾아냈고, 초기 회의장을 짓누르던 냉담한 무관심은 빠르게 우정으로 변모했다.

아폴로 우주선과 소련 우주선이 지구 궤도에서 도킹을 시도하려는 임무는 야심 찬 목표였다. 더구나 소련 측은 자신들의 우주선에 관해 많은 정보를 공개하기를 꺼려했으며, 우주 프로그램을 진행하던 초기에는 사후에 인공위성을 발사하는 데 성공했다고 발표하는 경우가 많았다.

물론 미국에게도 나름의 우려가 있었다. 아폴로보다 중복 부품이 적은 우주선과 도킹하려는 시도가 과연 안전할까? 소련 우주비행사들이 미국 시설을 방문해 미국 우주비행사와 함께 훈련한다는 사실이 무엇을 뜻할까? 과학기술 정보를 공유하는 데서 비롯되는 군사적 위험은 없을까? 이런 의문을 제기하는 전문가들이 적지 않았다.

아폴로-소유스 시험 계획에서 미국 측 승무원들을 지휘한 토머스 스태퍼드 선장은 1997년에 진행된 인터뷰에서, 임무가 시작되기 6개월 전까지도 소련이 승무원들의 이름을 넘기려 하지 않았다고 회고했다. 페인의 주장에 따르면, 나사는 소련 측에 "우리가 다른 목적을 가지고 명단을 이용하지는 않을 것입니다. 최소한 2년 전에 달라고 말하지 않았습니까"라고 항의했다.[3]

나사는 소련과 협력하려면 느긋하게 생각하고 편안한 환경을 만들어가야 한다는 사실을 깨달았다. 나사는 우주비행사 명단을 1973년 2월, 즉 소련이 안심하기 시작할 시점보다도 훨씬 이른 석 달 전에 처음 넘겼다. 미국 측 승무원들은 상대가 조금이라도 편하게 느낄 수 있도록 곧바로 러시아어를 학습하기 시작했다. 그런 솔선수범이 예상보다 효과가 있었던지, 러시아 측도 러시아 우주비행사들을 밀착해 따라다니며 영어를 가르치는 전담 영어 강사를 고용했다. 스태퍼드는 그 때문에 "우리가 민망할 지경"이라며, 이른 아침부터 밤늦게까지 심지어 주말에도 미국 승무원들에게 러시아어를 가르쳐줄 전담 강사를 마련해달라고 나사에 항의했고, 나사는 그 요구를 받아들였다.

양측 관계가 항상 원만하지는 않았다. 스태퍼드의 증언에 따르면, 미국 우주비행사들은 각자의 방식대로 과제를 처리했지만, 간혹 KGB(소련의 정보기관—편집자)가 그들을 졸졸 따라다녔다. 게다가 우주비행사들이 매일 관광버스를 타고 이동하는 길에, 그들의 경호대가 확성기를 사용해 농민들에게 길에서 떨어지라고 소리쳤던 게 기억난다며, 경호대의 그런 태도 때문에도 그들이 지역민들에게 미움을 받았을 거라고 회고했다.

함께 일하며 신뢰와 이해심을 키워라

여러 어려움이 있었지만 협업 관계는 원칙적으로 작동했다. 우주비행사들은 함께 훈련받았고, 서로 친구가 되었다. 도킹 시도가 실패하면 곧바로 충돌로 이어질 가능성이 있었기 때문에 그들은 하나의 팀으로서 서로 신뢰하고 존중하는 법을 배웠다. 1975년 소련과 미국은 임무를 위해 각각 우주선을 발사했고, 두 우주선의 도킹은 한 치의 오차도 없이 진행되었다. 두 우주선은 약 하루 동안 하나가 되었고, 승무원들은 함께 식사하고 공동 실험을 진행하며 그 과정을 방송용 카메라로 촬영했다. 그들은 랑데부와 도킹 시스템의 호환성을 입증했고, 국제적 우주 구출 작업의 가능성까지 제시했다. 냉소적인 사람들은 두 우주선의 도킹 등을 떠들썩한 선전에 불과하다고 생각했지만, 나사의 많은 연구자는 그 시도가 훗날 우주 협력을 위한 첫걸음이라고 생각했다.

핵 회담이 진행되던 1970년대 후반에 소련과의 관계가 다시 냉각되면서, 그 이후로는 공동 임무가 추진되지 않았다. 한동안 미국과 소련의 우주탐사 기관은 각자의 길을 갔다. 나사는 왕복우주선을 운항하기 시작했고, 왕복 우주선 프로그램과 관련된 부처들의 요구 사항(예컨대 인공위성을 발사하려는 국방부의 기밀 임무)을 수용하며 분주한 시간을 보냈다. 한편 소련은 살류트 7호에서 장기간 연구를 계속했고, 1986년 6월에는 소유스 T-15 우주선의 승무원들이 살류트 7호 우주정거장을 마지막으로 방문했다. 그때 그들은 두 우주정거장 사이를 비행하는 역사적인 기록을 남겼다.

살류트 7호는 1982년 4월에 발사되었고, 그해 5월에 두 명의 우주비행사가 소유스 T-5 우주선을 타고 우주정거장에 도착해 체류하기 시작했다. 그리고 의학적인 문제로 모든 승무원이 철수한 1985년 11월까지 다양한 유형의 우주비행사가 살류트 7호를 방문해 선내에서 여러 연구를 진행했다. 살류트 7호는 살류트 시리즈에서 가장 발전한 우주정거장이었지만, 훨씬 큰 모듈식 미르Mir 우주정거장으로 대체될 예정이었다. 짧은 기간이었지만 소련은 지구 궤도에서 두 개의 우주정거장을 동시에 운영했다.

미르는 획기적인 우주정거장이었다. 궤도에서 조립된 최초의 모듈식 우주정거장이었다. 가장 먼저 핵심 모듈이 1986년 2월에 프로톤 로켓 시스템으로 바이코누르에서 발사되었다. 소련 공학자들은 승무원들을

> 냉전이 한창이던 1975년, 러시아와 함께 '아폴로-소유스 시험 계획'을 추진한다는 것은 창창한 청년에게 상당히 좋은 기회였고, 우리는 그 계획을 성공적으로 실현해냈다.
>
> ─글린 러니

미르와 살류트 7호에 별개로 보내지 않고, 소유스 T-15 우주선을 사용해 양쪽에 체류할 승무원들을 동시에 보내는 계획을 수립했다. 이 계획에 따라 우주비행사들은 3월에 미르에 도킹해 한 달 반을 체류했다. 그러고는 소유스 T-15 우주선으로 돌아가 5월 초에 살류트 7호에 도킹하고 다수의 과제를 완료한 뒤에, 도킹을 풀고 6월 말 미르 우주정거장으로 복귀했다. 10년 전 '아폴로-소유스 시험 계획'의 일환으로 시도한 도킹 임무부터 두 우주정거장 간의 왕래까지, 그때는 나사와 러시아가 지구 궤도에서 함께 우주비행의 역량을 키워가던 주목할 만한 시기였다.

미르는 운영적인 면에서나 과학적인 성취에서 남다른 특징을 보여주었다. 2010년까지만 해도 미르는 우주에서 사람이 연속으로 최장기간(3644일) 동안 체류한 기록을 보유했다. 한편 발레리 폴랴코프가 미르에서 1994년과 1995년 사이 체류한 438일은 한 사람이 우주에서 비행하며 시간을 보낸 최장 기록이다.

미르 우주정거장이란 명칭의 공식적인 번역은 '평화Peace'다. 당시의 정치 분위기를 고려하면 '미르'라는 이름이 역설적으로 다가올 수 있지만, 염원이 담긴 이름 같기도 하다. 우주왕복선 선장을 역임한 프랭크 컬버트슨은 1990년대 중반에 열린 제10차 우주탐사자 협회Association of Space Explorers 회의에서 연설할 때, 그 명칭에 담긴 중요성을 언급하며 러시아의 역사에 대해 더 깊이 알게 된 이후에야 '미르'에 담긴 뜻을 이해했다고 회고했다. "마을Village이라 칭해지는 곳은 … 모든 지역민이 제한된 자원을 더 효과적으로 공유하기 위해 인접해 사는 곳을 의미했다."[4] 우주에서 협력해 함께 일한다는 개념이 미국과 소련 양쪽 모두의 우주비행사들에게 큰 반향을 일으켰듯이 컬버트슨에게도 마찬가지였다. 컬버트슨은 미르를 '마을'이라고 해석하는 방식이 적합하다며 "우리 모두가 우주비행을 사랑한다. 우리 모두가 공학적 한계에 도전하는 것을 좋아한다. 우리 모두가 주어진 임무를 완수하는 것을 좋아한다.

우리는 우주에서 단독으로 혹은 여러 국가가 협력하거나 경쟁하고, 성별이나 인종을 초월하고, 때로는 믿기지 않을 정도로 많은 화물을 탑재해 운송하는 임무를 성공적으로 해낼 수 있다는 걸 보여주었다. 이제 … 우리가 열심히 하면서도 재밌게 일할 수 있다는 걸 보여줄 수 있다"라고 말했다. 컬버트슨의 해석은 나사와 러시아가 다시 협력하고 함께 일하는 가능성을 가장 통찰력 있게 내다본 해석이었다.

미르는 많은 부문에서 문화적인 이정표를 세웠다. 예컨대 승무원들이 교대할 때 다수의 외국인에게 단기간 우주정거장 방문을 허락함으로써 러시아가 우주에서 다른 국가와 협력할 의지를 키워가고 있다는 사실을 보여주었다. 당시의 긴장된 정치 상황에도 불구하고 미르는 우주탐사의 미래, 즉 국제 우주비행에 참가한 과학자들이 모듈식 우주정거장에서 함께 일하며 더 많은 과학 지식을 얻을 수 있는 미래를 예고했다.

미르의 초기 단계에서는 소련과 미국 간의 관계가 원만하지 않았기 때문에 미국은 참여하지 않았다. 그러나 나사에는 아폴로-소유스 시험 계획의 이점을 기억하는 소수의 연구자가 있었고, 그들은 소련과 다시 한번 함께 일하는 기회를 갖길 바랐다. 새로 당선된 로널드 레이건 대통령이 나사를 통해 승무원이 항시 체류하는 우주정거장을 개발하고 다른 나라들도 참여하도록 초대하겠다고 발표하면서, 공동 임무에 대한 미국의 관심도 커져가기 시작했다. 레이건 행정부에게 그 계획은 "냉전 상황에서 무척 중요한 리더십 문제와 관계가 있었다".[5] 그리하여 우주정거장 프리덤Freedom 프로젝트에 여러 국가가 협력국으로 초대되었지만 소련은 배제되었다. 하지만 상원은 '상호 호혜적인 우주'에서 소련의 우주 프로그램과 협력해 작업할 의지가 있다고 천명하는 결의안을 채택함으로써, 미국과 소련의 우주 협력을 되살리라고 요구했다.

1985년 미하일 고르바초프가 소련 지도자로 등장하며 미국과 소련이 다시 협력할 새로운 기회가 열렸다. 미르의 첫 부품, 핵심 모듈이 발사되고 채 1년이 지나지 않아 나사는 우주에서 5년 동안 소련 측과 협력한다는 협정을 맺었다. 양측의 기관이 다시 손잡고 작업할 가능성을 모색하는 데 10년이 조금 넘게 걸린 셈이었다. 1988년 5월, 레이건과 고르바초프가 모스크바에서 만나 정상회담을 가졌다. 그때 고르바초프는 레이건을 초대해 크렘린 마당의 안쪽까지 보여주었고, 화성까지 비행하는 공동 프로젝트를 지원하는 데 합의하자고 레이건에게 제안했다. 미래를 내다보는 예지력을 지닌 두 지도자는 인류를 대표해 우주탐사를 지원해야 한다는 사실을 알고 있었다.

국제적으로 조직된 탐사단이 다시 달에 가는 계획은 지금도 존재한다. 언젠가는 그 계획이 화성으로 확대될 것이 거의 분명하다. 미르의 유산은 우주비행을 현재의 수준으로 현대화하는 데 도움이 되었다. 미르는 훗날 국제 우주정거장이 다양한 언어를 사용하는 다양한 문화권의 연구자들이 우주에 모여 함께 일하며 문제를 해결하고 과학 실험을 실시하는 국제 협력의 공간이 되는 발판을 놓았다. 국제 우주정거장은 역사상 가장 중요한 협력 공간으로서 1998년에 발사된 이후로 어느새 22년 이상 운영되었고, 적어도 2024년(어쩌면 2028년이나 그 이후)까지 지구 궤도에 머물 것으로 예상된다. 국제 우주정거장은 모든 지도자에게 경쟁의 어려움보다 협력의 이점을 먼저 생각하라고 알려주는 메시지다.

인사이트 노트

- ◆ 공동 프로젝트를 진행할 때는 각 팀이 서로 간에 신뢰와 존경심을 구축할 시간이 필요하다.
- ◆ 공동 기술 개발 프로젝트는 함께 일하는 공동 작업의 다리가 될 수 있다.
- ◆ 우주탐사에서 국제 협력과 세계화의 중요성이 더욱 부각된다.
- ◆ 범세계적인 문제에는 국제 사회가 함께하는 해결책이 필요하다.

일탈의 정상화

10장

그들은 끝없는 수정 사항으로
우리를 들볶았다.
—제럴드 스미스, 항공우주공학자

1986년 1월 28일 화창한 아침, 케네디 우주 센터에서 우주왕복선 챌린
저호가 맑고 푸른 하늘로 치솟아 올랐다.

"더할 나위 없이 좋습니다." 2년 전 미국의 두 번째 여성 우주비행사
로서 우주를 다녀온 탑승 운용 기술자, 주디스 레스닉이 말했다.[1]

"갑시다!" 조종사 마이클 스미스가 곧 시작될 첫 우주비행에 대한 기
대감이 한껏 부풀어 오른 채 덧붙였다. 챌린저호가 그의 발밑에서 우르
릉거렸다. 스미스가 다시 말했다. "가자, 챌린저!"

챌린저호는 하늘을 향해 쏜살같이 올라갔고, 스미스와 딕 스코비 선
장은 바람에 선체가 흔들리고 창밖을 내다보기 힘들 정도라면서 농담
을 주고받았다.

30초가 지났다. 승무원들은 속도계와 고도계를 보며 운항 관제 센터

에 보고했다. "5,800미터 통과." 스코비가 말했다. 챌린저호는 대기권에서 동적 압력이 최대치로 올라갈 때 우주왕복선에 가해지는 힘을 줄이기 위해 자동으로 속도를 줄이기 시작했다. 발사되고 43초가 지났을 때 스코비가 말했다. "속도가 줄어들기 시작함."

챌린저호의 주요 엔진 세 개의 출력이 모두 줄었지만, 승무원들은 등 뒤로 오히려 속도가 올라가는 것을 느꼈다. 스미스가 말했다. "이놈, 왜 이렇게 나는 거야!" 승무원들은 속도계와 고도계에서 눈을 떼지 못했다.

잠시 후, 챌린저호의 아래에서 무언가 번쩍이는 모습이 텔레비전카메라에 잡혔다. 그리고 스코비의 목소리가 들렸다. "출력을 높입니다!"

불빛이 확 퍼졌다. "어, 뭐야." 스미스가 말했다.

그리고 챌린저호는 발사되고 나서 정확히 74초 뒤에 모두의 눈앞에서 폭발했다. 승무원들의 목소리도 더는 들리지 않았다. 텔레비전카메라는 선생으로서 우주선에 최초로 승선한 크리스타 매콜리프의 부모를 잠깐 비추었다.

챌린저호는 산산조각이 나서 하늘에 흩뿌려졌다. 그러나 보조 추진 로켓은 계속 위로 올라갔다. 결국 안전 통제관이 인구가 운집한 스페이스 코스트Space Coast(케네디 우주 센터 인근 지역―옮긴이)를 보호해야 한다는 규약에 따라, 몇 초 뒤에 그 쌍둥이 로켓을 폭파했다.

나사의 발사 담당 공보관이던 스티브 네즈빗은 망연자실한 상태로 시청자 수백만 명 앞에서 눈앞에 펼쳐진 장면에 대해 "뭔가 크게 잘못된 게 분명하다"라고 말했다.

당시 운항 관제실의 감독은 제이 그린이었다. 그는 2004년에 진행한 나사와의 인터뷰에서 챌린저호와 교신하는 지상 연락관 역할을 맡은 두 우주비행사 프레드 그레고리와 딕 커비의 반응을 바로 옆에서 볼 수 있었다고 말했다. "그들은 놀라서 입을 다물지 못했다. 그렇지만 그들이 폭발로 흩어진 우주선의 여러 조각을 추적하고 있다는 보고를 받았다. 발사체의 일부가 떨어져 나와 당연히 그래야 하는 것처럼 모든 게 해피 엔딩으로 끝나기를 바랐다. 하지만 현실은 그렇지 않았다."[2]

힘든 하루

승무원들이 높은 하늘에서 추락했더라도 만약 대서양에 떨어졌다면 살아남았을지도 모른다는 실낱같은 희망이 있었지만, 그들을 찾겠다고 구조팀을 현장에 보내는 일은 지나치게 무모하게 여겨졌다. 독성을 띤 위험한 잔해가 하늘에서 여전히 떨어지고 있었다. 그린은 나사가 임무를 수행하는 동안 한 번도 사용한 적이 없었던 절차에 따라 처음으로 운항 관제 센터의 출입을 엄격히 통제하며 자료를 수집하고 통신을 확보하는 동시에, 모든 관제사에게 기억이 생생할 동안 사건 보고서를 자세히 작성하도록 지시했다. 수색 및 구조팀이 헬리콥터를 보낼 수 있을 정도로 잔해가 완전히 떨어지기까지는 한 시간 정도가 걸렸다. 챌린저호에 탑승한 일곱 승무원(딕 스코비, 마이클 스미스, 크리스타 매콜리프, 주디스 러스닉, 로널드 맥네어, 엘리슨 오니주카, 그레고리 자비스)의 흔적은 어디에도 없었다.

그린은 "나는 오히려 무섭도록 차분하고 냉정하고 침착해졌다"라고 말했다. 몇 시간 뒤에는 승무원들을 구출하고자 했던 작업이 그들의 유해를 찾는 방향으로 전환되었다. 그린은 당시를 회상하며 "퇴근할 즈음에는 완전히 녹초가 되었다. 힘든 하루였다"라고 말했다.

챌린저호의 폭발 사고는 나사에게 커다란 경각심을 불러일으켰다. 죽음을 불러온 발사까지 영향을 미친 요인들이 너무 많아, 발사에 수반된 무수한 문제를 분석한 책들이 쏟아져 나왔다.

그중에서 로저스 위원회 보고서Rogers Commission Report로 알려진 공식

챌린저호에 탑승한 우주비행사들의 단체 사진(1985). 왼쪽부터 시계 방향으로 엘리슨 오니주카, 크리스타 매콜리프, 그레고리 자비스, 주디스 러스닉, 로널드 맥네어, 딕 스코비, 마이클 스미스다.

적인 조사가 특히 주목할 법하다. 로저스 위원회는 국무장관과 법무장관을 지낸 윌리엄 P. 로저스가 의장이었고, 노벨상을 수상한 물리학자 리처드 파인만, 공군 조종사로 음속을 돌파한 척 예거, 나사 소속의 우주비행사로 우주를 비행한 최초의 미국인 여성 샐리 라이드가 위원으로 참여했다.

로저스 위원회 보고서의 앞표지

기술적인 면에서 사고의 주된 원인은 고체 로켓 부스터, 즉 고체 연료를 사용하는 추진 로켓에 있었다. 설계 문제에다 추운 날씨까지 더해져, 우측 부스터의 후부 조인트를 밀폐하던 패킹이 제대로 기능하지 못한 탓이었다.

안타깝게도 관리자들은 설계 결함에 대해, 그리고 과거의 우주왕복선 비행에서 보조 패킹으로 기본 패킹의 불량을 보완했다는 것도 알고 있었다. 나사의 협력 업체 모턴 티오콜은 그 문제를 광범위하게 상의한 적이 있었고, 조인트 불량으로 불안정해지면 큰 재앙으로 발전할 수 있다는 사실을 알았다. 그럼에도 유의미한 조치가 취해지지 않았다. 따라서 로저스 위원회는 그 재앙을 '역사에 뿌리를 둔 사고'라는 결론을 내렸다.

재앙이 일어나면 근접 원인을 찾는 것이 자연스러운 반응이지만, 그 사건을 완전히 이해하고 회복의 길로 나아가는 게 중요하다. 컬럼비아대학교의 사회학 교수 다이앤 본은 『챌린저호의 발사 결정』(*The Challenger Launch Decision*)에서 챌린저호에 닥친 재앙을 '일탈의 정상화'(명백하게 안전하지 않은 일임에도 처음에는 영향이 미비해 점차 정상적으로 받아들여지는 현상—편집자)라고 풀이했다.[3] 이전 임무에서 패킹 문제로 인해 작은 사고들이 계속 발생했음에도 나사는 계속 우주왕복선을 띄웠기 때문이다.

> 오늘의 비극적 사건으로 아무리 최첨단 과학기술과 장비 및 최고의 인력을 갖추었더라도, 우주비행이 섬세하고 위험한 작업이라는 걸 새삼스레 깨닫게 된다.
>
> —벤저민 넬슨, 네브라스카주 상원의원

문화

"여러 보고가 재앙을 경고했다. 패킹 문제를 해결하기 위한 대책팀이 구성되었다." 본은 1985년의 상황을 이렇게 요약했다. 그러나 챌린저호가 발사될 때까지 패킹 문제는 근본적으로 해결되지 않았다. 더구나 발사 일정이 무척 공격적으로 계획되어, 예정대로 발사가 진행되려면 나사는 상당한 압박감을 이겨내야 했다.

"챌린저호의 비극이 일어난 뒤, 분석가들은 이런 우려 자체를 강력한 잠재적 위험신호로 해석했다. 다시 말해, 나사 관리자들이 설계를 다시 하라고 지시하고 그동안 비행을 중단했어야 한다는 것이었다"라고 본 은 덧붙였다.

나사는 분명 보조 로켓의 조인트를 재설계한 뒤에 우주왕복선을 다시 띄워야 했다. 또 하나의 쟁점은 문화를 바꾸는 것이었다. 로저스 위원회가 밝혀낸 바에 따르면, 발사하기 전날 밤, 협력 업체 모턴 티오콜에서 파견한 공학자들이 패킹에 악영향을 줄 정도로 추운 날씨에 대한 우려를 표명했다.[4] 그들은 출발을 늦춰야 한다고 강력히 권고했지만, 이런저런 이유로 그들의 우려는 발사 결정에 아무런 영향을 미치지 못했다. 발사 전에 여러 차례 열린 고위급 회의에 참석한 관리자 몇몇은 패킹으로 인한 재앙 가능성을 어느 정도 알고 있었지만 역시 아무런 조치를 하지 않았다.

"커뮤니케이션의 실패가 … 챌린저호의 발사 결정으로 이어졌다. 요컨대 챌린저호의 발사 결정에는 불완전하고 때로는 오도된 정보, 공학적 데이터와 경영진 판단 간의 갈등, 우주왕복선의 핵심 관리자를 배제한 채 비행 안전 문제를 판단한 나사의 관리 구조 등이 관여했다"라는 게 로저스 위원회의 결론이었다.

이런 문제들이 하룻밤 사이에 해결될 수는 없었다. 모든 근원적인 문제를 바로잡기 위해 우주왕복선 프로그램이 32개월 동안 중단되었다. 물론 빡빡한 발사 일정표와 안전 문제 간의 균형을 파악하고 해결하려는 노력도 더해졌다. 챌린저호의 사고를 통해 이론적으로 우주왕복선이 못해낼 것은 없었지만 수주 간격으로 발사될 수는 없다는 사실이 입증되었다. 우주왕복선과 구할 수 있는 자원들의 기술적 복잡성은 우주비행을 일상적으로 수행하려는 욕구에 기반한 발사 일정표와 양립할 수 없었다.

챌린저호의 주요 엔진 프로젝트 책임자로, 당시 나사 워싱턴 본부의 우주비행 사무국에 근무하고 있던 제럴드 스미스의 회고에 따르면, 챌린저호가 폭발하고 처음 몇 시간 동안에는 우주왕복선의 주 엔진이 사고의 원인이라고 섣불리 판단한 사람이 적지 않았다.[5] 2011년에 진행된 인터뷰에서 스미스 자신도 회의실에서 폭발 장면을 보고는 "우리가 문제를 일으켰군!"이라고 생각했다고 말했다. 스미스는 텔레비전 보도를 딱 5분 동안 지켜본 뒤에 사무실로 돌아가서는 "엔진이 사고의 원인"이라 확신했고, 챌린저호에 대해 그가 내린 모든 결정을 되짚어보며 하루를 보냈다.

재구축

스미스는 폭발 사고에 대해 많은 것을 모르는 상태에서 『뉴욕타임스』를 비롯해 여러 언론의 인터뷰에 응했다. 그는 그 역할을 맡아달라는 나사의 요구가 달갑지 않았지만 결국 언론의 인터뷰 요청을 받아들였고, 역사적 목적을 위해 인터뷰하는 것일 뿐, 그 이상의 의미는 없다는 점을 강조했다. 나사는 보조 추진 로켓에 결함이 있었다는 걸 알아낸 뒤에는 스미스에게 그 로켓의 재설계를 감독하는 직책을 맡아달라고 부탁했다.

스미스가 1967년 우주왕복선의 고체 로켓 부스터solid rocket booster, SRB를 연구하기 시작했고 협력 업체 티오콜과 긴밀히 협력해 나사의 우주왕복선 비행을 준비했다는 사실을 고려하면, 나사가 스미스에게 재설계를 맡긴 것은 그다지 놀랍지 않았다. 모든 것을 다시 시작해야 할 때였다.

스미스는 당시를 회상하며 "처음 마셜 우주비행 센터와 티오콜의 분위기는 끔찍했다. 하기야 사고의 원흉으로 두 곳이 지목되었기 때문에 사기는 그야말로 바닥이었다. 그 둘이 서로 손가락질하며 다투었기 때문에 그들을 하나의 팀으로 만들려고 애썼다. 나사는 티오콜을 탓했고, 티오콜은 자신들에게 지나치게 압력을 가했다며 나사를 탓했다"라며 "내 사무실에는 사망한 챌린저호 승무원들의 사진이 있었고, 그 아래에 '잊지 말자!'라고 써두었다. 그 사진은 주말과 퇴근한 밤에도 나에게 동기를 부여했다. 사진을 보며 나는 끈기 있게 일할 수 있었다. 우리 모두가 그렇게 느꼈다. … 그 비극이 다시 반복되게 할 수는 없었다"라고 덧붙였다.

물론 스미스만 외롭게 고군분투한 것은 아니었다. 티오콜에도 문제에 전념하는 프로젝트 팀이 있었고, 감독 역할을 맡은 전미연구평의회 National Research Council도 있었다. 매주 월요일 아침 6시 30분, 스미스는 우주왕복선 주 엔진 책임자인 제임스 톰프슨 주니어를 만나 브레인스토밍하는 시간을 가졌다. "우리는 약 한 시간 동안 만났다. 톰프슨은 일이 어떻게 진척되는지 알고 싶어 했고, 나는 직면한 무수한 문제를 해결할 방법을 알고 싶었다. 그러나 그 시간의 일부는 그 자체로 학습 과정이었다. 나는 그에게 많은 것을 배웠다." 게다가 시시때때로 톰프슨은 "도움이 필요하십니까?"라고 물었고, 그때마다 스미스는 주저 없이 톰프슨에게 필요한 것을 말했다.

SRB는 완전히 재설계되었다. "엔진에 대해 제기된 모든 요구 사항을 재검토했고, 요구 사항을 확인하는 과정도 재점검했다. 항목 하나하나가 어떻게 시험되고 분석되었는지 추적될 수 있었다. 그래야 우리가 그 요구 사항들을 확인했다는 게 검증될 테니까. 그 결과, 우리가 이전의 인증 과정에서 많은 부분을 간과했다는 사실이 드러났다." 스미스의 팀은 확실한 성공을 위해 수천 가지의 문제점을 끊임없이 파고들었다.

스미스팀은 부품이나 하부 시스템이 원래의 기능을 하지 못하는 많은 경우의 수를 파악했고, 그러한 기능 장애의 결과 및 예방책을 알아내기 위해 제대로 기능하지 못할 경우에 따라올 영향을 분석하는 일도 빠뜨리지 않았다. 챌린저호 사고 이후로 날씨 또한 중요한 고려 사항이 되었고, 공학자들은 우주왕복선을 다시 띄우기 전에 해결해야 할 수천 가지의 '검토 항목 불일치'를 제출했다. 스미스팀에게는 감당하기 힘들 정도의 엄청난 과제였지만, STS-26 임무, 즉 나사의 26번째 우주왕복선 비행 준비 상태를 점검하기 전에 그 모든 문제를 빠짐없이 해결했다.

나사가 비용을 더 들이지 않고 발사체를 제작하기를 바랐기 때문에 스미스는 추가적인 어려움에 직면했다. 나사는 재설계에 투입되는 비용을 제한하려고 무척 애썼다. 한정된 예산 내에서 우주왕복선을 다시 안전하게 띄우려면 의회의 면밀한 조사를 받아야 했기 때문이었을 것이다. 하지만 스미스는 팀원들이 그 때문에 힘겹게 싸워야 했다고 푸념했다. "우리가 애초에 설계를 잘못한 게 원인이었지만 그들은 끝없는 수정 사항으로 우리를 들볶았다. 결과적으로 보조 로켓의 비용이 크게 초과했다."

하지만 스미스팀은 서류 작업, 검증 과정과 시험 및 모든 단계를 집요하게 검토했다. 그들은 필요한 모든 것을 해냈다. "그 결과, 설계에서 많은 변화가 있었다. 내가 미처 생각하지 못한 부분에서의 변경도 있었다." 예컨대 분리 시스템, 분리 볼트, 점화 시스템 등에서 주된 변화가 있었고, 비행 계측 장치가 일괄적으로 새로 추가되었다.

스미스는 "처음 서너 번의 비행에서는 보조 로켓에 적합한 환경을 알아내고, 어떻게 작동하는지 더 정확히 파악하기 위해 광범위한 계측 장치를 두었다. 하지만 우주왕복선 프로그램에서는 처음부터 계측 장치를 설치하지 않았다"라며 "그러나 분리 과정을 포함해 보조 로켓에 적합한 환경을 알아내기 위해 많은 계측 장치를 설치하고, 카메라를 광범위하게 사용할 수밖에 없는 처지가 되었다"라고 덧붙였다.

성공

우주왕복선 자체에 이런저런 수정이 가해지기도 전에, 많은 설계 변경에도 불구하고 고체 로켓 부스터는 비행 준비를 끝냈다. 스미스의 추정에 따르면, SRB는 우주왕복선의 경우보다 2개월 먼저 비행할 수 있었다. 스미스는 이런 결과에서 '보람'을 느꼈다고 말했지만, 그 문제를 감독하기 위해 영입한 새로운 관리자들과 다시는 함께 주 70시간에서 80시간을 근무하고 싶지는 않다고도 덧붙였다.

엔진 문제와 관련해 스미스는 이렇게 회상했다. "새로운 얼굴들이 보였다. 특히 엔진 부문 신임 책임자, 로이스 미첼은 추진체 분야에서 일한 경험이 전혀 없었다. 티오콜 쪽도 적잖게 새로운 얼굴로 교체되었지만, 그중 몇몇만이 고체 로켓 엔진 분야에 경험이 있었다. 따라서 마셜 팀은 기본적으로 고체 로켓 엔진에 대한 경험이 상당히 부족한 편이었다. 나 역시도 대부분의 경력을 보조 엔진 분리 부문에서 쌓았고, 추진체에 대한 경험은 없었다. 이 때문에 팀원들에게 서로 신뢰하고, '책임 전가'를 중단하자고 설득하는 힘든 일을 해내야 했다. 우리에게 맡겨진 과제, 즉 지금까지 없었던 최고의 고체 로켓 엔진을 제작해내는 과제에 집중하자고 끊임없이 그들을 설득했다. 오랜 시간이 걸렸다."

챌린저호 폭발이 있고 32개월이 지난 1988년 9월 29일, STS-26라는 이름의 우주왕복선이 다시 발사되었다. 평온하고 따뜻한 아침이었다. 발사체가 다시 우르릉거리는 소리가 비행 재개의 완벽한 성공을 축하라도 하듯이 케네디 우주 센터의 지축을 흔들었다. 스미스에게 "그날은 정말 대단한 날이었다. 더구나 나는 릭 호크 선장을 비롯한 승무원 전부와 개인적으로 아는 사이였다. … 훗날 나는 그들로부터 실버 스누피상Silver Snoopy award을 받았다. 승무원들에게 인정받는 것만큼 소중한 상이 있겠는가. 챌린저호의 사고가 있었지만, 릭과 그의 승무원들은 용맹

무쌍하게 디스커버리호에 올랐다". 호크와 조종사 리처드 커비가 디스커버리호를 에드워즈 공군 기지에 매끄럽게 착륙시켰을 때, 지상 교신관 블레인 헤먼드는 그들에게 '새로운 시작의 완벽한 마무리'라며 축하의 말을 건넸다.

챌린저호의 참사는 우주왕복선 프로그램 전체에 계속 영향을 미쳤다. 전에는 주로 기밀 임무를 수행하며 우주왕복선으로 인공위성을 궤도에 올리던 국방부는 우주왕복선 프로그램에서 완전히 손을 떼고 소모성 추진 로켓의 개발에 집중했다. 1980년대의 화려한 우주유영은 크게 줄어들었다. 유인 조종 장치라 칭해지는 제트팩jetpack(등에 메는 개인용 분사 추진기—옮긴이)을 이용해 우주왕복선 주변을 유영하는 우주비행사가 더는 없었고, 지금은 허블 우주 망원경의 성공적인 임무를 제외하면 인공위성의 구조 작업도 더는 진행되지 않는다.

다시 과거로

챌린저호의 유산은 적어도 17년 동안 안전한 프로그램이었다. 안타깝게도 시간이 흐르면서 관련된 사람들이 은퇴하거나 다른 역할을 맡았다. 조직의 문화도 바뀌었고, 과거가 남긴 교훈 중 일부는 잊혀졌다. 그 결과, 2003년에 또다시 발사체가 공중분해되었다. 우주왕복선 컬럼비아호가 폭발하며 일곱 명의 우주비행사(릭 허즈번드, 윌리엄 매쿨, 칼파나 차울라, 로럴 클라크, 마이클 앤더슨, 데이비드 브라운 그리고 이스라엘인 일란 라몬)가 사망했다.

기술적인 면에서 사고 원인은 달랐다. 발사되는 동안 외부 연료 탱크에서 떨어진 발포 고무가 우주왕복선의 어딘가를 때리며 좌현 날개에 작은 구멍이 생겼고, 재진입하는 동안 그 구멍을 통해 내부가 노출되는 악몽으로 이어진 것이다. **그러나 비행 전에 문제를 적절히 해결하지 못한 발사 일정의 압박과 일탈의 정상화 등 많은 문화적인 문제가 챌린저호 때와 똑같이 발생했다.** 발포 고무 문제도 사고가 일어나기 전에 몇 번이나 제기되어 이미 알려진 쟁점이었지만, 그 문제를 해결하려는 노력은 충분히 이뤄지지 않았다. 결국 승무원들을 잃고 난 뒤에야 대대적인 재설계가 시행되었다.

컬럼비아호의 공중분해는 나사와 협력 업체들에게 우주비행에서 손쉽게 넘어갈 수 있는 과정은 없다는 사실을 다시 따갑게 일깨워준 사건이었다. 우주비행에서는 안일하게 대처할 여지가 없다. 나사는 새로운 규정과 절차를 마련했고, 발사 규칙을 더욱더 엄격하게 적용했다. 그 결과, 대부분의 발사가 환할 때 진행되었고, 우주왕복선에 비디오카메라를 설치해 왕복선이 발사되는 동안 발포 고무가 떨어지는지를 감시했다.

컬럼비아호 사고 조사 위원회는 나사에게 우주에서 손상된 표면을 점검하고 수리할 수 있는 역량을 키우라고 권고했다. 다행스럽게도 캐나다우주국의 협력 업체 MDA가 로봇 팔에 부착해 길이를 조절할 수 있는 막대를 이미 개발했기에, 영상 장치와 감지기를 설치하는 일은 상대적으로 쉬운 작업이었다. 그 활대로 우주비행사들이 우주왕복선의 아랫면을 점검하고 촬영하는 일이 가능했다. 따라서 비행을 시작하고 표면을 점검하는 업무가 둘째 날의 주된 과제 중 하나가 되었고, 운항 관제 센터에 보내진 영상은 표면팀이 표면 손상을 찾아내서 손상 정도를 평가하는 데 상당한 도움이 되었다.

궤도선 막대 감지 시스템 이외에, 궤도선이 우주정거장에 접근할 때 뒤로 공중제비를 하는 것처럼 보이는 새로운 동작을 랑데부 절차에 더했다. 따라서 우주정거장 내의 우주비행사들이 망원렌즈를 사용해 궤도선의 아래 표면을 추가로 촬영함으로써 손상 여부를 더 정확하게 판단할 수 있었다. 스페이스 셔틀 프로그램 사무국이 개발한 표면 복구 시스템도 컬럼비아호 사고 이후 발사된 STS-114의 우주유영을 통해 성공적으로 평가되었다.

변화의 시도는 의미 있었다. 우주왕복선 디스커버리호는 2005년 비행 임무가 다시 시작된 때부터 2011년 마지막으로 지구에 착륙할 때까지 항상 안전하게 발사되고 착륙했다.

인사이트 노트

✦ 준비 상태 점검 과정은 확인된 문제를 보고하고 해결할 때 위험을 관리하는 일에만 효과적일 뿐이다.

✦ 미래를 위한 교훈은 과거에 있다. 과거로부터 배운 교훈을 재검토하고, 임무가 끝난 뒤 보고하는 시간을 마련하고, 가까스로 인적·물적 자원의 피해를 피한 사고를 조사한다면 위험을 관리하는 데 유익하다.

✦ 기초적인 자료를 분석한 결과를 설명하고 위험을 언급하는 일에는 용기와 확신이 필요하고, 표현이 명확해야 한다. 권고 사항을 명확히 표현함으로써 메시지가 분명하게 전달되고 이해되어야 한다.

✦ 위험성이 높은 작업에서 현재 상태에 안주할 여지는 없다.

안전 문화를 재구축하라

11장

우주비행은 아직 많은 부분에서 실험적인 단계다.

일상적인 우주비행은 희망 사항일 뿐,

실현 가능한 목표가 아닐 수도 있다.

—스미스소니언 협회

챌린저호 사고를 조사한 결과에서 드러났듯이, 1986년 1월 28일에 이 륙해 1분 만에 우주비행사 일곱 명을 죽음으로 몰아간 사고에는 나사 의 조직 문화도 큰 몫을 차지했다. 사고 이후, 나사와 협력 업체들은 고 체 로켓 부스터, 발사체와 외부 연료 탱크를 재설계해 더 안전한 우주 왕복선을 만들기 위해 분주했지만, 동시에 나사의 문화도 필수적으로 바뀌어야만 했다.

스미스소니언 협회는 챌린저호의 비극에 대해 "발사까지 열 번을 비 행하며 시험을 거쳤던 우주왕복선의 4분의 1이 순식간에 파괴되었다" 라고 평가했다. 그리고 "연간 2회에서 6회로 가파르게 증가했던 비행 횟수가 무색하게 우주왕복선은 2년 이상 이륙하지 못했다. 우주왕복선 비행을 자랑하고 다니던 조직에게 정신이 번쩍 들게 한 사고였고, 그

사고는 고통스레 기억되었다"라고 덧붙였다.[1]

승무원들의 비극적인 죽음에 전 세계가 가슴 아파했지만, 승무원들의 가족과 친구, 나사의 동료 들만큼 처절한 슬픔을 느낀 사람은 없었다. 로저스 위원회가 챌린저호의 발사 결정에 "결함이 있었다"라고 명확히 언급했듯이, 그 사고는 나사와 협력 업체에게 던지는 매서운 경종이었다.

로저스 위원회의 보고서에 따르면, "그 결정을 내린 사람들은 패킹과 연결 부분에 문제가 있었다는 사실을 몰랐다. 또한 기온이 섭씨 11.5℃ 이하인 경우에 발사를 연기하라는 협력 업체의 서면 권고가 있었으며, 경영진이 입장을 뒤엎은 뒤에도 티오콜의 공학자들이 계속 반대했다는 사실을 몰랐다. 발사대에 얼음이 있을 때 발사하는 결정이 안전하지 않을 거라는 로크웰의 우려도 그들은 제대로 이해하지 못했다. 의사결정자들이 이 모든 사실을 알았다면 1986년 1월 28일, 51-L(챌린저호)의 발사를 미뤘을 가능성이 무척 높다".[2]

증인들의 증언으로 인해 나사 내부의 문제가 지적되었다. 로저스 위원회의 보고서에도 언급되었듯이, 대표적인 문제로는 "불완전하고 때로는 오도된 정보, 공학적 데이터와 경영진 판단 간의 갈등, 우주왕복선의 핵심 관리자를 배제한 채 비행 안전 문제를 판단한 나사의 관리 구조" 등이 있었다.

우주왕복선의 비행을 다시 시작하려면, 보조 추진 로켓과 우주왕복선에서 야기된 기술적인 문제를 해결하는 수준 이상의 노력이 필요했다. 더 정확히 말하면, 나사는 그런 실수가 다시 반복되지 않도록 안전 문화를 재창조해내야 했다. 나사는 모든 구성원과 신뢰를 재구축해야만 했다. 우주비행사, 행정부와 의회, 언론, 국민과의 관계도 다시 처음부터 세워야 했다. 리더들은 외부 압력에 대응하는 자세를 재정립함으로써 일정을 지키는 데 급급하지 않고, 준비를 완벽하게 마쳤을 때 발사하겠다는 각오를 다져야 했다. 물론 예정된 시간에 발사해야 한다는 압력은 무시하기 어렵지만, 안전 의식의 고취와 위기관리를 통해 완화되어야 했다.

챌린저호가 발사되기 전날 저녁, 나사는 "하지만 우주왕복선의 발사가 지연되면 비용이 추가로 발생하기 때문에 겸연쩍기도 할 것입니다. 그런데 이번에는 해치의 불량 볼트, 맑은 하늘에서 떨어진 날벼락 같은 나쁜 날씨가 일정 지연의 이유로 언급되고 있습니다. 내일로 재조정된 발사도 순조로워 보이지는 않습니다"라고 보도한 CBS의 저녁 뉴스에 심한 압박감을 느꼈을 것이다. 뉴스 진행자가 케네디 우주 센터에 나가 있던 기자에게 이렇게 말하자, 기자는 "일련의 당혹스러운 기술 결함과 날씨로 인한 지연 때문에 발사 일정을 지키려는 나사의 역량에 대한 신뢰에 금이 간 것은 사실입니다"라고 말했다.[3] 나사의 비현실적인 발사 일정이 가장 큰 압박 요인이었지만, 노련한 리더들도 언론의 비판과 여론에는 민감하게 반응하지 않을 수 없었다.

그러나 우주왕복선 프로그램 관리자 아놀드 올드리치는 훗날 "나는 나사가 언론의 성화에 떠밀려 성급하게 발사에 관한 결정을 내린 적은 없다고 지금도 분명히 말할 수 있다. 만약 1986년에 똑같은 질문을 받았더라도 이렇게 말했을 것이다. 오히려 STS-61C(챌린저호 이전에 발사 일정을 여러 차례 미루었던 임무)의 경우에 조롱거리가 될 정도로 계속된 부정적인 정밀 조사 결과가 우주비행 관리팀의 활동을 위축시키고, 사기와 분위기에도 영향을 미쳤을 거라고 생각한다"라고 말했다. 돌이켜보면, "비용과 일정, 정계와 고객 만족, 조직의 독립성과 오만, 언론과의 상호작용 등 다양한 동기와 압력이 표면 아래에서 강력하게 작용했으며, 나사 직원들이 대응하고 행동하는 태도에 영향을 미친 것이 분명했다".[4]

구조 조정

챌린저호의 참사는 필연적으로 나사 본부와 연구소의 중대한 변화로 이어졌다. 특히 운영 면에서 고위층의 전문 지식이 중요해졌다. 따라서 은퇴한 우주왕복선 선장 리처드 트룰리가 해군 우주 사령부의 초대 사령관이란 직책을 그만두고 우주비행 담당 부국장으로 나사에 다시 복귀했다. 비극적 사고가 일어난 뒤 몇 주가 지나지 않은 때였다. 그에게 맡겨진 주된 과제는 다시 안전하게 우주비행을 시작하기 위한 과정을 감독하는 것이었다. 그는 로저스 위원회 보고서의 권고 사항을 검토하는 것에서부터 시작했고, 동료 해군 조종사이자 우주비행사 친구인 로버트 크리펜에게 도움을 청했다.

크리펜은 1981년에 시작된 첫 우주왕복선 임무에서 존 영 선장과 함께 비행했고, 1983년과 1984년에도 세 번이나 더 비행 임무에 나섰던 노련한 우주비행사였다. 게다가 챌린저호 사고 조사 위원회의 일원이기도 했다. 크리펜은 팀을 꾸려 그들과 함께 수개월 동안 워싱턴에 체류하며 로저스 위원회 보고서의 권고 사항을 철저하게 살펴보았다.

크리펜은 2005년에 진행한 인터뷰에서 "우리는 나사 안팎에서 다양한 관리직에 있는 많은 사람을 만나 조언을 구했고 관리 구조를 어떻게 개혁해야 하는지 알아내려고 애썼다. 그들의 권고를 중심으로 보고서를 작성하기도 했다"라고 말했다.[5]

"보고서 중 하나에 따르면, 우주왕복선 프로그램에 관련된 사람을 관리와 운영 부문에 더 많이 끌어들여야 했다. 그런 권고안을 트룰리에게 제출하자 그는 나에게 '크리펜, 자네가 이 권고안이 맞다고 생각한다면 당장 우주복을 벗고 그 자리를 맡아주지 않겠나?'라고 말했다."

크리펜은 트룰리의 제안을 깊이 숙고한 끝에, 우주를 다시 비행하는 것보다는 우주왕복선을 안전하게 띄우는 것이 그에게도 더 중요하다는 결론을 내렸다. 그는 우주복을 내려놓고 발사 최종 결정 권한을 지닌 관리자가 되었다. 따라서 발사가 시행되는 곳, 즉 플로리다의 케네디 우주 센터가 그의 새로운 일터가 되었다.

크리펜은 "케네디 우주 센터, 휴스턴의 존슨 우주 센터, 앨라배마 헌츠빌의 마셜 우주비행 센터에도 나를 지원하는 사무실을 갖추게 되었다"라고 말했다. 이렇게 세 우주 센터를 그의 관리하에 둠으로써, 협력과 소통이 한층 향상되었다.

존슨 우주 센터는 유인 우주비행의 본거지다. 우주비행사들이 근무하는 사무실뿐만 아니라 우주비행사와 비행 임무를 관리하는 대부분 부서가 이곳에 있다. 따라서 우주비행사들이 발사 결정에 계속 관여하려면 존슨 우주 센터의 지원이 필수적이었다. 마셜 우주비행 센터는 한때 로켓 개발의 중심지였다. 고체 로켓 부스터의 부품 불량이 챌린저호 참사의 근접 원인이었기 때문에, 안전을 고려한다면 무엇보다 해당 팀과 계속 소통하는 과정이 필요했다.

크리펜은 발사 과정에 관여하는 모든 요소를 재점검했고, 특히 비행 준비 검토, 즉 발사 이틀 전에 실시되던 L-minus-2 검토를 누구에게 맡길 것인지를 집중적으로 살폈다. 이 검토는 본격적으로 비행 절차를 시작하기 전에 비행 여부가 최종 결정되는 중요한 과정이었다. 크리펜은 발사대로부터 5.6킬로미터쯤 떨어진 케네디 우주 센터의 발사 관제 시설, 즉 발사실에 누가 앉는 게 적합할지 검토했다. 그의 팀원들이 제시한 '발사 기준', 특히 기상 기준은 한층 더 엄격해졌다.

날씨 때문에 우주왕복선의 발사가 연기되면 일반 국민과 언론은 불평을 쏟아내는 경우가 많았다. 그러나 인명이 관련된 문제에서는 안전 기준이 무엇보다 중요하다는 게 크리펜팀의 확고한 방침이었다.

트룰리는 챌린저호 참사 이후에 나사 본부에 팀을 구성하고 관리 부문에서 중요한 변화를 시도했다. 그 변경 사항들은 안전부가 1988년 2월에 제출한 보고서에 일목요연하게 정리되었다.

★ 안전성, 신뢰성과 지속성, 품질 보증 담당 부국장을 새로 임명한다.
★ 챌린저호 이전에 역할 분담이 모호하게 규정되었던 업무에 관해 누가 무엇을 전담하는지 명확히 규정하는 기준을 마련한다.
★ 예산을 증액하고 직원들을 지속적으로 훈련함으로써 안전성, 신뢰성과 지속성, 품질 보증을 위한 역량과 방편을 강화한다(관리자가 그만둘 경우에도 계속 감독되어야 한다).
★ 계획의 탈선과 포기를 위한 절차를 마련한다.
★ 프로그램 관리를 의욕적이고 숙련된 사람에게 맡기고, 프로그램에 관련된 중요한 사항이 직원으로부터 관리자에게 확실히 전달되도록 한다.
★ 문제를 보고하고 잘못된 것을 바로잡는 시스템을 효율적으로 유지한다.
★ 추세 분석, 안전 위험 평가, 비행 준비 점검 시스템에 중점을 둔다.
★ 안전과 관련된 여러 시스템(정보 보증, 설계 변경, 승무원 안전 계획, 협력 업체의 안전성 요건, 프로그램 기획)을 운영하고, 협력 업체를 선정하는 과정에서도 안전을 강조한다.

트룰리가 보기에 우주왕복선의 비행을 다시 안전하게 시작하기 위해 조직과 기술에서 반드시 해결해야 할 문제가 많았다. 따라서 그 문제들을 해결하느라 바쁘게 지내면서도, 나사의 조직 구조와 의사결정 과정에 관해 조언하는 기관들로부터 받은 권고 사항들까지 처리해야만 했다. 나사에게 무척 힘든 시기였다.

'의사결정 과정에 결함'이 있었다는 게 밝혀지자, 나사의 지도부는 갈등과 상호 비방으로 치달았다. 처음에 임원진과 직원들은 비극적인 사고에 충격을 받아 휘청거리며 우주비행사들을 잃은 슬픔에 잠겨 있었고, 그 재앙을 막을 수 있었을 가능성에 대해 생각하며 죄책감에 시달렸다. 그런 원초적인 반응 뒤에는 원망과 적의, 우울증과 탈진이 뒤따랐다. 트룰리는 당시 상황을 회상하며 "내가 해야 할 일이 많았다"라고 말했다.

타고난 리더로서 트룰리는 성공을 위해서는 소통과 참여, 팀워크가 중요하다는 사실을 알았다. 따라서 우주왕복선의 비행을 다시 시작하기 위한 "엄격하고 보수적이고 안전한" 기준을 개발했고, 1,000명이 넘는 존슨 우주 센터의 직원들에게 자신의 계획을 발표할 때는 나사의 다른 센터들에도 중계방송되도록 했다. 티그Teague 강당에 모인 직원들을 바라보며 트룰리는 "우주를 비행하려면 대담해져야 합니다. 그렇다고 우리가 위험을 완전히 없애겠다고 돈을 펑펑 쓸 수 있는 위치에 있지도 않습니다. 그러나 우리는 과거에 저질렀던 실수를 빠짐없이 바로잡을 수 있습니다. 그렇게 어떤 지침이 만들어진다면, 그 즉시 우리는 우주로 다시 날아갈 수 있습니다"라고 말했다. 훗날 『뉴욕타임스』는 "그의 낙관적인 연설은 사면초가에 몰린 나사의 사기를 북돋우고, 직원들의 눈을 우주왕복선의 미래로 돌리려는 의도인 듯했다"라고 보도했다.

나사 본부에 '스페이스 셔틀 프로그램' 책임자라는 새로운 직책이 만들어졌고, 아놀드 올드리치가 존슨 우주 센터에서 워싱턴으로 이동해 그 역할을 맡았다. 올드리치는 로저스 보고서를 수정하는 작업에 더해 "우리가 최종적으로 실패한 원인과 챌린저호에 일어난 사건을 분석한 뒤에 … SRB의 연결 부분이 우주왕복선의 유일한 약점이 아닐 수도 있다는 결론에 도달했다. 그래서 위험 관리를 위해 모든 약한 부분을 찾아 우주왕복선의 모든 면을 살펴보는 일련의 점검 작업을 정식으로 시작했다"라고 말했다.[6]

올드리치는 로가 아폴로 1호 화재 사고를 어떻게 처리하는지 옆에서 지켜본 적이 있었다. 올드리치는 그 방법과 유사한 접근법을 사용했다. 예컨대 변화를 위한 모임을 지속적으로 소집해 "모든 것을 살펴보고, 모든 것을 안건으로 삼아 논의한 뒤에 우선순위를 결정했다". 올드리치와 그의 팀은 우주왕복선 프로그램에서 250가지 이상의 부문을 변경했다. 우주비행을 다시 안전하게 시작하기 위해 중대한 변화가 일어났고, 그 밖에도 상당수의 변화가 있었다. 나중에는 선내에서도 변화가 있었다. "이 모든 변화 중에서 다섯 건만이 고체 로켓 엔진과 관련이 있었다. 그러나 그 다섯 건이 챌린저호 사건의 원인이었다. 따라서 우리가 해결해야 할 문제는 다섯 건에 불과했다."

안전을 새롭게 강조하자, 눈에 띄는 변화가 일어났다. 올드리치가 2008년 나사에 제출한 보고서에서 언급했듯이 "챌린저호 사고의 충격도 있었지만 기술적인 부분에 대한 정밀한 재평가와 그에 따른 변화가 더해지며, 보수적이고 신중한 분위기가 스페이스 셔틀 프로그램 전체를 지배하게 되었다".[7]

단기적으로 나타난 중요한 변화 중 하나는 프리덤 우주정거장 프로그램에 미친 영향이었다. 레이건 행정부와 나사가 프리덤 우주정거장을 궤도에 올리려고 무리할 정도로 밀어붙여서 그 계획은 이미 비용 초과, 설계 변경 및 비현실적인 예산이 필요한 상황에 직면한 상태였다.

올드리치는 챌린저호 사고가 없었더라면 프리덤은 벌써 궤도에 올라가 있었을 거라고 추정했다. 그는 보고서에서 세부 사항까지 들어가지 않고 비용 초과와 지연 현상을 언급하는 데 그쳤다. 그러나 챌린저호 사고로 프리덤 우주정거장뿐만 아니라 다른 우주선의 발사도 32개월 동안 미루어졌다. 스페이스 셔틀 프로그램으로 프리덤 우주정거장의 부품들을 운반할 예정이었지만, 그 프로그램이 좌초되며 부품을 운반할 방법이 사라진 셈이었다. 따라서 1980년대 말, 우주왕복선이 다시 비행을 시작했을 때는 당장 처리해야 할 임무들이 적체된 상태였다.

올드리치가 언급하는 또 하나의 변화는 국방부의 철수였다. 국방부는 우주왕복선 프로그램 초기에 중요한 협력자였으며 국방부의 대형 인공위성을 운반하기 위해 우주왕복선의 화물 구역을 재설계하기도 했다. 챌린저호 사고로 국방부를 위한 비행도 미뤄졌고, 이런 적체는 국가 안보에도 영향을 미치기 시작했다. 따라서 다른 해결책을 찾아야 했다. 국방부는 결국 영구적이고 불가역적인 변화를 시도하며 완전히 철수했다.

우주왕복선은 애초부터 상업적이고 과학적인 임무를 비용 효율적으로 수행할 목적을 가지고, 재사용할 수 있는 발사체로 사용될 수 있도록 고안되었다. 하지만 우주왕복선의 복잡한 설계, 현실적으로 줄어든 비행 횟수, 명백한 위험 등으로 국방부의 발사 기회와 상업용 적재물이 크게 줄었다. 결국, 우주왕복선은 상업적으로 생존할 수 있는 수단이 되지 못했지만 국제 우주정거장을 건설해 우주에 연구 공간을 제공하는 역할을 훌륭하게 해냈다.

챌린저호 폭발은 우주가 결코 일상적인 공간이 될 수 없다는 사실을 다시 깨우친 사건이었다. 챌린저호 사고가 있기 전까지 수개월, 수년 동안 나사는 '우주 실험 전문가'라는 이름하에 최소한의 훈련을 받은 사람들을 우주에 보내는 프로그램을 진행했다. 유럽, 일본, 캐나다를 비롯해 세계 각국의 우주비행사들에게 나사의 임무에 참여할 기회를 준 훌륭한 프로그램이었다.

"챌린저호의 비극에서 무엇을 배웠는가? 돌이켜 보면, 몇몇 교훈은 너무도 명백했으며 로켓 공학의 기본 원칙이기도 했다. 그러나 그 교훈들은 **우리가 얼마나 쉽게 안일해지고 심지어 부주의해질 수 있는지를** 깨우쳤다. 우주비행은 본질적으로 위험하고 위험 관리에는 지름길이 없다." 스미스소니언 협회는 챌린저호로부터 배운 교훈에 대해 이렇게 말했다.

"경계심은 안전을 위해 마땅히 치러야 할 수고이며, 결코 느슨해져서는 안 된다. 뭔가가 잘못되면 주의를 기울여라. 당신에게 중요한 것을 말하는 징조일 수 있다. 명확하게 의견을 전달하고, 원칙에 따라 결정을 내려라. 우주비행은 아직 많은 부분에서 실험적인 단계다. 일상적인 우주비행은 희망 사항일 뿐, 실현 가능한 목표가 아닐 수도 있다."

인사이트 노트

- ◆ 조직 문화는 성공 여부를 결정하는 중요한 요인이다. 성과를 측정하는 방법은 많지만, 운영에 영향을 미치는 문화의 미묘한 변화를 감지하기는 무척 어렵다.
- ◆ 프로그램 관리에 위험 관리를 포함하라.
- ◆ 프로젝트의 엄격한 검토와 관리가 중요하다.

우리는 어디까지 감당할 수 있을까?

12장

우주탐사를 위해서는
돈을 마련해야 한다.
—**톰 울프, 작가**

나사의 예산 초과에 대한 의회의 우려는 초기 나사부터 항상 존재하는 걱정거리였다. 그 때문에 나사는 우선순위에 변화를 주어야 했고, 프로그램이 취소되고 경영진이 교체되기도 했다. 균형 예산이라는 국정 과제에 직면한 리처드 닉슨 대통령은 아폴로 17호 이후의 계획을 취소하고 예산도 삭감했다. 조지 로는 당시를 회상하면서 "그가 우리에게 원한 것은 … 유의미한 계획을 진행하는 것이었다. 그는 스스로 과거의 찬란한 유산을 모두 중단시킨 대통령이 되기를 바라지는 않았다"라고 말했다.[1] 지난 10년 동안 그들을 짓누르던 압박감, 즉 경쟁에 뒤처지지 않겠다는 압박감은 사라졌다. 당시는 나사가 10년 안에 인간을 달에 보낸 뒤, 지구로 안전하게 데려오겠다는 목표를 달성한 뒤였고 정부에게는 급하게 해결해야 할 다른 문제들이 있었다. 그런 상황에서 나사는 다음 단계로 나아가기 위해 무엇을 해야 했을까?

처음 10년 동안, 나사는 아폴로 계획을 지원하며 강력한 역량에 기반한 토대를 놓았다. 이때의 경험에서 증명되었듯이, 대담한 비전에는 기술 경쟁력과 팀워크와 헌신적 노력이 골고루 필요하다. 1950년대 말 NACA 기술 담당 책임자였던 휴 드라이든은 함께 일하던 공학자들에게 "대담하게 상상하라"고 독려하며 "이 프로그램의 목표는 유인 인공위성을 개발해 사람을 달과 가까운 행성들에 보내는 것이 되어야 한다"라는 장기적인 비전을 제시했다. 새롭게 설립된 나사팀이 그 비전을 그대로 받아들였다. 제임스 웹과 밥 길러스, 맥스 파제, 크리스토퍼 크래프트, 베르너 폰 브라운, 조지 로가 나사에서도 중요한 역할을 맡았고, 그들이 꾸린 팀이 머큐리와 제미니, 아폴로 계획을 성공적으로 이끌었다. 그 10년 동안, 나사는 많은 사람이 불가능하다고 생각했던 목표를 실천했다. 이제 나사는 미래를 위한 새로운 비전을 개발해내야만 했다.

우주정거장 혹은 우주왕복선

나사에게 우주왕복선의 개발이란 아폴로 이후의 중대한 진전이었다. 이는 우주정거장을 건설하는 계획을 중단한다는 뜻이었다. 우주왕복선은 재사용할 수 있기 때문에 다양한 임무를 수행하는 데 활용할 수 있는 데다, 우주를 상업적으로 이용할 가능성까지 열어주는 발사체로 기대되었다. "우주왕복선이 없는 우주정거장, 즉 우주정거장을 짓고 이용할 수 있는 좋은 운송 시스템이 없다면 우주정거장은 말이 되지 않는다. 우주정거장이 없는 우주왕복선은 그런대로 타당하다. 그래서 우리는 우주왕복선부터 먼저 개발하기로 결정했다." 어느 쪽이든 조지 로에게는 계획이 있었다. 그 계획을 시행하려면 아폴로 프로젝트 이후에 계속 줄어드는 예산을 관리하면서 나사의 미래를 결정할 많은 정치 세력을 성공적으로 다루어야 했다.

우주탐사 역사가인 로저 라우니어스의 의견에 따르면, "조지 로가 해낸 가장 중요한 일은 닉슨의 백악관에서 추락해 불타버린 나사를 구해낸 것이다. … 로의 철학은 현실과 공상 사이에서 균형을 유지하며 낡고 오래된 것에 계속 투자하기보다는 미래의 과학기술과 역량 강화에 투자함으로써 나사를 앞으로 나아가게 하는 것이었다".[2] 로는 훗날 프리덤이라고 알려질 우주정거장을 준비하기에 앞서, 우주왕복선을 개발하기 위한 자금을 확보하는 데 성공했다. 달 탐사의 재개와 화성까지의 비행 가능성은 희미해졌다. 그러나 1972년 초, 닉슨 대통령은 나사의 신임 국장 제임스 플레처를 옆에 두고 우주왕복선 프로그램을 승인한다고 발표했다. 그로부터 10년이 지나지 않아 존 영과 로버트 크리펜이 첫 우주왕복선 임무, STS-1에 나섰다. 1981년 4월 12일이었다.

레이건 대통령은 우주왕복선의 역량을 활용하고 새로운 외교 정책 방향을 수립하기 위해 1984년 연두교서를 통해 나사에게 10년 안으로 우주정거장을 세우고 다른 국가도 참여할 수 있도록 초대하라고 지시했다. 레이건 행정부에게 그 계획은 "미국이 그 과제를 해결하는 데 우방의 도움을 기꺼이 받을 것이고 … 그러한 협력으로 우리와 목표를 공유하는 모두를 위해 평화를 강화하고, 번영을 일구며, 자유를 확대할 수 있음"을 러시아에게 입증해 보일 중요한 기회였다. 따라서 그 우주정거장에 '자유'를 뜻하는 프리덤이란 이름이 붙여졌고, 나사에게는 앞으로 나아갈 최상의 방향이 국제 협력이라는 점이 분명해졌다. 공식적인 합의가 1988년에 최종적으로 이루어지며, 유럽과 캐나다와 일본이 동반자로 참여하기도 했다. 안타깝게도 대규모 정부 프로젝트는 비용 초과와 일정 연기 등으로 중단되는 경우가 비일비재하다. 우주정거장 프리덤도 그런 운명의 덫을 피하지 못했다. 설계 단계가 끝나기도 전에 이미 비용이 부족했고, 다른 국가들이 동반자로 참여했음에도 눈에 띄는 진전이 이루어지지는 않았다.

　로널드 레이건의 뒤를 이어 조지 H. W. 부시가 1989년 미국 대통령에 취임한 직후, 제임스 플레처가 사임했다. 부시 행정부는 리처드 트룰리 해군 중령을 후임 국장으로 임명해 나사에 새로운 목표를 설정하는 임무를 줬다. 부통령 댄 퀘일이 새로 구성된 국가 우주 위원회National Space Council의 의장이 되어 감독 역할을 맡았고, 항공우주 부문 보좌관 마크 알브레히트는 레이건 행정부의 우주 정책을 기반으로 유인 우주 비행을 위한 강력한 비전을 준비하는 작업을 감독하고 지원했다. 알브레히트는 아폴로 시대에 나사가 성취한 업적에 크게 영향을 받았는지, "1960년대에 청소년기를 보낸 사람으로서 … 나는 우주 프로그램의 절대적인 팬이었다. 내 세대의 모든 사람이 그러했겠지만, 머큐리와 제미니와 아폴로가 발사되는 장면을 빠짐없이 보았다"라며 우주에서 새로운 기회를 창출해내는 프로젝트의 일원이 되었다는 사실에 무척 즐거워했다. 아폴로 11호의 달 착륙을 기념하는 20주년 행사에서 부시 대통령은 이미 계획된 우주정거장 프리덤을 징검돌로 삼아 인간을 다시 달에 보내고, 더 나아가 화성까지 진출하고, 인간이 오랜 기간 우주에서 생활하며 일할 수 있는 문제에 관해 많은 것을 알아내기 위한 새로운 우주탐사 계획Space Exploration Initiative을 발표했다. 이 대담한 계획을 추진하려면 이미 프리덤에 투입된 규모를 넘어서는 자금이 추가로 필요했다.

　트룰리는 존슨 우주 센터의 책임자 에런 코헨에게 90일간 타당성 연구를 실시해 이 새로운 계획의 잠재적 비용을 계산해달라고 부탁했다. 코헨은 나사 내부의 전문가를 영입해 팀을 꾸려서 우주정거장을 짓고 달에 사람을 다시 보내고, 더 나아가 화성까지 가려면 20년에서 30년간 최대 5,400억 달러가 소요될 거라고 추정했다. 당시 국가 재정 상황에서 80억 달러였던 초기 예상 비용의 거의 5배에 달하는 385억 달러까지, 기하급수적으로 증가한 프리덤 계획의 비용을 고려하면 우주 탐사 계획은 결코 지속 가능하지 않았다. 국가 우주 위원회는 '미국 우주 프로그램의 미래에 대한 자문 위원회Advisory Committee on the Future of the United States Space Program'를 새롭게 구성하고, 마틴 마리에타의 최고경영자 노먼 오거스틴을 의장으로 임명한 뒤, 우주탐사 계획에 대한 검토를 맡겼다.

심해지는 관료주의

오거스틴 위원회는 "나사 경영진이 향후 수십 년 동안 우주 계획을 실행할 때 사용할 수 있는 전반적인 접근 방법에 대해 나사 국장에게 조언"해달라는 요청을 받았다.[3] 그들의 보고서는 "이런 비판의 근원은 기술적 역량에 대한 우려부터 핵심적인 우주 계획의 복잡성까지, 또 비용을 추정하고 관리하는 능력부터 팽배한 관료주의까지, 전반적인 계획의 부족부터 새로운 의견과 변화에 대한 제도적인 저항에 이르기까지 무척 다양하다. 챌린저호의 실패, 일부 우주왕복선에서 최근에 발생한 수소 누출, 허블 우주 망원경에서 일어난 구면수차 문제, 이동식 작업대가 엔진실에 남겨졌다가 발사 준비 과정에서 발견되는 등 다양한 유형의 오류로 인해 불만이 더욱 커졌다"라며 나사가 직면한 많은 문제를 지적했다. 그러나 오거스틴 위원회는 "나사, 오직 나사만이 실질적으로 우주 프로그램을 유지하고 진행하는 데 필요한 필수적인 지식과 경험을 보유하고 있으므로, 조직이 당면한 과제는 이에 대한 책임을 다하기 위해 자기 개선에 집중하는 것"이라고 강조했다.

트룰리는 오거스틴 위원회의 우려를 해결하고 권고 사항들을 시행하는 과제를 떠안았지만 "일부 직원들에게는 트룰리가 관료주의에 물들어 나사에 필요한 변화와 개혁을 시도하지 못할 거라고 생각했다."[4] 트룰리가 챌린저호 사고 이후에 우주왕복선의 비행을 재개하는 데 주된 역할을 했고, 그의 노력이 폭넓게 인정받는 것은 사실이었다. 조지 워싱턴 대학교의 우주 정책 분석가로 우주 위원회에도 자문을 했던 존 로그즈던은 "나사가 우주왕복선의 비행을 재개하고 성실성을 회복하는 데 트룰리가 누구보다 큰 역할을 해냈다"라고 인정했지만, 곧이어 "미래에 대한 트룰리의 비전은 현실과 양립할 수 없었다"라고 덧붙였다.

트룰리는 아폴로-소유스 시험 계획에도 참여한 토머스 스태퍼드 장군에게, 나중에 '통합 그룹Synthesis Group'으로 알려지게 된 포괄적인 연구팀을 이끌어달라고 요청하기도 했다. 1990년 오거스틴 보고서가 "복잡성을 줄이고 비용을 절감하는 방향으로 우주정거장 프리덤을 재설계하고, 시간이 얼마나 걸리든 이 목표를 철저하고 혁신적으로 수행하라"고 요구했지만 그 권고 사항을 실천할 방향을 찾아낸 팀은 스태퍼드 장군의 통합 그룹이었다. 그 과정에서 중요한 역할을 해낸 주역은 전직 공군 조종사이던 조지 W. S. 애비였다.

훗날 리처드 트룰리는 "유인 우주 프로그램에 대해 책을 쓴다면 조지 애비에 대한 책이 될 것"이라고 말했다.[5] "나사의 역사에서 가장 논쟁적이고 명확히 규정하기 힘든 인물 중 하나"로 평가되는 조지 애비는 조지 로와 함께 일하며 아폴로 1호의 화재 사건 이후 아폴로 프로그램을 재건하는 데 핵심적인 역할을 해낸 적이 있었다. 애비는 당시를 회상하며 "아폴로 프로그램에서 기술 보좌관으로 조지 로와 함께 일할 수 있었던 경험은 나에게 큰 행운이었다. 덕분에 아폴로 프로그램의 모든 부문에 관여할 수 있었다. 아폴로 1호의 화재가 일어난 뒤에 조지 로가 프로그램 관리자로 왔다. 그는 존슨 우주 센터의 모든 관계자, 즉 설계팀과 운영팀, 우주비행사와 과학자를 하나로 통합하고, 서로 협력하면서 일하는 방법을 찾으려 했다. 나는 나사의 이사진 전원과 모든 협력 업체의 임원까지 모든 관계자가 참여하는 '프로젝트 관리 위원회configuration control board, CCB'를 설립하자고 그에게 제안했다"라고 말했다.

아폴로 CCB가 아폴로 프로그램의 성공에 중요한 역할을 한 것은 사실이다. 또한 나사의 뛰어난 리더와 그의 보좌관 간의 긴밀한 협력 관계, 멘토링은 궁극적으로 나사의 미래에도 중요한 역할을 했다. 아폴로 우주비행사 켄 매팅리에 따르면 "두 조지는 완벽한 팀이었다. 조지 로는 모든 일을 공개적으로 수행했고, 모든 공식적인 업무를 처리했으며, 비망록을 작성하고, 지시를 내렸다. 따라서 그의 일거수일투족은 모두 기록 사항이었다. 반면에 조지 애비는 그의 모든 업무와 대화를 개인적으로 진행했다. 하지만 그에게도 자기만의 고유한 인적 네트워크가 있었다. 그는 군대와 건물에 관해 모르는 게 없었다. 여기저기 어슬렁거리다가 아무하고나 이야기를 나누었고 온갖 정보를 가져왔다. 애비는 조지 로가 무엇을 걱정하고 어떤 질문을 할 것인지를 알았으며 언제나 적절한 답을 구해왔다. 애비의 모든 과정이 비공식적으로 이루어져 아무런 공로를 인정받지 못했지만, 애비 덕분에 조지 로는 바닥부터 공식적인 보고 절차를 통해 올라오는 정보까지 모든 것을 알 수 있었다."[6] 외부에는 조지 로가 공학적 프로젝트에 세세하게 관심을 기울이며 신경을 쓴 것으로 널리 알려졌지만, 그와 관련된 세부 정보는 조비 애비가 그에게 제공한 것이었다.

의견 충돌과 토론

공군에서 근무하며 전통적인 군대의 명령 체계에 길들여진 까닭에 조지 애비는 1960년대 초에 우주비행체 '다이나 소어Dyna-Soar' 프로젝트에 참가해 나사의 팀들과 처음 마주했을 때 무척 놀랐다면서 당시를 이렇게 회고했다. "나는 랭글리 연구 센터에서 열린 한 연구 발표회에 파견되었다. 날개가 달린 발사체, 캡슐형 발사체 등 다양한 형태의 재진입 발사체에 대한 발표가 있을 예정이었다. … 발표회가 시작되기 일주일 전에 나는 공군 대표로 보내졌다. 나사의 모든 우주 센터에서 파견된 연구원들도 있었다. 협력 업체와 공군에서 파견한 연구자들도 있었지만, 대다수는 나사의 우주 센터에서 근무하는 연구원이었다. 모두가 다음 주에 시작할 연구 발표회에서 논문을 발표할 예정이었다. 발표회는 기본적으로 발표자가 일어서서 논문 내용을 개략적으로 소개하는 형식으로 진행되었는데, 사회자의 역할도 중요했다. 발표자가 발표를 끝내면 사회자가 '첫 장으로 돌아갑시다'라고 말했다. 첫 장이 다시 화면에 띄워지면 참가자들이 발표자를 공격하기 시작했고 발표자가 제시한 모든 데이터가 실질적으로 공격을 받았다. 무척 격렬한 토론이었다. 참가자들은 서로 이름을 부르며 아이디어와 데이터를 두고 치열하게 다투었다. 사회자는 토론 과정을 귀담아듣고는 망치를 세게 내리치며 '여러분, 이 논문에서 이런저런 점을 고쳐야 할 것 같습니다'라고 마무리했다. 이런 식의 논쟁과 토론이 매일 반복되었다. 그러나 하루가 끝나면 모두가 체육관에 모였고, 체육관 밖에는 맥주 통이 잔뜩 쌓여 있었다. 서로 고함치고 소리쳤던 긴 하루가 끝나면 모두가 모여 맥주를 마셨다. 그때는 마치 오랜만에 만난 친구를 대하듯이 고함치거나 소리를 지르지 않았다. 그때 나사의 문화라는 걸 처음 보았다. 존슨 우주 센터에 처음 왔을 때도 느꼈다. 이곳은 개방적이었으며 연구원들은 자신의 생각을 거리낌 없이 말했다. 자신의 의견을 제시했을 뿐만 아니라 그 의견을 적극적으로 방어할 기회도 가졌다. 그 과정에서 의견이 수정되고 바로잡아지는 경우가 많았다. 나는 그런 분위기가 문화적으로 무척 독특하고 특별하다고 생각했다. 지금도 같은 생각이지만, 이런 문화가 초기부터 나사의 프로그램이 성공으로 이어질 수 있었던 원인이 아닐까 싶다."[7]

애비의 새로운 역할 모델로서 조지 로는 기꺼이 아폴로 프로젝트 관리 위원회의 의장으로서 랭글리 문화를 받아들였다. 애비는 나사 연구원들과 협력 업체가 시도 때도 없이 목소리를 높여 논쟁하던 모습을 생생하게 기억했다. 로는 랭글리 연구 발표회의 사회자처럼 그들이 마음껏 논쟁하도록 내버려뒀고, 나중에야 망치를 내리치며 결론을 지었다. 로는 팀원들이 회의장에서 자신의 의견을 거리낌 없이 말하는 분위기가 중요하다고 믿었다. 팀원들은 **"의견이 다른 걸 두렵게 생각하지 마라. 하지만 지지할 만한 이유를 제시할 수 없다면 그 의견은 말하지 마라"**라는 원칙을 공유했다.[8]

애비는 로에게 배운 중요한 교훈 하나를 이렇게 정리했다. "항상 당신의 생각에 동의하는 사람들이 당신을 에워싸고 있는 상황을 피하는 것이 중요하다. 내 생각에는 **당신이 무엇을 말해야 하는지 모를 때, 당신에게 조언할 수 있는 사람들과 함께 일하는 게 중요하다.** 리더에게는 이런 자세가 중요하다. 내가 함께한 리더들은 다른 의견을 듣고 싶어 했기 때문에 그러한 사람들을 어떻게든 옆에 두려고 했다. 나도 나와 다른 의견을 듣고 싶었다. 다른 의견을 들어야 내가 결정하려는 것이 올바른 답인지 다시 생각하는 기회를 가질 수 있기 때문이다. … 혼자 결정한 방향은 올바른 답이 아닌 경우가 많았다. 대체로 다른 의견이 옳은 답이었다. 따라서 해당 분야에 대해 잘 알고, 배경 지식이 풍부하며, 자신의 의견을 거침없이 말하는 사람들과 함께하라. 항상 당신의 의견에 동조하는 사람들을 옆에 두는 것은 바람직하지 않다. 그렇게 하면 구렁텅이를 향해 달리는 것과 같다."[9]

끊임없이 배워라

결국, 최고의 성과를 내는 팀을 이끄는 방법이 국제 우주정거장에 장기적으로 파견할 우주비행사의 행동 훈련 과목에도 포함되었다. 우주비행사들은 동료 승무원들과 함께 국립 야외 리더십 학교에 보내져 리더십과 팀워크, 팔로워십까지 배워야 했다. 학습 과정에는 "개인적으로 의견을 제시하고 계획을 존중하며 적극적으로 참여함으로써 지정된 리더를 도와 팀의 목표를 달성하는 훈련이 포함된다".[10]

로는 애비에게 매주 열리는 CCB 회의에서 논의할 의제를 개발하는 책임을 맡겼고, 그 의제는 월요일마다 CCB 위원들과 협력 업체들에 배포되었다. 애비는 당시를 이렇게 회상했다. "협력 업체들은 월요일부터 금요일까지 어떤 쟁점을 제기하고 토

> 국가 지도자를 선택하는 기준 중 하나는 격렬한 비판을 이해하고 독려하며 건설적으로 이용하는 재능이다.
>
> —칼 세이건, 천문학자

론할 것인지를 준비해야 했다. 쟁점과 관련된 하부 시스템을 담당하는 개별 설계자가 나사를 대표해 회의에 참석한 협력 업체와 그 문제를 직접 논의해야 한다는 것이 로의 기본 원칙이었다. 로는 협력 업체의 경영진과 우주 센터의 관련 조직들도 회의에 참석시켜 즉석에서 결정을 내린 뒤에, 그 결정을 문서화하고 토요일에 바로 현장에 전달되기를 바랐다. 따라서 CCB 회의는 프로그램과 관련된 모든 당사자가 모인 공간이었고, 그곳에서는 나사 연구원만이 아니라 계약 업체도 마음껏 의견을 제시할 수 있었다."[11] 누구에게나 개인적인 의견을 말할 기회가 주어졌고, 그 뒤에 결정이 내려졌으며, 그 내용은 즉시 현장의 책임자들에게 전달되었다.

아폴로-소유스 시험 계획에서 애비와 함께 일한 적이 있었던 스태퍼드 장군은 조금도 망설이지 않고 애비를 나사의 수석 대표로서 통합 그

룹에 끌어들였다. 통합 그룹에서도 애비는 아폴로 CCB에서 맡았던 역할과 유사한 책임을 맡았다. 애비의 인적 네트워크는 넓었다. 덕분에 통합 그룹은 항공우주 분야에서 영향력 있는 주요 인물들로 신속히 구성되었다. 애비에게는 언제 어디에서나 출중한 능력을 지닌 인물을 찾아내는 남다른 능력이 있었다. 존슨 우주 센터에서 우주비행 승무원 운영실Flight Crew Operations Directorate, FCOD의 책임자 역할을 맡았을 때도 그 능력이 빛을 발했다. 요컨대 애비는 우주비행 운영 책임자, 그 이후에는 우주비행 승무원 운영실 책임자로 일하며 10년 넘게 우주왕복선 비행을 위해 우주비행사를 고용하고 배치하는 업무에 관여했다. 그가 일찌감치 젊은 시절에 터득한 게 있다면, 바로 올바른 일을 해야 한다는 것이었다. 우주비행사 배치를 예로 들면, **최고의 후보자들을 채용하고, 그들을 능력에 맞는 임무에 배치하는 일이 그가 예부터 반듯하게 해내고 싶었던 일이었다.**

합의에 이르려면

부시 행정부가 우주탐사 계획의 비전을 명확히 제시하고 우선순위를 올바로 결정하도록 도와야 한다는 절박감을 느낀 통합 그룹은 곧바로 작업을 시작했다. 우주왕복선 디스커버리호의 임무, STS-51D에 탑승했던 상원의원 제이크 간의 항공우주 담당 보좌관 제프 빙엄이 통합 그룹에 참가했고, 당시 경험한 회의를 "(유인 우주비행) 각 부문의 전문가들과 함께하는 한 시간 단위의 회의가 끝없이 논스톱으로 진행되었다"라고 묘사했다. 애비의 안내와 스태퍼드의 지원을 받아 하루에 열두 시간씩 며칠 동안 진행된 회의에 대해 빙엄은 "로켓 설계자, 추진 장치 전문가의 발표가 계속되었다. 우리는 장기간 우주비행이 심리 현상에 미치는 영향에 대해서도 이야기를 나누었다. 쉬지 않고 끝없이 진행되었다. 우리는 여러 팀으로 나뉘었고, 결국 네 가지 다른 방안을 생각해냈다"라고 말했다.[12] 또한 통합 그룹 구성원들은 정식 모임을 위한 자료를 준비하느라 바빴다. 알브레히트는 "진짜 통합 그룹은 서너 번밖에 만나지 않은 듯하다. 그들이 본 자료는 전부 우리와 조지가 만든 것이었다"라고 당시를 회상했다. 당해가 지나가기 전에 93명으로 구성된 통합 그룹과 35명의 기술 고문은 126회의 발표에서 얻은 정보를 통합해 화성 탐사를 위한 구체적인 권고 사항, 달과 화성에 가기 위한 과학 기술의 중요성, 달에 가서 '체류'하기 위한 계획, 화성 탐사와 우주 자원 활용에 관한 포괄적인 보고서를 작성했다.

통합 그룹은 잊지 않고 회의가 끝난 뒤에 비공식적인 맥주 파티를 가졌다. 훗날 애비는 "나사의 지도부에게 중요한 것은 현장에서 일하는 직원들의 목소리를 듣고 그들의 고충을 이해하는 것이었다. 또 그 경험을 바탕으로 설계와 시험 및 운영 부문이 어떻게 돌아가는지 더 깊이 파악할 필요도 있었다"라고 당시를 회고했다.[13] 스태퍼드가 현장에서나 최고위 조직에서 보여준 리더십의 핵심적인 요건은 질문과 경청이었다. 힘든 일을 끝낸 뒤에 비공식적으로 함께 모여 앉아 일에 대해 허심탄회하게 이야기를 나누는 것보다 좋은 환경은 없다.

저녁 기도

통합 그룹의 회의 방식은 상당한 효과가 있었고, 애비는 금요일 저녁에 '베스퍼스Vespers'('저녁 기도'를 의미한다—편집자)라는 공식적인 모임을 추가로 가졌다. 그 모임에 초대받은 발표자는 준비된 주제에 관한 개인적인 생각과 관점을 공유해달라는 비공식적인 요청을 받았다. 이 모임은 무척 유익했다. 스탠퍼드는 그 모임을 놓치지 않으려고 캘리포니아에서 열린, 두둑한 출장비가 보장된 이사회 회의를 건너뛴 적도 있었다. '갈림길에 선 미국'이란 제목에 걸맞게, 통합 그룹이 제출한 보고서의 폭과 깊이는 무척 포괄적이어서, 사람을 다시 달에 보내려던 나사의 당시 비전이 고스란히 담긴 형판과도 같았다. 통합 그룹은 나사에서 40년 동안 우주비행을 담당한 리더들의 지혜를 바탕으로 미래의 리더들이 지켜야 할 지침과 경계해야 할 위험을 정리해 제시하기도 했다. **미래를 위한 교훈은 과거에 쓰여 있다.** 이 경구는 21세기의 우주비행에도 여전히 유효하다.

통합 그룹의 보고서에는 우주탐사 계획을 지원하는 전술적 권고 사항이 포함되어 있었지만, 나사는 우주정거장 프리덤의 계속되는 비용 증가를 억제하기 위해 여전히 힘겹게 싸우고 있었다. 퀘일 부통령의 지도 아래, 국가 우주 위원회는 우주정거장 프리덤을 궤도에 올리려는 두 행정부의 꿈을 성공적으로 시행하려면 새로운 접근법이 필요하다는 결론을 내렸다. 통합 그룹에서 애비의 역할을 잘 알고 있던 마크 알브레히트는 우주 위원회에서도 애비의 리더십을 활용할 수 있을 거라고 판단했다. 그러나 애비는 나사에게도 무척 소중한 인재였던 까닭에, 트룰리는 알브레히트의 요구를 거절했다. 알브레히트는 트룰리에게 "내가 부통령 각하를 앞세워 요청해야만 받아들이겠습니까?"라고 거의 협박에 가까운 요구를 했다.[14] 결국 트룰리는 마지못해 동의했고, 애비는 새로운 임무를 반갑게 받아들였다.

허튼소리

알브레히트는 당시를 이렇게 회상했다. "우리는 애비가 우주 위원회로 자리를 옮기면 나사가 더는 허튼소리로 백악관을 속일 수 없다는 사실을 알았다. 아마 트룰리도 그런 가능성을 염려했다고 생각한다. 애비가 옆에 있으면 나사 전용 해독기를 가지고 있는 것과 같았다. … 조지와 대화를 나누면 무척 재밌었고, 내가 때때로 두 팔을 흔들며 '대체 그사람들(나사 직원들)은 뭐하는 겁니까?'라고 투덜대면 그는 당황해 몸을 뒤척이며 '이게 현실입니다'라고 웅얼거렸다. 조지 애비는 항상 옳았다. 충성스럽고 똑똑하기도 했다." 우주왕복선 선장을 지낸 로버트 깁슨도 애비에 대해 "나사 국장이나 우주 센터 책임자를 지낸 사람들은 거의 모두가 예외적으로 뛰어난 전문가였고 출중한 과학자이기도 했다. 그러나 애비만큼 정치 세력을 꿰뚫어보고 나사의 미래와 성공에 큰 영향을 미친 국장은 없었다"라고 말했다.[15]

의회는 우주정거장의 재설계를 지시했고, 1991년 3월 나사는 300억 달러에 달하는 새로운 계획안을 제출했다. 이 계획안 때문에 나사가 다른 세계에 살고 있는 듯하다는 우려감이 의회 내에 더욱 팽배해졌다. 그해 연말, 우주정거장 계획의 운명을 결정하는 투표가 하원에서 진행될 예정이었다. 우주정거장이 없으면 우주왕복선이 존재할 이유가 사라지고, 우주왕복선이 없으면 유인 우주비행을 재개하려는 나사의 향후 계획이 오리무중에 빠질 수 있었다. 알브레히트를 비롯한 일부 전문가들은 나사가 중대한 변화를 겪어야 할 때라고 느꼈다. 나사 같은 대규모 정부 기관에서 그런 변화란 리더십의 변화를 의미했다.

대니얼 골딘이 신임 국장으로 임명되기 전부터 알브레히트는 그를 알고 있었다. "골딘이 나사 국장으로 임명되기 전에, 나는 국가 우주 위원회에서 맡은 역할 덕분에 골딘을 자주 만날 수 있었다. 그는 나에게 깊은 인상을 심었다. … 처음 만났을 때부터 … 우리가 나아가야 할 방향을 구체적으로 제시하고, 여러 문제점을 파악하는 능력이 탁월했다." 골딘은 나사가 직면한 많은 문제를 우주산업이란 관점에서 보았다. "그는 당시 상태에서 크게 발돋움할 방법과 민간 우주 산업의 성장을 촉진할 방법에 대해서도 뚜렷한 비전을 품고 있었다. 게다가 정부 조직을 지원하는 방법에 대해서도 일관된 방향성을 보여준 그의 비전 덕분에 나는 강력한 동기를 부여받았다."[16] 알브레히트는 대니얼 골딘이 트룰리를 대신해 나사를 이끌어갈 이상적인 후보라고 느꼈다.

인사이트 노트

- ✦ 정당한 이유를 제시할 수 없는 의견은 말하지 말라. 의견 충돌이 있을 때 서로 존중하는 토론과 경청을 통해 최선의 결정이 내려진다.
- ✦ 해당 분야에 대해 잘 알고, 배경 지식이 풍부하며, 자신의 의견을 거침없이 말하고, 다른 사람의 의견을 경청하는 유능한 사람들로 팀을 구성하라.
- ✦ 조직의 모든 직급에서 일하는 직원들의 고충을 알고 이해해야 한다.

더 빨리, 더 좋게, 더 싸게

13장

솔직히 말해, 내 생각에는 그가 국장이었을 때
나사가 제대로 운영된 듯하다.

—바버라 미컬스키, 前 메릴랜드주 상원의원

바야흐로 '불만의 여름'으로 알려진 때였다. 천년 시대의 마지막 10년 이 시작되었을 때, 나사 국장 리처드 트룰리는 유난히 힘든 시기를 거 치고 있었다. 우주왕복선의 주 엔진에 연료를 공급하는 데 필수적 부품 이었던 수소 차단 밸브에서 일련의 누출 사고가 일어난 뒤, 우주왕복선 의 이착륙이 완전히 중단되었다. 허블 우주 망원경은 1990년 4월에 발 사되었지만, 곧이어 망원경의 거울이 정밀하게 연마되지 않았다는 사 실이 밝혀졌다. 처음에는 '세계 여덟 번째 불가사의'라는 찬사를 들었 던 15억 달러짜리 과학 기기가 보낸 영상은 초점이 맞지 않았다.[1] 이 사실은 모든 언론을 뒤덮었고, 근시성 망원경, 흰 코끼리, 테크노 칠면 조techno-turkey(영어에서 칠면조는 '실패작, 쓸모없는 것'을 뜻하기도 한다—옮긴 이)라는 비아냥을 들었다. 심야 토크쇼 사회자 데이비드 레터먼은 '우주

미아: 허블 망원경의 10대 변명'이란 불명예스러운 목록을 정리해 당시의 국민 정서를 요약했다.[2] 이것으로도 부족했던지, 레이건 대통령이 지구 저궤도에 다국적 공동연구 공간으로 건설하려 했던 우주정거장 프리덤 계획 또한 이미 예산을 초과하고 예정보다 한참 늦어진 터라, 의회로부터 배제되고 취소될 위기에 처했다. 트룰리에게는 그 밖에도 처리해야 할 문제가 많

허블 우주 망원경이 처음으로 보내온 사진(1990). 별빛이 집중되지 않고 넓게 분산되어 있으며 해상도가 훨씬 떨어진 모습을 확인할 수 있다.

았다. 처음에 부시 대통령은 트룰리를 '크게 신뢰'한다면서 트룰리에게 힘을 실어주었고, "나사는 복잡한 조직이기 때문에 그곳의 국장은 우리가 설정한 목표를 달성하는 데 필요한 최고의 인재들을 끌어들이기에 적합한 역량을 갖추어야 한다"라며 개인적인 의견을 밝히기도 했다.

부시 대통령의 우주탐사 계획과 그 계획을 바탕으로 인간을 다시 달

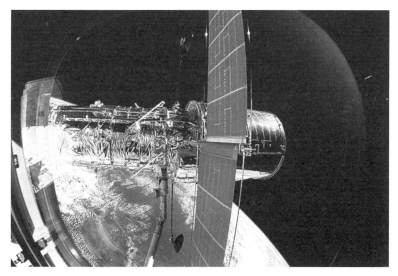

디스커버리호에서 전개deployment를 대기하고 있는 허블 우주 망원경(1990)

에 보내고 더 나아가 화성까지 보내겠다는 나사의 대담한 비전은 상상력을 북돋우고 영감을 자극했으며 우주탐사에서 미국의 리더십을 계속 유지하는 원동력이 되었다. 대니얼 골딘은 "우주에 관한 한 부시 대통령은 가장 친화적이고 미래를 내다본 대통령"이었다고 회고했다.[3] 부시는 국가 우주 위원회를 통해 그 비전을 실현하고자 했다. 1984년에 발효된 상업용 우주 발사법 이후로, 나사 같은 정부 기관들의 비전은 대규모 우주탐사 프로젝트를 선도적으로 제안하고 설계해 결실까지 맺는 방식에서 벗어나, 민간의 우주 사업을 개발하고 성장하도록 지원하는 방향으로 점차 바뀌었다. 이런 변화에 적응하려면 예산을 많이 투입해야 하는 크고 복잡한 프로젝트에서 벗어나, 민간 기업들과 더 긴밀히 협력하면서 일하는 방법을 모색해야 했다.

도전들

골딘은 민간 기업에서 경력을 쌓은 배경이 있어, 미국 우주탐사의 미래를 지속적으로 끌어갈 임무를 떠맡은 나사의 신임 국장이 되었다. 그러나 시간은 그의 편이 아니었다. 오거스틴 보고서에 적시된 문제들을 하루라도 빨리 처리해야 했고, 그 밖에도 해결해야 할 문제들이 산적해 있었다. 그래도 골딘은 그 역할을 떠맡을 준비가 된 인재였다.

골딘은 1962년 오하이오 클리블랜드에 소재한 랭글리 연구 센터에서 유인 우주비행을 위한 전기 추진 시스템을 연구하는 공학자로서 나사에 몸담았다. 그 이후에 나사를 떠나 TRW 우주 및 과학기술 그룹으로 옮겼고, 그곳에서 첨단 통신 우주선을 개발하는 프로젝트를 총괄하는 관리자 겸 부사장까지 승진했다. 나사가 지나치게 관료주의에 빠졌다고 생각하는 사람은 골딘뿐만이 아니었다. "나사의 예산이 계속 증가하고 끝없이 증가했다. 나사에서 사용하는 관리 기법, 나사가 사용하는 수단은 대부분 경우에 한물간 구식이었다."[4] 골딘은 나사에 되돌아갈 기회가 찾아오자 쌍수를 들고 환영했다. 그는 나사에 중대한 변화가 필요하다고 인식했고, **진정한 리더십은 인기를 얻는 게 아니라고 확신**했다. "문제를 회피하지 않고 강력한 의지와 결단력을 겸비한 인물"[5]로 평가되던 골딘은 '더 빨리, 더 좋게, 더 싸게faster, better, cheaper'라는 신조로 잘 알려졌다. 골딘은 변화를 원했고, 그의 주도로 이끈 변화로도 명성을 쌓았다. 그의 접근법은 나사 밖의 많은 조직에서 환영을 받았지만, 나사에서 오랜 경력을 쌓은 공무원에게는 달갑지 않았다.

변화는 어렵다

트룰리가 나사를 떠나고 골딘이 1992년 3월 신임 국장에 취임해 산적한 과제를 떠안았다. 나사가 앞으로 "더 적은 예산으로 많은 일을 해내야 한다"라며 쥐어준 임무와 함께 취임한 골딘은 나사의 역사에 가장 큰 영향을 미친 국장 중 한 명으로 알려지게 되었다. 변화가 필요하다는 것은 명백했다. 골딘은 토머스 스태퍼드 장군과 마크 알브레히트에게 조언을 구했다. 그들은 조지 애비를 추천했고, 골딘은 그 조언을 받아들였다. 통합 그룹에서 골딘과 협력해 일한 적이 있던 애비는 당시를 회상하며 "나는 우주정거장을 지구 저궤도에 띄우는 것보다, 미르 프로그램과 러시아의 경험을 이용해 달에 다시 가는 계획을 추진해야 한다는 의견에 더 동조했다"라고 말했다. 아무리 좋은 비전도 비용을 제대로 관리하지 못하면 취소될 가능성이 컸다.

골딘은 나사에 복귀한 초기를 회고하며 "내가 모두를 화나게 했다는 건 알고 있다"라고 말했다. 그는 그가 계획한 많은 변화를 추진하는 동안 "인간의 안전이 최우선 목표"라고 생각했다. 그는 안전을 가장 먼저 고려해야 한다고 결정했다. 가장 큰 위험을 무릅써야 하는 우주비행사를 최우선 순위에 두고, 지상 근무자와 고위험 대상(고가의 로봇 시스템)을 차례로 두었다. 이렇게 정한 우선

순위를 정착시키려고 그는 "밀어붙이고 또 밀어붙였다".[6] 많은 조직이 안전의 중요성을 말하지만, 정작 안전을 조직 문화의 중요한 일부로 받아들이지는 않는다. 골딘은 안전을 나사의 조직 문화로 심는 데 자신의 역할이 크다는 걸 인식하고, 고위 관리자들에게 변화를 요구하기 위해 前 해병대 장군 잭 데일리를 부국장으로, 조지 애비를 국장 특별 보좌관으로 임명했다. "조직의 리더가 자신의 평판과 경력을 먼저 염려하며 개인적인 책임을 지지 않는다면 안전 시스템을 구축하는 일이 불가능하다. 나는 이 문제를 나사만이 아니라 정부와 산업계의 다른 조직에서도 경험했다. … 그러나 나는 항상 책임과 의무에 대해 생각한다."

책임은 위험을 관리해야 하는 조직 문화에서 핵심적인 요소다.[7] 데일리와 애비는 리더로서 조직을 직접적으로 운영한 경험이 있었다. 골딘은 나사의 문화를 재편하는 데 그 둘의 경험을 크게 활용했다. 우주왕복선 선장을 지낸 고위 경영자 짐 웨더비가 말했듯이 "어떤 조직에 리더가 새로 부임했을 때, 리더가 그 조직의 문화를 이해하는 것이 무엇보다 중요하다". 골딘은 애비와 데일리의 조언을 귀담아들었고, 모든 프로그램을 비용 효과가 더 크도록 재편하는 동시에 직원의 규모를 줄이기로 결정했을 때는 그들의 권고를 크게 반영했다. 골딘은 뛰어난 리더십으로 조직원들의 신뢰를 얻고 전문가의 조언을 적극적으로 경청했다. 그 결과, 나사 국장으로 재임하는 동안 사고 한 번 없이 59번의 우주왕복선 비행을 해냈다.

신뢰를 구축하라

골딘에게는 허블 망원경을 수리하고 당장에 직면한 우주왕복선과 우주정거장 문제를 해결하는 동시에, 취임 초기에 서둘러 달성해야 할 두 가지 핵심적인 목표가 있었다. 첫 번째로 백악관과 의회의 신뢰를 다시 얻어야 했고, 두 번째로는 나사의 예산을 관리해야 했다. 골딘은 당시를 이렇게 회상했다. "내가 취임하기 직전에 제출된 오거스틴 보고서에 따르면, 나사 예산이 10년 사이에 143억 달러에서 250억 달러로 증가할 것으로 예상되었다. 나는 인준 절차를 밟는 동안 상원의원 프리츠 홀링스를 만났다. … 그는 칠판에 곡선 하나를 그리고는 '이게 나사 예산입니다. … 정말 그 자리에 앉고 싶으면 예산이 더는 증가하지 않도록 일정하게 맞추셔야 합니다'라고 말했다. 예산이 지나치게 많다고 지적하고 있었다. '허블은 까막눈이고, 갈릴레오는 벙어리입니다. 안테나가 펴지지 않아 아무 말도 못 합니다. 지금도 목성을 향해 가고 있으며 수십억 달러를 들인 우주선인데도 말입니다. 우주왕복선은 온갖 문제로 이륙조차 못 합니다. 우주정거장은 예산만 까먹을 뿐 아무런 진척이 없습니다. 아, 하나 더 있네요. 기상 위성이요. 정기 궤도에 있는 기상 위성들은 모두 죽었습니다. 그런데 허리케인 시즌이 시시각각 다가오고 있습니다. 나사에는 비전이 없습니다. 나사는 이제 구제불능입니다. 그런데도 정말 나사를 맡고 싶으십니까?' 나는 여기에 '어떤 비난이라도 감수하겠습니다. 어떻게 하면 바로잡을 수 있는지 아니까요'라고 대답했다."[8]

"직원의 3분의 1이 그만두어야 한다는 사실을 파악하는 데 오랜 시간이 걸리지 않았다. 나사는 더 생산적인 조직으로 변해야만 했다. 나는 직원들에게 심적인 고통을 주고 싶지 않아 희망퇴직을 받기로 합의했다. 그들이 자발적으로 떠나기를 바랐다. … 나중에 밝혀졌듯이, 나사는 희망퇴직을 받기 위한 팀을 꾸렸다. … 우린 단 한 명도 강제로 해고하지 않으면서 직원 수를 대략 25,000명에서 17,000명으로 줄였다. 리더라면 큰 그림을 봐야 한다. 현재 어디에 있고, 목표로 하는 곳에 어떻게 해야 갈 수 있는지를 봐야 한다. 무작정 윽박질러서는 안 된다."[9] 골딘은 자신이 TRW에서 개발한 '더 빨리, 더 좋게, 더 싸게'라는 접근법을 적용하고, 대형 프로젝트를 관리하는 새로운 접근법과 혁신적인 기술을 사용해 나사의 문화를 바꿔가고 싶었다. "리더가 새로운 조직을 맡게 되면 두 가지를 해야 한다. 하나는 조직의 현재 위치를 냉정하게 평가하는 것이고, 다른 하나는 조직의 역사를 추적하는 것이다. 말하자면, '어떤 과정을 거쳐 현재의 처지에 있게 되었는가?'라는 의문을 품고 과거를 돌이켜봐야지, 그냥 쳐들어가 부수고 불을 질러서는 안 된다. … '어디로 가야 하는가?'라고 물으며 미래를 시각화해야 한다. 이렇게 생각하며 현재의 위치로 되돌아와야 한다." 골딘은 나사를 21세기로 끌어갈 새로운 비전과 프로그램을 제시함으로써 조직을 변화시키고 싶었다.

비전 제시형 리더십

나사를 완전히 개조하려면 클린턴 행정부로부터 재신임을 받아야 했다. 사기가 땅에 떨어진 나사에 변화의 바람을 불어넣기 위해 고군분투하던 골딘은 취임하고 1년이 지나지 않아 1년짜리 국장으로 끝날지도 모를 위험에 처했다. 다행히 클린턴 행정부도 변화를 원했고, 골딘을 신임했으며, 단기간 내에 골딘은 "나사의 관리 조직을 대대적으로 개편했다. 개편은 … 정부 조직에서 흔히 시도되지만, 그 결과는 전보다 불편해지는 경우가 비일비재하다. 누구도 권위를 내려놓으려 하지 않아 불필요한 서류 작업만 많아지기 때문이다. 하지만 골딘의 경우에는 고질적인 관습에 젖어 지내던 몇몇 부서가 실질적으로 확연하게 달라졌다".[10] 어느 조직에나 변화를 위협으로 인식하는 구성원이 적잖게 있기 마련이다. "고위 공무원들이 조직원들의 낮은 사기를 불평하기 시작하면 누군가로부터 근무 방식을 바꾸라는 압력을 받고 있다는 뜻이다. 이런 의미에서 약간 낮은 사기보다 더 좋은 것은 없었다. 불평의 소리가 들린다는 것은, 오랜 시간이 지나고 많은 대화가 이루어진 뒤에 마침내 나사에서 근본적인 변화가 진행되기 시작했다는 뜻이었기 때문이다. 거의 10년 동안 나사는 교묘하게 꾸민 가짜 개혁을 시도했을 뿐이었다."[11] 이번에는 달랐다. 10개월 동안 "골딘은 직원들에게 나사가 기본적인 임무를 어떻게 수행해야 하는지 다시 생각하고, 운영 면에서 낭비를 줄이고, 민간 협력 업체와 거래하는 방법도 바꾸라고 밀어붙였다. 골딘은 … 나사 본부에서 주요 직책에 있던 35명 이상을 인사 조치했고, 새로운 인재를 승진시켰으며, 영향력 있는 지위에 있던 중간 관리자들을 해고하거나 다른 곳으로 발령을 보냈다. … 또 과거의 업무 분할 방식을 해체하고, 항공학과 행성학 같은 분야에 더 집중하는 방향으로 부서를 나누었다. 따라서 지구 환경을 감시하는 인공위성을 발사하기 위한 계획도 수립했다."[12] 골딘은 취임하자마자 자신에게 허락된 권한을 최대한 활용해 변화를 주도했고, 클린턴 행정부로부터 재신임을 받아 나사의 변화를 계속 끌어갈 수 있었다.

미래에 대한 골딘의 비전은 우주탐사 초기에 이룩한 성과를 재현하려는 욕망에 기반한 것으로, 연구원들에게 '다시 꿈을 꾸고' 나사의 미래에 대해 크게 생각하라고 독려했다. 어떤 사람에게는 나사 국장으로 취임한 직후에 골딘이 취한 여러 조치가 당시에는 하찮게 보였을 수도 있지만, 결국에는 나사 문화를 재건하는 데 중요한 요소가 되었다. 국장으로 취임하고 첫 달, 골딘은 1970년대에 새로 도안된 '지렁이' 로고의 사용을 금지했고, 원래의 '미트볼' 로고를 복귀시켰다. 의회로부터 인준받은 직후에는 나사의 우주 센터들을 방문하며 각 우주 센터가 직면한 문제점에 관해 직접 파악하기 시작했는데, 예컨대 그가 랭글리 연구 센터를 방문했을 때였다. 그를 태운 비행기는 곧바로 격납고로 향했고, 격납고 문 위에는 새로운 지렁이 로고 깃발과 원래의 미트볼 로고 깃발이 자랑스레 펄럭이고 있었다. 나사의 많은 직원이 새로운 로고를 탐탁지 않게 생각했다. 골딘이 조지 애비와 랭글리 연구 센터 책임자 폴 홀러웨이에게 우주 센터들의 침체된 사기를 다시 높이려면 어떻게 해야겠느냐고 물었다. 애비는 골딘에게 미트볼 로고를 되살려내자고 제안했고, 홀러웨이도 애비의 제안에 동조했다. 골딘은 그들의 제안을 받아들여 연설을 끝낼 즈음에 "과거의 정신은 살아있고 건재합니다!" 라고 선언했다.[13] 나사의 많은 직원에게 "나사는 이 세계를 성공적으로 떠날 수 있게 해준 극소수 기관 중 하나였다. 따라서 나사를 상징하는 로고에는 오히려 우리가 발 딛고 살고 있는 바로 이 세계의 무엇이 좋은가에 관한 보편적인 물음이 담겨 있어야 했다".[14] 골딘의 선언은 단순히 로고 모양에 국한된 이야기가 아니었다. 나사 문화를 설득력 있는 비전과 머큐리와 제미니, 아폴로 프로그램을 성공으로 이끌었던 나사의 역량과 성실함과 신뢰라는 가치에 기반을 두겠다는 약속이었다.

변혁

골딘은 나사를 계속 바꾸어갔다. 5년이 지나지 않아, 나사는 허블 망원경을 수리하는 위험한 임무를 성공적으로 마무리했고 우주왕복선 프로그램을 수익원으로 활용할 방법을 모색하기 시작했다. 또한 처음에 손잡은 다른 국가들과 러시아와 협력해 우주정거장을 재설계하는 새로운 계획을 추진했고 인력도 크게 감축했다. 당시 나사 예산과 관련된 소위 원회의 의장이던 상원의원 바버라 A. 미컬스키는 "골딘은 대담한 성품을 지녔다. 솔직히 말해, 내 생각에 그가 국장이었을 때 나사가 제대로 운영된 듯하다"라고 말했다.[15] 아폴로 16호의 선장으로, 첫 우주왕복선 비행 STS-1에서도 선장을 역임한 존 영은 "겉보기에는 까칠하지 그지없었지만 그의 중심은 어제나 올바른 곳에 있었다"라고 골딘을 평가했다. 아폴로 10호와 아폴로-소유스 계획의 선장이던 토머스 스태퍼드는 골딘을 1960년대 아폴로 프로그램의 기초를 놓았던 제임스 웹 이후 최고의 나사 국장으로 평가했다.[16] 많은 골칫거리가 남아 있었지만 골딘은 믿음직한 조언자들과 중간 관리자들, 각 우주 센터의 책임자들을 신뢰하고 의지하며 새로운 전략 계획을 계속 추진했고, 유인 우주비행에서 벗어나 화성을 비롯한 지구의 태양계를 탐사하는 로봇 비행으로 목표를 전환할 수 있었다.

골딘은 마침내 화성 탐사라는 개인적인 목표에 집중할 수 있었다. "나는 나 자신과 굳게 약속한 까닭에 물러설 수 없었다. … 인간을 화성이 아닌 다른 곳에 보내는 게 더 높은 우선순위에 놓일 수 있다는 사실을 인정한다. 그러나 내 꿈은 내 생전에 화성 탐사라는 임무를 어떤 식으로든 책임지는 것이다. 화성 탐사는 우리 사회가 달 탐사 다음으로 해낼 수 있는 고귀한 목표다."[17] 골딘은 우주의 시초와 운명을 연구하고 생명체가 존재할 수 있는 조건을 찾기 위한 오리진스 프로그램 Origins Program을 시작했다. 이 프로그램은 결국 국립 우주생물학 연구소 National Astrobiology Institute의 설립으로 이어졌다. 이 연구소는 스콧 허버드가 임시 소장을 맡았지만, 노벨상을 수상한 생물학자이자 의학자인 바루크 블럼버그가 정식으로 초대 소장에 임명되었다. 골딘은 나사에 '더 빨리, 더 좋게, 더 싸게'라는 전략을 사용했고, 클린턴 행정부의 승인을 받아 2년 주기로 화성에 가는 궤도 우주선과 착륙선을 발사했다. 클린턴 대통령이 1997년 1월 두 번째 임기를 시작했을 때, 대니얼 골딘을 나사 국장으로 다시 임명하는 데 아무도 의문을 제기하지 않았다.

회복

그해 여름, 골딘의 '더 빨리, 더 좋게, 더 싸게'라는 전략을 사용해 설계된 무인 우주선 '마스 패스파인더Mars Pathfinder'가 화성에 착륙했다. 그 비행은 새로운 경영 전략을 적용한 결과이면서도, 에어백을 이용한 착륙 장치와 자동화된 장애물 회피 기능 등 다양한 과학기술 장치들의 '개념 증명proof-of-concept'이기도 했다. 특히 두 기능은 훗날 화성 탐사 로버Mars Exploration Rover 임무에도 적용되었다. 패스파인더는 1992년에 발사된 10억 달러짜리 '마스 옵서버Mars Observer' 임무를 1억 7,100만 달러에 성공적으로 계승한 후속작이었고, 골딘의 '더 빨리, 더 좋게, 더 싸게'라는 경영 전략에 신뢰를 더해준 비행이기도 했다. 패스파인더는 더 낮은 비용에 더 좋은 결과를 낳았을 뿐만 아니라, 나사가 전용 웹사이트를 만들어 인터넷을 활용해 화성 표면을 탐사하는 소저너Sojourner의 작업을 전 세계 사람들에게 중계할 수 있도록 했다. 과학적 목표 외에도 새로운 정보의 수집과 교육이라는 가능성에서 무인 탐사는 유인 우주비행과 크게 다르지 않았다.

골딘은 중대한 변혁의 기간에 나사를 성공적으로 잘 이끌었다. 마크 알브레히트는 골딘에게 닥쳐왔던 이전의 문젯거리들을 하나하나 되짚어보며 "그는 그 일의 적임자였다"라고 평가했다. 골딘이 국장으로 취임하기 전에 "나사는 '대체 뭐하는 거야?'라는 비판을 들었으며 '핵심도 없고 성과도 없다' '공정하게 처신하지 못하는 이익 집단' '우주 미아'로 여겨졌다. 하지만 현재 나사는 과학기술 개발 및 미국 외교 정책,

미국 민간 연구 개발 프로그램의 목적 지향적이고 긍정적인 면모를 확실하게 보여주고 있다. … 골딘은 1960년대에 나사의 우주탐사 프로그램을 지켜보며 청소년기를 보냈다. 많은 사람이 나사의 명성은 아폴로 계획과 냉전 덕분에 얻어졌다고 생각하지만 … 국장으로서 대니얼 골딘과 조지 애비가 보여준 리더십은 찬사를 받아 마땅하다".

인사이트 노트

♦ 좋은 리더라면 믿음직한 조언자들로 네트워크를 구성하고 그들에게 의지하며, 그들의 조언에 진심으로 귀를 기울여야 한다.

♦ 전문가의 조언을 신뢰하라.

♦ 올바른 결정이 항상 다수의 환영을 받는 것은 아니다.

♦ 앞으로 나아갈 길을 찾아내고, 현재 위치에 어떻게 도달했는지 알아내고, 가고자 하는 곳을 시각화한 뒤에 거슬러 올라가 보라.

레스턴에서의
주말

14장

그 주말이

21세기의 유인 우주비행을 구해냈다.

—토머스 스태퍼드, 아폴로-소유스 시험 계획 사령관

국제 우주정거장은 밤하늘에서 달 다음으로 가장 밝게 빛나는 물체다. 초속 8킬로미터의 속도로 지구 궤도를 회전하며, 우주탐사의 미래를 상징하는 희망의 횃불이다. 국제 우주정거장은 주요 국가 5개국을 비롯한 16개국이 참여해 공동으로 빚어낸 결과물이며, 인류 역사상 가장 야심 차게 시도된, 공동으로 협력한 프로젝트 중 하나이기도 하다. 그러나 1993년 6월까지도 이 계획은 의회에서 한 표차로 취소될 위기에 처해 있었다.

골딘은 나사 국장으로 취임하고 나서 즉시 우주정거장에 문제가 있다는 걸 알아차렸다. "내가 나사 국장으로 취임했을 즈음, 우주정거장은 무척 심각한 문제 그 자체였다. 우주정거장 프리덤은 할당된 예산을 이미 다 써버린 뒤였다. 나는 대외적으로 보여줄 만한 성과가 있는지 보고 싶었지만 … 물리적으로 지어진 것은 전혀 없었다."[1] 행정부가 나사에게 인내심을 잃은 터라, 골딘은 자신의 임기가 우주정거장을 짓는 비용을 절감하는 일에 달려 있다는 걸 십분 이해했다. 해결책을 제시하지 못하면 우주정거장 프로그램은 무효가 될 처지였고, 유인 우주비행의 미래도 어두워질 수밖에 없었다. 골딘은 신속하게 행동해야만 했다.

리더십

일간지 『로스앤젤레스 타임스』의 칼럼니스트 그레그 이스터브룩의 평가에 따르면 "골딘은 나사의 역사에서 여러 면으로 독특한 국장이다. 그는 나사 문화에 경외심을 갖지 않은 최초의 국장이다. 오히려 그가 직전까지 일하던 TRW는 항공우주 부문 협력 업체이고 역사적으로 나사와 적

> 목표를 위해 인재를 선발하는 감각만이 아니라, 그들이 일하는 동안 간섭하지 않는 자제력까지 지닌 리더가 최고의 리더다.
> —시어도어 루스벨트,
> 미국의 제26대 대통령

대적 관계에 있던 기업이다. 또 골딘은 나사에서 유인 우주비행 프로그램에 참여한 경력이 없는 최초의 국장이기도 하다. 나사가 유인 우주비행 프로그램을 예산의 변명 거리로 오래전부터 이용해왔다는 점을 고려하면, 골딘이 국장으로서 마주한 임무는 더욱 어려웠을 것이다".[2] 골딘은 나사 국장으로 취임한 직후부터 조직의 변화에 초점을 맞추었고, 조지 애비는 여전히 우주 위원회에서 알브레히트와 긴밀한 관계를 유지하며 일하고 있었다. 골딘이 중간 관리자들을 교체하려 했을 때 애비와 알브레히트는 골딘에게 고려해야 할 사항들을 조언했다. 애비는 골딘과 함께 일하는 걸 좋아했고, 그를 "날카롭고 지적이며, 상상력이 뛰

어난 훌륭한 공학자"라고 평가했다.[3] 그 둘의 조언은 골딘에게 큰 도움이 되었다.

대통령이 교체되고 새로운 행정부가 들어서면 일반적으로 나사 국장도 교체되었다. 그러나 빌 클린턴 대통령은 새로운 국장을 임명하지 않고 골딘에게 그 역할을 계속 맡기기로 결정했다. 정권 교체 이후『워싱턴 포스트』의 기자 캐시 소여는 "백악관 소식통에 따르면 민간 우주 프로그램이 대대적인 개혁을 앞두고 있어, 백악관은 부시 행정부에서 임명된 나사 국장 대니얼 S. 골딘을 유임하고 개혁의 선봉장 역할을 맡길 예정이다"라고 보도했다.[4]

골딘은 나사 국장에 임명되기 전에도 우주정거장 프리덤 계획을 바람직하다고 평가한 적이 한 번도 없었다. 국장에 임명된 직후에는 부국장 대행이던 에런 코헨, 법률 담당 국장이던 마티 크레스 그리고 조지 애비를 만나 의견을 들었다. 골딘은 우주정거장 프로그램의 방향을 재조정하고 싶었지만, 크레스와 코헨은 그러면 의회가 프로그램 자체를 무효화할 것이라고 주장하며 그를 만류했다. 의견 규합을 위한 진전은 거의 이루어지지 않았다. 빌 클린턴 대통령의 승인을 받은 직후, 골딘은 2월 첫째 주 금요일 오후에 백악관에 와서 과학 담당 보좌관 존 기번스를 만나달라는 요청을 받았다. 기번스는 "우리는 프리덤을 취소하려고 합니다"라고 단도직입적으로 말했다.[5] 클린턴 행정부의 예산 정책은 예산을 초과한 프리덤 계획을 곧장 표적으로 삼았고, 계획이 성공하지 못할 거라는 결론을 내렸다. 골딘은 대답할 시간을 달라고 요구했지만, 클린턴 행정부는 의회에 제출할 새 예산안을 준비할 시간이 많지 않았다. 기번스는 "주말까지 답을 주십시오"라고 대답했다.[6] 골딘은 어떻게 해야 유인 우주비행의 미래를 구할 수 있을지 고민하며 나사 본부로 돌아갔다.

제안

골딘은 48시간 안에 해결책을 찾아내야 했다. 그는 가장 먼저 조지 애비에게 전화를 걸었다. 애비는 골딘과의 통화를 끝내고는 토머스 스태퍼드에게 전화를 걸었다. 아폴

> 조지 애비가 혼자 우주정거장을 구해냈다.
> —토머스 스태퍼드, 우주비행사

로 프로젝트부터 시작해 아폴로-소유스를 거쳐 우주왕복선까지 이어진 두 사람의 끈끈한 관계가 해결책을 찾는 데 무엇보다 중요한 조건이라는 사실은 이미 입증된 터였다. 안타깝게도 그때 스태퍼드는 플로리다에 있었다. 스태퍼드는 곧장 돌아갈 수는 없지만 버지니아 알렉산드리아 있는 자신의 사무실을 사용하라고 제안하며, 비서에게 연락해 열쇠를 애비에게 전달하도록 하겠다고 말했다. 애비는 조지프 셰이에게 전화를 걸어 주말에 알렉산드리아로 와달라고 부탁했다. 셰이는 애비가 알기로 가장 뛰어난 공학자였지만, 아폴로 1호 사고의 여파로 나사를 떠난 인재였다. 저명한 우주선 설계자 맥스 파제, 통합 그룹의 마이크 모트, 뛰어난 공학자이자 제미니와 아폴로 프로그램으로 각각 두 번씩 우주를 비행했고 첫 우주왕복선 비행에서는 선장직을 맡은 존 영도 참석했다. 나중에 마이크 모트는 부국장보로서 골딘팀의 일원이 되어 최고운영책임자와 비슷한 참모장 역할을 했고 "나사의 모든 사업과 기능 영역에서 일상적으로 진행되는 활동을 개선하려고 애썼다".[7]

그들은 자신들이 구하려는 첨단 과학기술 프로젝트와는 어울리지 않게 각자 연필과 공책을 손에 쥐고 회의실 탁자에 둘러앉았다. 그들 모두가 각 분야의 전문가로, 21세기의 유인 우주비행을 준비하기 위해 우주정거장을 궤도에 건설하는 계획을 지지했다. 그들은 예지력을 지닌 현실주의자이기도 했다.

골딘은 당면한 문제를 개략적으로 설명했다. 프로그램의 예산을 연

간 20억 달러 안팎으로 맞추지 못하면, 유인 우주비행을 위한 우주정거장도 없고 미래도 없을 것이라고 설명했다. 그날 회의실에는 뛰어난 비전 제시형 리더, 막강한 영향력을 지닌 원로, 두 명의 출중한 항공우주 공학자, 역사상 가장 경험이 많은 우주비행사가 모였다. 조지 로는 겨우 58세였던 1984년에 암으로 안타깝게 세상을 떠났지만, 그곳에 모인 사람들이 모두 로와 긴밀한 관계를 유지하며 일한 경험이 있어, 로의 관점이 그들을 통해 잘 남아 있었다. 다시 말하면, 유인 우주비행의 미래가 좋은 사람들의 손에 들려 있다는 뜻이었다.

맥스 파제가 자율적으로 작동할 수 있는 모듈식 우주정거장에 대해 개인적인 의견을 발언하는 데는 약간 시간이 걸렸다. 모듈이 추가로 제작되고 연결되며 최종적인 구조물이 완성되는 단계에서 승무원용 모듈이 더해질 수 있다는 게 파제의 생각이었다. 조지 로와 조지 애비는 오래전부터 이 의견을 적극적으로 지지했지만, 그 의견이 견인력을 얻지 못하자 파제는 아예 나사를 떠나 '산업체 우주 시설Industrial Space Facility'이란 민간 프로젝트에 참여했다. 러시아에서는 미르 우주정거장에 파제의 의견과 유사한 모듈 개념을 이미 성공적으로 적용해, 운영을 시작하고 불과 6년 만에 우주정거장의 크기와 역량을 크게 확장했다.

그날 모인 사람들은 파제의 의견을 한목소리로 지지했다. 조지프 셰이는 "하부 시스템을 단순하게 만들고 프로그램 관리를 간소하게 하는 방향을 면밀하게 검토할 필요가 있습니다"라고 조언했고, 파제는 "과거의 성공에 결정적인 역할을 했던 접근법으로 돌아가, 우주정거장 프로그램을 휴스턴에서 관리할 필요가 있을 것"이란 중대한 경고를 덧붙였다.[8] 미래에 나아갈 방향이 과거의 사례로 결정될 수 있다는 것을 새삼스레 떠올려주는 일화였다.

국제 우주정거장

그들의 제안서에 대한 기번스의 반응이 주말 모임의 성공을 증명했다. 골딘은 백악관에서 기번스를 만나 파제가 그 주말에 그랬던 것처럼 탁자 위에 성냥개비를 하나씩 놓으며 그 계획을 설명했다. 기번스는 "연간 20억 달러의 예산으로 그렇게 해낼 수 있다면 괜찮을 것 같군요"라고 대답했다.[9] 기번스는 약속을 지켰고, 프리덤 계획은 '국제 우주정거장 프로젝트'로 명칭이 바뀌어 승인되었으며 존슨 우주 센터에서 주도하는 것으로 바뀌었다. 그로부터 4년이 지나지 않아 국제 우주정거장의 첫 모듈이 발사되었고, 그 중요한 주말 모임 이후 7년이 지났을 때는 우주비행사들이 처음으로 우주정거장에 발을 들였다. 그 뒤로 20년 동안 인간이 우주에서 지속적으로 생활하는 대모험이 시작되었다.

우주정거장 프리덤 계획은 수천 명이 한 팀으로 거의 10년 동안 작업했으면서도 비용과 설계 요건을 맞추지 못했는데, 어떻게 여섯 명이 주말에 딱 한 번 만나 우주정거장 프로젝트를 구해낼 수 있었을까? 부분적인 성공 요인으로는 그곳에 있어야 할 사람만 모였다는 것이다. 그곳에 모인 전문가들의 의견을 신중하게 경청한 대니얼 골딘의 의지도 성공 요인 중 하나였겠지만, 통합 그룹 보고서가 유산으로 남긴 대규모 우주 프로젝트에서 지켜야 할 지침을 고수한 것이 궁극적이었다.[10] 골딘을 제외하고 주말에 모인 참석자들은 통합 그룹의 일원이었거나 조언자였다. 예컨대 애비의 '무엇을 해야 하는지 파악하는 능력'과 '옳은 일이라면 반드시 해내려는 열의'가 단 이틀만에 우주정거장 프로그램을 재설계에서 구원해내는 데 중추적인 역할을 했다. 통합 그룹이 권고 사항을 담아 보고서를 작성하고 조지 로가 아폴로 계획에 구성 관리 위원회를 설립해 운영했을 때처럼 말이다. 그들이 남긴 유산을 미래 우주비행을 위한 경구라고 칭하는 사람들이 적지 않다. 유인 우주비행의 역사에서 손꼽히는 항공우주공학자들과 리더들이 남긴 집단 지혜가 담긴, 반드시 지켜야 할 지침과 경계해야 할 위험을 알려주는 유산이기도 하다. 이는 인간을 달에 보내고 성공적으로 지구로 귀환시킨 리더들로부터 얻어진 것이며, 다음 세대의 리더들이 계속 기억해야 할 교훈으로 남았다. 그 유산은 쉽게 읽히지만, 진심으로 받아들이고 실천하기는 훨씬 어렵다. **올바른 일을 수행하는 게 항상 수월하거나 다수에게 환영을 받는 것은 아니다.**

리더십

애비가 황급히 끌어모은 팀은 "우주정거장을 올바르게 건설하려면 하부 시스템과 모듈 간의 인터페이스를 단순화하고, 모듈 방식을 최대한으로 사용하며 … 과거의 임무에서 확립한 역량을 기반으로 삼아야 함을 알고 있었다. 백업 시스템을 설정해 기본 시스템을 보완하고, 이중으로 설계해 선체의 점검과 유지에 크게 신경 써야 한다는 것도 알고 있었다".[11]

유인 우주비행을 성공적으로 완수해낸 이전 시대에서 중대한 역할을 했던 지침들은 국제 우주정거장의 성공에도 중요한 역할을 해냈다. 나사의 문화는 불가능해 보였던 일을 가능하게 만들고 기술적으로 복잡하고 위험한 프로젝트에 집중해왔지만 시간이 지나면서 "프로그램과 관련된 모든 요소에 관한 관리와 책임의 경계를 명확히 하고, 의사결정 과정의 처음과 끝에 대한 명확한 기준을 제공하는 현실적인 단계를 마련하는 게 중요하다는 사실을 알게 되었고 … 좋은 인재를 고용해 신뢰하는 과정이 필요하다는 것도 배웠다".[12]

아폴로 1호 화재 사고 이후에, 유진 크랜츠는 팀원들에게 냉정하고 적격한 능력을 갖추라고 요구했다. 나사에서는 역량이 신뢰를 구축한다. 신뢰는 조직에서 회복 탄력성의 기초가 된다. 회복 탄력성은 아폴로 1호, 챌린저호, 컬럼비아호의 사고를 겪은 뒤에도 다시 우주비행을 시작할 수 있었던 중대한 원동력이 되었다. 최고의 성과를 내는 팀의 리더들로부터 유인 우주비행과 관련해 배울 만한 교훈이 많다. **최고의 인재를 고용하고, 그들이 학습을 지속할 수 있는 환경을 조성하고, 그들의 의견에 귀를 기울이며, 신뢰하고, 그들이 성공하는 데 필요한 도구를 제공하라.** 신뢰하되 검증하라. 조지 로와 조지 애비는 팀에게 책임 의식을 심어줘야 한다는 사실을 깨달았고, 팀이 성공하도록 돕는 데 필요한 질문을 통찰력 있게 제기하는 기술을 거의 완벽하게 습득했다.

역사에는 '만약에'라는 가정이 성립하지 않는다고 말하지만, 그렇게 접근하지 않았다면 나사가 어떻게 되었을지는 누구도 알 수 없다. 그러나 분명한 사실은 인류 역사상 가장 위대한 업적 중 두 가지, 즉 인간의 달 착륙과 우주에 띄운 국제 연구 공간은 없었을 것이다. 요컨대 위에 정리한 교훈은 모든 리더가 숙지해야 할 심원한 교훈이다.

"조지 애비가 혼자 우주정거장을 구해냈다." 아폴로 우주비행사이자 오랫동안 나사의 고문으로 활동한 토머스 스태퍼드는 이렇게 말하면서, 관료의식에 물들고 반복적인 공학 실수에 허덕이던 우주정거장 프로젝트에 아폴로식 관리 기법을 적용한 것은 순전히 애비의 공로라고 평가했다. 그는 "애비가 개인적인 능력을 발휘하지 않았다면 우리는 아무것도 얻지 못했을 것이다"라고 말했다.[13] 이 평가는 조금도 틀리지 않지만, 조지 애비라면 국제 우주정거장 프로그램을 성공으로 이끈 주역은 당연히 헌신적인 수천 명의 공무원, 협력 업체와 우주비행사라고 말했을 것이다.

+ 우리가 어떻게 일을 하느냐에 따라 우리의 안전이 결정된다. 이는 한 명의 단순한 행동으로 이뤄지지 않는다. 안전은 공동체의 습관이다.

+ 의사결정 과정, 공동으로 배운 교훈, 사후 보고를 모두 기록하고, 그 기록을 함께 읽고 공유하지 않으면 추후 실패가 반복되기 마련이다. 과거의 실패를 반복하는 오류를 피하고 싶다면 역사에서 배워야 한다.

+ 역량은 신뢰를 구축하고, 신뢰는 조직에서 회복 탄력성의 기초가 된다.

함께 협력해 일하다

15장

역사적으로 지금 우리는 우주,

특히 가까운 우주에 적절한 관심을 기울여야

세계를 하나로 묶을 수 있는

절대적으로 중요한 시점에 있다.

—마거릿 미드, 인류학자

캐나다우주국 국장을 지낸 윌리엄 맥 에번스는 우주정거장 프리덤을 궤도에 띄우려던 나사의 계획을 "레이건 대통령의 주요 외교 정책 수단"으로 평가했다.[1] 나사의 국제 사무국에서 일하던 페기 피나렐리는 당시를 "냉전 시대였기 때문에 리더십이 상당히 중요했다. 우리는 우주라는 고지대에서 소련과 경쟁하고 있었다. 프리덤이 소련 우주정거장보다 더 크고 더 우수하다고 말할 수 있어야 했다"라고 회고했다.[2] 에번스의 회고에 따르면, "프리덤 계획은 바깥 세계에 미국의 방식이 더 좋다고 증명하는 외교 정책 수단으로 사용되었다. 나사가 적절한 시기에 적절한 생각, 즉 우주정거장을 띄우겠다는 아이디어를 그냥 떠올렸을 뿐인데 정부가 그 아이디어를 와락 움켜잡은 것이었다".[3]

우주정거장 프리덤 계획은 국제사회의 동반자적 협력을 기반으로 구축되었다. 에번스가 말했듯이, "제임스 베그스 나사 국장은 캐나다와 유럽을 순방했다. … 일본에도 방문해 프리덤 계획을 함께하자고 초대했다".⁴ 나사와 잠재적 협력국들은 우주정거장을 어떻게 정의하고, 각 협력국이 어느 정도까지 기여해야 하는지 논의하기 시작했다. 이 과정은 참가국들이 정부 간 협정과 양해 각서memorandum of understanding를 준비하는 데 도움이 되었고, 마침내 1988년 9월, 나사와 각 협력국 우주국이 10년간 공동으로 작업하는 최종적인 협정서에 서명했다.

아폴로-소유스 계획이 성공적으로 마무리되어서 러시아 우주 프로그램과 협력하며 함께 일할 기회가 있을 거라고 인식하는 나사 연구자가 많았지만, 러시아는 프리덤 계획에 초대를 받지 못했다. 미국과 소련이 우주에서 협력할 가능성에 부정적인 영향을 미친 다수의 요인이 있었다. 레이건 대통령이 1984년 연설에서 밝힌 '전략 방위 구상Strategic Defense Initiative'(일명 '스타워즈' 계획—옮긴이)이 대표적인 예였다. 하와이를 대표한 상원의원 스파크 마츠나가는 우주가 무기화될 위험을 경고하며 "대안으로 국제 우주정거장"을 공동으로 개발해야 한다며 우주정거장의 중요성을 강조했다.⁵

1986년 챌린저호의 비극은 우주탐사에 나선 모든 국가에 영향을 미쳤고, 온 세상을 슬픔에 빠뜨렸다. 유럽 의회는 승무원들의 명복을 기원하는 침묵의 시간을 가졌고, 동정을 표하는 전화와 전문이 백악관에 쇄도했다. 유엔에서는 사무총장이 레이건에게 '깊은 애도'를 표명하며 "인간 지식의 경계를 넓히려던 과정에서 발생한 비극적인 인명 손실에 전 세계가 진심으로 슬퍼할 것입니다"라고 말했다.⁶ 온갖 위험에도 불구하고 우주정거장 프로그램에 참가한 협력국들은 프리덤 계획을 계속 추진하기를 바랐다. 레이건은 많은 사람의 바람에 부응하며 "미래는 심약한 사람의 것이 아닙니다. 대담한 사람들이 미래를 차지할 것입니다. 챌린저호 승무원들은 우리를 미래로 끌어가고 있었습니다. 우리는 그

뒤를 계속 따를 것입니다"라고 선언했다. 나사도 우주정거장 프리덤 계획을 계속 추진하기를 바라고 있었다.[7]

선택

계획한 10년이 끝나갈 무렵, 프리덤 계획에 소요되는 예산 문제에 국제 협력국들이 경계심을 품기 시작했다. 골딘은 "우주정거장 프리덤 계획이 우리가 더 크고 더 좋은 우주정거장을 만들 수 있음을 세계에 과시하는 거대한 사업으로 변질되고 있었다. 하지만 … 우리가 진정으로 보여주고 싶은 것은 국제 사회의 협력 가능성이다. 사실상 돈을 그렇게 펑펑 쓸 필요가 없다"라고 말했다.[8] 협력국들은 국제 합의로 프리덤 프로젝트가 보호되고 그들이 개발하고 투자한 과학기술도 보장될 것이라 굳게 믿었지만, 우주정거장의 미래는 장담할 수 없었다.

　　버지니아 레스턴에서 주말을 보내며 계획을 수정한 덕분에 나사는 우주정거장을 위해 새롭게 마련한 선택안들의 평가를 외부에 맡길 시간을 벌었다. 골딘은 외부 검토의 전략적 중요성을 인정하고, 곧바로 매사추세츠공과대학 총장이던 찰스 척 베스트를 만났다. 골딘의 생각에 베스트는 외부 검토자라는 역할에 최적이었다. 베스트는 그 역할을 기꺼이 받아들였고 "외부 검토단의 목표는 하나밖에 없다. 나사 재설계 팀이 제시한 여러 선택안을 정확하게 평가하고 그 결과를 연방 정부에 통보하는 것이다. 여기에는 설계 목적이 충족되었는지에 대한 판단 및 제안된 관리 방법론과 비용 예측에 대한 비판적 평가도 포함된다"라고 설명했다.[9] 해외 협력국들도 검토에 참가해달라는 요청을 받았다. 외부 검토단은 "나사는 납세자의 비용을 크게 줄이고 관리 방향을 개선하고 연구를 지속했으며, 미국이 해외 협력국들과 계속 협력하고 국제 사회에 한 약속을 지킬 수 있는 계획안을 제출함으로써 문제를 해결했다"
라는 결론을 내렸다.[10]

맥 에번스는 외교 정책 구상이 우주정거장의 미래를 확보하는 데 중요한 역할을 했다고 평가했다. "우주정거장 프로젝트의 취소는 엄청난 재앙이 될 것이라는 메시지가 외교 채널을 통해 전해졌다. 유럽 국가들이 주된 역할을 했고 캐나다의 역할도 상당했다. … 우주정거장 프로젝트는 일종의 국제 조약이다. 따라서 그 프로젝트에서 손을 뗀다는 것은 외교 정책의 큰 실패로 이어질 수 있었다."[11] 국가 우주 위원회의 생각도 똑같았다. 마크 알브레히트가 회고했듯이 "'어떻게 활용해야 국제 협력을 우주정거장을 지원하기 위해 구축된 취약한 형태의 연합이 아니라 우주정거장을 궤도에 띄우는 데 근본적이고 필수적인 토대가 되게 할 수 있을까?' 이런 관점에서 접근 방식 자체를 바꾸었다. … 그 결과, 나사가 우주정거장을 전면적으로 재설계했다".[12]

클린턴 행정부는 척 베스트 검토단의 결론을 환영했고, 클린턴 대통령은 "미국은 국제 협력국들과 협력해 비용과 크기 면에서 원래의 우주정거장 프리덤보다 축소

> 우주 프로그램은 강력한 정치적 지원을 받을 때 진전을 이룬다.
> —맥 에번스, 前 캐나다우주국 국장

된 형태를 개발하려고 한다. 우주정거장이 여러 국가가 함께하며 평화롭게 협력하는 사업의 본보기가 되도록 우주정거장 프로젝트에 국제 사회가 참여할 기회를 증진하고 확대할 것"이라고 선언했다.[13] 대니얼 골딘이 워싱턴의 냉혹한 환경을 효과적으로 다룰 만큼 정치적 요령이 뛰어나지 않다고 평가하는 전문가가 적지 않았지만, 골딘은 취임하고 2년 만에 나사를 성공적으로 개혁했을 뿐만 아니라, 우주정거장 프로그램을 되살려내는 동시에 다른 프로그램들과 관련된 문제들도 성공적으로 해결하는 성과를 거두었다.

레드팀과 블루팀

조직에 변화를 가하려는 시도는 가장 좋은 시기일지라도 저항이 있게 마련이다. 따라서 많은 사람이 골딘의 시도를 비관적으로 생각했고, 그가 실패하기를 바랐던 사람도 적지 않았지만, 골딘은 멋지게 성공해냈다(그 때문인지 일부는 골딘을 '워싱턴의 아웃사이더'라고 평가했다). 상당수의 요인이 골딘의 성공에 핵심적인 역할을 했다. 골딘은 나사가 무엇을 목표로 삼아야 하는지를 명확히 알았고, 나사의 역사와 행정부의 목표도 완벽하게 이해했다. 게다가 그에게는 자신의 비전을 현실로 만들어갈 구체적인 계획도 있었다.

취임 직후 골딘은 본부에 레드팀과 블루팀을 창설했고, 각 팀에게 나사의 효율성을 증진하기 위한 방법을 찾아내라는 과제를 주었다. 두 팀은 다양한 계획안을 검토했고, 상대의 검토 결과를 비판하기도 했다. 골딘은 TRW에서 이런 방법을 개발했다고 말한다. "블루팀이 의견을 제시하면 레드팀은 어떻게든 꼬투리를 잡아 신랄하게 비판한다. … 이 방법은 나사에서 이전까지 시도된 적이 없던 새로운 접근법이었다."[14] 이런 접근법은 당시 나사에게는 생소했지만, **최적의 행동 방향을 알아내는 과정에서 의견 충돌에 따른 토론의 중요성이 새삼스레 다시 부각되는 기회가 되었다.** 엄밀히 말하면, 이런 접근법은 머큐리와 제미니, 아폴로 프로그램을 성공으로 이끈 핵심적인 요인이었고, 나사 초기 문화의 일부이기도 했다.

조직의 변화를 논의할 때 직원을 참여시키면 새로운 아이디어와 새로운 업무 방식에 대한 지지를 상당히 수월하게 얻을 수 있다. 골딘은 나사의 팀들에게 프로그램들을 30퍼센트까지 간소화하는 전략을 개발하라고 요구하면서 변화의 바람을 강력하게 밀어붙였다. 어떤 조직이든 변화에 저항하는 분위기가 있기 마련이지만, 골딘은 팀 전체 혹은 일부로부터 동의를 끌어냄으로써 내부의 지지를 얻을 수 있었다. 자원이 한정된 조직에서 기술적으로 경합하는 프로그램이 많은 경우에는 변화가 따라오기 힘들다. 누가 앞장서서 인정하고 받아들이느냐가 중요하다. 골딘은 레드팀과 블루팀의 활약을 통해 자신이 추구하려는 변화에 상당한 정도의 내부 지지를 얻어냈다. 리더로서 골딘은 상대적으로 소수의 기술 분야 전문가들의 의견에 의존했고, 그들은 믿을 만한 조언자가 되었다. 그가 내린 결정들은 필요할 때마다 내외부의 전문가들로 구성된 자문팀의 권고 사항으로 설득력을 얻었다. 큰 위험과 싸워야 하는 리더십의 세계에서 레드팀과 블루팀 운영은 성공적인 전략이었다.

세계 무대

1990년대 초, 국제 정치 상황의 변화도 새로운 비전을 담은 국제 우주정거장의 미래를 결정하는 데 중요한 역할을 했다. 베를린 장벽이 무너졌으며 소련은 붕괴되고 러시아 연방이 되었다. 그때부터 많은 사람이 "옛 소련을 우주정거장 프로그램에 끌어들이고 참여시킬 절호의 기회라 생각하기 시작했다. 그럼 우주정거장에 들어갈 비용을 절감할 수 있을 것이고, 우주정거장을 넘어 우주탐사를 더 멀리까지 진행하고 싶어 했기 때문에 우주정거장 일정을 앞당기는 방법에도 관심을 가졌다".[15] 러시아 우주 프로그램은 중량물 운반 능력과 첨단 로켓 엔진 부문에 상당한 전문성을 보유했고, 미르 우주정거장에서 쌓은 장기간 유인 우주비행에 대한 경험도 충분했다. 따라서 러시아를 국제 협력국 중 하나로 초빙한다면 운영 면에서 많은 이득을 볼 수 있었겠지만, 나사의 다수가 지지하지 않았다.

잉여적인 이중 시스템의 도입은 유인 우주비행 위험을 관리하는 주된 전략 중 하나였다. 러시아우주국을 국제 우주정거장의 협력국으로 참여하도록 초빙하면 발사 역량과 착륙 역량을 높이고, 러시아 운항 관제팀의 운영 경험까지 얻을 수 있었다. 골딘은 당시를 회상하며 "그래도 문제가 있었다. 미국에는 우주왕복선이 있었다. 우주정거장을 짓고 운영하는 데 필요한 수단 하나를 이미 갖고 있었다는 뜻이다. 그런데 우주왕복선만으로는 우주정거장 프리덤이 살아남을 방법이 없었다. 우리에게는 수적으로 다중적인 기능 보완이 필요했다. 국제 협력의 장점이 바로 여기에 있었다. 러시아는 우주정거장과 그곳 승무원들에게 보급품을 올려보내는 역량을 갖추고 있었다"라고 말했다.[16]

이중화redundancy는 시스템과 조직에 오작동과 오류를 견뎌내는 힘을 제공한다. 조지 로, 크리스 크래프트 등의 노력을 통해 나사는 시스템에서 어느 한 곳이 고장 나도 피해가 전체로 번지는 걸 막고, 고장이 나면 자동으로 최초 상태로 돌아가는 이중 안전장치를 개발해 위험을 관리했다. 처음 오류가 발생하면 임무 수행에 영향을 미칠 수 있지만 시스템은 정상적으로 작동한다. 다시 오류가 발생하면 시스템이 완전히 작동하지는 않지만 여전히 안전하다. 세 번째 오류가 발생하면 안전이 위태로울 수 있어, 해당 사태를 대비해 마련한 대책이 가동되거나 임무 수행이 중단된다. 외교 정책과 비용 절감에 초점이 맞추어진 까닭에, 향후 나사가 새로운 협력국인 러시아로부터 제공받은 이중 발사 능력과 착륙 능력에 전적으로 의지하게 될 거라고 생각한 사람은 소수에 불과했다. 러시아를 새로운 협력국으로 받아들일 때 우주정거장 계획이 얻을 수 있는 이점을 꿰뚫어본 소수 중에는 조지 애비와 토머스 스태퍼드, 존 영, 크리스 크래프트, 대니얼 골딘 등 우주정거장 프리덤 계획을 재설계한 주말의 전사들이 있었다.

존중

효과적인 공동 작업은 상호 존중으로 시작된다. 공동 작업은 강요될 수 없다. 공동 작업이 참여한 모든 조직에게 유익할 거라는 상호 인식이 있어야 한다. 우주정거장의 공동 작업은 특이하게도 외교 정책과 비용 절감 및 운영 능력과 전문성 등 여러 기대 이익이 복합된 결과물이었다. 1994년 여러 사건이 전개되며 나사와 러시아는 '나사-미르' 프로그램의 제1단계를 시작으로 함께 작업하기 시작했다. 그때 구축된 상호 신뢰와 존중은 훗날 국제 우주정거장에 참여한 모든 협력국 사이에 형성된 강력한 연대 의식의 기초가 되었다.

윌리엄 게르스텐마이어는 나사-미르 프로그램의 운영 관리자로 임명된 후, 공동으로 작업할 사람들에 대한 이해와 존중, 신뢰가 무엇보다 중요하다는 사실을 즉시 깨달았다. 미르 우주정거장에서 생활하면서 연구 활동을 진행하기로 예정된 나사의 우주비행사 섀넌 루시드의 첫 장기 체류를 지원하기 위해 준비하는 동안, 게르스텐마이어는 자신이 2주 동안 러시아에 체류한다고 해서 크게 도움이 되지 않을 것이라는 결론을 내렸다. "원래 계획에 따르면 러시아에서 2주를 지내고, 다시 미국에 돌아와 2주를 지낸 뒤에 다시 러시아에 돌아가 2주를 보내야 했다. 그래서 러시아에 가기는 했지만, 궤도에 올라간 섀넌에게 정말로 도움이 되려면 내가 러시아에 계속 머물러야 한다는 생각이 들었다. 그래서 아내에게 말했다. … 러시아에서 오랫동안 지내야 할 것 같다고. 결국, 나는 거의 1년을 러시아에 머물렀다. 러시아인들은 미국인이 그렇게 자주 찾아오는 걸 본 적이 없었던 모양이다. … 나는 아예 그곳에 머물렀고, 이는 과거에는 없던 일이었다." 러시아팀은 장기간 우주에서 체류한 폭넓은 경험이 있었다. 마침내 그들은 게르스텐마이어가 가족과 떨어져 지내는 생활을 감수하는 일이 어떤 뜻인지 이해하기 시작했다. "그들은 나를 어느 정도 동료로 받아들였고 내가 실제로 뭔가를 할 수 있다고, 예컨대 내가 랑데부 절차를 읽어낼 수 있고 미르 시스템을 이해할 수 있다는 것도 인정했다. … 내가 그저 형식적인 방문객이 아니라는 점도 인정했다. … 나는 실제로 그들에게 가치를 더해줄 수 있었다. 마침내 그들은 나를 진정한 일원으로 받아들였고, 나는 그들이 운영하는 운항 관제팀의 일부가 되었다."[17]

동반자적 협력 관계

우주비행사 마이크 포울이 미르에 장기간 체류하기로 결정되었을 때 게르스텐마이어와 똑같은 접근법을 취한 것은 조금도 놀랍지 않다. 포울은 아예 가족을 데리고 러시아로 이주했으며 러시아어를 공부했고 스타 시티 공동체에 스며들었다. 게르스텐마이어처럼 포울도 러시아 우주비행 문화를 포용하려는 열의와 역량을 바탕으로 운항 관제팀을 존중함으로써 그들로부터 신뢰를 얻었다. 우주에서 발생한 사고를 해결하려면 상호 신뢰가 무엇보다 중요했다. 나사의 고위 관리자들이 러시아우주국에 품은 신뢰도 중요한 역할을 했다.

공동 작업이 항상 쉽지만은 않았다. 미르 우주정거장에서 일어난 우발적인 화재, 충돌과 감압 등 크고 작은 사고의 복합적인 영향으로 동반자적 협력 관계는 이런저런 난관에 부딪혔다. 사고들의 여파로, 의회는 나사-미르 프로그램에 대한 확신을 잃었을 뿐만 아니라 동반자 관계를 유지함으로써 얻어지는 가치에 대해서도 의구심을 품었다. "어제 하원의원들을 비롯해 여러 전문가가 미국 우주비행사들이 감당해야 할 위험이 미르에서 작업함으로써 얻는 이익을 압도한다고 목소리를 높였다. 특히 하원 과학위원회 의장인 F. 제임스 센선브레너 주니어 하원의

원은 나사 국장 대니얼 골딘에게 미르의 안전성을 철저하게 재평가하라고 요구했다."[18] 센선브레너 의원은 "안전이 확인되지 않으면 미국의 우주비행사를 미르에 파견해서는 안 될 것"이라고도 덧붙였다.

골딘은 승무원의 안전을 항상 최우선으로 여겼다. "저를 믿어주십시오. 저 역시 밤잠을 자지 못합니다. 지난 몇 주 동안 제 머릿속에는 우리 미국 우주비행사들의 안전, 그것 하나밖에 없었습니다."[19] 나사와 러시아우주국은 다수의 전문가팀에게 사고에 대해 검토하고, 그 프로그램을 지속하기 위해서는 어떤 변화와 선택이 필요한지 자문했다. 미국과 러시아 사이의 동반자 관계가 진정한 시험대에 오른 상황이었다.

미르호의 안전에 대한 의회 청문회를 주도한 의장으로서, 제임스 센선브레너 주니어 의원은 "미국 우주비행사가 계속 미르호에 장기적으로 체류해도 괜찮을까? 이런 안전성에 관해 의심하기에 충분한 증거가 앞서 청문회에 제기되었습니다"라고 말문을 떼었다. 프로그램 관리자 프랭크 컬버트슨은 나사가 선정한 세 검토단의 보고서를 근거로 "미국 우주비행사들이 미르호에 승선해 임무를 계속 수행함으로써 얻는 가치와 이익이 충분한가?"와 "우리는 이 임무를 안전하게 수행할 수 있는가?"라는 두 포괄적인 의문에 초점을 맞추어 대답했다. 컬버트슨은 많은 조사를 통해 확보한 데이터를 근거로 안전성에 대한 두 질문에 차례로 대답한 뒤, 다시 가치와 관련된 문제로 돌아와 "앞으로 배워야 할 것이 훨씬 더 많습니다. 새로운 영역을 개척하고, 또 미지의 세계를 향해 중대한 걸음을 떼려고 할 때 스스로 충분히 배웠다고 누가 감히 자신 있게 말할 수 있겠습니까?"라고 되물었다.[20]

골딘은 양 국가 간의 파트너십을 프로그램의 성공으로 이어가고 나사와 러시아우주국의 관계를 확고히 굳히기 위해 최선을 다했다. 컬버트슨의 설명에 따르면 "셔틀-미르 프로그램(나사-미르 프로그램의 다른 이름―옮긴이)의 제1단계가 성공한 세 가지 이유가 있었다. 첫 번째는 두 우주국의 외부에는 거센 정치적 압력이 있었지만 조지 애비와 대니얼 골딘, 유리 콥테프 같은 핵심 지도자들의 변함없는 응원과 지도가 있었던 덕분에 성공했다". 두 우주국 사이의 상호 존중과 상호 신뢰에 기반한 리더십 덕분에 위기 상황에 효과적으로 대응한 일도 실패의 늪에서 성공을 건져낸 요인이었다. 나사의 우주비행사 데이비드 울프는 동반자적 관계의 중요성을 인정하며 "모든 게 순조롭게 진행될 때 러시아와 … 좋은 동반자가 되는 일은 쉽다. 그러나 진정한 파트너십을 관찰할 수 있는 상황은 바로 어려움이 닥쳤을 때다"라고 덧붙였다.[21]

맥 에번스가 골딘이 나사 국장으로 재직하던 시기에 대해 골딘을 "영감을 주는 리더, 진정한 국제주의자, 사명감과 열정, 확신으로 뭉친 사람"이라고 묘사한 것은 조금도 놀랍지 않다. 에번스의 평가에 따르면 "골딘은 우리가 우주에서 무엇을 해야 하고, 그 일을 어떻게 해야 하는지에 대한 기존의 생각을 완전히 바꿔놓았다".[22]

인사이트 노트

- ✦ 필요하다면 내외부의 전문가로 자문팀을 구성하고, 그들의 권고 사항을 받아들여라.
- ✦ 위험을 관리하는 전략의 하나로 이중 안전장치를 활용하라.
- ✦ 효과적인 공동 작업은 상호 신뢰와 상호 존중으로 시작된다.

16장

국제
우주정거장

국제 우주정거장은

1년을 꼬박 살기에도 괜찮은 곳이다.

—수니타 윌리엄스, 우주비행사

21세기는 새로운 유인 우주비행 시대가 열리는 세기로 영원히 기억될 것이다. 앞선 40년 동안 나사와 러시아우주국이 주목할 만한 여러 업적을 이루었지만, 2000년 11월 2일 윌리엄 셰퍼드, 세르게이 크리칼레프, 유리 기젠코가 함께한 비행은 달랐다. 그 비행은 국제가 공동으로 협력해 역사상 과학기술적으로 가장 복잡한 프로젝트를 구축하고 활용하는 출발점이었다. 그 이후로 많은 국가의 우주비행사들이 우주에서 함께 생활하고 작업과 연구를 진행했으며, 인간을 우주에서 더 멀리까지 보내려면 국제 협력이 필수적이라는 것을 입증했다. 미래 세대는 이 시기를 역사적으로 인간이 '우주여행종'이 된 때로 기억할 것이다.

과학기술의 성과 또한 놀라웠다. 대형 모듈과 보조 장비가 42회의 조립 비행, 37회의 우주왕복선, 5회의 러시아 프로톤/소유스 로켓으로 운반되었다. 국제 우주정거장의 실제 크기는 폭 109미터, 길이 51미터로, 약 230만 행의 컴퓨터 코드로 이루어진다. 또 미국에서만 100개의 데이터 네트워크를 통해 교신하는 44대의 컴퓨터에서 150만 행의 비행 소프트웨어 코드가 실행된다. 소프트웨어는 35만 개의 감지기를 사용해 우주정거장 내의 무수히 많은 시스템을 감시하며, 우주정거장의 상태뿐 아니라 승무원의 안전과 건강까지 관찰한다. 이 글을 쓰는 현재, 19개국에서 240명 이상이 국제 우주정거장을 방문했으며, 15개국이 함께 우주정거장의 운영과 관리를 돕고 있다. 1,000억 달러 이상의 비용이 투자된 국제 우주정거장은 역사상 가장 값비싼 공동 프로젝트로, 대부분 사람은 지구 궤도를 비행하는 유일한 실험실로 알고 있을 것이다. 버지니아 레스턴에서 어느 주말에 완전히 재설계되었고, 한 표 차로 취소를 면하고 승인되었으며, 처음 계획되었을 때부터 지구 궤도에 띄워질 때까지는 대략 13년이 걸렸다. 국제 우주정거장은 과학기술의 성공적인 결과물이기도 하지만, 리더십과 팀워크에 대한 이야기이

우주에서 촬영한 국제 우주정거장(2018)

기도 하다. 이 이야기에서도 조지 애비가 다시 주인공으로 활약한다.

베스트 위원회의 권고 사항은 빌 클린턴 대통령의 지지를 받았지만, 1993년 6월 딱 한 표 차이로 의회에서 통과되었다. 당시 "알파"로 불린 우주정거장을 짓는 데는 다른 많은 핵심적인 요소가 필요했다. 6월 말, 대니얼 골딘과 조지 애비 및 국가 우주 위원회의 신임 위원장 브라이언 오코너가 포함된 대표단이 모스크바를 방문해 협의를 시작했고, 그 협의는 궁극적으로 미르 우주정거장, 10회의 우주왕복선 비행에 필요한 4억 달러 규모의 합의로까지 이어졌다. 그해 말, 클린턴 행정부는 러시아에 국제 우주정거장 프로그램에 참여해달라며 정식으로 초청했다.

협력 업체

우주정거장 프리덤 프로젝트에 참여한 계약자들의 업무를 하나의 주계약으로 재조정하는 일도 해결해야 할 중요한 문제였다. 골딘은 네 곳(보잉, 맥도널 더글러스, 로크웰, 그루먼)의 최고경영자를 만나 새로운 계획을 알렸다. 위험에 빠진 정부 계획안을 구해내야만 하는 시기였다. 다시 말하면 계약 업체들과 나사가 함께 일하는 새로운 방법을 찾아내지 못하면 계약과 우주정거장이 통째로 날아갈 상황이었다. 골딘은 최고경영자들에게 나사가 공식적인 경쟁 없이 한 곳을 주계약자로 선택할 것이고, 나머지 계약 업체들은 주계약자의 감독을 받을 거라고 밝혔다. 1993년 8월 나사는 보잉을 주계약자로 발표했고, 엿새 뒤에는 골딘이 "완전한 공개경쟁이 아닌 다른 방법을 사용해 우주정거장의 주계약자로 보잉을 선정한 것은 공공의 이익에 불합리하다"라는 결정 이유서를 의회에 제출했다.[1] 보잉은 맥도널 더글러스, 로크웰 로켓다인, 그루먼의 전문성을 활용할 수 있기를 바랐다. 따라서 보잉의 대변인 데이비드 서피아가 말했듯이 "보잉의 역할은 모든 계약 업체를 동반자로서 끌어가는 것이었다. 나사는 여전히 우리 모두의 고객이었다".[2] 존슨 우주 센터가 재설계를 주도한다는 발표가 있은 뒤, 골딘은 애비가 휴스턴으로 복귀하기를 바랐다.

위험 부담이 큰 리더십은 신뢰와 역량을 기반으로 구축된다. 애비가 그랬듯이 골딘도 최고의 인재를 찾아내 나사의 핵심 프로젝트를 끌어가는 책임을 맡겼다. 1983년 9월, 존슨 우주 센터의 책임자 에런 코헨이 공식적으로 은퇴를 발표하자, 골딘은 캐럴린 헌툰을 후임으로 선정했다. 존슨 우주 센터의 우주 및 생명과학부Space and Life Sciences Directorate, SLSD 책임자를 역임한 헌툰은 당시 코헨을 대신해 부책임자 대행으로 일하고 있었다. 헌툰은 당시를 회상하며 이렇게 말했다. "선정 가능성을 두고 두세 번쯤 골딘을 만나 이야기를 나누었다. … 그가 나에게 처음으로 그 가능성을 언급했을 때, 존슨 센터의 직원 대부분이 공학자라서 그 직책을 맡기가 꺼려진다고 대답했다. 골딘은 내 배경, 내가 받은 교육, 내가 사람들과 잘 어울리는 재능을 높이 평가한 듯했다. … 당시 존슨 센터에 필요한 자질이었다. … 골딘이 다시 나를 찾아왔고, 나는 몇몇 사람들과 이야기를 나누어 조언을 구했다. … 그들 모두가 그 제안을 받아들이라고 나를 격려했다. 지금 와서 생각하면 그 직책을 맡을 수 있어 영광이었다. 존슨 우주 센터의 책임자로 있으면서 정말 굉장한 시간을 보냈다!"[3]

평가

헌툰은 대학에서 생화학을 공부했으며 SLSD에서 일한 경험 덕분에 '적어도 두세 가지' 다른 대안을 살펴보고, 데이터에 기반한 결정을 내리기 위해서는 최적의 정보를 확보해야 한다는 사실을 알고 있었다. 헌툰이 초기에 취한 계획 중 하나는 존슨 우주 센터의 조직을 대대적으로 개편함으로써 우주왕복선 및 우주정거장 프로그램과 관련된 조직도를 간소화하는 것이었다. "존슨 우주 센터를 평가해 관심이 필요한 부분을 재정비하고 우주왕복선과 우주정거장을 중심에 둔 센터가 변화해야 하는 부분에 초점을 맞춰야 할 때였다."[4] 조직 개편의 일환으로 조지 애비가 존슨 우주 센터의 신임 부소장으로 취임했다.

조지 애비는 헌툰을 높이 평가하고 골딘에게 그를 존슨 우주 센터의 후임 소장으로 추천했지만, 정작 자신은 워싱턴에서 할 일이 남아 있다는 생각에 부소장이라는 직책을 맡기를 꺼려했다. 애비는 그런 마음을 골딘에게 솔직하게 전했다. 골딘은 당시 뉴질랜드에 있던 스태퍼드에게 전화를 걸어 도움을 청했다. 스태퍼드는 곧바로 애비에게 전화를 걸어 그 직책을 맡아달라고 설득했다. "자네만이 국제 우주정거장을 궤도에 띄울 수 있는 유일한 사람이야!"[5] 애비는 마지못해 수긍했고, 예전에 존슨 우주 센터의 부소장보를 지낸 마이크 모트를 다시 그곳으로 데려가기 위해 설득에 나섰다. 모트는 당시 상황을 "우리는 상상할 수 있는 온갖 어려움에 처해 있었다. 기술적인 면에서 난관에 부딪힌 건 분명했으며 … 정치적인 문제도 점점 복잡해지고 있었다. 국제 우주정거장 프로젝트에는 나사의 여러 센터와 더불어 다른 부서들도 끌어들여야 했다. 우리는 연방 정부 내의 모든 기관을 참여시킬 예정이었다. … 이런 것들이 정말 해결해야 할 과제라고 생각했다. 나사 내에서 저항이 있을 거라고도 생각했다"라고 회고했다.[6] 미르 우주정거장에 우주왕복선을 보내는 새로운 과제가 더해지며, 존슨 우주 센터는 이런저런 많은 골칫

> 중요한 점은 사람들을 신뢰하는 것이다. 그들이 기본적으로 선하고, 똑똑하고, 그들에게 도구를 주면 그 도구로 놀라운 일을 해낼 거라고 믿어야 한다.
>
> —스티브 잡스, 기업인

거리의 진원지가 되었다. 결국 애비는 부소장으로서 휴스턴에 복귀했고, 프로젝트의 성공에 필요한 모든 조치를 하는 데 열중했다.

인재 채용

국제 우주정거장의 성공을 위해서는 시간과 팀워크, 적격성과 헌신이 필요했다. 우주왕복선 프로그램과 우주정거장 프로그램을 모두 지원하는 팀을 구축하는 일은 가장 뛰어난 최고의 공학자들을 한데 모은다는 뜻이었다. 헌툰은 당시를 이렇게 회고했다. "우리는 인재를 모집해야만 했다. 우리의 목표 중 하나는 일정한 자격을 가진 젊은 인재를 우주 센터에 채용하는 것이었다. 은퇴할 시기가 된 인재들이 우주 센터를 떠나고 있었기 때문이다. 당시는 아폴로 계획이 진행되던 동안 … 전성기를 누렸던 사람들이 은퇴하면서 여기저기에 공백을 남기던 시기였다." 헌툰은 여러 대학과 네트워크를 구축해 "최고의 인재들을 찾아가 우리 문제를 함께 고민해보자고 설득했고", 첨단 과학기술과 관련한 문제를 다룰 때는 민간 부문과의 관계를 적극적으로 활용했다.

헌툰과 애비는 각자의 강점을 신속히 발휘하기 시작했다. 헌툰은 우주 센터 운영에 집중하면서 과학적 역량을 함께 키웠고, 궁극적으로 우주정거장을 연구 현장으로 사용할 네트워크를 구축하는 일에도 열중했다. 애비는 우주왕복선 프로그램 운영에서 제기되는 문제들을 도맡았고, 우주정거장 건설과 활용에 필요한 역량과 기반을 닦는 데도 혼신을 다했다. 모든 부문에서 팀워크가 필요했다. 많은 난제가 놓여졌지만, 속도감 있는 변화는 존슨 우주 센터 전체에 활력을 더해주었다. 헌툰은 그의 역할에 대한 질문에 "내 몫에 대해 스스로 말하기는 어렵다. 하지만 나사와 같은 조직에서 일하는 사람이라면 누구나 자신의 몫이 무엇인지 말하기 어려울 것이다. 그런 곳에 '나'는 없고 언제나 '우리'만 존재하기 때문이다. 항상 많은 사람이 관련된다. 한마디로 모든 일이 팀의 노력으로 이루어진다"라고 대답했다.[7]

　네트워크를 구축하려는 헌툰의 노력이 주로 외부에 초점을 맞춘 반면, 애비는 조지 로와 함께 아폴로 프로그램을 진행할 때처럼 내부 네트워크를 구축하는 데 힘을 기울였다. 당시 로와 애비는 번질나게, 심지어 한밤중에도 운항 관제실에 들러 비행 감독을 비롯한 관제사들과 센터가 당면한 문제 등 이런저런 주제를 두고 가볍게 이야기를 나누었다. 규모가 큰 조직의 리더에게는 현장 팀원들과 끊임없이 소통하고 그들의 관심사를 파악하는 일이 쉽지 않다. 로는 시시때때로 현장을 방문해 팀원들에게 질문을 던졌고, 그들의 생각을 귀담아들었다. 그는 아폴로 계획의 협력 업체에도 직접 찾아가 그곳 직원들이 어떻게 일하는지 지켜보며 그들과 담소를 나눈 것으로도 유명했다. 로는 관찰한 결과를 협력 업체의 최고경영자에게 숨김없이 전했고, 그때마다 변화가 신속하게 뒤따랐다. 애비는 자신의 멘토를 본받아, 당시 시행되고 있던 많은 변화에 대한 우려와 실질적인 쟁점에 대해 피드백을 받으려 애썼다. 애비는 직원들을 끔찍이 아꼈다. 우주왕복선 선장으로서 당시 우주비행 승무원 운영실 책임자였던 짐 웨더비는 "애비는 기술적인 부문과 사회적인 부문 모두에서 일했다. 그가 사회적인 부문에 기여한 공로는 크게 인정받지 못했지만 … 나는 그와 긴밀하게 일하며 그가 직원들을 얼마나 끔찍하게 배려하고 아끼는가를 옆에서 지켜보았다"라고 말했다.[8]

초점

우주왕복선 임무를 수행하면서 우주정거장도 궤도에 띄워야 한다는 압박감은 대단했고, 애비는 그 때문에 나사의 위험 부담이 커질 수밖에 없다는 사실을 알았다. 위험을 관리하려면 최고 수준의 인재들이 한순간도 경계심을 늦추지 않고 가장 안전한 방향으로 일해야 했다. 애비는 우주비행 준비 검토팀과 운항 관리팀의 회의에 참석하고 현장 직원들을 수시로 찾아가며 기존 문화를 조금씩 은밀하게 바꿔갔다. "많은 리더 … 수많은 관리자가 직원들에게 '우리 임무는 안전하게 비행하는 것'이라고 귀에 딱지가 앉도록 말하지만, 대부분 직원들은 비행을 완료하기만 하면 임무가 끝난다고 생각한다. 조지는 이런 분위기를 바꿨다. 명료하게 말하지는 않았지만, 그의 말을 귀담아듣는 직원들에게 비행 임무를 수행하는 일로서만 성공이라고 여길 것이 아니라, 가능한 범위 내에서 최고 수준으로 정확하게 임무를 수행해야만 성공이라는 것을 분명하게 이해시켰다."[9] 어느 조직에서나 현장 직원들은 고위 관리자와 말을 섞기 어려워할 수 있다. 그러나 지속적인 방문을 통해 애비는 안전과 품질에 대한 경각심을 직원들에게 반복해 심어줄 수 있었고, 직원들은 애비가 관습적인 명령 계통을 통해 받던 정보를 검증하는 데 도움을 주었다.

애비는 비행 준비 검토단의 모임과 운항 관리팀의 회의에도 참석해 안전에 초점을 맞추는 방향으로 내부 문화를 바꾸는 동시에, 기술적인 부문에 대한 까다로운 질문을 연이어 제기하며 비행과 관련된 모든 문제가 해결되었는지도 확인했다. 웨더비의 증언에 따르면 **"그는 모든 문제가 해결되었다고 확신할 수 있을 때까지 발사 날짜를 특정하지 않았다.** 일정의 압박에도 아랑곳하지 않았다. 그에게 영향을 받은 직원들은 열심히 일했다. … 기술적인 문제가 해결되거나 어느 정도 방향이 세워지면 … 그제야 만족했다." 웨더비가 지적했듯이, 모든 문제를 이런 식으로 접근한 덕분에 프로그램의 안전도가 크게 향상되었고 "나사 전체 역사에서 비행률을 들여다보면 애비가 관리했을 때가 비행률이 가장 높았다. … 그렇다고 그가 발사를 밀어붙이는 결정을 내린 적은 없었다. 오히려 일정을 연기하고 문제를 바로잡는 데 주력했다. … 그는 큰 문제로 번지기 전에 바로잡으려고 애썼다".[10]

존슨 우주 센터에 우주정거장 운영을 위한 운항 관제 센터 및 새로운 훈련 시설을 수용하려면 기반 시설도 다시 정비해야만 했다. 9번 건물의 우주왕복선 시뮬레이터 옆에 고성능 우주정거장 시뮬레이터가 실물 크기로 더해지며, 우주정거장에 장기간 체류할 승무원들을 훈련하기 위한 주된 시설 중 하나가 마련되었다. 애비는 맥도널 더글러스가 1990년대 초에 휴스턴 엘링턴 필드 근처에 지은, 더 이상 사용하지 않는 건물을 눈여겨보았다. 우주정거장 프리덤 프로그램에 도입할 다양한 부품들을 설계하고 제작하기 위해 지어진 건물이었다. 우주비행사들은 수중 훈련을 통해 우주유영을 준비했다. 그러나 그런 수영장을 갖춘 기존의 무중량 훈련 시설은 너무 협소해 우주정거장을 건설하는 데 필요한 'EVAExtravehicular activity(우주유영을 뜻하는 공식적인 명칭인 선외활동)의 벽'의 대비 훈련에 사용할 수 없었다. 새로운 시설이 필요했다. 개조 작업은 1995년 4월에 시작되었고 마침내 18개월 뒤에 '세계에서 가장 큰 실내 수영장'으로 알려진 훈련 시설의 공사가 마무리되고 운영되기 시작했다. 길이 약 62미터, 폭 31미터, 깊이 12미터로, 우주비행사들은 국제 우주정거장과 똑같은 크기의 모형 시설에서 훈련을 받을 수 있었다. 애비는 에어버스로부터 초대형 화물기 슈퍼 구피를 지원받아 우주정거장 모듈을 케네디 우주 센터로 운반했고, 모듈은 우주정거장 조립 비행에 나서는 우주왕복선의 적재함에 실렸다. 그렇게 조성된 환경은 많은 부분에서 1960년대 말에 진행된 아폴로 프로그램의 환경과 유사했다. 이 덕분에 나사와 협력 업체들은 엄격한 일정에 따라 실패의 위험을 관리하고 수많은 세부 사항을 빠짐없이 점검할 수 있었다.

변화는 대규모 조직에서 하나의 상수常數다. 대니얼 골딘은 1995년

8월에 헌툰을 워싱턴으로 데려와 우주정거장의 운영이 시작되면 실험과 조사를 진행하게 될 새로운 연구소의 설립을 돕게 했다. 거의 같은 시기에 헌툰은 "백악관에 들어가 과학기술 정책실에서 일하며 미국 전역의 과학 교육에 관한 정책을 집행"하자는 제안을 받았다.[11] 항상 낙관적이던 헌툰은 "경력을 쌓아가는 과정에서 상황이 바뀌고 외적인 요인이 달라지며 개인적인 우선순위가 변화하는 때가 있다. 그때마다 새로운 제안을 받아들이는 게 올바른 선택인 것 같았고, 나는 그 선택을 후회한 적이 없다. 그렇게 괜찮은 경력을 쌓았다"라고 회고했다.[12] 그리하여 애비가 존슨 우주 센터 감독 대행으로 승진했다.

역량

대니얼 골딘은 우주정거장 프로그램의 다면적 필요성을 예측하고, 허블 우주 망원경 수리 임무의 감독이던 랜디 브린클리에게 우주정거장 프로그램의 관리를 맡아달라고 부탁했다. 허블 망원경과 관련된 임무에서 브린클리가 과학계와 나사 여러 우주 센터 간의 작업을 조율하며 망원경의 관측 임무를 성공적으로 완수한 적이 있었기 때문이다.

브린클리는 나사에 입사하기 전에 해병대에서 25년을 복무하고 맥도널 더글러스에서 2년을 근무했다. 그리고 1992년 나사에 입사한 뒤, 신속히 허블 수리 임무를 맡게 되었다. 골딘의 판단에 브린클리의 대인관계 능력은 탁월했으며 "그의 인간적인 성품 덕분인지, 누구도 그에게서 위협을 느끼지 않았다. 이런 면에서 그는 허블 수리 임무를 감독하기에 안성맞춤인 사람이었다".[13] 한편 브린클리는 "골딘의 판단이 맞든 틀리든, 골딘은 내가 팀을 구축해내는 데 성공했다고 판단한 것 같았다. 여하튼 내가 고더드 우주비행 센터에서 차출된 연구원들 … 존슨 우주 센터에서 차출된 연구원들을 화합하도록 묶고, 내부적으로 명확하게 소통하고, 권위를 요구하는 대신 책임과 의무를 다하고, 우선순위를 함께하며 동일한 목표를 지향하는 통합된 팀으로 구축해낸 것은 사실이었다. 골딘에게 중요한 것은 미래지향적 변화였다. 다시 말하면 '나사는 항상 이런 식으로 일했어'라는 구태의연한 사고에 갇히지 않은 사람을 구하는 것이었다"라고 회고했다.[14]

골딘와 애비는 존슨 우주 센터에서 진행하는 우주정거장 프로그램에도 똑같은 접근법이 필요하다고 판단했고, 브린클리는 그 팀과 함께 일하게 되었다는 설렘에 골딘의 제안을 지체하지 않고 받아들였다. "팀에는 개인적으로 정말 뛰어난 사람들이 많았다. 체트 본, 빌 셰퍼드, 짐 웨더비, 존 영, 그 밖에도 정말 똑똑한 사람이 많았다. … 그 계획은 우리가 우주정거장 프로젝트에 러시아를 참여시킬 수 있는 한 가지 전략적인 방법으로 여겨졌기 때문에 백악관에도 정치적으로 큰 자극이었다. 나사는 경이로운 조직이다. 허블 망원경을 수리할 때도 뛰어난 인재들이 활약했지만, 국제 우주정거장의 경우에는 두말할 필요가 없었다."[15] 수년 전만 해도 '우주에서 길을 잃어버렸던' 나사 문화가 **역량을 갖춘 인재를 고용함으로써 최고의 팀을 구축하고, 그들에게 필요한 자원을 제공하며, 그들이 임무를 수행하도록 신뢰하는** 아폴로 시대의 정신으로 되돌아갔다.

애비는 우주왕복선 프로그램과 우주정거장 프로그램을 빠른 속도로 진행하면서도 추가적인 변화를 시도했다. STS-63 우주왕복선의 선장 짐 웨더비는 존슨 우주 센터 부소장 대행으로 새로운 역할을 떠맡았고, 수 가먼은 감독 보좌관으로 계속 일했으며, 우주비행사 존 영은 기술적인 문제를 감독하는 부감독이 되었다. 애비는 끊임없이 안전을 강조했고, 티그 강당에서 가진 취임식 연설에서도 안전이란 단어를 빠뜨리지 않았다. 애비는 매년 8월 존슨 우주 센터를 개방하는 행사에 '안전 의식의 날'을 덤으로 시행하기도 했다. 애비의 직업관은 센터 곳곳에 스며들었고, 어느덧 센터의 주차장은 저녁과 주말에도 우주왕복선과 우주정거장 프로그램에서 끝없이 제기되는 문제를 신속히 해결하려는 팀원들의 자동차로 가득했다. 존슨 우주 센터는 우주왕복선 프로그램의 복합적인 운영 속도, 러시아와 협력해 수행하던 나사-미르 임무, 우주정거장을 궤도에 띄우기 위한 전방위적 노력으로 분주하게 움직였다.

통합

골딘은 새로운 변화에 만족했다. 그는 1996년 1월에 애비를 존슨 우주 센터의 상임 소장으로 임명하고, 존슨 우주 센터를 우주왕복선과 국제 우주정거장 프로그램의 주축 센터로 지정했다. 이 발표로 두 주요 프로그램의 주도권과 유인 우주비행의 미래가 확고하게 조지 애비와 그의 팀에게 맡겨졌다. 보잉이 주계약자로 새로 참가하게 되면서, 프로그램의 다른 계약 업체들과 러시아를 비롯한 국제 협력국들의 개발 기간까지 일정에 맞춰야 했다. 지구의 저궤도에서 처음으로 그들 모두를 모아 협력하도록 만드는 일은 무척 까다로웠다.

애비는 그 엄청났던 난제를 회상하며 말했다. "존슨 우주 센터의 소장이 되면서 우주정거장과 우주왕복선, 두 프로그램을 성공적으로 끝내야 한다는 책임까지 더해졌다. 우주정거장 프로그램은 그야말로 지리멸렬한 상태여서 걱정이 컸다. 직원들은 협력하지 않았고, 협력 업체들도 제각각이었다. 국제 협력국들은 프로그램의 실질적인 당사자가 아니라는 듯이 행동했다. … 물론 그때는 러시아가 국제 우주정거장 프로그램에서 빠지면 안 된다는 생각에 러시아를 초빙한 직후였다."

"우리가 진정으로 한 팀이 되려면 마음의 문을 열고, 모두를 동등한 동반자로 받아들이고 대해야 한다는 생각이 들었다. 국제 협력국 모두를 공정하고 정직하게 대우하며, 모든 결정 과정에 참여시켜야 마땅했다. 특히 러시아를 완전한 동반자로 받아들이려면 우리가 수행하는 모든 것을 공개하고 어떤 것도 숨기지 않아야 했다. 서로 협력하려는 노력도 반드시 필요했고, 미국 협력 업체들을 하나로 통합할 필요도 있었다. 당시 보잉이 로크웰과 맥도널 더글러스를 인수한 덕분에 그런 면에서는 보잉에게 도움을 받을 수 있어 다행이었다. 결론적으로는 처음 네 계약 업체 중에서 하나의 계약자만 남았고, 보잉이 우주정거장과 관련된 모든 부문을 실질적으로 책임지게 된 셈이었다. … 나는 보잉과 직접 함께 일할 기회를 얻었다. 그래서 보잉을 통해 관련자들을 통합하고, 그들이 실행 가능한 일정표를 직접 짜고 실질적으로 실행하도록 유도했다. … 쟁점을 모두 테이블에 올려놓고 논의하는 … 이런 개방성이 우주정거장 프로그램에서 정말 중요한 부분이었다."[16]

나사-미르 프로그램을 진행하는 동안에 구축한 상호 존중과 상호 신뢰가 나사와 러시아우주국이 국제 우주정거장의 두 주요 협력국으로써 많은 쟁점을 해결하는 데 큰 도움이 되었다. 애비의 포용적 리더십이 모두를 동등한 동반자로 대하려는 개인적인 바람과 결합하면서, 자칫하면 균열되어 간신히 명맥만 이어갔을 조직을 하나로 뭉치는 데 중대한 역할을 해냈다.

나사의 초기 시절이 그랬듯이, 애비는 믿음직한 검증된 리더들을 선정해 우주왕복선 프로그램과 우주정거장 프로그램의 관리를 맡겼다. 우주정거장 프로그램은 랜디 브린클리가 계속 맡았고, 우주왕복선 프로그램은 토미 홀로웨이가 맡았다. 홀로웨이는 1960년대부터 나사에서 경력을 쌓기 시작해 제미니와 아폴로 프로젝트에도 참가한 공학자였다. 그는 우주왕복선을 띄우던 초기에 운항 관제를 담당한 비행 감독이었고, 나중에는 비행 총감독이 되었으며 우주왕복선 프로그램의 부감독으로 임명되었다. 홀로웨이는 우주왕복선 프로그램의 관리를 위해 태어난 사람처럼 뛰어난 능력을 발휘했다.

애비는 멘토였던 조지 로부터 모든 것을 배웠다. 그러나 곧 나사의 공학자들과 협력 업체들이 과거에 저지른 실수를 반복하고 있다는 사실을 알게 되고는 "과거로부터 교훈을 얻어야 한다. 역사가 반복되는 것이 아니라, 우리가 과거로부터 배우지 않아 역사를 되풀이하는 것이다"라고 따끔하게 나무랐다.[17]

포럼

과거로부터 교훈을 얻어 구성 관리 위원회를 운영할 때였다. 애비는 조지 로에게 아폴로 1호의 비극적인 화재가 일어난 뒤에 아폴로 프로그램을 정상으로 되돌리는 과정에서 무수한 문제를 관리하는 한 가지 방법으로 '구성 관리 위원회'를 제안한 적이 있었다. 그때 성공한 경험을 바탕으로 애비는 매주 토요일 오전 8시에 주간 회의를 연이어 가지면서 우주정거장 프로그램이 계획대로 진행되고 있는지 점검했다. 회의는 끝나는 시간이 정해져 있지 않았지만 거의 언제나 네 시간 이상 계속되었다. 회의에서는 그 주에 진행된 과제가 빠짐없이 논의되었고, 필요한 조치가 다루어졌으며, 다음 주에 시행할 작업들에 대한 계획을 수립한 뒤에야 끝났다.

미국 곳곳에서 온 계약 업체 직원들, 나사의 여러 우주 센터에서 파견된 직원들, 캐나다와 유럽, 일본과 러시아의 전문가들에게 매주 토요일 아침에 모여 거의 여섯 시간씩 회의에 참여하도록 요구할 수 있을 만큼 강력한 영향력을 지닌 리더는 지금도 거의 없다. 그 영향은 상호 존중에서 오는 것이었다. 애비는 프로그램에 참여한 모두를 존중하며,

토요일 회의에 어떻게든 참여시키려 애썼다. 해외 협력국들은 애비의 리더십을 존경했고 토요일 회의에 빠짐없이 참여했다. 애비는 우주정 거장 프로그램이 성공할 수 있는 유일한 방법은 관계자들이 포럼에 참 가해 목소리를 내고, 모두가 옛 목소리를 경청하는 것이라고 생각했다. 그들이 애정을 담아 '조지 애비 토요일 리뷰George Abbey Saturday Review'라 칭한 것이 바로 그 포럼이었다. 모두가 그 시간을 좋아하지 않았지만, 누구도 그 회의에 빠지지 않았다. 작업이 계획대로 진행되지 않았거나 문제가 생기면 새로운 계획이 수립될 때까지 회의가 계속되었다. 누구 도 회의가 길어지는 원인 제공자가 되는 걸 바라지 않았다. 또 노골적 으로 언급되지는 않았지만, 계획에서 일탈하지 말라는 서로 간의 압력 도 프로그램을 일정표대로 끌어가는 원동력이었던 것은 분명하다.

훗날 애비는 그때가 나사에서 리더로 일하는 동안 가장 힘든 시간이 었다며 이렇게 회고했다. "사람들이 함께 협력해 일하는 프로그램은 전 적으로 내가 책임질 영역이라 생각했지만, 실질적으로 협력하며 일하 는 팀은 하나도 없었다. 계약이나 프로그램 특성상 여러 팀이 관계할 수밖에 없었다. 그러나 당시 협력 업체들은 서로 다투기만 했고 나사 직원들은 계약 업체와 어떻게 협력할 수 있겠느냐고 의심을 거두지 않 았다. 계약 업체도 나사와 함께 일할 수 있다고는 생각하지 않는 분위 기였다. 해외 협력국들도 나사가 일하는 방식을 좋아하지 않았다. 게다 가 러시아까지 프로그램의 한 축으로 끼어들었다. 내가 나사에서 관여 한 모든 작업 중에서 우주정거장 프로그램이 가장 힘들었다. … 원래 내 임무는 우주정거장 프로그램에서 프로그램 진행 여부에 대한 결정 을 내리면 그만이었지만, 어느 날 갑자기 그 프로그램을 실현해내야 하 는 책임을 떠안게 되었다."[18]

애비와 나사의 연구원들, 협력 업체들과 해외 협력국들이 합심해 국 제 우주정거장을 만들어냈다. 그들이 협력해 일하기 시작하고 2년이 지나지 않아 우주정거장의 첫 모듈이 띄워졌고, 4년 뒤부터는 중단하지 않고 인간이 우주에서 오랫동안 체류할 수 있게 되었다.

인사이트 노트

♦ 위험 부담이 큰 리더십은 신뢰와 역량을 기반으로 구축된다.

♦ 본격적으로 변화를 시행하기 전에, 그에 대한 우려와 실질적인 쟁점에 관한 피드백을 받아라.

♦ 작은 문제가 큰 문제로 번지기 전에 바로잡아라.

♦ 역량을 갖춘 인재를 고용한 뒤에 충분한 훈련을 시키고, 그 팀에 필요한 자원을 제공하고, 그들이 임무를 수행할 수 있도록 신뢰를 지속하라.

연기가 걷히고

17장

시간이 더 이상 흐르는 강물 같지 않고,

깊고 잔잔한 연못 같았다.

—**리처드 E. 버드, 탐험가**

"연기가 가장 놀라웠다." 우주비행사 제리 리넨저는 미르 우주정거장 선내에서 발생한 화재를 묘사하며 이렇게 덧붙였다. "연기가 그렇게 빨리 퍼질 거라고는 예상하지 못했다. 엄청난 규모였다. 정확하지는 않지만, 내 예상보다 우주정거장에서 불이 열 배쯤은 빠른 속도로 퍼지는 것 같았다. 짙은 연기가 금방 퍼졌다. … 내 다섯 손가락과 바로 앞에 있는 사람은 어렴풋이 보였다. 그래서 그가 괜찮은지 살펴보려고 했지만 누구인지는 알아볼 수 없었다. 그가 서 있는 곳에서는 눈앞의 손가락마저 보이지 않았다."[1]

우주비행에서 마주할 만한 재앙은 무수히 상상해볼 수 있지만, 가장 위험한 상황 두 가지를 뽑아보면 바로 화재와 감압이다. 나사-미르 프로그램의 제1단계를 수행하는 동안 미르 우주정거장에서 두 사고가 모두 일어났다. 1997년 1월 12일, 우주왕복선 STS-81의 승무원들과 함께 미르 우주정거장에 올라간 리넨저는 미르-22호의 우주비행사, 즉 196일 동안의 임무를 거의 끝내가던 발레리 코르준과 알렉산드르 칼레리를 만났다. 그 둘을 대체할 새로운 우주비행사, 바실리 치블리예프와 알렉산드르 라주트킨은 독일 연구원 라인홀트 에발트와 함께 2월 20일에 합류했고, 에발트는 20일을 체류한 뒤에 코르준, 칼레리와 함께 돌아갈 예정이었다.

두 신임 우주비행사는 도착한 순간부터 리넨저와 죽이 잘 맞았다. 오랫동안 지속될 장기 임무를 생각하면 썩 좋은 출발이었다. 리넨저는 도킹을 해제한 뒤에 소유스 우주선을 타고 주변을 선회한 다음, 외국 우주정거장에서 나와 선외활동을 수행하는 최초의 미국인이 되는 기대를 했다. 두 임무는 그럭저럭 완수했지만, 2월 24일 저녁에 일어난 화재로 그의 꿈은 크게 퇴색되고 말았다.

미르호에 탑승한 여섯 승무원은 예비 '고체 연료 산소 발생기solid-fueled oxygen generator, SFOG'를 사용해 산소 공급을 보충해야 했다. 동료들과 저녁 식사를 끝낸 뒤, 리넨저는 어떤 일을 하려고 베이스 블록(미르호의 핵심 모듈)에서 스펙트르 모듈로 이동했고, 우주비행사 알렉산드르 라주트킨은 크반트-1 모듈에 가서 러시아에서 개발한 비카 산소 발생기를 켰다. 그 산소 발생기는 얇은 격벽을 이용해 세 부분으로 분할된 구조물로, 미르 우주정거장에 세 명 이상의 승무원이 체류할 때 엘렉트론 시스템을 보완하기 위해 화학 반응으로 산소를 만들어내는 장치였다.

리넨저는 일을 제대로 끝마치지도 못했다. 그가 일을 시작한 직후, 주 경보기가 요란하게 울렸다. 무슨 상황인지 확인하려고 황급히 뛰쳐나간 리넨저는 치블리예프와 마주쳤고, 크반트-1 모듈에서 연기가 밀려나오는 모습을 보았다. 리넨저에게 그 불은 폭죽이 가득 담긴 상자가 한꺼번에 타오르는 것처럼 보였다. 불꽃이 60에서 90센티미터까지 번졌다. 또한 금속 조각들이 녹아내리고 밝은 빛을 내면서 "사방으로 날아다녔으며 반대편 벽에 부딪혀 떨어졌다". 우주정거장의 칸막이 구조가 산소와 연료를 제공하면서 불길은 더욱 커졌다. 그러나 다행스럽게도 훗날 인터뷰에서 리넨저가 말했듯이 그들은 "화재에 필요한 모든 걸 갖추고 있었다". 화재가 진압된 뒤에 리넨저가 미르호에서 보고한 바에 따르면, 그는 라주트킨 및 미르-22호의 선장 발레리 코르준과 힘을 합해 "즉시 불길과 싸우기 시작했다. 침착하게 상황에 대응해야 했다. 생존이 달린 문제였으니까. '저 불을 어떻게든 꺼야 해!'라는 생각밖에 없었다".[2] 상황이 위급했다. 승무원들과 두 소유스 우주선 중 하나를 이어주는 유일한 통로가 불에 막혀 당시 우주정거장에 있던 여섯 명 중 세 명만 탈출할 수 있는 상황이었다.

우주정거장의 공기가 흡입할 수 없는 지경에 이르자, 승무원들은 즉시 산소마스크를 썼다. "나는 숨을 참고 아무것도 들이마시지 않았다. 짙은 연기를 보면 숨을 쉴 수 없다는 걸 알았기 때문에 다른 승무원들도 똑같이 숨을 참았다. 그 덕분에 모두가 지체하지 않고 산소마스크 쪽으로 이동했고, 우리는 흡입 손상을 피할 수 있었다."

코르준이 승무원들에게 접근 가능한 소유스 탈출선으로 대피할 준비를 하라고 지시했다. 그러고는 불길을 향해 몸을 돌리더니 소화기를 사용하기 시작했다. 나중에 코르준은 당시 상황을 "뜨거운 격벽실을 향해 포말을 뿌려대기 시작했다. 그런데 포말이 불에 달라붙지 않아 효과가 없었다. 그래서 물을 뿌리기 시작했다"라고 묘사했다. 물이 증기로 바뀌며 연기가 더해졌다. 리넨저는 코르준의 옆에서 그에게 새로운 소화기를 건네주며 그의 의식 상태를 살폈다. 중력이 없었기 때문에 코르준의 균형을 잡아주기 위해 미르호의 연결 통로에 두 다리를 끼워넣고 그의 두 다리를 꼭 잡았다. "한번은 내가 그의 얼굴 앞까지 떠올랐지만, 연기가 너무 짙었다." 둘 사이의 거리가 15센티미터밖에 되지 않았지만 리넨저는 코르준이 무엇을 하는지 제대로 볼 수 없었다. 리넨저는 코르준의 다리를 끌어당겨 그에게 의식이 있는지 확인하려 애썼다. 나중에 코르준은 "제리가 내 다리를 계속 끌어당기며 '발레리, 괜찮습니까?'라고 물었다"라고 회고했다.

리넨저는 의사라는 본래 직업 정신을 되살려 다른 승무원들의 상태를 살폈다. 알렉산드르 칼레리는 대피 가능성을 염두에 두고 차분하게 컴퓨터 앞에 앉아 두 소유스 우주선의 재진입과 관련한 정보를 출력했다. 마침내 산소통의 산소가 완전히 타버렸지만, 연기는 여전히 자욱했고 "멀리 한구석에 쌓아둔 부품들도 보이지 않았다". 라주트킨에 따르면 "누군가가 크반트에서 전원을 내렸다고 생각했을 정도였다. 그 정도로 깜깜했다".

화재는 진압되었고, SFOG 통만이 아니라 그 장치를 덮고 있던 보호판도 소실되었다. 리넨저는 승무원들의 건강 상태를 계속 살폈다. "우주정거장에는 호흡 문제가 발생할 경우에 대한 대비책도 마련되어 있었다. 모든 응급 상황에 대비한 장비가 갖추어져 있었다. 화재가 진압된 직후, 나는 모든 승무원의 건강 상태를 검사했다. 그 후로도 24시간, 48시간마다 상태를 살폈다. 혈액 속의 산소 포화도를 살폈고, 폐의 상태도 점검했다. 화재를 겪은 후 실시하는 일반적인 조치를 빠짐없이 취했다. 적어도 내가 보기에 흡입 손상을 심각하게 입은 승무원은 한 명도 없었다. 승무원들이 신속하게 산소마스크를 착용해 적절히 대응한 덕분이었다."[3]

엄격함

장기 체류 우주비행사는 다양한 문제를 처리해야 한다. 덕분에 나사—

미르 프로그램은 나사를 대표해 미르호에 승선한 일곱 명의 우주비행사에게 장기간 우주비행과 관련해 많은 것을 새롭게 깨닫게 했다. 단기간 우주비행과 장기간 우주비행 사이에는 "단기간 임무가 단거리 경기라면 장기간 임무는 마라톤과 같다"라는 비교를 넘어서는 큰 차이가 있었다. 예컨대 국제 우주정거장 임무에 참가한 우주비행사 중에는 당시의 경험을 임무 기간 내내 단거리 경기를 치르는 기분이라고 비유한 비행사가 적지 않았다. 또 성공적으로 완수한 장기간 임무에서 찾아낸 원칙이 단기간 임무에 항상 적용되는 것은 아니라는 사실을 고려했을 때, 훈련팀은 과거 장기간 우주비행에서 배운 교훈이나 북극권과 남극권을 탐험하던 초기까지 거슬러 올라가 지구 곳곳을 탐험하며 얻은 교훈을 되살려내야 했다. 결국, 장기간 우주여행은 미래의 교훈을 과거에서 찾아야 한다는 가르침을 되새기게 하는 또 다른 예였다.

우주비행은 역량에 기반한 팀 스포츠이다. 유진 크랜츠가 팀원들에게 요구했던 엄격함과 유능함은 차츰 진화해 결국 나사 문화의 핵심 가치가 되었다. 회복 탄력성과 헌신으로 이어진 엄격함이 있었던 덕분에, 운항 관제팀은 우주에서 우주비행사들과 협력하는 데 필요한 일이라면 무엇이든 해냈고 성공을 거둘 수 있었다. 기술적인 면에서는 개인과 팀의 역량이 중요했다. 승무원들은 언제라도 비행할 수 있도록, 모의실험 장치에서 실제로 비행하는 것처럼 훈련하며 끊임없이 기량을 갈고닦았다. 나사-미르 프로그램을 통해 우주비행사들이 직접 장기 체류를 경험해봄으로써 우주비행사가 성공하는 데 필요한 역량에 새로운 차원이 더해졌다. 임무의 성공 여부는 기술적 역량보다는 중요하지 않더라도 그에 비견될 만큼 행동하는 태도, 리더십과 팔로워십, 팀워크에 따라 결정되었다. 행동 건강 및 성과 그룹Behavioral Health and Performance Group은 국제 우주정거장에 장기적으로 체류할 다국적 승무원들이 임무를 원만하게 추진할 수 있도록 참고 자료와 훈련 지침을 개발했다. 다양한 형태의 우주비행을 상정해 비슷한 환경을 직접 경험해보는 방식의 훈련도 포함되었다. 예컨대 장기 체류 승무원들은 우주정거장과 유사하게 꾸민 환경에서, 국립 야외 리더십 학교가 기획한 야생에서, 나사와 국립 해양 대기청National Oceanic and Atmospheric Administration(해저 생태계의 사용을 감독하는 정부 기관)이 공동으로 운영하는 아쿠아리우스 수중 실험실에서 함께 훈련을 받았다.

우주는 혹독하고 극단적인 환경이다. 실수를 용납하지 않는다. 따라서 성공을 위해서는 복잡한 우주선과 과학기술에 의존할 수밖에 없다. 승무원들은 매일 똑같은 장소에서 잠을 깨고, 같은 사람들과 함께 일하고, 일과 식사, 운동과 개인적인 시간이 엄격히 구분된 시간표를 따라야만 했다. 물론 임무를 수행하는 동안에는 그 경계가 약간 모호해진다. 하루하루의 계획에 세심한 주의를 기울이더라도 많은 요인이 장기 체류 승무원의 일상에 영향을 미칠 수 있다. 유의미한 과업에 참여하고 있다는 자부심이 지구나 우주에서 오랫동안 시행되는 탐험의 지루함을 견뎌내는 중요한 요인이었다. 나사-미르 프로그램의 제1단계에 참가한 승무원들이 말했듯이, 하루를 가득 채울 만큼 충분히 유의미한 과제를 해내고 있다는 긍지가 그들이 좋은 마음가짐으로 생산성을 유지하는 데 중요한 역할을 했다. "일과표가 능동적이고 유의미하면 고립과 감금 등에서 비롯되는 많은 문젯거리는 얼마든지 피할 수 있다."[4]

동기 부여

나사 우주비행사들의 경험을 미루어 보아, 동기 부여와 성과에 관한 다니엘 핑크의 연구에 다시 한번 주목할 만하다. **자율성, 숙련, 목적의식이란 원칙에 기반한 동기 부여의 공통된 속성**은 장기 체류 우주비행에도 직접적으로 적용된다.

우주비행사들은 미르와 국제 우주정거장의 선내에서 나사의 엄격한 검토 과정을 거쳐 선별된 광범위한 과학 실험을 지속적으로 실시하며 목적의식을 가졌다. 우주비행을 위한 훈련은 까다로운 데다 기술적인 요구도 많아, 종종 '소방 호스로 물을 마시는 훈련'에 비유될 정도였다. 따라서 우주비행의 모든 면을 습득하기는 쉽지 않다. 실제로 많은 우주비행사가 말하듯이, 우주비행에서 진정한 의미의 팀워크는 우주비행사들이 협력해 임무의 목표를 달성할 수 있도록 각 우주비행사의 전문성을 활용하는 데서 생겨난다. 끝으로 승무원들의 자율성은 우주비행사들이 '깡통 속의 스팸'으로 칭해지던 우주비행의 초기부터 중요한 균형추였다. 머큐리, 제미니, 아폴로, 스카이랩과 우주왕복선 프로그램을 진행하면서 얻은 경험을 통해, 운항 관제팀과 우주비행사 간의 관계는 **감독과 자율 사이에 절묘한 균형**을 이루며 임무를 성공으로 이끌었다. 지구 탐험의 역사에서도 뚜렷하게 확인되듯이, 자율성, 숙련, 목적의식은 장기 체류 승무원들에게 성공이라는 동기를 부여하는 강력한 속성이 되기도 한다. 그러나 마라토너라면 누구나 알고 있듯이 동기 부여는 분명 중요하지만, 그것만으로는 성공이 보장되지 않는다.

팀워크

기술과 행동 역량을 개발하는 동시에 자기 관리, 리더십과 팔로워십 및 팀워크를 중요시하는 마음가짐이 함양될 때, 탐험에 나서는 행동의 기초가 형성된다. 미르호의 화재는 우주비행 환경에서는 언제라도 문제가 발생할 수 있으며, 끊임없이 스트레스 및 큰 재앙의 위협이 수반된다는 사실을 일깨워준 사건이다. 단조로운 생활에도 불구하고, 승무원들은 언제든 생명이 위협받는 긴급 사태에 직면할 수 있다. 업무적인 스트레스는 항상 존재하지만, 위험도가 상대적으로 낮은 편이다. 그러나 많은 우주비행사가 보고했듯이, 스트레스는 위험도가 낮더라도 훨씬 더 흔하게 나타나므로 임무에 더 큰 영향을 미칠 수 있다. 우주비행과 나사의 조직 문화에서는 팀으로 함께 일하는 방법을 깨닫는 일이 무엇보다 중요하다. 팀워크는 개개인이 자신을 집단의 일원으로 생각하는 것에서 시작된다. 각자가 팀에 기여하는 역량뿐만 아니라, 성공을 쟁취하기 위해 한 팀으로 일할 때 보여주는 상호의존성과 상호작용에서 성공 여부가 결정된다. 팀워크란 개개인이 서로 다른 구성원의 성과를 추적해 피드백을 주고받고 효과적으로 소통하며 동료 팀원을 돕는 적극성을 의미한다.

미르-23호의 승무원들은 탁월한 팀워크를 보여주며 한마음으로 화재와 싸웠고, 승무원들의 건강과 안전을 살피며 임무를 중단할 경우를 대비해 계획을 세웠다. 그들이 수년 동안 임무와 관련된 훈련을 받으며 개발한 기량, 즉 개인적인 기량과 팀으로서의 기량이 절묘하게 결합해 화재를 성공적으로 진압할 수 있었고, 만약 두 대의 소유스 우주선으로 대피해야 하는 더 위급한 상황을 마주했더라도 그들은 틀림없이 성공했을 것이다.

리넨저는 그들에게 닥친 어려움에 대해 이렇게 요약했다. "두 종류의 어려움이 있었다. 하나는 자질구레한 문제를 처리해야 한다는 인간적인 어려움이었고, 다른 하나는 우주정거장 자체였다. 우리는 모든 어려움을 이겨냈다. 궁극적인 시험대는 우리가 여전히 건강하게 살아 있고, 모두가 이곳에서 경계지를 탐험하고 있다는 것이다. 아직도 큰 노력이 필요하다. 매일 주의를 게을리해서는 안 된다. 지상에서 우리 어깨너머로 방향을 안내해주는 똑똑한 인재들의 노력도 필수적이다. 그러나 우리는 상상할 수 있었던 많은 어려움을 극복해냈다."[5] 흔히 "팀에는 '내'

가 없다"라고 말한다. 미르-23호의 승무원들은 함께하면 어떤 역경도 이겨낼 수 있다는 걸 증명했다.

탑승 승무원 교체가 진행되는 동안, 리넨저는 지구로 귀환하기 전에 미르호를 방문한 다섯 번째 나사 우주비행사, 마이크 포일에게 대략 여섯 시간에 걸쳐 장기 우주비행의 어려움에 대해 개략적으로 알려주었다. 나사에서 파견한 우주비행사들이 미르에서 작업하는 동안 화재를 비롯해 여러 문제가 일어났지만 포일은 미르에서의 장기 임무를 즐거운 마음으로 기대하고 있었다. 그는 힘든 작업, 약간의 불편, 많은 난제를 각오하면서도 미르-23/24호 승무원의 일원이 되기를 기대했다. 하기야, 그가 앞으로 생활하게 될 스펙트르 모듈이 프로그레스 재보급선과 충돌 사고가 일어날 거라고는 꿈에도 몰랐을 것이다. 그 말대로, 프로그레스 우주선이 미르 우주정거장을 들이받아 스펙트르 모듈의 실내 기압이 떨어진 사건이 벌어졌다. 그때 승무원들의 팀워크가 없었더라면 모듈을 비워야 하는 소동이 벌어졌을 것이다.

"미르에서는 서로를 무척 쉽게 잃어버린다. … 다른 사람들이 어디에 있는지 알 수 없다. … 미르가 엄청나게 넓기 때문은 아니다. 무척 어수선한 공간이기 때문이다. 우주정거장 내에서 다른 구역으로 가려면 기본적으로 구불구불한 공간을 지나가야 한다. 게다가 온갖 설비가 곳곳에 있어서 실질적으로 터널 같은 공간을 통과해야 한다." 포일은 임무를 끝내고 귀환한 뒤, 미르에서의 생활을 이렇게 요약했다. 시설물 배치와 케이블 관리는 어떤 우주비행에서나 골칫거리다. 장기 임무의 경우에는 훨씬 큰 난제가 될 수 있다. 대부분 비상사태가 발생하면 해치가 닫히면서 모듈을 격리하도록 설계된다. 하지만 미르호의 경우에는 시간이 지나면서 많은 케이블이 해치를 가로지르며 모듈들 사이에 설치되었다. 이런 방임이 결국 미르-23호의 승무원들에게 문제가 되었다.

미르에 승선한 직후부터 포일은 팀의 일원이 되고 운항 관제팀의 신뢰를 얻는 데 집중했다. "충돌이 있기 며칠 전, 나는 그들이 겪은 어려움, 특히 화재에 대해 약간 알게 되었다. 바실리가 그 사건에 대해 꽤 자주 언급했고, 라주트킨도 그랬다. 한번은 라주트킨이 … 화재가 시작된 곳으로 나를 데려가더니 자기가 무엇을 했고, 화재가 어떻게 시작되었는지를 알려주었다. 또 화재가 발생했을 때 일어난 일에 대해 빠짐없이 오랫동안 설명해주기도 했다. 재밌었다. 우리는 그런 이야기를 주고받는 걸 즐겼다. 진지한 교훈이 담긴 좋은 이야기였다. 그러나 라주트킨이 먼저 나서서 그런 이야기를 해주지는 않았다. 내가 알고 싶어 했기 때문에 이야기를 들을 수 있었다. 또 한번은 바실리가 프로그레스 우주선이 도킹을 실패할 뻔했던 적에 관한 이야기를 해주었다. … 그야말로 … 위기일발의 순간이었다."[6]

　나사-미르 임무 초기에 나사의 우주비행사들은 극미 중력microgravity (중력이 거의 없는 상태—편집자) 환경에 대해 더 많은 것을 알아내기 위한 실험을 하며 대부분 시간을 보냈다. 리넨저가 다른 동료를 따라 적극적으로 화재를 진압하고, 화재가 진압된 뒤에는 건강에 관한 의학적 조언을 제공함으로써 승무원 각자의 능력을 활용할 수 있는 팀을 구축하면 훨씬 유리하다는 사실이 경험으로 입증되었다. 포일은 리넨저가 시작해 이제는 그가 해야 할 팀워크를 구축하기 위해 열심히 노력했다. 그는 위험한 환경에서 일할 때 특히 소통이 중요하다는 걸 알았기 때문에 러시아어를 습득하려고 애썼다. 따라서 선임자들과 다르게 포일은 운항 관제 센터의 비행 관제관들과 러시아어로 대화할 수 있었다. 포일은 "한 달쯤 지났을 때 관제관들과 친해졌고, 그들도 내 목소리를 알아듣기 시작했다. 그래서 그들과 시시때때로 이야기를 나누었고, 덕분에 나는 우주정거장의 러시아식 운영에 점차 녹아들었다"라고 말했다.[7] 처음에는 전문 용어 때문에 깊은 대화가 힘들었지만, 시간이 지남에 따라 포일의 러시아어 실력은 점점 나아졌다. 그렇게 러시아어가 유창해지자, 운항 관제팀과 관계를 돈독히 할 기회도 자연스레 뒤따랐다.

충돌

미르호 운항 관제 센터의 책임자 블라디미르 라바초프가 "근래에 우주에서 일어난 가장 중대한 사고"라 칭한,[8] 1997년 4월에 발사된 프로그레스 M-34 재보급 우주선이 우주정거장과 충돌하는 사고가 벌어졌다. 발사되고 이틀이 지난 후 프로그레스 우주선은 자동 도킹 시스템을 사용해 미르호의 크반트-1 모듈 뒤쪽 포트에 성공적으로 도킹했다. 하지만 6월에 수동으로 제어하는 도킹 절차를 시험하는 훈련이 있었다. 프로그레스호가 일단 미르에서 떨어져 나왔고, 바실리 치블리예프 선장은 토루TORU 수동 제어 시스템을 사용해 재도킹을 시도했다. 조작하는 동안 프로그레스 우주선이 미르의 스펙트르 모듈에 충돌했고, 그 때문에 모듈에 구멍이 생기고 태양 전지판이 손상되었다.

포일은 당시 상황을 이렇게 회상했다. "처음에 내 머릿속을 스친 생각은 … '여기에 온 지 6주밖에 되지 않았는데, 벌써 집에 돌아가야 하는 건가?'였다. 솔직히 나는 약간 슬펐고, '좀 유감이네. 숙제를 다 끝내지 못했는데'라는 생각마저 들었다. 계획대로라면 4개월 반 동안 그곳에 머물 예정이었지만 그 기간이 단축될 만한 사건이 일어난 것이다. 정말 위급한 상황이기는 했다. 모두가 우주정거장에서 빠져나와야 할 정도로 위험한 상황이었다. 하지만 내 머릿속에서는 '정말 안타깝군. 이제 6주 반밖에 되지 않았는데'라는 생각이 계속 맴돌았고, 결국에는 '이곳을 봉쇄하는 일에 집중해야겠다'라는 생각이 들었다."[9]

포일과 라주트킨은 스펙트르 모듈을 떼어내고, 그 모듈과 연결된 해치들을 닫기 위해 케이블을 걷어내기 시작했다. 포일은 당시의 긴박한 상황에 대해 "중심지에는 여섯 곳의 통로가 있고, 통로마다 해치가 있었다. 여섯 면을 지닌 주사위와 비슷하다고 생각하면 된다. … 문제는 우주정거장 생활에 해치가 방해가 되어서는 안 된다는 점이다. 그래서 해치들은 무척 단단히 묶여 있었다. 가장 큰 해치는 … 정말로 확실하게 묶여 있었다. 무슨 말인가 하면, 그 해치를 푸는 데 거의 1분을 날렸다. 기압이 점점 속수무책으로 떨어졌다. 정신을 차릴 수 없었다. … '상황이 긴박해지는군'이란 생각이 들었다"라고 말했다. 포일의 증언에 따르면, 모든 해치를 닫은 후 "그제야 우리가 공기 누출이 일어나는 곳을 무사히 차단했다는 걸 알았다. 해치가 완전히 닫히고, 기압이 더 이상 떨어지지 않는다는 걸 내 귀로 느낄 수 있었으니까."[10] 그들은 몇 분의 여유를 두고 성공적으로 문제를 해결했다.

이런 초기의 성공에도 불구하고 상황은 여전히 위태로웠다. 우주정거장은 충돌 이후에도 궤도를 비행했지만, 운항 통제 센터는 우주정거장이 초당 약 1도 회전한다는 걸 알아냈다. 승무원들이 우주정거장을 어떻게든 제어해야 했다. 운항 통제 센터와 승무원들 간에 대화가 신속히 이루어졌다. 지상팀이 "회전 속도가 어떻게 되나?"라고 물었고, 승무원들은 "모른다. 얼마나 빨리 회전하는지 우리가 알아내야겠다"라고 대답했다. 그리고 라주트킨은 곧바로 회전 속도와 회전축을 알아내기 위해 계산하기 시작했다. 포일은 물리학과 유도 장치 시스템을 연구한 적이 있었고, 무언가를 확인하기 위해 창가로 다가갔다. "나는 엄지를 창에 대고 별들을 지켜보며 우주정거장의 회전 속도를 계산해냈고, 그 결과를 지상팀에 알렸다." 포일이 미르의 상태를 보고하기 위해 업무상 지상팀에 연락한 것은 그때가 처음이었다. 지상팀은 다른 선택지가 없었기에 포일의 계산을 받아들였다. 라주트킨도 "맞아, 그의 계산이 맞아"라고 확인했다. 운항 관제팀은 그 정보를 받아들였고, 회전을 멈추려고 무작정 엔진을 점화했다. 효과가 있었다. 그들이 "효과가 있나?"라고 물었고, 포일은 다시 창밖을 내다보며 별들을 주시했다. "네, 효과가 있습니다."

승무원들은 하나의 팀으로 신속하게 대처하며 우주정거장을 구해냈다. 하지만 회전을 멈추는 데 결정적인 역할을 한 것은 포일이 운항 관제팀에 알린 계산 결과였다.

포일이 말했듯이, "모든 면에서 내 비행 경험은 우주선 충돌 이전과 이후로 나뉜다. 충돌의 공포 때문이 아니라, 충돌 이후로 우주정거장의 모든 조건과 승무원들이 일하는 환경이 달라졌기 때문이다." 또한 이 일로 위험이 높은 환경에서는 역량이 중요하다는 사실이 다시 입증되었다. 효율

나는 지금 미국과 러시아가 함께하고 있는 모든 활동이 지상에서도 이루어질 미래의 협력을 위해 너무나도 중요하다고 생각한다.

—마이클 포일, 천체물리학자

적인 소통이 더해질 때, 역량은 신뢰를 구축하는 기초가 된다. **높은 수준의 신뢰는 성과가 좋은 팀의 특징이다. 그런 팀에서는 각 팀원의 역할이 정확하게 이해되고, 목표가 분명하게 제시되며, 팀원들이 서로를 존중할 뿐만 아니라, 솔직하고 진실한 자세로 당면한 과제를 논의하며 성공을 추구하기 때문이다.** 팀원들이 어떻게 상호작용하느냐에 따라 성공 여부가 결정된다는 사실을 적극적으로 이해하려는 마음가짐에서 좋은 팀워크가 형성된다. 작업하는 동안 서로를 도우려는 적극성, 또 팀원의 의견을 경청하고 도움을 받아들이려는 긍정적인 자세가 형성되어야 신뢰받는 팀이 된다.

팀을 구성하는 각 팀원은 다른 가치와 사고방식을 지니며, 동기 부여를 하고 일하는 방식도 다르다. 그러나 개인의 가치관이 조직의 가치관을 반영해 서로 가치관을 공유할 때, 팀 전체의 성공 가능성이 높아진다. 미르-24호의 승무원들은 기술적인 면에서 각각 다른 역량을 지녔고, 임무를 수행하는 동안 신뢰를 구축한 덕분에 충돌 사고에서 금방

회복될 수 있었다. 러시아어를 배우고 러시아 문화를 이해하며, 탑승 승무원들과는 물론이고 운항 관제팀과도 좋은 관계를 맺으려던 포일의 성실함에서 임무에 대한 그의 진정성과 열의가 읽힌다. **위대한 팀은 성공을 결정할 만한 중대한 행동과 결정을 내리는 순간에 대비해 끊임없이 신뢰를 구축한다.**

소통

소통의 실패는 즉시 신뢰 상실로 이어질 수 있다. 효과적이고 적극적인 소통 능력은 개인적으로도 개발해야 하지만, 조직 차원에서도 중요하게 여겨야 하는 요소다. 챌린저호와 컬럼비아호의 사고에서 볼 수 있듯이, 비효율적이고 소극적인 소통 방식이 그 비극적인 사건에서 적잖은 몫을 했다.[11] 챌린저호 폭발 사고를 조사한 로저스 위원회는 "안전 의식에 관해 소통할 때, 나사는 좋은 판단과 상식이란 요소를 배제했다"라고 지적했다. 챌린저호 사고가 일어났을 때 티오콜에서 우주왕복선 고체 로켓 엔진 프로젝트를 지휘하던 책임자 앨런 맥도널드는 "(발사하기 전에) 나는 나사가 공학자들을 소집해 낮은 기온이 패킹의 밀폐 상태에 미치는 영향을 평가받기를 바랐다. 한편 공학자들에게는 … 우리가 용인할 수 있는 가장 낮은 온도와 가장 안전한 온도를 권고해주기를 바랐다. 공학팀의 책임자가 필요한 조건을 권하고 최종적인 결정을 내리기를 바랐다"라고 회고했다.[12] 발사 결정은 최종적으로 관리부의 투표로 내려졌다. 분석한 자료를 근거로 발사 취소를 권고한 공학팀의 의견은 회의 석상에 오르지도 않았기 때문에 잘못 해석될 여지도 없었다. 그 결과, 나사는 승무원과 우주왕복선을 잃는 비극적 재앙을 감수해야만 했다.

챌린저호 사고 이후로 나사는 강력한 안전 문화를 정착시키기 위해 많은 변화를 시행했지만, 17년 뒤에 컬럼비아호가 공중폭발하는 사고가 일어나고 말았다. 컬럼비아호 사고 조사 위원회가 내린 결론에서 드러나듯이, 부족한 소통이 재앙의 주된 요인이었다. 조직 문화는 조직의 공유 가치와 사고방식, 목표와 원칙에 기반해 일하는 방식을 결정한다. 효과적인 소통 방식을 조직의 가치에 포함할 때 지속적인 변화가 가능하다. 아폴로 1호의 화재와 챌린저호 사고 사이에는 19년, 챌린저호 사고와 컬럼비아호 사고 사이에는 17년이란 간격이 있었다. 아폴로 계획에서 챌린저호를 거쳐 컬럼비아호까지 추진되는 과정에서 변화된 리더십이 조직 문화를 점진적으로 변화시켰고, 그 결과, 나사 내부에서 위험을 이해하고 제어하는 동시에 다른 관점을 포용하는 도구가 되었던 적극적인 소통 및 의견 충돌, 토론의 중요성이 낮아졌다. 통합 그룹은 위험에 대한 소통의 중요성을 인식하고, 미래의 리더들에게 "행정부와 의회가 우주탐사 계획, 특히 유인 우주비행이 기술과 운영 면에서 어떤 위험이 있는가를 정확히 이해해야 할 것"이라고 조언했다.[13] 이 조언의 현명함은 역사로 증명되었다.

적극적인 소통에는 거리낌 없이 말하고 경청하는 자세가 포함된다. 이는 머큐리와 제미니, 아폴로 프로그램을 통해 배운 소중한 교훈이다. 리더들은 기술과 관련해 잠재된 위험을 드러냄으로써 그 문제를 해결하고 제어할 수 있게 해주는 통찰력이 담긴 질문들을 기술팀에 던질 수 있어야 한다. 조지 애비가 나사 초기에 보여줬듯이, 팀원들이 회의하는 동안에는 한 주제에 대해 격렬히 논쟁하더라도, 회의가 끝난 후에는 사회적 맥락에서 좋은 친구 관계를 유지할 수 있어야 한다. **토론은 조직 내에서 위험을 제어하고 성공을 최적화하는 데 유용하다. 많은 경험에서 확인되었듯이, 성공은 의사결정자가 적절한 질문을 던지고 유능하고 신뢰할 수 있는 전문가의 조언을 경청하며 토론의 장점을 취해 결정**

을 내릴 때 가능해진다. 이런 접근법은 아폴로 13호의 사고, 미르호의 화재와 충돌 등 크고 작은 많은 사고를 수습하는 데 효과가 있었다. 이 접근법은 어떤 조직에서나 리더가 역량을 키우고, 팀원을 신뢰하며, 팀원들의 권고를 경청하기 위해 받아들여야 할 교훈이다. 위대한 리더는 토론을 중요하게 생각한다.

│인사이트 노트

- ◆ 기업의 많은 프로젝트가 그렇듯이, 우주비행도 역량에 기반한 팀 스포츠다.
- ◆ 동기 부여는 다니엘 핑크가 제시한 세 원칙, 즉 자율성과 숙련, 목적의식에 기반한다.
- ◆ 효율적인 소통이 더해질 때, 개개인의 역량은 신뢰를 형성하는 기초가 된다.
- ◆ 위대한 리더는 토론을 중요하게 생각한다.

최상의
신뢰와 팀워크

바깥 경치는 어때?

―찰리 호보, 우주비행사

"배터리에 전원 스위치." 운항 통제 센터의 명령으로 2007년 STS-118의 두 번째 선외활동이 공식적으로 시작되었다. 릭과 나(저자 데이브 윌리엄스)는 "알았다. 배터리로 이동하겠다"라고 대답했다. 나는 우주 및 생명과학부 책임자 직책을 끝으로 나사를 떠났지만, 캐나다우주국의 우주비행사로서 우주정거장을 건설하는 일을 돕는 임무를 다시 맡게 되었다. 동료 승무원 릭 마스트라키오는 이틀 전에 실시된 첫 번째 우주유영에서 우주정거장의 트러스에 다섯 번째 모듈을 설치했다. 두 번째 우주유영의 목적은 네 개의 자이로스코프 중 작동이 되지 않는 하나를 떼어내고 교체하는 것이었다.

　대부분 우주선은 자세와 방향을 안정적으로 잡으려고 자이로스코프를 사용한다. 따라서 이 작업은 우주정거장의 미래를 위해 무척 중요

STS-118에 참여한 우주비행사들의 단체 사진(2007). 오른쪽에서 두 번째 인물이 저자 데이브 윌리엄스다.

했다. 첫 번째 우주유영에서는 우주정거장에 부착된 로봇 팔을 정교하게 조절하는 작업까지 더해졌다. 이 일을 성공적으로 완수하려면 승무원들이 하나의 팀으로 움직이고, 모두가 팀원들을 신뢰하며, 각자 최고의 능력을 발휘해야 했다. 다른 우주비행사와 함께 기밀실 해치를 열고 우주라는 극단적이고 가혹한 진공 세계로 나가려면 전적인 신뢰가 필요하다. 우주유영 중에 문제가 생기면 남은 평생을 우주에서 그 문제를 해결하는 데 보내게 될 거라고 운항 관제사들이 농담하지만, 우주유영이 팀의 능력을 가늠하는 시험대인 것은 분명하다.

최상의 성과를 내는 팀을 구축하기 위해서는 시간이 걸린다. 더구나 우주유영의 경우도 다르지 않다. 이때 우주유영을 하는 우주비행사에게 초점이 맞춰지는 것은 당연하지만, 우주선 내의 승무원들과 지상의 운항 관제팀의 역할 또한 목적을 완수하려면 반드시 필수적이다. 일반적으로 우주유영은 다섯 시간에서 여덟 시간 동안 계속되며, 하나 혹은 그 이상의 주된 과제, 때로는 중요하지만 위험한 과제로 이루어진다. 그러나 작업이 예정보다 빨리 끝나면 이차적인 과제와 흔히 '이르게 치러지는 과제'라고 칭해지는 과제가 수행될 수 있다. 우주복의 생명 유지 장치에 공급되는 자원이 제한적이기 때문에 시간을 엄수하는 일이 특히 중요하다.

승무원들은 훈련 과정에서 예정된 시간표보다 빨리 작업하는 방법을 배우고, 언제라도 발생할 수 있는 뜻밖의 사고를 처리할 시간을 확보한다. 우주유영의 세계에서는 단 몇 시간의 실행을 위해 수천 시간을 계획하고 연습한다. 승무원은 해치를 열고 나가는 순간부터 어떤 일이 발생하든 무조건 해결해야 한다. 모든 게 계획대로 진행되기를 바라지만 장비가 고장나거나 볼트가 풀리지 않고, 장비를 잃어버리거나 우주복에 긴급한 문제가 발생하고 잘못된 경보가 울리는 등 뜻밖의 사건이 닥칠 때마다 즉석에서 해결해내야만 한다.

세 번째로 우주유영을 하던 중간에 릭이 우주복의 외피에 구멍 하나가 생긴 걸 발견했다. 궤도를 떠돌던 잔해가 우주왕복선을 때릴 때 떨어져 나온 날카로운 금속 조각이 원인이었을 가능성이 컸다. 다행히 그때까지 누출이 일어나지 않아, 릭은 장갑으로 구멍을 막은 채 우주유영을 조기에 종료했다. 임무를 위한 네 번째 우주유영에서는 클레이 앤더슨과 내가 밖에 나가서 20분쯤 작업했을 때 우주정거장 내에서 화재 경보가 요란하게 울렸다. 우리는 승무원들과 운항 관제팀이 그 문제를 어떻게든 해결할 것이라 믿고, 별도의 지시가 있을 때까지 일정표에 따라 작업을 계속했다. 나중에 그 경보는 잘못 울린 것으로 밝혀졌지만, 우리는 애초부터 하던 작업에만 계속 집중했으므로, 임무에는 어떤 영향도 미치지 못했다.

훈련

'엄격함과 유능함'이란 원칙은 역사적으로 모든 우주유영팀에 적용되었다. 개인의 역량, 효과적인 소통, 뜻밖의 상황에 대처하는 능력에 기반해 팀 내에 신뢰가 형성되었을 때, 우리는 살아남는다. 우리가 개인적으로 또 팀원으로서 공유하는 판단과 능력, 지식에 따라 성공 여부가 결정된다. 우주비행사들은 무척 다양한 환경에서 훈련하며, 이에 필요한 기량을 개발하고 다듬는다. 1965년 6월 제미니 4호가 비행하는 동안 나사 최초로 우주유영을 시도한 에드워드 화이트부터, 아폴로와 스카이랩 시대를 거쳐 우주왕복선 시대까지 우주비행사들은 우주유영에 필요한 기량을 습득하는 주된 도구로 수중 훈련장을 사용했다. '마찰이 없는' 에어 베어링을 이용한 장치, 포물선 비행, '포고POGO'라 일컬어지는 부분 중력 시뮬레이터, 그리고 요즘에는 더 효과적인 몰입형 가상현실 장치가 사용되지만, 아직도 대부분의 훈련은 여전히 위 장치들을 활용해 수중에서 이루어진다. 우주정거장을 짓기 위해 필요한 우주유영을 준비하기 위해 나사는 세계에서 가장 큰 실내 수영장인 중성 부력 실험장을 지었다. 훈련 환경이 어떻든지 간에 승무원들은 우주복의 특성, 우주유영에 필요한 도구와 기법, 다양한 과제를 수행하는 방법, 특히 팀의 일원으로 함께 일하는 방법을 배운다.

모든 우주비행사는 일반적인 우주유영 훈련에 참가한다. 한편 승무원들은 특화된 훈련을 받으면서 우주에서 임무를 수행할 준비가 되었는지 확인하기 위해 면밀하고 집중적으로, 빈번하게 관찰된다. 이는 개인과 팀 모두에게 팀워크에 대해 배우고 기량을 갈고닦는 기회가 된다. 훈련장은 실패함으로써 학습할 기회가 주어지는 공간이기도 하다. STS-118을 위한 우주유영 훈련은 승무원이 결정된 직후 2003년 초에 시작되었다. 우주유영에 나서지 않는 승무원들도 우주에서 유영하는 승무원을 돕지만, 지상에도 승무원을 지원하는 대규모 운항 관제팀이 있다. 훈련은 세 명(선외 활동을 하는 두 명의 우주유영자와 한 명의 선내 승무원)으로 구성된 팀에 맞춰 실시된다. '선외활동' 우주유영자와 달리, '선내 활동' 승무원은 우주유영의 여러 과제를 완료하는 데 필요한 단계들을 조율한다는 점에서 오케스트라 지휘자와 비슷한 역할을 한다. 릭과 내가 우주유영 임무를 맡았고, 트레이시 콜드웰이 선내 활동 승무원이었다. 릭과 나에게는 두 번째 우주비행이었지만 둘 다 우주유영을 한 적은 없었고, 콜드웰에게는 첫 번째 우주비행이었다. 우리는 약간 들떴으며, 자신감이 넘쳤고, 배우려는 열의도 있었다.

　NBL에서의 훈련은 대략 아침 6시 45분쯤에 일찍 시작된다. 과제와 승무원 구성에 대한 대략적인 확인 과정을 거치고, 두 선외활동 승무원이 '임무에 적합'한지 확인하기 위한 건강 진단이 뒤따른다. 코감기나 독감, 계절성 알레르기 증상이 있으면 기밀복을 입고 작업하는 일이 불가능하다. 선외활동 승무원은 긴 속옷과 액체 냉각 의복을 입은 뒤에 의상대에 걸린 우주복에 들어간다. 콜드웰과 스콧 켈리 선장이 그곳에서 있다가 우리가 우주복에 들어가는 걸 도왔다. 콜드웰이 나에게 헬멧을 씌워주기 전에 내 눈을 똑바로 바라보며 "즐거운 훈련이 되기를 바랍니다. 몇 시간 뒤에 뵙겠습니다"라고 말했다. 그리고 내게 헬멧을 씌우고는 걸쇠를 잠갔다. 나는 혼자가 된 기분이었다.

　훈련 기간 초기에 우리는 기밀실의 기압을 낮추는 과정 등 많은 단계를 건너뛰었다. 다른 시뮬레이터에서도 받을 수 있고, 혹은 나중에 받을 수중 훈련 과정에도 포함되어 있었기 때문이었다. 다이버들은 우리의 전체 무게를 측정해 중성 부력을 계산한 뒤에 우리를 머리끝에서 발끝까지 꽉 차도록 기밀실에 밀어 넣었다. 그 상황에서 우리는 안전줄이 뒤엉키지 않도록 움직이며 기밀실에서 나오는 훈련을 반복했다. 이때 릭이 먼저 머리를 밖으로 내밀면 다음으로 내가 발을 내밀어야 했다.

콜드웰이 "잘하셨습니다"라고 말하면 그녀의 차분한 목소리에서 우리가 제대로 해냈으며 모든 게 순조롭게 진행되고 있다고 안심할 수 있었다. 릭이 기밀실에서 천천히 나가 약속한 위치로 이동하며 "데이브, 난 기밀실 뒤쪽 난간까지 줄로 연결돼 있습니다. 이제 천천히 나오십시오"라고 말했다. "고맙습니다." 나는 선회 활동 훈련이 본격적으로 시작된 걸 기뻐하며 대답했다. 그로부터 여섯 시간 동안 우리는 모든 과제를 완료했고, 예정된 시간에 맞추어 임무를 훌륭히 해냈다. 때때로 늦어져 서두르는 경우도 있었지만, 대개 원래 시간보다 앞서 과제를 끝냈다. 그렇게 훈련을 끝내면 릭과 나는 다이버들의 도움을 받아 의상대로 이동했고, 의상대에 태워진 채 물 밖으로 끌어 올려졌다. 나는 훈련이 끝날 때마다 상당한 피로를 느꼈지만 우리가 제대로 해냈다는 사실에 느낀 만족감이 훨씬 컸다.

임무 보고

샤워를 하고 옷을 갈아입은 뒤, 릭과 나는 수영장이 내려다보이는 관제실로 올라갔다. 릭과 내가 수중에 있는 내내 콜드웰과 훈련팀은 관제실의 계기판 앞에 앉아 있었다. 통신 설비와 많은 영상 장치가 있어, 그들은 우리가 임무 수행과 관련된 복잡한 절차를 따라 행동하는 모습을 빠짐없이 지켜볼 수 있었다. STS-118 우주유영팀 대장, 폴 보엠이 검토회를 시작하며 릭와 나에게 "어떻게 해냈다고 생각하십니까?"라고 물었다. 우리 둘은 검토회에 참석하려고 옷을 갈아입는 동안 임무 수행에 대해 이미 대화를 나누었던 터라 서로 얼굴을 마주 보고 대답했다. "꽤 잘해냈다고 생각합니다. 두 번 정도 예정보다 늦었지만 금방 만회했고, 전체적으로는 상당히 잘해낸 것 같습니다." 폴이 미소를 지으며 콜드웰을 바라보았다. "콜드웰은 어떻게 생각해요?" 그녀는 잠시 머뭇거렸다. 릭과 내가 물끄러미 쳐다보자, 그녀가 입을 열었다. "만약 우주에서 오늘처럼 한다면 제대로 해낼 수 없을 것 같습니다." 릭과 나는 깜짝 놀랐다. 우리 둘은 꽤 잘해냈다고 생각했는데, 그녀는 왜 그렇게 걱정한 것일까?

폴은 미소를 잃지 않은 얼굴로 콜드웰에게 물었다. "무슨 뜻인가요?" 그날 콜드웰의 대답으로 우리는 비로소 하나의 팀으로 거듭날 수 있었다. "데이브는 제게 알리지 않고 기밀실을 나갔어요. 그리고 두 사람은 기밀실을 나가자마자 작업장으로 직행해 일을 시작했습니다. 저는 두 분이 무엇을 하는지 추적했지만, 상황이 어떻게 진행되는지 거의 파악할 수 없었습니다. 두 분은 제게 더 많은 피드백을 전해줬어야 해요. 그래야 필요할 때 제가 두 분을 도울 수 있으니까요." 그녀의 지적이 옳았다. 우리는 그녀의 지적을 진지하게 경청했고, 폴을 비롯해 훈련팀으로부터도 똑같은 지적을 받았다. 기술적인 관점에서 우리는 상당히 잘했다. 그러나 팀으로서 임무를 수행하기 위해 우리는 서로 신뢰하고, 효과적으로 소통하며, 개개인의 능력을 최대한 활용하는 방법을 배워야 했다. 그날은 우리에게 하나의 팀으로 거듭나는 중요한 전환점이 되었다.

모든 우주유영자가 선내 활동 승무원과 효과적으로 소통하는 것은 아니어서 우주에서 효율성을 상실하고, 어떤 경우에는 연장을 잃어버리거나 임무 자체에 영향을 미치는 실수를 범하기도 한다. 우리는 그렇게 되고 싶지 않았다. 선장으로서 다섯 번이나 우주왕복선을 비행한 짐 웨더비는 『위험한 세계에서 위험을 제어하려면』(Controlling Risk in a Dangerous World)이라는 책에서 오류 가능성을 줄이기 위한 '2인two-person' 법칙의 중요성을 역설했다.[1] 훈련을 통해 실수 횟수를 줄이면 오류가 감소한다는 데는 의문의 여지가 없지만, 어떤 조직이든 '인간은 실수를 범한다'라는 사실을 잘 알고 있다. 인간은 무오류적인 동물이 아니다. 실수를 범하는 데는 많은 이유가 있다. 따라서 훈련을 통해 실수 가능성을 줄여야 한다. 그렇지만 그것이 유일한 전략은 아니다. 고도로 훈련된 유능한 구성원도 때로 실수를 범한다. 숙련된 팀은 개별 구성원이 실수를 저지르더라도 결과에 영향을 미치기 전에 다른 구성원들이 그 영향을 희석하거나 제거할 수 있다. 모든 경영자가 인정하듯이, 개인이 오류를 범할 가능성을 줄이기 위해서라도 역량을 구축할 필요가 있다. 웨더비는 해군 조종사와 우주왕복선 선장으로 일하며 얻은 교훈에 대해 다음과 같이 말했다. "우리에게는 언제라도 실수할 수 있음을 인정하는 겸손함만이 아니라, 똑같은 실수를 반복하지 않는 역량도 필요하다. 언젠가 누군가에게 이런 설명을 들었다. … 무엇이 위대한 경영자를 만드는가? 위대한 경영자는 실력과 자신감을 겸비한 사람이다. 그러나 그를 완벽에 이르게 하거나 완벽을 향해 노력하게 만드는 원동력은 내가 과거에 '자기 의심', 정확히 말하면 '건강한 자기 의심'이라 칭했던 것이다. … 이런 자기 의심이 있어야 어떤 결정을 할 때 다른 리더들보다 더 깊이 생각하게 된다는 점에서, 건강한 자기 의심은 우리를 성공으로 이끄는 비결이다."[2]

최적화하라

릭과 나는 서로의 실력을 확신하면서도 우리가 실수를 범할 수 있다고 인정할 만큼 겸손하기도 했다. 콜드웰의 지적이 옳았다. 우리가 선내 활동 승무원과 잘 소통한다면, 임무 성공률을 더 높일 수 있었다. 임무 보고 이후에 진행된 훈련은 달랐다. 우리는 단단히 결집한 팀이 되었고, 릭과 나는 우리가 무엇을 하고 있는지를 효과적으로 전달했다. 복잡한 절차와 일정 관리를 통한 콜드웰의 안내 덕분에 우리는 어떤 실수도 없이 시간에 맞추어 목표를 완료할 수 있었다. 여전히 배울 것이 많아서 우주에서 작업을 수행할 때 시간을 확실히 준수할 수 있도록 절차의 효율성과 작업 수행 방법을 개선하려고 애썼다. **효과적인 소통은 중요하지만, 결코 쉽지 않다.**

소신 있게 의견을 말하고 목소리를 높이려면 용기가 필요하다. 챌린저호와 컬럼비아호의 사고는 비효율적인 소통의 전형적인 사례다. 적절한 질문이 제기되지도 않았고, 제기되었더라도 적절한 대답이 주어지지 않았다. 전문가가 우려를 표시했을 때도 요청한 적이 없다는 이유로 무시되었다. 결국 **효과적인 소통을 위해서는 쟁점이나 우려를 명확히 전달하고, 메시지에 담긴 의도를 편견 없이 경청하며, 메시지가 정확히 이해되었는지 확인하는 과정이 필요하다.** 위험이 큰 환경에서 목표를 성공적으로 완수하려면, 팀원들 사이에 신뢰 관계가 구축되어 있어야 한다. 그래야 껄끄러운 대화를 거침없이 나누고 역량을 더욱더 키워갈 수 있다.

> 컴포트존에서 빠져나와 협력하고 다른 사람의 의견을 받아들이며 시야를 넓히고 그 과정에서 배운 것을 소통하고 공유하라.
>
> —스콧 켈리, 우주비행사

테더링tethering은 우주유영을 하는 동안 반드시 필요하다. 어떤 면에서 우주유영은 암벽등반과 비슷하다. 연결 줄을 풀기 전에 다른 줄을 먼저 연결해야 하기 때문이다. 우주라는 작업장에서 우주유영자는 연결 줄에 관한 한, 이중 프로토콜을 사용한다. 하나는 우주유영자를 작업장에서 가까운 곳에 묶어 두는 구역 줄이고, 다른 하나는 우주정거장의 기밀실이나 좀 떨어진 지점에 연결된 안전줄이다. 우리가 국제 우주정거장에 S5 트러스 구조물을 설치하려고 처음 우주유영에 나섰을 때처럼, 우주유영자가 기밀실로부터 꽤 멀리 떨어져 작업하는 경우에는 두 개의 줄이 필요하다. 이런 경우에는 두 줄을 서로 잇지 않고, 두 번째 연결 줄의 출발점이 되는 난간에 첫 번째 줄을 묶는다.

　우주에서 안전은 이중으로, 즉 일차적인 방법이 실패했을 때 사용할 수 있는 예비 안전장치를 준비해둬야 한다. 우주유영자에게 연결 줄은 장비 상실을 방지하고, 최악의 경우에 우주유영자가 구조물로부터 이탈해 우주에서 미아로 떠돌아다니는 상황을 예방하는 안전장치다. 우주복에는 '선외 활동자를 위한 구조 장치Simplified Aid for EVA Rescue, SAFER', 즉 안전 구역으로 돌아오기 위해 사용할 수 있는 추진 장치가 부착되어 있다. 우주비행사는 고도로 훈련을 받아 SAFER를 어렵지 않게 작동할 수 있지만, 누구도 부주의로 구조물로부터 이탈되는 상황을 원하지 않는다. 릭과 나는 규칙을 엄격히 지키면 작은 실수도 예방할 수 있다고 확신하며 하나의 팀으로서 긴밀하게 협력했다. 우리는 중성 부력 실험장에서 '2인' 법칙에 따라 상대의 줄을 확인해주며 늦지 않게 작업하는 방법을 터득해갔다.

집중하라

우리는 각 우주유영에 대해 최소한 10대 1의 비율로 훈련했다. 달리 말하면, 각 우주유영을 적어도 열 번 이상 연습했다는 뜻이다. 컬럼비아호 승무원들을 비극적으로 잃은 여파로 우리 출발이 연기된 것도 부분적인 이유였지만, 우리가 수행하려는 우주유영이 복잡하고 까다로운 것도 중요한 이유였다. 나는 피로감이 우주유영에 어떤 영향을 미치고 실수로 이어질 가능성이 있는지 확인해보기 위해 실험장에서 훈련할 때 일부러 늦게까지 자지 않은 적도 있었다.

　위험이 큰 업무들이 흔히 그렇듯이, 집중은 무척 중요하다. 예컨대 외과 의사, 포뮬러원 경주 대회 운전자, 조종사, 우주비행사 등 해당 상황을 이끌어가는 사람의 경우에는 집중하는 능력이 안전 및 성공과 직결된다. 나는 두 번째 우주유영을 위한 NBL 훈련 기간에서 전날 네 시간만 자고 실험 결과를 직접 확인했다. 피로감에서 비롯되는 여러 영향 중 하나는 집중력의 감소다. 경계심과 집중력을 유지하려면 추가적인 노력이 필요했다. 나중에 알았지만 내가 피곤한 상태에서도 훈련에 참여했던 경험이 도움이 되었다. 릭과 내가 첫 번째 우주유영을 앞두고 있을 때, 전날 밤 우주정거장에 경보가 울린 까닭에 밤잠을 설친 탓이었다. 나는 몇 시간 뒤에 해치를 열고 밖에 나갔을 때 무엇을 어떻게 해야 하는지 정확히 알았고, 그런 상황에 대처하는 능력을 키우기 위해 스스로 찾아 훈련했다는 사실이 기뻤다. 우주유영은 순조롭게 진행되었고, 릭과 나는 모든 작업을 완벽하게 끝냈으며, 정해진 임무 중 두 건은 계획보다 앞서 완료하기도 했다.

두 번째 우주유영에서는 고장 난 자이로스코프를 교체하고, 많은 전기 연결부를 똑바로 연결해야 했다. 따라서 복잡한 절차를 거쳐야 했고, 그 작업을 성공적으로 완료하려면 철저한 집중력이 필요했다. 이 우주유영에서는 세세한 부분 하나하나가 중요했다. 훈련 과정은 피로가 내 수행 능력에 미치는 영향을 평가할 수 있는 절호의 기회이기도 했다. NBL 훈련에서 기대할 수 있는 효과를 극대화하기 위해 우리는 우주에서 비행하는 것처럼 훈련하고, 훈련하는 것처럼 비행했다. NBL 훈련을 통해 우리는 절차의 효율성을 개선할 수 있었을 뿐만 아니라, 안전한 환경에서 오류로부터 배움으로써 우주에서 실수를 범할 가능성을 줄여나갔다. 게다가 팀원들이 서로 돕고 뒷받침하면서 실수를 범하더라도 악영향을 미치기 전에 바로잡으며 팀 전체의 역량을 키워갈 수 있었다.

두 번째 우주유영을 훈련하던 날, 나는 피로감을 느끼고 집중력이 저하된 상황에서도 오류를 잡아내는 위대한 팀워크의 힘을 배웠다. 나는 새 자이로스코프를 꺼내려고 우주정거장에 부착된 로봇팔 캐나담2에 올라탄 채 우주왕복선의 짐칸으로 이동했다. 호출 부호가 '스카치'인 찰리 호보가 로봇팔을 능숙하게 조작하며 나를 새 자이로스코프 옆에 옮겨 놓았다. 내 줄은 로봇팔 끝의 발 받침대에 부착되어 있었다. 그 덕분에 발 받침대에서 내려서도 로봇팔에 계속 연결되어 있을 수 있었다. 우리가 발 받침대에 올라서서 뒤꿈치를 돌리면 발 받침대가 뒤꿈치를 고정하는 효율적인 기능이 있었지만, 뒤꿈치가 실수로 빠져나오는 경우가 적지 않았다. 그 경우에도 연결 줄을 이용하면 비교적 쉽게 발 받침대로 돌아갈 수 있지만, 내 경우에는 거의 540킬로그램에 달하는 자이로스코프와 설치용 브래킷까지 붙잡고 있어서 연결 줄을 사용할 수는 없었다.

릭과 나는 자이로스코프와 브래킷을 부착한 볼트들을 화물창 바닥에서 풀어내기 전에 줄을 자이로스코프에 묶고, 구역 연결 줄은 우주왕복선의 짐칸 구역 바닥에 설치된 난간에 연결했다. 나는 피곤했지만 모든 것이 시계 바늘처럼 정확하게 진행되도록 집중력을 유지하려고 최선의 노력을 다했다. 모든 볼트를 제거한 뒤, 우리는 짐칸에서 서서히 떨어져 나왔고 이번에는 스카치가 나를 다시 우주정거장 쪽으로 데려갈 차례였다. 그때 나는 두 팔로 자이로스코프를 꼭 잡고 "이동 시작!"이라는 신호를 보냈다. 로봇팔이 움직이기 시작했고, 곧바로 나는 구역 연결 줄이 여전히 묶여 있다는 걸 알아채고 소리쳤다. "이동 중단!" 말할 필요도 없겠지만 모두의 시선이 집중되었다. 스카치가 물었다. "무슨 일입니까?" 내가 대답했다. "오래 걸리지 않을 겁니다. 줄을 풀면 됩니다." 먼저 자이로스코프를 짐칸 바닥에 내려놓았다. 연결 줄은 여전히 자이로스코프에 묶여 있었고, 나는 왼손으로 자이로스코프를 눌러 움직이지 않게 고정한 뒤 오른손으로 재빨리 구역 연결 줄을 풀었다. 피곤했던 까닭에 나는 이동을 요청한 뒤에야 줄을 풀지 않았다는 사실을 깨달은 것이다. 우리는 훈련이 끝난 뒤에 그 과정을 가감 없이 보고했고, 우주에서 똑같은 실수를 되풀이하지 않기 위해 확인 단계를 기억에 새기고 또 새겼다.

재확인

나는 실제로 첫 우주유영 임무를 마친 뒤, 승무 일지에 이렇게 썼다. "환상적인 우주유영이었다! 잠자던 도중에 눈을 떴지만 모든 게 계획대로 진행되었다. 비행하는 것처럼 훈련하고, 훈련하는 것처럼 비행했던 멋진 결실이었다!" 두 번째 우주유영에서도 우리는 완벽한 팀워크를 과시하며 조금의 실수도 없이 계획대로 모든 과제를 진행했다. 새 자이로스코프를 꺼내려고 캐나담2 로봇팔에 올라타 짐칸으로 이동하며 둘러본 주변 경치는 그야말로 경이로웠다. 이번에 나는 연결 줄 규칙을 단계마다 이중으로 점검한 뒤에 '이동'을 요청했다. 내가 이동을 요청하자, 콜드웰이 재확인하려는 듯 "구역 연결 줄은 푸셨지요?"라고 물었다. 내가 대답했다. "확인 완료!" 그 대답을 듣고 스카치가 짐칸에서 나를 끌어내 우주정거장 쪽으로 옮겨갔다. 이것이 바로 팀워크였다. **팀워크는 자존심을 지키거나 당신이 구성원들에게 무엇인가를 떠올리면 상대방이 기분 나빠지는 않을지 걱정하는 게 아니다. 팀워크는 안전과 효율성과 성공 가능성을 높이기 위해 모두가 확실하게 협력하는 것이다.**

우주정거장으로 옮겨갈 때는 자이로스코프가 얼굴을 완전히 가려서 내 발아래 멋진 지구를 볼 수 없었다. 우주에서 로봇팔의 끝에 걸터앉아 540킬로그램에 달하는 물체를 두 손으로 잡고 옮기는 데는 많은 위험이 따랐다. 그때, 스카치가 "경치가 어떻습니까?"라고 물었다. 그는 자이로스코프 때문에 내가 아무것도 볼 수 없다는 걸 알았다. 스카치의 짓궂은 농담 덕분에 나는 웃을 수 있었다. 그리고 임무를 성공으로 이끌고 감정적인 에너지를 관리하는 팀워크에 대해 다시 생각해볼 수 있었다. 위대한 팀은 언제 유머를 사용해야 하는지 안다. 우리는 그렇게 하나의 팀으로 결집한 덕분에 임무를 수행하는 데 성공했다.

최고의 성과를 내는 팀을 구축하려면 시간이 걸린다. 헌신에도 시간이 걸린다. 팀원 모두가 각자의 능력을 발휘하고 팀 활동에 적극적으로 참여해야만 한다. 개인의 역량도 팀 전체의 역량만큼이나 중요하다. 개인의 역량이 팀 역량의 토대가 된다는 점에서, 어떻게 협력하느냐에 따라 성공 여부가 결정되는 경우가 많다. 기업의 팀에서는 개인적인 능력과 협력하는 능력, 팀의 규모, 권한과 자원, 조직 문화와 보고 구조 등 모든 것이 중요하다. 우주유영팀을 구성하는 일은 승무원들에게 임무를 부여하는 과정이기도 하다. 위험이 큰 환경에서는 팀 전체의 성공으로 이끌어갈 수 있는 행동 자질을 지닌 사람을 팀원으로 선정하고, 개인적인 기술 역량을 고려해 과제를 배정해야 한다.

기술적 역량이 필요한 팀에서는 어떤 특정한 분야에 대한 전문성을 기준으로 팀원을 선정하지만, 다른 경우에는 협력하는 능력과 소통 능력, 협상하고 갈등을 해결하는 능력, 리더십과 팔로워십뿐 아니라 적극성과 근면성, 인내심과 헌신, 팀의 사기를 높이는 능력 등 다양한 비기술적 역량을 지닌 사람이 유능한 팀원일 수 있다. 많은 사람이 경험했듯이, 기술적 능력은 뛰어나지만 "동료의 진을 빼앗는" 사람이 적지 않다. 그런 사람은 우월한 기술적 역량 때문에 선택되었을지 모르지만, 그가 잠재적으로 팀에 미치는 부정적인 영향은 상당할 수 있다. 오히려 팀원들과 함께하며 팀 전체의 역량을 높여가려는 마음가짐을 지닌 팀원들이 훈련을 통해 기술적 역량을 키우는 편이 더 나을 수 있다. 독불장군 같은 팀원을 바꾸는 일에는 꽤 큰 에너지가 소모되는 경우가 많다.

다양성

역량을 중시하는 환경에서, 기술적 역량만을 기준으로 팀원을 뽑는다면 다양성이란 특성이 줄어든다. 그러나 둘 모두를 지녀야 임무 수행을 위한 훌륭한 환경이 조성된다. 기술적 역량을 중요하게 여기면서도 다양한 인종과 문화와 젠더를 고려해 팀원

> 나는 전국에서 적절한 후보를 찾아내고, 그들 모두에게 프로그램에 지원할 기회를 주는 게 중요하다고 생각했다.
>
> —조지 애비

을 선발하면 더 강력한 팀이 만들어진다. 조지 애비는 이 점을 염두에 두고 1978년 우주왕복선 프로그램에 참가할 제1진 우주비행사를 선발했다.[3] 그때 선발된 35명의 우주비행사 중에서 여섯 명이 여성, 세 명이 아프리카계 미국인 남성, 한 명이 아시아계 미국인 남성이었다. 이런 선발은 당시 우주비행사 군단에 다양성을 구축하기 위해 시도된 중대한 첫걸음이었고, 애비는 그 이후의 선발 과정에서도 이 원칙을 고수했다. 선발되지는 못했지만 촉망되는 후보에게는 다시 지원할 경우에 선발될 가능성을 높이려면 무엇을 해야 하는지에 관한 조언을 해주었고, 일부에게는 기술적 역량을 향상하는 데 도움을 주고자 존슨 우주센터에 일자리를 제안하기도 했다. 배경과 상관없이, 협력해 일하고 팀과 함께 성장하며 다양한 분야에서 새로운 기술을 배우려는 의지를 지닌 후보가 결국에는 우주에서 가장 뛰어난 임무 수행력을 보였다. 궁극적으로 우주비행은 팀워크이며, 우주유영이 완벽한 실행의 본보기라는 점에는 의문의 여지가 없다.

위대한 조직은 다양성을 포용하고, 지속적인 학습과 인재 개발을 통해 위대한 팀을 만들어낸다. 사람들은 그런 조직의 일원이 되기를 바란다. 그곳에서는 시대를 앞서가려는 개발을 멈추지 않으며, 최고의 인재를 끌어들이려는 흥미진진한 문화가 강렬하게 빛나기 때문이다. 거대

한 피라미드 구조에서 우주유영을 뒷받침한 수천 명의 구성원이 나사의 문화를 기꺼이 즐겼고, 우리는 하나의 팀으로서 각자의 능력을 최대한 발휘해 성공을 거두었다.

인사이트 노트

- ◆ '2인' 법칙을 준수하면 오류의 가능성뿐 아니라, 그로 인한 영향도 줄어든다.
- ◆ 소통은 중요하다. 그러나 믿을 만한 정보를 신속하고 확실하게 전달하는 일은 쉽지 않다.
- ◆ 앞으로 할 일을 준비하고, 준비된 일을 하라.
- ◆ 팀을 구축하는 데는 시간과 헌신, 소통과 신뢰가 필요하다. 최고의 성과를 내는 팀은 대체로 팀원 간의 신뢰가 높다.

경청하라

19장

진실을 축약할 것이 아니라
새로운 표현 방식을 찾아내야 한다.

—에드워드 터프티, 통계학자

에드워드 터프티는 둥근 안경 너머로 청중을 바라보고 느릿하게 말하면서 자신의 논점을 강조했다. "단어, 숫자, 영상, 도표, 사진, 동영상, 무엇이 되었든 간에 증거는 증거입니다. 정보는 형태를 상관하지 않습니다. 내용도 형태에 구애받지 않습니다. 모든 것이 정보입니다. 글을 읽은 사람이나 영상을 보는 사람이나 ⋯ 앞에 주어진 자료를 이해하고 그에 대해 추론하며, 질적인 관련성과 진실성을 평가하려는 지적인 노력을 기울이기 마련입니다."[1] 터프티는 현재 예일대학교의 사회과학, 컴퓨터과학, 통계학 분야의 명예교수다. 그는 계량적 정보를 시각적으로 표현하는 데 열정적이다. 지금까지 『새로운 눈으로 보라』(*Seeing With Fresh Eyes*), 『아름다운 증거』(*Beautiful Evidence*), 『계량적 정보의 시각적 표현』(*The Visual Display of Quantitative Information*)을 비롯한 많은 책을 발표했다. 터프티는 통계학과 미술을 현대적으로 결합한 독특한 인물이며, 진실이 중요한 시대에 데이터 분석 전문가로서 컬럼비아호 사고 조사 위원회로부터 자문을 요청받기도 했다.

2003년 2월 1일 아침, 우주왕복선 컬럼비아호의 28번째 임무, STS-107에 참가한 우주비행사들의 가족들은 플로리다 케네디 우주 센터에서 사랑하는 가족의 귀환을 느긋하게 기다리고 있었다. 우주왕복선이 발사되었을 때의 떠들썩하던 분위기와 달리, 착륙할 때는 설렁하기 그지없었다. 항상 그랬듯이 비행을 끝낸 승무원들의 기자 회견을 취재하려는 소수의 언론만이 눈에 띄었고, 둑길에는 호기심 많은 구경꾼이 우주왕복선이 착륙하는 모습을 보려고 모여 앉아 있었다. 승무원들의 우주왕복선 하차를 돕는 동시에, 우주선을 다시 임무에 투입하기 위해 곧바로 청소를 시작하려는 나사의 팀도 대기 중이었다. 가족들은 33번 활주로 근처에 서서, 컬럼비아호가 착륙하기를 기다렸다. 동부 표준시로 오전 9시 16분에 착륙할 예정이어서 이른 아침부터 준비해야 했지만, 모두가 완전히 깬 상태에서 곧 있을 축하와 포옹의 순간을 기대하고 있었을 뿐이었다. 베테랑 우주비행사의 가족들은 우주왕복선이 우주 센터에 접근하며 아음속 비행으로 전환할 때 발생하는 두 번의 음속 폭음에 유심히 귀를 기울였지만, 그날 아침에는 그 소리가 들리지 않았다.

아침 8시 59분, 착륙까지 예정된 시간 17분을 앞두고 STS-107 임무가 텍사스 북동부 상공에서 공중분해되며 끝나고 말았다. STS-107 임무는 이미 많은 실험을 수행했고 상업용 화물을 적재했다는 점에서 공중분해가 되기 전까지는 과학적으로 완벽하게 성공적인 임무였다. 하지만 그 비극적인 결과의 원인은 16일 전, 즉 1월 16일 이륙하고 81.7초 후에 발생한 사건이었다. 우주왕복선이 하늘로 추진하는 동안, 외부 연료통을 떠받치던 왼쪽 받침대에서 발포 고무 조각 하나가 떨어져 시속 880킬로미터의 속도로 우주왕복선의 왼쪽 날개 끝부분을 때렸다. 상승하는 동안에는 발포 고무의 충격이 뚜렷이 드러나지 않았다. 운항 관제팀과 승무원의 관점에서 보면, 그날의 상승은 우주까지 8.5분 만에 올라간 또 하나의 경이로운 기록일 뿐이었다. 하지만 24시간 뒤에 비디오 영상을 검토한 결과, 충격의 여파가 명확히 드러났다. 영상을 프레임 단위로 면밀하게 분석하자, 날개에서 조각 같은 것이 우수수 쏟아져 나오는 모습이 보였다. '그 충격에 궤도선이 피해를 입었을까? 그랬다면 그 피해의 정도는 어느 정도였을까?'라는 중요한 질문이 모두의 마음을 사로잡았다. 이 의문에는 임무 관리팀Mission Management Team, MMT이 답해야 했다.

임무를 지원하는 일에는 휴일이 없다. 임무가 수행되는 내내 전문가들로 구성된 팀이 우주선 시스템을 감시하고, 승무원들과 교신하며 운항 관리실을 지켜야 한다. 이륙과 착륙은 비행에서 가장 역동적인 단계이면서 가장 위험한 순간이다. 게다가 경험으로 확인했듯이 사고는 온갖 형태로 언제라도 발생할 수 있으므로 임무가 수행되는 동안에는 잠시도 경계심을 늦추지 못한다. 게다가 임무 수행 동안에는 매일 MMT 회의가 열리고, 고위 프로그램 관리자들이 만나 임무 수행과 관련된 쟁점들을 논의한다. 임무가 수행되는 동안 스페이스 셔틀 프로그램 사무국을 지원하고, 공학과 기술과 관련해 피드백을 제공하는 임무 평가실 책임자가 공학적 데이터를 MMT에 보고한다. MMT 팀장은 우주왕복선 프로그램 관리자에게 갱신된 임무 진행 상황 정보를 제공하고, 우주왕복선 프로그램 관리자는 나사의 고위 경영진에게 관련된 쟁점들을 알린다.

비디오 영상을 분석한 보잉과 나사의 공학자들이 제공한 의견을 바탕으로 구성된 파편 평가팀Debris Assessment Team은 즉각적으로 조치했다. 과거에도 발포 고무의 타격이 있었지만, 컬럼비아호를 때린 발포 고무의 예측 크기는 과거보다 더 컸다. 외부 연료통이 우주왕복선에서 분리된 뒤에 승무원들이 연료통을 찍은 영상을 보냈지만, 영상에서는 발포 고무가 떨어져 나간 부분이 보이지 않았다. 평가팀은 전달받은 영상과 씨름하는 한편, 임무를 수행하는 동안 컬럼비아호의 왼쪽 날개를 계속 관찰하기 위해 군 자산을 활용할 가능성에 관해 논의하기 시작했다. 또한 휴스턴에 파견된 보잉팀은 크레이터Crater라는 소프트웨어 프로그램을 사용해 충격의 결과를 추정해보려 했다. 그러나 크레이터는 '선내' 충돌 사고의 영향을 계산하고 발사된 당일에 파편의 영향을 분석하려고 설계된 것이어서, STS-107에서 관찰된 것처럼 커다란 파편의 영향을 정확히 계산해내기에는 부족했다.[2] 그러나 MMT는 크레이터의 추정 결과를 참고해 과거 발사 과정에서 발포 고무가 떨어져 나간 사례에 대한 분석, 발포 고무가 궤도선에 미치는 영향에 관한 비행 준비 단계 검토 등을 근거로 들어, 발포 고무가 컬럼비아호의 날개를 때린 영향으로 컬럼비아호가 재진입하는 동안 승무원과 비행체가 위험해지지는 않을 거란 결론을 내렸다. 이 안일한 결론과 그 이후에 일어난 비극적 사건이 역사상 가장 복잡한 우주선의 비행이 얼마나 위험하고 힘든 일인지를 다시 한번 깨우쳤다.

나사는 최고로 유능하고 기술적으로 뛰어나며 헌신적이기도 한 구성원들로 구성된 조직이다. 웨인 헤일은 존슨 우주 센터에서 15년 동안 우주비행 감독으로 일한 경력을 인정받아, 케네디 우주 센터에서 우주왕복선의 발사를 총괄하는 관리자로 승진했다. 헤일은 컬럼비아호가 착륙하기로 예정된 날, 즉 2003년 2월 1일부터 케네디 우주 센터에서 근무를 시작하기로 했다. 그래서 승용차에 짐을 잔뜩 싣고, 직접 운전해 플로리다로 향했고, 착륙이 있기 하루 전에 도착했다. 다음 날, 헤일은 승무원들의 귀환을 환영하기 위해 나사의 다른 직원들과 함께 착륙장에 나가 있었다. 승무원들의 귀환을 기다리면서 들떴던 기분은 곧 깊은 슬픔으로 변했고, 속을 쥐어짜는 패배감이 나사 전체에 감돌았다.

헤일은 2017년 내셔널 퍼블릭 라디오(미국의 공영 라디오 방송국—편집자)
와 가진 인터뷰에서, "나는 우리 조직이 위대하다고 생각했다. 우리가
어떤 문제든 해결할 수 있다고 생각했다"라고 말했다.[3] 그러나 다른 연
구원들과 마찬가지로 그도 발포 고무가 궤도선을 때리는 사건이 반복
된다는 사실을 알고 있었고, 데이터와 토론, 과거의 경험을 근거로 "우
리 모두가 걱정하지 않았다. 그 사고가 안전 문제로 발전하지는 않을
것"이라고 생각했다고 전했다.[4]

　헤일은 그때까지 발사를 총괄하는 관리자로 일한 적이 없었다. 컬럼
비아호 사고 후에 빌 파슨스가 새로운 우주왕복선 프로그램 관리자가
되었고, 그해 여름이 끝나갈 즈음에 헤일에게 전화를 걸어 "자네가 프
로그램 부관리자로 휴스턴에 와주면 정말 고맙겠네"라고 말했다. 헤일
은 팀원들과 함께 2년 반을 보내면서 우주왕복선을 비행 가능한 상태
로 되돌려 놓았다. **승리는 실패를 겪은 뒤에 어떻게 하느냐에 달려 있
다.** 헤일은 나사 문화가 변해야 하고, 경험과 데이터에만 의존해왔기
때문에 '새로운 눈으로 보지 못한다'라는 걸 알게 되었다. 나사의 리더
들은 소통 능력을 더 연마해야 할 필요가 있었다. 팀원들과 리더들은
개인적인 의견을 제시할 수 있어야 하고, 주변의 의견을 경청하는 방법
을 익혀야 했다. 헤일은 위험을 관리하는 데는 효과적인 소통이 복잡하
기 그지없는 공학적 분석만큼이나 중요하다는 사실도 깨달았다. 결국
나사의 전 직원이 더 나은 경청자가 되려면 대대적인 변화가 필요했다.

　퇴역한 해군 제독, 해럴드 W. 게먼이 위원장으로서 컬럼비아호 사
고를 7개월 동안 조사했다. 우주선으로부터 신호가 끊어지고 두 시간
이 채 지나지 않아 컬럼비아호 사고 조사 위원회가 결성되었다. 그로부
터 수개월 동안 13명의 위원은 120명이 넘는 인원으로 구성된 팀의 지
원을 받았고, 나사에 소속된 400명의 공학자에게도 도움을 받았다. 그
들은 3만 건 이상의 서류를 검토했고, 200건 이상의 인터뷰를 진행했

으며, 많은 전문가 증언으로부터 증언을 청취했고, 3,000건 이상의 국민 의견도 검토했다.[5] 챌린저호와 아폴로 1호의 경우에서도 그랬듯이, 조사 위원회는 유인 우주비행 프로그램을 진행한 조직의 문화가 비행체와 승무원을 잃는 비극적인 상실에 지대한 영향을 미쳤다고 지적했다. "조사가 진행됨에 따라, 이런 요인들의 중요성에 대한 본 위원회의 확신은 더욱 강해졌다. 따라서 본 보고서는 조사 결과와 결론 및 권고 사항에서 물리적 원인만큼이나 이런 인과적 요인에 큰 비중을 두었다. 인과적인 요인과 비교해, 사고의 물리적 원인은 더 쉽게 파악되고 수정될 수 있기 때문이다."[6] 이 보고서에서 언급된 인과적 요인들은 사회학자 다이앤 본이 『챌린저호의 발사 결정: 위험한 과학기술, 나사의 문화와 탈선』(*The Challenger Launch Decision: Risky Technology, Culture and Deviance at NASA*)에서 제시한 요인들과 유사했다.[7] 본은 '일탈의 사회적 정상화' 현상에 관해 언급하며 "계획에서 일탈된 행동이 기초적인 안전의 자체 기준을 훨씬 넘어섰는데도 불구하고 조직원들이 그런 행동에 너무 익숙해진 나머지, 잘못된 것으로 생각하지 않는 현상을 뜻한다"라고 설명했다.

누구도 규칙을 어기는 일이 용인될 거라고 생각하면서 일을 시작하지는 않는다. 규칙을 위반하는 결정을 내리는 데는 강력한 외적인 힘이 작용한다. 예컨대 챌린저호의 발사 결정에는 일정표의 공공연한 압박이 있었고, 컬럼비아호는 발포 고무의 타격이 외부에 노출되면 추후 우주정거장을 건설하고 운영하기 위한 발사 계획에 영향을 미칠 거라고 우려했을 것이다. 모든 조직에 적용되는 한 가지 교훈이 있다면, 감지하기 힘든 미묘한 결정이 일탈이 진화하는 과정에 은밀히 스며들고, 최상의 조직도 결코 일탈에서 자유롭지 않다는 것이다. 고위직 리더는 조직 내에서 의사결정이 어떻게 내려지는지 면밀하게 살펴야 한다. 예컨대 의사결정에 사회적 압력과 선택, 순응과 편의라는 미묘한 힘이 영향을 미치지 않았는지 살펴야 한다. 자신의 의견을 거침없이 주장하는 팀원은 그에 따른 위험을 혼자 떠안는 경우가 많다. 비틀린 현상에 도전한 그의 용기는 징벌의 대상이 아니라, 오히려 격려를 받아야 마땅하다. 일자리를 잃는 위험을 감수하고 올바르게 행동하려는 사람들도 많지만, 대부분 경우에 입을 다물고 '흐름에 따르는 삶'이 더 쉽다. 위험이 높은 프로젝트를 진행하는 환경에서 효과적 소통은 위험을 관리하는 데 중요한 역할을 한다.

당연한 말이지만 조직 내에서 소통하는 방법은 한두 가지 이상이다. 중요한 정보나 데이터는 팀 전체가 공유해야 하고, 리더에게도 반드시 전해져야 한다. 민간 항공계에서 조종사는 항공 교통 관제 센터의 지시를 제대로 듣고 이해했다는 걸 확인시켜주기 위해 그 지시를 복창해야 한다. 정보를 간결하게 공유하고, 정보에 함축된 의미와 권고 사항을 다른 사람이 쉽게 이해할 수 있도록 말하는 것도 중요하다. 한편, 듣는 사람에게는 잘 듣고 메시지를 정확히 이해하고, 필요한 경우에는 방금 들은 말을 다른 식으로 표현해 재차 확인을 구할 책임이 있다. 이런 소통 방식에는 용기가 필요하다. 청자에게 듣기 좋은 말을 하는 게 아니라 들어야 할 필요가 있는 말을 하며 복잡한 정보를 공유하기는 쉽지 않다. 요즘 직장에서는 전자 메일을 비롯해 다양한 컴퓨터 응용 프로그램이 폭넓게 사용되지만, 1986년 챌린저호 사고가 일어났을 때만 하더라도 우려 사항을 전달하고 정확히 전달되었는지 확인하는 과정이 문젯거리였다. 그때 공학의 시각화라는 개념이 조사 위원회의 관심을 끌었고, 위원회는 터프티에게 조언을 구하기로 했다.

에드워드 터프티는 파편 평가팀이 준비한 파워포인트 프레젠테이션의 6번 슬라이드에 주목했다. 파편 평가팀이 크레이터가 여러 데이터를 근거로 추정한 결과를 전달하고자 만든 자료였다. 터프티의 분석을 통해 막연하고 헷갈리는 '적당히 얼버무린' 표현, 즉 애매모호한 표현에 의사결정자들이 현혹되어 컬럼비아호가 대기권에 안전하게 재진입할 수 있을 거라는 결론을 내렸다는 사실이 밝혀졌다. 당시에는 공학자들이 구두로 보고하는 동안 본질에 파고드는 질문을 던지는 것으로 유명했던 조지 로 같은 나사의 리더들이 사용하던 접근법, 즉 기술적인 문제를 다룬 문서를 읽으며 논쟁하고 토론하던 방식이 전자식 보고용 슬라이드를 사용하는 방식으로 막 전환되었을 때였다. 6번 슬라이드에는 중요 항목을 뜻하는 방점이 찍힌 한 문장에 "부드러운 SOFI spray on foam insulation(발포 고무 단열재에 뿌려지는 분무—옮긴이) 입자가 비교적 단단한 타일 코팅을 뚫고 들어가려면 상당한 에너지가 필요하다"라고 쓰여 있었고, 그 아래의 작은 방점에는 "시험 결과에 따르면, 충분한 질량과 속도에서 가능한 것으로 확인된다"라고 덧붙여졌다.[8] 돌이켜 보면, 이 덧붙여진 글이 무척 중요했다. 어떻게 그처럼 유능한 전문가 집단이 '가능하다'라는 표현에 넘어가고, '어느 정도의 질량과 속도가 비행체에 손상을 주는지' 묻지 않았을까? 어쩌면 6번 슬라이드의 제목, '보수적 관점'이란 타협적인 표현이 그들의 경계심을 늦추었을 수도 있다. 복잡한 현시대의 조직 환경에서는 시간이 항상 최고의 가치를 갖기 때문에, 그 타협적인 제목이 관리자의 적당한 수긍에 영향을 미쳤을 수도 있다는 가정이 충분히 이해된다. 사고 조직 위원회는 "위험 분석에서 얻은 정보와 데이터가 임무와 관련된 위험 평가 과정에서 효과적으로 전달되지 않았다"라는 사실도 확인했다.[9] 게다가 사고 원인 조사를 진행하는 동안 나사 직원으로부터 기술 관련 보고서가 아니라 파워포인트 프레젠테이션과 유사한 슬라이드 자료가 제출된 사실에 놀라지 않을 수 없다. 전자식 프레젠테이션에도 고유한 기능이 있지만, 의사결정에 필요한 정보를 효과적으로 전달하려면 심층적인 기술 분석이 뒷받침되어야 한다.

사고 조사 위원회는 전자 메일에 관해서는 언급하지 않았다. 전자 메일이 어느 조직에서나 흔한 소통의 도구로 사용되는 점만은 분명하다. 많은 도구가 그렇듯이, 전자 메일도 올바로 사용되면 더할 나위 없이 효과적이다. 하지만 온라인에서는 얼굴을 맞대고 용기 있게 대화하는 것보다 담벼락 뒤에 숨는 게 더 쉬워진다. 우리는 연간 대략 250일을 일하고, 고위직 리더는 매일 평균 50~75개 혹은 그 이상의 전자 메일을 받는다. 어떤 쟁점에 관해 면전에서 직접 말하는 직원이 드문 관계로, 리더는 매년 '받은 편지함'에 들어오는 12,000~18,000개의 전자 메일 중에서 중요한 정보를 찾아내려 진땀을 빼야 한다. 게다가 일부 조직에서는 구성원들이 "책임 분산을 위해 CC(참조)나 BCC(숨은 참조)를 하고 CYA(see you, 또 보자)"가 담긴 메일을 작성하는 경우가 많아, 리더들이 중요한 내용을 골라내기 위해서라도 정보를 분류하는 법을 배워야 할 실정이다. 컬럼비아호 관리자들에게 전달된 많은 전자 메일이 답변을 받지 못했다. 그 메일들이 대충 넘겨졌거나 진지하게 읽혔거나 심지어 '받은 편지함' 속 넘치는 다른 메일 사이에 묻혔든 간에, 중요한 정보를 전달하기 위해 다른 접근법이 필요하다는 건 분명하다. **현대 과학기술의 장점에도 불구하고, 최상의 접근법은 얼굴을 맞대고 목소리를 섞는 대화다.** 컬럼비아호 사고 이후에 나사 국장으로서 우주왕복선을 궤도에 다시 띄우는 임무를 떠맡은 마이크 그리핀은 어떤 영역이든 관심 있는 안건에 대해 직접 대면해 논의하는 쪽을 선택했다.

그리핀의 아내 베키는 그리핀이 나사 국장으로 막 취임한 초기에 마셜 우주비행 센터의 데이브 킹으로부터 전화를 받은 날이 지금도 생생히 기억난다. 킹이 주말에 집으로 전화를 걸어와 그리핀을 찾았다. 베키는 "데이브는 세상의 어떤 일보다 우리 집에 전화하는 걸 가장 어렵게 생각했던 것 같았다. 그래서 나는 '걱정하지 마세요. 마이크가 필요하면 언제라도 전화하세요. 나는 괜찮아요. 마이크가 필요하면 밤이든 낮이든 언제라도 전화하세요'라고 말했다."[10] 효과적인 소통을 위해서는 무엇보다 리더의 행동이 중요하다. 리더의 방식에 따라 소통 효과가 개선될 수도 있지만 통로가 닫힐 수도 있다. **리더가 주말, 저녁, 한밤중 등 전화를 받는 때를 정해두면, 중요한 사건에 관한 보고를 적시에 받지 못할 수 있다.** 그리핀은 그런 제약을 없애 버렸다.

그리핀이 국장으로 취임했을 때 나사는 우주왕복선을 다시 궤도에 올리는 STS-114 비행을 준비하고 있었다. 그리핀은 과거의 사건들로 인해 걱정하는 마음을 완전히 떨치지 못했지만, 나사가 우주왕복선을 다시 우주에 띄우도록 간절히 바라고 있었다. 그리핀은 우주왕복선을 안전하게 다시 띄움으로써 국제 우주정거장의 건설을 마무리 짓고, 나사가 해외 협력국들에게 한 약속을 지키고 싶었다. 그는 백악관의 지원도 받았다. 부시 대통령도 기왕 시작한 것을 끝내는 데 최우선순위를 두고, 그 이후에 지구 궤도를 넘어 달에 다시 가겠다는 계획을 강력히 지지했다. 그리핀은 나사가 분명한 목적의식을 갖고 달에 다시 가기를 바랐다. 그 여정의 첫걸음이 우주왕복선 비행을 다시 안전하게 시작하는 것이었다.

그리핀은 유인 우주비행을 책임져야 할 국장으로서, 또 공학자로서 비행 복귀 일정에서 중요한 단계에 관한 정보를 계속 받기를 바랐다. 나사 국장 지위에 취임하고 일주일 만에, 그는 잔해물과 관련한 모든 검토 회의에 참석하겠다면서 모든 회의 일정을 미리 알려달라는 지시를 내렸다. 그 직후 휴스턴에서는 중요한 검토 회의가 열렸고, 그는 회의의 존재에 대해 마지막 순간에 알게 되었다. 그리핀은 황급히 비행기를 타고 곧장 휴스턴으로 날아갔고, 대략 5분을 남겨두고 회의장에 도착했다. 그날 이후 그가 미리 통보받지 못한 회의는 없었다.

회의가 진행되는 동안, 그리핀은 스스로 생각하기에 우주왕복선에서 '록스 피드라인 벨로스*lox feedline bellows*'(액체 산소 공급로의 풀무—옮긴이)라 불리는 외부 연료통에 얼음이 생성되고 떨어지는 현상에 대한 기술적 평가가 불완전한데도 회의 참석자들이 기꺼이 승인하는 모습을 보고 우려하지 않을 수 없었다. 우주항공 분야에서 오랫동안 일한 리더로서 그리핀은 **반드시 일정대로 비행할 필요가 없고, 완벽하게 준비되었을 때 비행하는 게 중요하다는 사실**을 알고 있었다. "고위 관리자들이 스스로 인정했듯이 완벽하게 분석되려면 두 달을 기다려야 했지만, 그들이 당장이라도 우주왕복선을 띄우려 한" 사실을 알았을 때, 그의 걱정은 더욱더 커졌다.[11] 그리핀은 회의실을 천천히 둘러보며, 완벽하게 준비될 때까지 비행을 감행해서는 안 된다고 그들에게 말했다. 그는 그들에게 한 달 반이나 두 달이 더 걸리더라도 시간을 두고 완벽한 분석을 해내기를 바란다고 말했다. 또 그렇게 추가된 시간을 고려해 스페이스 셔틀 프로그램 관리자 빌 파슨스가 제안한 권고 사항, 즉 과거에 발포 고무가 떨어져 나가는 사고가 발생했던 외부 연료통의 록스 피드라인 벨로스에 가열 장치를 부착하라는 권고 사항도 실행하라고 지시했다.

STS-114는 동부 표준시로 2005년 7월 26일 오전 10시 39분에 발사되었다. 컬럼비아호의 사고 이후 29개월이 지난 때였다. 그들의 임무는 국제 우주정거장에 보급품을 전달하는 것이었다. 승무원들은 로봇 팔 캐나다암Canadarm의 끝에 설치된 궤도선 막대 감지 시스템을 사용해 궤도선 아랫면의 표면 상태를 점검하는 데 성공했다. 그렇게 임무의 목표는 달성했지만, 비행을 시작하고 127초 만에 커다란 발포 고무 조각이 연료통에서 떨어져 나갔다. 다행히 조각이 우주선을 때리지는 않았지만, 안전한 복귀 비행을 위해 모든 조치를 한 뒤였기 때문에 이는 예기치 않은 사건이었다. 비행 후 검토 과정에서 나사의 미슈드 조립 공장이 수리한 곳에서부터 발포 고무가 떨어져 나갔다는 사실이 밝혀졌다. 게다가 수리와 재접착에 대한 정보는 고위 경영진에 전달되지 않았다. 그리핀은 비행을 당분간 중단하기로 결정하고, 그 결정에 대해 "이번 사고로 인해 언론으로부터 우리가 우주정거장을 절대 마무리 짓지 못할 거라는 공격을 받았다. 나를 지원해준 대통령을 비난한 언론도 있었다. 그래도 대통령은 '우리에게 필요한 일이라고 마이크가 말하면, 우리는 무엇이든 할 것'이라고 격려해줬다"라고 말했다.[12] 그때 그리핀은 국장에 취임한 지 3개월밖에 되지 않았으며 백악관과 의회가 우주왕복선을 그저 세워두는 걸 달갑게 생각하지 않고 질책할 것이 분명하다고 생각했지만, 그는 자신의 결정이 옳다고 확신했다. 부시 대통령 또한 그를 계속 응원했고, 우주왕복선은 2006년 7월까지 이륙하지 못했다.

그리핀은 올바른 일을 하겠다고 끊임없이 결심했다. "리더로서 나는 내가 외부에 의해 평가된다는 걸 알았다. 누가 결정을 내리고 그 결정이 누구의 생각인지는 중요하지 않다. 수십 년 전에 내가 마음속에 새긴 교훈이다. 나는 평가되고 판정을 받는다. 나를 평가하는 사람들이 내 성과도 평가한다. 내가 어떤 아이디어를 생각해냈는지는 중요하지 않다. 문밖에서도 내 아이디어를 최고라고 생각하는지가 중요하다. 따라서 나는 직원들에게 아이디어가 어디에서 왔는지, 누구의 주장이 받아들여졌는지는 중요하지 않다고 알려주려고 애쓴다. **리더로서 내가 원하는 것은 최고의 아이디어일 뿐이다. 그 아이디어가 반드시 내 것일 필요는 없다.**"[13] 이 책을 쓰기 위해 그를 인터뷰하는 동안, 그리핀이 성공적인 복귀 비행을 위해 중요하다고 생각한 리더십과 팀 정신의 표본을 직원들에게 보여주려 했던 열정이 분명히 느껴졌다. "내가 잘못한 일이라면 솔직하게 인정하고 곧바로 사과했다. '그 점에서는 제가 틀렸군요. 다시 해봅시다.' 리더가 '전적으로 제 실수입니다. 우리가 엉뚱한 것에 집중하고 있었군요. 다시 해볼까요?'라고 말한다면, 모두가 질책을 받지 않아도 되므로 안도의 한숨을 내쉴 수 있다. **목표는 좋은 결정을 내리는 것이다. 누가 실수를 저질렀는지에 모두가 매몰된다면 좋은 결정을 내릴 수 없다.**"

그리핀에게 가장 큰 영향을 준 멘토는 초기 우주왕복선 시기에 나사에서 스페이스 셔틀 프로그램의 부관리자를 지낸 제임스 에이브러햄슨 중장이었다. 그리핀은 에이브러햄슨의 부하로 약 6년 동안 일하며 그가 어떻게 조직을 이끌어가고 운영하는지를 지켜볼 수 있었다. 그리핀은 그를 "내가 지금껏 경험한 최고의 리더"였다고 평가하며 "내가 리더십에 대해 아는 것은 모두 에이브러햄슨에게 배운 것이다. 유일한 후회가 있다면, 그가 가르친 모든 것을 내가 배우지 못했다는 점이다"라고 덧붙였다. 그리핀이 에이브러햄슨에게 배운 교훈들은 우주왕복선의 안전한 복귀 비행을 실행하는 데도 중요한 역할을 했다.

2003년 2월 4일 화요일은 유인 우주비행에 관계한 사람들과 컬럼비아호에 탑승한 일곱 승무원의 가족, 그들을 사랑한 사람들에게 비극적인 날이었다. 그날 존슨 우주 센터에서 릭 허즈번드 선장, 윌리엄 매쿨 조종사, 마이클 앤더슨 탑승 과학 기술자, 데이비드 브라운 탑승 운용 기술자, 칼파나 차울라 탑승 운용 기술자, 로럴 클라크 탑승 운용 기술자, 일란 라몬 탑승 과학 기술자를 애도하는 특별 추모식이 열렸다. 조지 W. 부시 대통령은 모두를 대신한 연설에서, 발사가 있기 몇 주 전에 데이비드 브라운과 그의 동생이 나눈 대화를 언급했다. 임무 수행 중에 뭔가가 잘못되면 어떻게 하느냐는 동생의 질문에 브라운은 "그래도 프로그램은 계속 진행될 거야"라고 대답했다. 부시 대통령은 "브라운 대령의 말이 맞습니다. 미국의 우주 프로그램은 계속 진행될 것입니다. 탐사와 발견이란 대의는 우리가 선택할 사안이 아닙니다. 이미 우리 인간의 마음속에 새겨진 염원입니다. … 우리는 최고의 인재를 찾아내 그들을 전인미답의 어둠 속에 보내고, 안전하게 귀환하기를 기도할 따름입니다. 그들은 온 인류를 위해 숨졌습니다. 온 인류가 그들에게 빚을 졌습니다"라고 역설했다.[14]

우주비행사들의 가족과 친구가 느꼈을 슬픔을 어떻게 말로 표현할 수 있을까? 나사 공동체 전체가 그들과 고통을 함께하며 슬퍼했다. 추도식이 있기 전날, 나(저자)는 텍사스 러프킨에서 휴스턴으로 돌아갔다. 러프킨에는 컬럼비아호와 승무원들을 잃은 후로 계속된 잔해 회수 작업을 위해 갔던 참이었다. 사흘 전, 즉 그 운명의 토요일 아침, 우리 가족은 도심에서부터 찾아온 몇몇 친구들과 함께 텔레비전으로 착륙 중계를 보고 있었다. 비극적인 소식이 들려오던 중에 전화벨이 울렸다. 나사 워싱턴 본부의 수석 의무관, 리치 윌리엄스 박사의 전화였다. 윌리엄스는 "지금 착륙 중계를 보고 있습니까?"라고 물었다. 나는 "그렇습니다. 존슨 우주 센터로 출발할 준비를 하고 있습니다. 도착해서 연락드리죠"라고 대답했다. 익숙한 10분 거리를 운전하는 동안, 내 자동차가 자동조종되는 듯한 기분이 들었다.

나는 먼저 과거에 근무했던 행정동 8층에 있는 사무실에 들러, 내 후임으로 SLSD를 끌어가고 있었던 제프 데이비스 박사와 잠깐 이야기를 나누었다. 그는 전화로 컬럼비아호와 승무원에게 닥친 비극을 처리하기 위한 계획을 논의하고 있었다. 두 달 전 내가 새로운 우주비행 훈련에 재배치되기 전에 사건과 관련한 계획이 전반적으로 수정되었기 때문이다. 데이비스가 나를 보고는 전화기를 무음으로 설정했다. 내가 "계획은 원만하게 진행되고 있습니까? 내가 도울 게 있을까요?"라고 물었다. 그가 대답했다. "아닙니다. 아무런 문제가 없습니다. 궁금한 게 있으면 전화를 드리겠습니다." 나는 "알겠습니다. 저는 혹시라도 도울 게 있는지 알아보기 위해 우주비행사 운영실에 가려고 합니다"라고 대답했다. 그리고 두 시간 뒤, 나는 나사 항공 안전 트럭을 타고 텍사스 러프킨으로 향하고 있었다. 동행자는 존슨 우주 센터에서 우주비행 승무원 운영실 책임자를 역임한 짐 웨더비와 두 동료 우주비행사 조지 잠카와 배리 윌모어였다.

웨더비는 17년 전 챌린저호 사고가 일어났을 때도 잔해 회수 작업에 참여한 적이 있었다. 당시에는 조지 애비가 우주비행 승무원 운영실의 책임자로서 잔해 회수에서 핵심적인 역할을 했다. 내가 그에게 "조지에게는 연락이 갔을까요?"라고 물었다. 웨더비는 "글쎄, 모르겠네요"라고 대답했다. 나는 핸드폰으로 애비에게 전화를 걸었고, 내 핸드폰을 그에게 건네주었다.

위험도가 높은 운영 환경에서 일할 때는 준비 상태가 중요하다. 나는 대니얼 골딘, 짐 웨더비와 찰스 프리코트(당시 우주비행사 운영실 실장), 존 글렌 상원의원 및 STS-95에서 그와 함께 비행한 동료 우주비행사들을 만났을 때가 떠올랐다. 골딘이 프리코트에게 "당신이 계속 언급하는 운영 환경이 무엇입니까?"라고 묻자, 프리코트가 대답했다. "시간이 한정된 환경에서는 '결정'이 생사를 결정합니다. 그런 환경에서는 우리가 잘못된 결정을 내리더라도 그 결정을 철회할 여유가 없습니다. 그 다음에 내리는 결정들로 수정하고 나아갈 뿐입니다." 우주비행사 훈련, 운항 관제 센터와 함께하는 모의실험을 비롯한 모든 지속적인 학습은 혹시나 닥칠지 모를 상황에 대비하기 위함이다. 그러나 우주선의 상실은 미리 대비하기가 어렵다. 다만, 사고 당사자의 가족이 예전으로 돌아갈 수 없다는 사실만이 분명하다. 그러므로 재앙과 말로 표현할 수 없는 비극, 친구와 동료의 상실에 대한 대비가 철저하게 갖춰져야 한다. 결코 일어나지 않기를 바라는 사건에 대한 대비가 필요하다. 6개월 전쯤, 나는 SLSD 책임자로서 필립 스테파니악 박사에게 프로그램을 수정해 달라고 부탁했다. 스테파니악은 그 까다로운 작업을 2002년 가을까지 완벽하게 마무리해냈다. 우리는 그렇게 수정된 계획안을 영원히 사용할 날이 없기를 바랐지만, 혹시 모를 상황에 대비해 준비를 해두었다. 우리 중 누구도 석 달 뒤에 그 회복 계획을 시험대에 올리게 될 줄은 상상조차 하지 못했다.

5분쯤 지났을까? 웨더비가 조지 애비와의 전화를 마쳤다. 통화 내용에 관해 대화를 나눌 틈도 없이 내 핸드폰이 다시 울렸고, 끊어지기가 무섭게 또 다시 울렸다. 그날이 저물기 전에 나는 50통가량의 전화를 받았다. 우주비행를 실행하기 전에는 임무에 관련된 모든 부문에 대한 준비 상태를 확인하는 과정이 있다. 얼마 전까지 나는 SLSD 책임자로서 임무 관리팀의 일원이었고, 존슨 우주 센터의 발사 관제 센터에서 다른 고위 관리자들과 나란히 앉았던 경험이 있었기에 그렇게 많은 전화를 받았다. 하기야 임무 관리팀의 구성원들은 문제가 생기면 문제 해결에 필요한 모든 정보를 확보하는 데 무척 능숙했다. 요즘이라면 필요한 모든 문서를 스마트폰이나 태블릿 혹은 컴퓨터로 받겠지만, 2003년까지도 우리는 전자화된 정보와 종이에 인쇄된 정보를 복합적으로 사용했다. SLSD에서는 긴급 상황이나 비행체를 상실하는 사고에 대처하기 위한 모든 정보를 포켓 크기의 작은 책자에 담아 두었다. 나는 스무 번 이상 우주왕복선 임무를 지원한 뒤에 휴대전화와 노트북, 충전기와 옷가지, SLSD이 긴급 상황에 대비해 작성한 책자를 항상 내 승합차에 구비해 다녔다. 그 책자는 장례식 준비팀에 의해 사흘 동안 끊임없이 사용되었다. 지휘 본부에서는 책자를 추가로 제작해 각 부서의 리더에게 배포했다. 책자에는 연락처, 승무원들에 대한 자료, 위험 물질, 궤도선에 탑재된 화물 등 처음 24시간 동안 황급히 필요한 여러 기본적인 정보가 담겨 있었다.

나는 텍사스 북동부에서 보낸 시간을 앞으로도 결코 잊지 못할 것이다. 나는 2003년 2월과 6월 사이에 현장의 안팎을 오갔다. 컬럼비아호 사고가 내 이력에서 가장 비극적인 사건이었지만, 당시 지역 공동체, 산림청의 자원봉사자들, 연방 재난 관리청, 나사의 여러 팀, 법 집행기관들, 구급대와 소방관들이 보여준 대응은 그때까지 보아온 모든 경험 중에서 최고의 팀워크였다. 우주비행을 재개하려면 과거에 일어난 사고에 관한 철저한 분석이 선행되어야 한다. 비행체와 승무원의 상실로부터 회복하는 일은 우주에 갔다 돌아오는 일에서 무엇보다 중요하고 화급한 문제였다. 이러한 회복의 측면에서는 감히 미국이 최고였다고 말할 수 있다.

나는 자정을 훌쩍 넘긴 2월 2일 이른 아침에야 잠자리에 들 수 있었다. FBI의 요원이 어디에서 묵을 예정이냐고 물었다. 나는 잠시 생각한 뒤에 현장을 떠나지 않고 계속 머물 거라고 대답했다. 나에게 그곳을 떠나는 일은 선택 사항이 될 수 없었다. 담요와 베개를 빌려 지휘 본부 바닥에 간이 잠자리를 마련했다. 우주비행사 운영실에서 파견된 사람은 승무원들과 함께 있어야 마땅한 듯했다. 내가 느낀 슬픔은 나를 짓누르는 쇳덩어리와 같았다. 마지막으로 우주비행을 하는 동안 경험했던 3배의 중력보다 100배는 더 고통스러웠다. 적막감과 어둠이 나를 감쌌다. 그래도 나는 이 임무를 계속하고, 내가 도울 수 있는 일이라면 무엇이든 하겠다고 다짐했다. 그리고 다음에 예정된 임무 STS-118을 위해 열심히 훈련을 받고 우주에 돌아가, 하늘에서 산화한 친구들과 함께 우주탐사를 계속하겠다고 결심했다.

인사이트 노트

- ◆ 리더에게는 말하기보다 듣는 일이 더 중요하다. 그러나 메시지를 단순히 듣지 않고 제대로 이해하는 일이 더욱 중요하다.
- ◆ 여러 의견이 갈리고 충돌할 때는 가장 보수적인 의견을 찾아 선택하는 게 상대적으로 더 안전하다.
- ◆ 중대한 손실을 겪었을 때는 조직원뿐만 아니라 조직 전체가 슬픔에 빠진다. 리더는 실패로부터 회복하기 위해 정서와 기술이란 양면을 모두 고려해야 한다.

이번에는 효과가 없었다. 그다음은?

20장

당신이 어떤 시도를 하든,

결국에는 두더지 잡기 게임이나 다름없다.

—조 로젠버그, 前 나사 고위 관리자

"아침에 출근하자마자 세 문제로 프로젝트 전체가 휘청거리는 상황을 직면했다. 허블 망원경 수리, 우주정거장, 태양 전지판…. 이 문제를 어떻게 해결해야 할까?"[1] 조 로젠버그는 1990년대 초 허블 우주 망원경과 관련해 그에게 주어진 문젯거리들을 회고하며, 복잡한 대형 프로젝트의 기술적인 문제를 관리하는 일이 끔찍하게 어려울 수 있지만 "영원히 해결될 것 같지 않았던 문제 두 개가 점심시간쯤에 해결되었다. 나머지 하나도 어떻게든 해결될 것처럼 보였다"라고 말했다. 끈기와 낙관은 우주라는 가혹한 진공 공간에서 일할 때 반드시 필요한 자질이다.

허블 망원경 수리를 위한 비행 프로젝트의 부감독이었던 로젠버그는 나사를 지독히 괴롭히던 그 문제를 해결하려고 안간힘을 다했다. 그 강력한 망원경은 발사되었지만 안타깝게도 난시 환자처럼 초점을 정확하게 맞추지 못했다. 결국 발사 두 달 후, 허블 망원경의 수석 과학자 에드워드 와일러는 기자 회견에서 15억 달러짜리 망원경의 반사경이 뚜렷한 영상을 제공할 수 없게 되었다고 발표했다. 그리하여 역사상 가장 유명한 망원경은 언론의 집중적인 조롱거리가 되었고, 초점이 맞지 않는 영상은 의회의 격분을 불러일으켰다. 나사는 해결책을 찾아내야만 했다.

허블은 1990년 4월 24일 우주왕복선 디스커버리호에 실려 발사되었지만, 계획보다 늦은 데다 이미 예산도 초과한 상태였다. 이러한 상황이 결국 불운으로 귀결되었다. 4년 전의 챌린저호 사고로 모든 비행이 2년씩 연기되었고, 허블도 예외가 아니었다. 첨단 과학기술이 적용된 장비로 우주라는 가장 가혹한 환경에서 새로운 공학 프로젝트를 수행해야 하는 어려움을 고려하면, 예산은 폭등할 수밖에 없었다. 특히 망원경 반사경의 제작은 까다롭기 그지없는, 정밀한 공학적 작업이었다. 따라서 허블 망원경을 제작한 기업들은 멀리 떨어진 항성과 은하의 빛을 정확히 포착할 수 있는 형태로 반사경을 깎기 위해 아주 미세하게 컴퓨터로 조절되는 연마기를 사용해야 했다.

나사는 기존 일정보다 늦었지만 허블 망원경을 우주에 띄움으로써 미국인들을 안심시켰다. 모든 우주선은 우주에서 시운전 기간을 두고 통신과 관련된 문제들을 해결하고 장비와 부품들이 최상의 상태인지 확인한다. 하지만 허블 망원경은 시운전하는 동안에 치명적인 결함이 드러나고 말았다. 강력한 연마기에 명령이 잘못 입력되어, 반사경이 잘못된 모양으로 연마된 것이었다. 구면수차라 일컬어지는 광학적 왜곡으로 인한 근시였다. 허블 망원경을 통해 시간을 거꾸로 들여다보며 우주 진화의 비밀에 대해 마침내 알게 될 거라는 인류의 약속이 위험에 처했다.

심야 코미디언들과 신문기자들은 궁지에 빠진 허블을 조롱하고 비난했다. 하지만 로젠버그는 시스템 공학자답게 문제 해결에 나섰다. 영상이 초점에서 벗어난 것은 부인할 수 없는 사실이므로, 해결책을 찾아내야만 했다. 나사에게 다행인 상황도 일면 존재했다. 얄궂게도 허블의 위치였다. 허블 망원경은 우주에 있어 필연적으로 수리하기가 불편할 수밖에 없었지만, 지구 저궤도를 돌고 있었기 때문에 우주비행사들이 접근 가능했다.

수리 작업

허블 망원경의 수리 과정은 합의를 이루어내는 과정과 같았고, 로젠버그는 문제를 해결하려고 나섰다. 먼저 그는 허블을 사용하고 싶어 하는 사람들, 즉 수리된 허블이 제공할 수 있는 가능성을 사용할 기회를 얻으려고 경쟁하는 과학자들을 찾아갔다. 로젠버그는 그들에게 수리 작업을 통해 반사경의 문제를 바로잡을 뿐만 아니라 내친김에 장비들을 개선해 망원경의 성능까지 높이겠다고 약속했다.

"그 약속이 우리가 향후 15년을 공들이고, 모든 자금을 망원경의 수리에 투자하려는 계획에 대한 과학계의 믿음을 얻어내는 데 도움이 되었다"라고 로젠버그가 말했지만, 막상 실행이 쉽지는 않았다.[2] 나사가 언론에서 그야말로 난도질을 당하고 있던 상황에서 로젠버그는 임무를 수행하는 데 필요한 자금을 정치권으로부터 끌어내야 했고, 나사에게는 우주비행사들을 안전하게 우주에 보내 망원경을 수리하겠다는 약속을 받아내야 했다.

합의, 그것이 가야 할 유일한 길이었다.

로젠버그는 임무, 심지어 개인적인 임무와 관련해서도 팀으로 일하는 데 익숙했다. 조직 생활을 시작한 초기에 그는 목표를 이루기 위해 다양한 능력을 지녀야 하는 문제에 부딪혔다. 그러나 다시 학교로 돌아갈 수도 없었고, 해군으로 복무하며 항공모함에서 일하는 게 즐겁기도 했다. 그래서 그는 아내와 합의한 끝에 13년 동안 야간 학교에 다녔고, 보람 있는 결과를 얻어냈다. 그는 학사와 석사 학위를 받았고, 아폴로 달 착륙선을 제작한 그루먼에 취직할 수 있었다.

로젠버그가 그루먼에서 초기에 참여한 작업 중 하나는 달 착륙선의 환경 제어 루프를 개량하는 작업이었다. 그는 시스템을 시험하는 동안 압력이 떨어지는 때를 찾아내는 장비를 만들었다. 나사와의 인터뷰에서 로젠버그는 그루먼이 그 장비를 시험 장치에 연결하려고 계획한 순간을 회고했다. 그루먼은 나사까지 초대하며 대대적인 시연회를 준비했다. 하지만 그 시연회는 실패하고 말았다. 시연회 직전에야 시험 장치와 기기 시스템이 다른 규격으로 제작된 사실을 깨달았기 때문이다. 이에 두 장치는 짝지어질 수 없었다.

교훈

로젠버그는 도전을 주저하지 않았고, 우주공학자라면 마땅히 받아들여야 하는 일련의 '습득 교훈-lesson learned'(어떤 일을 수행하고 난 뒤 그 과정에서 무엇을 배웠는가를 따져보고 개선사항을 정리한 것—옮긴이)에 해당 경험을 추가했다. 훗날 그는 나사와의 인터뷰에서 "나중에야 알았지만, 그 과정에서 … 무척 중요한 교훈 하나를 배웠다. 내가 어떤 상황에 있고, 그 이면에 무엇이 있는지를 정확히 이해하려고 노력해야 한다는 것이다"라고 말했다.

로젠버그는 그루먼의 직원이었지만, 당시 많은 공학자가 그랬듯이 고더드 우주비행 센터에서 진행하던 나사 프로그램에 파견되어 우주선의 발사를 네 번이나 지원했다. 당시는 1970년대 초로, 아폴로 프로그램이 축소되고 다른 프로젝트들이 부상하기 시작하던 때였다. 그중 하나가 정밀한 관찰을 방해하는 지구 대기권 위에서 비행하면서 같은 크기의 그 어떤 망원경보다 멀리까지 우주를 관찰할 수 있는 망원경을 제작하는 것이었다. 그 망원경이 바로 허블 우주 망원경이다. 로젠버그는 1983년 정식으로 나사로 전직해 고더드에서 스페이스 셔틀 프로그램이 초기에 실시했던 궤도 임무, 허블 위성과 솔라 맥스 위성을 작업하게 되었다.

1970년대 초에도 나사는 우주유영의 경험이 많지 않았다. 물론 12명의 우주비행사가 달 표면을 걸었기 때문에 '월면보행' 측면에서는 상당한 경험을 쌓았다. 그러나 우주유영은 그렇지 않았다. 1960년대에 실행된 제미니 임무를 통해, 나사는 우주비행사가 우주선 밖에서 돌아다닐 때 우주선과 지나치게 멀어지지 않으려면 손으로 잡을 수 있는 것과 연결 끈이 필요하다는 걸 알았다. 그러나 그때까지 대부분의 우주유영은 소규모 과학 실험을 위해 행해졌을 뿐이고, 우주선의 수리를 위해 우주유영이 시도된 적은 없었다. 허블을 수리하려면 우주비행사가 육중한 우주복을 입고 아이스하키 선수처럼 두툼한 장갑을 낀 채 섬세한 기구를 어떻게 수리할 수 있을지를 생각해내야 했다.

다행스럽게도 로젠버그는 허블 망원경의 모든 면을 폭넓게 이해하고 있었을 뿐만 아니라, '허블 공학팀'을 이끌던 프랭크 세폴리나와 함께 오래 일한 역사가 있었다. 로젠버그는 망원경에 무엇을 넣고 무엇을 교체할지에 관한 토론을 처음부터 끝까지 지켜보았고, 우주비행사들에게는 무엇을 할 때 편안하게 느꼈고 배울 수 있었는지를 묻고 대화를 나누었다. 거의 20년 동안 허블과 함께하고 프로그램 관리자로 일한 경험을 바탕으로 반사경이 뒤틀렸다는 게 밝혀지자, 그는 모두를 찾아가 "경청하고, 배우고, 실행하기"를 제안했다.

첫 과제는 우주공학자들을 찾아가 그들과 함께 고민하며 해결 방법을 알아내는 것이었다. 로젠버그는 "시운전 과정에서 허블에 구면수차가 발생했다는 사실이 밝혀졌다. 그러나 구면수차를 바로잡기 위한 방법을 알아내려면 어떻게, 왜 그런 문제가 발생했는지를 먼저 알아내야 했다. 두 번째 과제로는 우리가 공동체에게 문제의 원인을 진정으로 이해하고 있다는 확신을 주기 위해 이해 당사자들의 도움이 필요했다. 문제를 바로잡기 위한 계획도 세웠다. 당시 사람들이 나사에게 가졌던 폭넓은 불신을 고려하면, 과학계와 나사의 고위 지도자 및 의회의 감시위원회를 비롯한 이해 당사자들에게 우리가 올바른 방향을 잡았으니 그 계획을 지원해달라고 설득하는 게 더더욱 중요했다"라고 회고했다.

"허블 망원경을 수리하기 위한 계획을 추진하는 동시에 장기적인 프로그램을 유지하며 2세대 장비를 계속 개발할 필요도 있었다." 로젠버그는 당시에 해결해야 할 문제가 수백 가지나 되었다고 말했다. "그래서 최우선으로 처리해야 할 과제 10개를 선정했다. 나는 그 과제들의 문제가 무엇인지 알고 싶었고, 그 문제를 모두에게 알려서 어디에 에너지를 집중해야 하는지 파악해야 한다고 입버릇처럼 말했다." 로젠버그에게는 합당한 계획이 있었다. 그다음 단계는 지원을 받아내는 것이었다.

적응

로젠버그는 "허블은 싸울 만한 가치가 있는 망원경"이라고 언론을 설득하는 것부터 시작했다. 그는 반사경에 결함이 있다고 인정하면서도 여전히 모두에게 유용한 영상을 제공하고 있다는 점을 강조했다. "모두가 한목소리로 허블이 할 수 없는 일을 말했다. 그러나 반대로 허블이

할 수 있는 일은 무엇인지에 대해 생각해봐야 한다. 그러니까 우리는 … 허블을 계속 그곳에 띄워두고 수리할 것이다. 허블이 무엇을 해낼 수 있을까? 바로 그것이 중요하다!"

　로젠버그는 과학계와 함께 일하며 그들의 신뢰를 얻었고 임시 해결책이라도 찾아내려 애썼다. "그들은 무엇이 문제인지를 알아내기 위해 노력했고, 우리는 일관된 문제를 일으키는 원인을 측정하고 검증하는 프로그램을 도입했다. … 마침내 우리는 상당히 올바른 방향으로 망원경을 수정할 수 있는 소프트웨어가 있다는 걸 알아냈다." 그 결과로 얻은 영상은 시스템의 결함에도 불구하고 '환상적'이었다. 로젠버그는 그렇게 언론의 관심을 좋은 쪽으로 서서히 돌리기 시작했다. "언론이 처음 망원경의 결함에 관해 지적하던 논조에서 벗어나, '그럼에도 불구하고…'라는 방향으로 변하기 시작했다. 언론의 눈길이 서서히 달라지기 시작했다."[3]

> 모르는 게 있으면 모른다고 솔직하게 말하라. 그러고는 당신의 현재 위치를 정확히 파악하라.
> —윌리엄 게르스텐마이어, 항공 기술자

　다음 차례는 정치인이었다. 나사는 미국 정부로부터 지원을 받는 기관이다. 다시 말하면, 나사가 필요한 자금을 확보하려면 정부의 우선순위에 부합해야 한다는 뜻이다. 1990년대 초는 세계 경제가 전반적으로 힘든 시기였다. 모두가 불황에 신음했고, 더구나 미국은 걸프전에 개입하기 시작했다. 합의에는 시간이 걸린다는 걸 인정하고, 로젠버그는 매주 사람들을 만나 이야기를 나누는 걸 목표로 삼았다.

　"나는 전략을 세우고 약속을 정한 뒤에 그들을 모임에 초대했다." 그가 정한 '상위 10가지 과제' 목록이 그가 만나 이야기를 나누려던 사람들(조사 위원회에서 활동하는 과학자들, 의원들, 나사의 고위 경영진)에게 매주 배포되었다. 모두가 나름의 의견을 개진했다. 로젠버그는 하루살이 같은 존재부터, 확인해보지도 않고 그를 '납세자의 돈을 낭비하는 쓸모없는 사람'이라며 배척하는 사람에게까지 온갖 비난을 들었다.

"나는 그런 비난을 인정할 수 없었다." 로젠버그는 더 큰 합의로 자신의 주장을 뒷받침하고자 했다. 그는 외부 검토팀을 도입했다. 나사에서 크게 존경받고 그를 기꺼이 도와주려는 사람들에게 신뢰를 얻었다. 아폴로 10호의 선장 토머스 스태퍼드와 나사 국장 대니얼 골딘이 대표적인 예였다. 그들은 로젠버그가 제안한 것보다 훨씬 높은 기준을 제시했고, 로젠버그는 그 기준을 충족시켰다.

골딘의 권고로 로젠버그는 당시에 제안된 해결책, 즉 우주 망원경 광학 교정용 광축 조정기Corrective Optics Space Telescope Axial Replacement, COSTAR의 효과를 더 정확히 파악할 목적으로 여러 팀에게 그 아이디어의 위험도를 측정해보라는 지시를 내렸다. 난시가 있는 사람이 쓰는 안경처럼, COSTAR는 허블의 광학적 결함을 절묘하게 바로잡았다. 그러나 수리임무를 위한 비행을 하려면 정밀함이 필요했고, 모두에게 신뢰를 얻어야 했다.

수리

그 민감한 장비를 성공적으로 수리하려면 고도로 훈련된 우주비행사와 운항 관제팀이 필요했다. 허블 망원경의 수리 작업은 우주를 유영하며 제트팩을 시험하거나 우주왕복선의 짐칸에서 인공위성을 발사하는 작업 같은 것이 아니었다. 회수와 교체, 재설치라는 무척 섬세한 작업이었다. 로젠버그는 워싱턴 DC에서 텍사스 휴스턴까지 날아가 우주비행사 프로그램의 책임자를 직접 대면해 수리 임무에 투입할 우주비행사들을 적어도 1년 전에 지명해달라고 요청했다.

로젠버그의 요청은 받아들여졌고 허블 수리를 위한 드림팀이 구성되었다. 모든 승무원이 한 번 이상 우주를 다녀왔고, 모든 우주유영자가 EVA에 대해 잘 알았으며 두 번 이상 우주를 비행한 경험자였다. 팀에는 당시 나사에서 가장 높은 평가를 받던 우주비행사로, 허블 수리를 위해 다섯 번째 우주비행을 하게 될 스토리 머스그레이브가 있었다. 머스그레이브는 아폴로와 스카이랩 프로그램에서 훈련을 받은 적이 있었다. 우주왕복선으로 비행할 기회를 마침내 얻게 되자, 그는 자신이 이미 직접 시험한 우주복을 허블 임무에 사용할 예정이었다.

허블 망원경이 우주에서 수리 가능하도록 설계되었더라도 그 임무는 우주비행사와 운항 관제팀에게는 여전히 난제였다. 나사에는 감독을 맡아줄 경험 많은 유능한 리더가 필요했다. 탑건으로 졸업한 前 해병 전투기 조종사, 랜디 브린클리에게 그 역할이 맡겨졌다. 우주비행 사무국의 특별 보좌관으로 1992년부터 나사에 근무하던 그가 마침내 허블 수리 임무를 맡게 된 것이었다. "나는 꾸준히 무엇인가를 했고, 그런 노력이 나를 성공의 길로 이끈 듯하다. 허블 수리를 위해 나는 최선을 다했고, 주변에 헌신적이고 유능한 사람들을 두고 그들의 의견에 귀를 기울였으며, 그들이 성공할 수 있도록 환경을 조성하는 데 힘썼다."[4] 그가 과거에 효과를 보았던 공식이 허블 임무에서도 적용된다는 사실이 다시 한번 입증되었다.

허블 수리 임무까지 가는 길은 길고 험했다. 로젠버그는 국장을 비롯해 나사의 모든 직원에게, 그리고 나사의 씀씀이를 꼼꼼히 지켜보는 회계 감사원을 비롯해 정계의 모든 관련자에게 동의를 받으려고 애썼다.

나사에 소속된 모든 구성원의 목소리가 필요했다. 10가지 목록은 여전히 매주 배포되었고 회의도 끝없이 계속되었다. 로젠버그는 "당신이 어떤 시도를 하더라도 결국에는 두더지 잡기 게임과 같다"라며 "두더지는 계속 튀어나오고, 당신은 커다란 고무망치를 휘두른다. 하나를 때려 없애면 다른 놈이 얼굴을 불쑥 내민다. … 프로젝트 관리라는 것도

그렇다"라고 덧붙였다.[5]

마침내 발사할 시간이 되었다. 1993년 12월 2일, 우주왕복선 인데버호가 우주로 치솟아 올랐고, 사흘 뒤에는 허블과의 랑데부와 도킹을 성공적으로 해냈다. 우주비행사들에게는 필요할 경우 일곱 번의 EVA를 할 수 있을 만큼 충분한 시간이 있었고, 그 횟수는 1992년 5월 임무에서 인텔셋 6호 인공위성을 윗단에 설치할 때 시도한 네 번의 우주유영과 비교해 2배에 달하는 숫자였다.

우주유영자는 두 팀으로 나뉘어 교대로 작업에 투입되었다. 한 팀은 스토리 머스그레이브와 제프 호프먼, 다른 한 팀은 토머스 에이커스와 캐스린 손턴으로 구성되었다. 두 팀은 복잡한 수리를 단계별로 진행할 때마다 운항 관제팀과 긴밀하게 소통하며 작업을 수행했다. 이 망원경 작업을 진행하는 데도 팀워크가 필수적이었다.

주택을 수리하는 데 오랜 시간이 걸리는 것처럼, 나사와 협력 업체들이 일어날 수 있는 온갖 상황을 가정하고 시뮬레이션 훈련을 거듭하며 최선을 다했지만, 허블 망원경의 수리 작업 도중에 간혹 뜻밖의 사고가 제기되었다. 그러나 우주비행사들은 적잖은 경험을 바탕으로 운항 관제 센터 동료들의 도움을 받아 즉석에서 문제를 해결하는 적응력을 보여줬다. 예컨대 우주의 기온 변화 때문에 자이로스코프 문의 걸쇠가 쉽게 맞추어지지 않았다. 머스그레이브는 운항 관제팀의 승인을 받은 뒤에, 자기 몸무게를 이용해 걸쇠를 부드럽게 제자리에 밀어 넣었다. 또 손턴이 첫 우주유영을 실시하는 동안 그녀의 우주복 통신 장치가 제대로 작동하지 않아, 다른 동료를 통해 명령을 전달해야 했다. EVA 후반에는 머스그레이브의 우주복에서 누출 문제가 발생했지만, 그는 그 문제를 그럭저럭 해결했다.

우주비행사들은 끝까지 해냈고, 그 복잡한 임무에서 가장 우려했던 부분도 순조롭게 잘 진행되었다. 네 번째 우주유영에서 COSTAR는 할

당된 지점에 말끔하게 미끄러져 들어갔다. 다섯 번째 우주유영에서 모든 것이 마무리되었다. 허블의 조리개 문이 다시 우주로 열렸고, 지상 관제사들은 허블이 지난 3년 동안 얼마나 멀리까지 관찰했는지 확인할 순간을 기다렸다.

개선

허블은 겉보기에는 똑같아 보였지만, 새로운 부품으로 교체되며 완전히 다른 망원경이 되었다. 결함이 있던 고속 광도계는 COSTAR로 교체되었고, 광시야 및 행성용 카메카는 광시야 및 행성용 카메라 2로 개선되었다. 태양 전지판, 자이로스코프, 전기 제어 장치, 자기 탐지기는 보충되거나 교체되었다. 컴퓨터들의 성능도 개선되었다. 인데버호는 허블로부터 떨어져나오며 망원경이 더 높은 궤도에 올라가도록 도왔다. 그 결과, 허블은 지구 대기권으로 떨어질 위험 없이 더 오랫동안 우주에서 작동할 수 있게 되었다.

인데버호는 12월 13일 지구로 귀환했다. 그때부터 망원경의 모든 것이 제대로 작동하는지 확인하는 일은 지상팀의 몫이었다. 휴일을 반납하고 신년을 맞이할 틈도 없이 나사와 협력 업체들은 망원경을 철저히 시험했다. 그로부터 한 달 후, 1994년 1월 13일, 허블의 모든 것이 순조롭다는 반가운 소식이 전해졌다. 허블이 우주로부터 데이터를 전송할 준비가 되었다는 뜻이었다.

우주 산업계에서 일부 전문가들이 허블과 아폴로 13호를 비교하기 시작했다. 두 임무가 똑같이 '성공한 실패'라는 이유에서였다. 하지만 로젠버그의 주장에 따르면, 두 임무는 전혀 비교의 대상이 될 수 없었다. 아폴로 13호에 관계한 사람들은 비상 상황에서 일하며 우주비행사들을 나흘 안에 지구에 데려와야 했다. 반면에 허블 팀에게는 3년이란 시간적 여유가 있었다.

로젠버그는 초기 허블의 실패에 대해 "우리에게 역량의 문제 또는 적어도 절차에 문제가 있다는 게 드러났다"라고 말했지만, "우리는 그 문제를 충분히 파악하고 이해하고 이중으로 점검하는 시간을 가졌다. 그렇게 문제를 완전히 이해한 뒤에야 이를 바로잡으려면 무엇을 해야 하는지에 관한 결정을 내렸다"라고 덧붙였다.

3년은 로젠버그에게 합의를 끌어내기 충분한 시간이었다. 로젠버그는 전문가들로부터 평가와 독립된 검토서를 받았다. 반면에 아폴로 13호는 "짧은 도화선"이었다. "정보가 거의 없었고, 거의 실시간으로 결정을 내려야 했으며, 우주비행사들의 목숨이 경각에 달려 이중으로 검토할 기회도 많지 않았기 때문이다."

로젠버그는 1990년대 강하게 밀어붙였고, 이후 허블 임무에서 로젠버그의 확신이 증명된다. 허블이 발견한 것을 대충만 보더라도, 그리고 망원경의 성능을 끊임없이 개선하려고 네 명의 우주비행사들이 짝을 지어 헌신했다는 사실을 고려하면, 우리가 우주를 이해하는 데 허블이 얼마나 중요한 역할을 해왔는지를 짐작할 수 있다.

허블 망원경의 주된 발견 중 하나는 우주가 끊임없이 팽창할 뿐만 아니라 그 속도가 점점 빨라지고 있다는 것이다. 노벨상을 받은 이론, 즉 우주의 가속 팽창 이론을 말미암아 우주의 연령과 우주에 존재하는 물체가 어떻게 진화했는가에 관해 더 신중하게 생각하게 되었다. 궁극적으로 우주의 가속 팽창 이론을 통해 우주를 더 잘 이해할 수 있게 되었을지 모르지만, 천문학자들은 암흑 물질과 기본 입자 같은 복잡한 물질에 대해 어떻게든 더 완벽하게 이해할 필요가 있다.

허블 망원경은 한 우주선을 구해내는 데도 큰 역할을 했다. 뉴허라이즌스 우주선이 태양계를 통과하는 근접 비행을 시도하는 동안, 허블 망원경은 서너 개의 달이 왜행성인 명왕성의 궤도를 회전하고 있다는 사실을 발견했다. 우주선이 까다로운 근접 비행을 수행할 때 달들이 위치하는 곳을 알아내는 것은 무척이나 까다로운 작업이었다. 지나치게 가까이 접근하거나 지나치게 멀어지면 우주선이 이상한 방향으로 굽어질 수 있었다. 이때 연료를 사용해 방향을 바로잡으려 하면 더 큰 재앙으로 번져 멀리 떨어진 천체에 충돌할 수 있었다. 그러나 허블이 달들을 발견함으로써 뉴허라이즌스호는 안전하게 항해를 계속할 수 있었다. 뉴허라이즌스호는 2015년 명왕성을 지났고, 2018년에 MU69라 일컬어지는 천체를 지난 뒤에도 지구에 정보를 계속 보내고 있다. 그 정보들은 태양계로부터 멀리 떨어진 얼음처럼 차가운 천체들에 대한 우리 지식에 혁명적 변화를 불러일으킬 것이라 기대된다.

한 세대 동안, 허블 망원경이 전해준 영상은 호기심을 자극하고 영감을 불러일으켰으며 세계 전역에서 교과서와 웹사이트에 소개되었고, 심지어 포스터와 티셔츠 같은 상품에도 이용되었다. 허블이 전송한 영상을 캐나다와 미국 및 서유럽의 많은 학생이 학교에서 보았고, 이른바 '허블 세대'가 이제는 나사에서 일한다. 그중 일부는 소셜 미디어와 인터넷 방송을 통해 허블에 대한 정보를 전하는 데 일익을 담당하고 있다.

허블 수리는 최상의 팀워크가 빚어낸 결과였다. 리처드 커비 선장은 "내 머리로는 그보다 중요하고 의미 있으면서도 재밌는 우주비행을 생각해낼 수 없었다. 팀과 함께 일하면서 … 정말 즐거웠다"라고 회고했다. 머스그레이브도 "나사가 마땅히 해야 할 일을 우리는 믿기지 않을 정도로 멋진 팀워크로 해냈다"라고 덧붙였다.[6] 로젠버그와 브린클리가 이끈 여러 헌신적인 노력을 통해 허블 망원경은 '테크노 칠면조', 즉 실패한 첨단 기기라는 오명을 떨쳐내고 세계에서 가장 유명한 망원경으로 변신할 수 있었다. 허블로부터 얻은 '습득 교훈'은 모든 리더에게 좋은 귀감이 되고, 나사가 추진한 차세대 우주 망원경 제임스 웹에도 분

수리된 허블 우주망원경으로부터 얻은 사진. 허블 우주망원경은 발사된 지 30년이 지난 지금도 여러 차례 보수 작업을 거친 뒤 정상적으로 작동하고 있다.

명 긍정적인 영향을 줄 것이다. 제임스 웹 망원경은 더 나아가, 훨씬 더 멀리 떨어진 우주를 관찰할 예정이다. 은하부터 태양계 밖의 행성까지, 우주를 향한 우리의 탐사는 이제야 진정으로 시작되었다.

| 인사이트 노트

♦ 합의를 이루는 데 소요된 시간은 합의로부터 얻어낸 지속적인 지원으로 상쇄된다.

♦ 구성원들을 폭넓게 참여시켜 무엇이 잘못되었는지 파악하고, 앞으로 나아가기 위한 계획을 공동으로 수립하고, 계획의 진행 상황을 점검하라.

♦ 효과가 있는 것에 집중하고, 효과가 없으면 그 원인을 찾아 해결하라.

시도하고
또 시도하라

실수를 예방하고,

그에 따른 결과를 피하고 싶다면

사람에게 더 집중하라.

—**윌리엄 게르스텐마이어**

2018년 10월의 그날, 불량 감지기 때문에 국제 우주정거장으로 향하던 두 우주비행사가 겁에 질려 임무를 중단해야 했다. 익스페디션 57의 승무원들은 완벽하게 대응했다. 그들은 문제를 지상에 무선으로 알렸고, 절차에 따라 응급조치했다. 임무가 6개월에서 단 몇 분으로 단축되었지만, 알렉세이 옵치닌과 닉 헤이그는 안전하게 지상에 착륙했다.

그로부터 몇 시간 뒤, 그들은 언론의 카메라 앞에서 점심을 먹고 있었다. 그들은 신체적으로 아무런 문제가 없었다. 물론 심각한 상황이었지만, 그들은 살아서 건강하게 돌아왔다.

"엉망진창으로 진행된 일은 빠짐없이 기억하지만, 원만하게 진행된 일은 기억하지 못하는 성향이 우리에게 있는 듯하다."[1] 당시 나사에서 유인 탐사 및 운영 부문을 담당하는 부관장이던 윌리엄 게르스텐마이어는 언젠가 전반적인 임무 관리에 대해 이렇게 평가했다. 당시에 일어난 임무 중단 건에 대한 완벽한 평가였지만, 게르스텐마이어와 러시아 측 관계자는 문제를 찾아내서 바로잡는 데 초점을 맞추었다. 우주선과 로켓은 우주까지 진입하는 데 성공하지 못했고, 승무원은 안전하게 지구로 귀환했지만, 다시 시도하기 전에 철저한 조사가 필요했다.

다행히도 러시아팀과 미국팀은 수년 동안 함께 일한 덕분에, 서로간에 신뢰와 전문성이 축적되었다. 따라서 무엇이 잘못되었는지에 대한 평가가 독자적으로 시행되긴 했지만 그들은 서로 상대의 평가를 신뢰했고, 이내 동일한 결론에 도달했다는 것을 알게 되었다.

익스페디션 57은 도중에 중단되었다. 다음 임무는 예정된 시간에 발사되지 않았고, 오히려 3주 일찍 발사되었다. 누구도 서두르지 않았다. 이는 궤도에서 승무원들이 인수인계를 하며 서로 충분한 시간을 논의한 후부터, 국제 우주정거장에서 전부터 일하던 세 승무원이 지구에 돌아오는 과정까지 모두 원활하게 진행되었음을 보여줬다.

캐나다 우주비행사 다비드 생자크는 익스페디션 58을 앞두고 카자흐스탄에서 훈련하던 동안 익스페디션 57의 중단 상황을 지켜보았다. 성공적인 중단과 조사단의 대응에, 생자크는 두 달 뒤에 동일한 유형의 로켓을 탑재한 동일한 우주선에 안심한 채 기꺼이 올랐다. 조사가 여전히 진행 중이던 2018년 10월 말, 그는 캐나다 오타와에서 인터뷰하는 동안 "성공적인 중단을 보고 오히려 러시아가 설계한 소유스 우주선을 더욱더 신뢰할 수 있었다"라고 말했다.

게르스텐마이어는 두 과정을 모두 함께했다. 그는 1977년 루이스 연구 센터에서 사회생활을 시작하며 나사의 일원이 되었고, 1980년 존슨 우주 센터로 자리를 옮겨 우주왕복선 프로그램에 참가했다. 느긋한 루이스 연구소 환경을 떠나 빠른 속도로 운영되는 존슨 우주 센터로의 전근은 그에게 상당한 도전이었다. "계기판 앞에서 능력을 입증하고 검증

받아야 했다. 훈련 지침도 없었고, 교육 자료나 교재 같은 것도 없었다. 훈련의 결실을 혼자 만들어가야 했다. 그러나 진짜 나사에 오게 되어 정말 좋았고, 더구나 우주선이 처음 비행하기 전에 그곳에 전근해 함께 준비하는 기회를 누린 경험이 정말 좋았다."[2]

게르스텐마이어는 아폴로 프로그램에 참여한 발군의 공학자들과 함께 일할 수 있어 정말 기뻤고, 유진 크랜츠와도 직접 대면해 일한 적이 있었다. 그는 우주왕복선 프로그램을 지배하던 문화에 대해 "능력을 110퍼센트 짜내겠다는 우월감이 있었다. 무엇을 알고, 무엇을 모르는지 명확히 하는 게 중요했다. 100퍼센트 투명해야 했다"라고 묘사했다. 공식적으로 훈련을 받은 기회는 없었다. 멘토 역할을 할 만한 선배들은 우주왕복선을 띄울 준비를 하느라 너무 바빴다. 하지만 비공식적으로 배울 기회는 많았다. "크랜츠와 함께 일하며 엄격함과 역량을 겸비해야 함을 알게 되었다. 조지 애비와 함께 일할 때도 똑같은 마음가짐이 필요하다는 사실을 재확인했다. 그들은 그런 면에서 탁월했다. 일상적인 업무에서도 탁월한 면모는 여실히 드러났다."[3]

1981년 우주왕복선이 첫 비행을 실행하는 동안, 게르스텐마이어는 운항 관제 계기판 앞에 앉았다. 흥분되는 순간이었다. 우주왕복선은 미국만의 고유한 우주비행 시스템이었다. "당시 포스터에는 '우리는 우주에 일하러 간다'라고 써 있었다. 우주왕복선은 실제로 그런 용도로 사용되었다. 우주왕복선은 우주에서 무언가를 하고 무언가를 만들 수 있는 다용도 플랫폼이었다."

게르스텐마이어는 소련이 붕괴된 이후로 여러 국가가 협력해 러시아 우주정거장 미르에서 합동 임무를 수행하고, 나사가 러시아와 손잡고 우주를 향해 조심스레 첫걸음을 내딛는 과정을 줄곧 지켜보았다. 치열하게 냉전을 벌였던 관계였기 때문에 양 진영 사이에는 여전히 긴장이 존재했다. 특히 독자적으로 우주 프로그램을 진행하는 데 길들여진 나사와 러시아우주국은 1975년 아폴로-소유스 시험 계획 이후로 처음 긴밀하게 협력하는 임무여서 더욱더 조심하지 않을 수 없었다. 게르스텐마이어는 셔틀-미르 프로그램 운영 관리자가 되었을 때 러시아에서 생활하며 러시아어와 러시아 문화를 습득했고, 러시아 동료들과 신뢰 관계를 구축하려고 애썼다.

게르스텐마이어는 1998년 인터뷰에서 지상과 미르와의 통신이 제한적이었으며, 안전을 이유로 러시아와의 통신이 항상 우선되어야 함을 러시아 측이 미국으로부터 다짐 받았다고 회고했다. 게르스텐마이어는 모든 것을 귀담아들었다. 그는 러시아가 요구한 기준에 맞추어 일했다. 특히 섀넌 루시드가 미르 임무를 수행하는 동안 그녀를 지원했고 항상 러시아 규칙을 준수했다. 그렇게 게르스텐마이어는 러시아의 신뢰를 얻었다.

융통성

게르스텐마이어는 "내가 1분만 더 섀넌과 통신하겠다고 말하면 정확히 1분만 통신했다. 5분을 미적대지 않았다. 통신이 중간에 끊어지면 통신 자체를 포기했다. … 내가 존슨 우주 센터에서 비행 관제팀의 일원으로 완전히 받아들여졌듯이, 모스크바에서 비행 관제팀의 일원이 되는 과정도 전혀 다르지 않았다. 나에게는 무척 보람 있는 과정이었다"라고 당시를 회고했다.

2004년 부관장으로 승진했을 때도 게르스텐마이어는 흔들리지 않았다. 그야말로 목석같은 사람이었다. 당시 이미 50세로 우주를 향한 꿈이 적잖게 깨지는 걸 보았던 때였다. 그는 오하이오 애크런의 시골집에서 스푸트니크가 하늘을 가로지르며 비행하는 장면을 보았던 순간을 생생하게 기억했다. 그는 시험비행 조종사가 되기를 꿈꾸며 해군 사관학교에 입학했다. 그러나 그가 우주공학에 관심을 불태운 때는 퍼듀대학교에서 항공공학과 우주공학을 공부했을 때였다. 나사에 입사해 경력을 쌓아가는 동안, 그는 한때 꿈꾸었던 시험비행 조종사가 아니라 지사에서 차분하게 일하는 관리자가 되었다. 수십 년 동안, 나사와 러시아우주국은 그 차분한 목소리에 크게 의존했다.

여섯 교훈

게르스텐마이어는 나사에서 42년을 재직하는 동안 다수의 프로젝트를 관리했고, 주요 프로그램을 진두지휘했으며, 나사가 우주탐사를 위한 계획을 수립하는 데도 도움을 주었다. 그는 그 모든 것을 직접 목격했다. 나사의 역사에서 최고로 손꼽히는 리더들과 함께 일하며 그들로부터 배웠고, 2018년에는 나사가 운영하는 유튜브 채널에 출연해 자신이 얻은 통찰을 겸손한 자세로 차분하게 설명했다.[4] 그가 여기에서 다룬 여섯 교훈은 스페이스 레거시 그룹Space Legacy group이 20년 전에 발표한 보고서에 수록된 내용을 보강한 것이다.

* 교훈 1: 실수를 예방하고, 실수에 따른 결과를 피하고 싶다면 사람에게 더 집중하라. 달리 말하면, 사무실에 혼자 앉아 데이터만 들여다보고 있지 말고 "팀과 함께 시간을 보내고, 팀과 함께 교감하라"는 뜻이다. 그렇게 할 때, 리더는 프로그램이나 프로젝트가 어떻게 진행되고 있는지를 실질적으로 알 수 있다.
* 교훈 2: 나사가 주력 임무의 전개 과정을 평가하는 방법을 재평가하라. 임무가 종이 설계도에서 벗어나 실질적인 하드웨어로 옮겨갈 때,

"어떤 단계에서는 효과가 있는 관리법이 다른 단계에서는 그만큼 효과적이지 않을 수 있다는 걸 아는 것이 중요하다. 따라서 리더는 자신의 관리 방식을 조절할 수 있어야 하고, 프로젝트가 달라지면 … 조직을 운영하고 관리하는 방식도 달라져야 한다".

★ 교훈 3: 조립, 통합과 시험에 필요한 시간을 현실적으로 계산하라. 새로운 우주선을 제작하기는 상당히 어렵다. 예컨대 마감 일자를 맞추려고 400일 동안 매일 24시간씩 쉬지 않고 일하는 팀을 꾸리겠다는 비현실적인 일정은 결국 좌절로 귀결되기 마련이다. "그런 계획은 망그러질 수밖에 없다. 뒤처진 시간을 만회하는 방법은 더 많은 시간을 갖는 것이다."

★ 교훈 4: 첫 시도에는 어려움이 따를 수밖에 없다는 걸 인정하라. "처음에는 시간이 훨씬 더 많이 걸린다. 이는 학습 곡선으로도 입증된 사실이다. 그러나 두 번째와 세 번째 시도에서는 학습 곡선이 하강한다. 무엇이 적합하고 효과가 있는지를 알 수 있기 때문에 그때부터 절차를 실질적으로 가다듬을 수 있다."

★ 교훈 5: 모든 차원에서 투명하고 개방적인 소통 문화를 확립하라. "조직원들에게 압력을 가하고, 그들에게 책임을 묻고, 엄격한 사랑을 주고 싶을 수 있다. 또 그들에게 새로운 것에 도전하도록 독려하고 싶을 수도 있다. 하지만 동시에 그들이 무언가를 새롭게 시도할 엄두를 내지 못하고, 무언가가 잘못되고 있음에도 솔직하게 털어놓지 못할 정도로 가혹하게 대하고 싶지는 않을 것이다. 따라서 열린 소통 문화를 조성하는 데는 정말 섬세한 기술이 필요하다."

★ 교훈 6: 조직적으로 감독함으로써 임무 수행의 매 단계에 적절한 구성원이 배치되도록 하라. 게르스텐마이어는 우주선팀에서 활동하던 팀원을 로켓팀에 배치하거나 그 반대로 배치함으로써 "각 구성원이 다양한 프로젝트에 참여하도록 유도하는 동시에, 프로젝트 관리에서 전

문성의 수준을 끌어올리고자 했다. … 이 때문에 팀원들이 추가 작업을 하게 될 수도 있지만, 전반적인 수준을 향상하고 미래로 나아가는 무척 긍정적인 방법이기도 하다".

조사

익스페디션 57을 중단한 뒤에 러시아와 미국은 서두르지 않았다. 소유스를 발사하고 35년 만에 처음 발생한 사고라 많은 사람이 당혹스러웠다. 소유스 우주선은 당시 우주정거장에 들어갈 수 있는 유일한 수단이었다. 우주왕복선은 오래전에 퇴역한 뒤였고 나사가 민간 부문과 협력해 개발하고 있던 새로운 우주선은 여전히 진행 중이었다.

당시 나사 국장 제임스 브라이든스타인은 카자흐스탄 바이코누르 우주기지에서 발사 현장을 지켜보고 있었고, 나중에 "오늘 발사는 도중에 중단되었지만, 나사의 우주비행사 닉 헤이크와 러시아의 우주비행사 알렉세이 옵치닌은 아주 건강합니다. 모두의 안전함에 감사할 따름입니다. 사고 원인에 대한 철저한 조사가 있을 것입니다"라고 발표했다.[5]

게르스텐마이어는 조사 과정에 깊이 관여했다. 그가 러시아인들과 좋은 관계를 구축한 덕분에 러시아인들이 그를 암묵적으로 신뢰했기 때문이다. 그는 "실패와 관련된 모든 요인이 … 우리에게 투명하게 공개되었고, 우리는 모든 사항을 확인할 수 있었다. 나는 실제 설계도를 보았고, 그 설계도를 바탕으로 제작된 하드웨어도 두 눈으로 확인할 수 있었다"라고 당시를 회고했다.[6]

러시아에서 나사를 대신해 유인 우주비행 프로그램을 관리한 채드 로는 "그날 밤, 즉 우주선이 발사된 날 밤에 러시아 측이 무엇이 잘못되었는지를 거의 확실하게 알아냈고, 그 정보를 우리에게 전달해주며 앞으로 무엇을 해야 할지도 알려주었다. 그러고는 자신들의 가정이 맞는지 검증하기 위한 분석을 시작했다. 그렇게 분석을 끝낸 뒤에는 향후 사고가 재발할 가능성을 낮추는 방법에 관한 평가를 다각도로 실시했다"라고 회고했다.

나사는 그들의 회의에 초대받지 못했지만, 두 가지 중요한 사실은 변하지 않았다. 첫째는 러시아가 우주정거장의 주요 협력국들에게 최신 정보를 지속적으로 전달하고 있었고, 둘째는 나사가 그 사건을 동시에 독자적으로 조사할 거라는 사실을 모두가 알고 있었다는 점이다.

이는 로의 증언에서도 확인된다. "우리는 러시아의 조사 보고서를 기다렸다. 그러나 화물이 궤도에 올라가지 못해 야기된 문제들을 비롯한 여러 문제가 있었던 까닭에, 내 상관이자 국제 우주정거장 프로그램 책임자였던 커크 셔먼은 자체적으로 전문가 조사단을 구성했다. 우리는 현재 알고 있는 것으로부터 배울 수 있는 것이면 무엇이든 받아들이고, 동시에 전문가를 동원해 무엇이 문제였는지 가정해보고 … 재발 가능성을 낮추려면 전문화된 조직으로서 우리가 무엇을 해야 하는지도 분석하기 시작했다."

공유

러시아와 미국은 각자의 조사 결과를 공유했고, 조금도 다르지 않은 똑같은 결론에 이르렀다는 걸 알게 되었다. 로켓 내 불량 감지기 하나가 원인이었다. 러시아는 기술적인 문제를 바로잡았고, 제대로 수리되었는지 확인하기 위해 동일한 로켓으로 화물을 운송하는 임무를 몇 차례 실행했다. 그 과정은 몇 주가 걸렸다. 마침내 11월, 로켓을 유인용으로 사용해도 좋다는 허가가 다시 내려졌다.

새롭게 선발된 승무원들을 우주로 보내는 일정이 앞당겨졌지만, 모든 것은 계획표에 따라 진행되었다. 올레크 코노넨코 선장은 여러 차례 우주비행을 경험한 베테랑답게 소유스 우주선의 조작과 관련된 표준 시험을 쉽게 통과했다. 처음으로 우주비행에 나서는 다비드 생자크와 앤 매클레인도 할당된 시간보다 앞서 시험을 끝내며 성공적으로 통과했다.

파트너십은 그 임무에 신뢰감을 더해주었고 익스페디션 58을 위한 준비도 보통 때와 다를 바 없이 진행되어, 이륙 순간을 보려고 참석한 사람들은 일반적인 우주 임무와 다른 면을 전혀 눈치채지 못했다. 하지만 다른 점은 분명 있었다. 뜻밖의 임무 중단이 발생한 뒤여서 익스페디션 58은 예정보다 3주 일찍 발사되었다. 승무원들과 대화하는 시간, 발사 전에 촬영하는 시간, 발사대 근처에 마련된 관람석은 모두 익스페디션 57 때와 똑같았다.

달리 말하면, 거의 모든 것이 계획대로 진행되었다는 뜻이다. 승무원들은 안전하게 우주에 들어섰고, 로켓은 다시 경이롭게 작동했다. 게르스텐마이어은 그 힘든 몇 주 동안 자신의 역할을 묵묵히 해냈고, 막후에서 조용히 리더십을 발휘하며 모두가 문제를 해결하기 위해 열심히 일하는 분위기를 만들어갔다. 그는 당시를 이렇게 기억한다. "유인 우주 시스템의 총설계자, 세르게이 로마노프는 임무가 중단된 그 날이 거의 기적적이었다는 것을 알고 있는 듯했다. 닉은 무사히 귀환할 수 있었고, 우리는 6개월 뒤에 그를 다시 우주에 보냈다. 우리는 정말, 정말, 정말 운이 좋았다. 그러나 바깥 세계도 똑같이 생각할 거라고 생각하지는 않는다. … 보수적인 공학자들은 항상 도와달라고 하소연한다. 그들은 항상 힘들다고 말한다. 그들은 항상 어렵다고 말한다. 우리는 언제라도 임무를 중단할 수 있다. 승무원의 안전이 우선이다. 그래야 모든 게 정상적으로 돌아간다. 임무를 중단하는 게 얼마나 어려운 일인지 사람들은 제대로 알지 못한다."

게르스텐마이어는 유인 우주비행에 내재한 위험을 잘 알고 있었다. 그는 나사의 일원으로 챌린저호와 컬럼비아호의 비극을 경험했다. 그의 기억에 챌린처호의 비극은 "나사에 큰 충격이었다. 모두의 마음에 깊은 상처를 남긴 사건이었다. 나는 챌린저호에 탑승한 승무원들과 함께 일한 적도 있었다. 친구와도 같은 사이였다. 나는 그들과 함께 지역 교회와 학교를 다녔다. 그런데 그날 그들이 산화하는 장면을 목격해야만 했다. … 직업적으로도 개인적으로도 너무 힘들었다". 그런 상황에서 계속 밀고 나가기는 정말 어렵지만, 우주를 탐사하려던 승무원들의 열의와 유산을 기리려면 지속적인 전진이 필요했다.

그 비극을 더 큰 맥락에서 이해하는 데 도움을 줄 만한 사건이 수년 뒤에 일어났다. 다시 게르스텐마이어의 기억을 인용해보자. "내가 케네디 우주 센터에서 열린 챌린저호 추모식에 마이크 그리핀을 대신해 참석했을 때였다. 나는 우주왕복선 프로그램을 대표해 연설할 예정이었다. 준 스코비 로저스가 나보다 앞서 연설했고, 나는 그녀의 연설에 큰 충격을 받았다. 그녀는 우리 실수를 원망하거나 한탄하지 않았다. 그 사고로 남편을 잃었는데도 말이다. 오히려 그녀는 그 비극을 담담히 받아들였고, 다음 세대를 위한 학습장 … '챌린저 학습 센터'로 승화시켰다. 내가 그때까지 보았던 어느 것보다 그녀의 연설이 나에게 더 큰 동기가 되었고, 지금까지도 나를 끌어가는 원동력이 되어주고 있다."

위험도가 높은 유인 우주비행이란 영역에서 게르스텐마이어가 리더로서 성공한 데는 정직하고 겸손한 태도가 큰 역할을 했다. 그는 "언제라도 최악의 날을 맞을 수 있다는 걸 알았다. 우리가 만반의 대비를 하고 승무원들에게 절대적으로 정직하다면, 그래서 그들이 위험하다는 걸 알면서도 그 위험을 기꺼이 감수한다면, 앞으로 전진하는 일이 올바른 선택이 될 것이다. … 나는 내가 할 수 있는 일을 확실히 해내고 싶다. 그래서 최악의 날이 닥치더라도 거울을 들여다보며 내 행동을 돌이켜보고 내가 인간의 역량 내에서 할 수 있는 모든 것을 했다고 스스로 말할 수 있기를 바란다".

컬럼비아호의 비극으로 이런 감정이 다시 불타올랐다. "컬럼비아호를 잃었을 때 나는 정말 크게 상심했다. 그런 사고를 절대 허용하지 않을 거라고 개인적으로 다짐했기 때문이다. 하지만 국제 우주정거장 프로그램의 책임자로서 나는 그 사고를 막지 못했다." 게르스텐마이어는 우주왕복선이 한동안 이륙하지 못할 상황이란 걸 알았지만, 그가 관리하고 책임져야 할 승무원이 아직 궤도에 있었다. 그는 국제 우주정거장에 체류하던 승무원들을 정성껏 돌보며 '부정적인 슬픔 에너지'를 긍정적으로 바꿔갈 수 있었다. "우주비행을 재개하는 일이 쉽지는 않았다. 우주왕복선이 언제 비행을 다시 시작할지 알 수 없어, 우리는 무기한으로 기다릴 수밖에 없었다. 게다가 우리는 승무원 숫자를 세 명에서 두 명으로 줄이는 어려운 결정도 내려야 했다. 나는 승무원들을 궤도에 계속 머물게 할 것인지를 두고 러시아와 협상해야 했다."

게르스텐마이어는 러시아 측 상대, 발레리 류민과 화상 회의를 가졌다. 대화는 무척 감정적으로 진행되었다. 류민은 승무원들을 지구로 데려와야 한다고 절대적으로 확신했다. 승무원들을 우주에 계속 머물도록 결론이 난 것은 결국 게르스텐마이어가 류민에게 얻은 평판과 신뢰 덕분이었다. 화상회의를 하는 동안, 게르스텐마이어는 류민에게 "발레리, 당신이 무얼 원하는지 압니다. 당신은 우리가 계속 비행할 수 있기를 원하지 않습니까? 우리가 승무원들을 데려오면 당연히 미국 정부가 승무원들을 다시 궤도에 올려보내기 위해 자원과 자금을 확보하려고 노력할 거라고 당신은 생각할 것입니다. 그러나 발레리, 우리나라 문화는 그렇지 않습니다. 미국은 승무원들이 돌아오면 그들을 다시 우주로 돌려보내려고 하지 않을 것입니다. 따라서 지금 시점에 그들을 데려오면 잘못된 결과를 낳을 것이 분명합니다. 어쩌면 다시 궤도에 올라가지 못할 수 있습니다"라고 설명했다. 류민은 내 말에 불같이 화를 냈다. "그는 나에게 러시아어로 5분가량 욕을 해댔다. 그러나 결국에는 '빌, 당신 말을 믿겠습니다. 승무원들을 계속 궤도에 두도록 하겠습니다. 러시아인 한 명, 미국인 한 명을 우주에 두기로 하고, 그렇게 할 방법을 찾아보겠습니다'라고 말했다."

관계는 중요하다. 당시는 나사의 관리자들이 더 나은 조건을 얻기 위해 협상하려고 애쓰는 상황이 아니었다. 류민은 게르스텐마이어가 진정으로 원하는 게 무엇인지 알고 있었다. "류민은 내 입장을 정확히 알고 있었다. 그는 내가 거의 1년 동안 러시아에서, 그것도 그의 이웃으로 생활하는 모습을 보았다. 나는 유인 우주비행에만 열중했다. 그런 면에서 우리가 지향하는 목표는 같았다. 따라서 우리 둘 사이의 신뢰가 깊었고, 내가 그에게 말한 것이 그의 마음에 들지는 않았겠지만 내 말이 조금도 틀리지 않은 진실이라는 걸 그는 알아봤다."

게르스텐마이어의 생각에 신뢰는 절대적인 필수 조건이다. "서로 100퍼센트 믿고 신뢰해야 한다. 기분이 좋지 않은 날이면 상대에게 오늘은 기분이 좋지 않다고 말할 수 있어야 한다. 그러니까 오늘을 조심하라고 … 내가 어떻게 행동할지 나도 모르겠으니까 나를 조심해야 할 거라고, 평소만큼 기분이 좋지는 않다고 솔직히 털어놓을 수 있어야 한다." 결국 팀을 원활하게 돌아가게 하는 것은 주의력과 균형이다.

우주정거장 프로그램은 공동 작업의 장점을 확실히 보여준 좋은 예다. 이 프로그램은 동시에 다양성을 추구했다. 게르스텐마이어는 프로그램 관리자로서 "다른 문화권 사람들, 결국 사고방식이 다른 사람들을 하나로 묶으면, 단일한 조직에서 자기만의 방식으로 고집스레 끌어가는 경우보다 훨씬 더 강하고 좋은 프로그램을 만들어낼 수 있다"라고 확신했고, "유인 우주비행 프로그램을 진행할 때도 똑같은 방식으로 국제 협력을 도모하는 일이 정말 중요하다고 생각했다".

게르스텐마이어가 나사를 퇴직할 때, 우주정거장 프로그램 관리자를 역임한 웨인 헤일은 "윌리엄은 전문성이 뛰어나며 매사에 빈틈이 없는 사람으로 모두에게 인정받았다. 그는 세심하게 귀담아듣고, 기술적으로 충분한 근거 아래 결정을 내리는 리더로 알려졌다"라고 그를 평가했다.

오랫동안 게르스텐마이어와 함께 일한 사람들, 그가 떠난 뒤에 나사에 남겨진 사람들은 힘들었겠지만, 경영진으로서 그를 비롯한 나사를 은퇴한 사람들이 남긴 유산은 지금도 여전히 그곳에 살아 숨쉬고 있다. 게르스텐마이어는 "고위 관리자로서 내 자신의 논리에 대해 끊임없이 의문을 품고 내가 정말로 안다고 생각하는 것을 정말로 아는지 확인하고 또 확인하는 데 더욱 시간을 투자하려고 애썼다. 예컨대 당신이 무언가를 제대로 이해하지 못할 때 누군가 설명해주고, 다시 궁금한 점을 질문해 진짜로 이해하게 된다면 그것으로 충분하다. 겸손이 중요한 이유는 우리가 하는 일이 너무 어렵기 때문이다. 이런 이유에서도 우리 영역에서는 겸손함이 필수적이다. 항상 모르는 게 존재한다. 모르는 걸 알려면 어떻게 해야 하겠는가? 어떻게 해야 제대로 배울 수 있겠는가? 이는 모두가 해결해야 할 과제다. 요컨대 미지의 세계를 걱정하면서 앞으로 계속 전진하려면 어떻게 해야겠는가?"

2020년 2월, 게르스텐마이어는 스페이스XSapce X의 고문이 되었다. 스페이스X는 캘리포니아에 기반을 둔 기업으로, 그로부터 수개월 뒤에 최초의 유인우주선을 우주로 띄울 준비를 시작했다. 당시 온라인 언론 『아르스 테크니카』는 그런 움직임이 우주정거장 협력국에게 요긴하게 작용할 것이라 보도했다. 한편, 스페이스X는 게르스텐마이어의 영입과 관련해 "항공우주 산업계에서 게르스텐마이어만큼 진지하고 우주탐사를 위한 연합체를 구축하는 방법에 대해 이해가 깊은 사람은 거의 없다. 달과 화성으로 인간을 데려갈 스타십 우주선을 개발하는 데 힘을 함께할 협력자(나사 포함)를 구하고 있는 스페이스X에게 게르스텐마이어는 우주비행을 함께 계획하며 결정적인 문을 열어주기에 최적의 조언자가 아닐 수 없다"라고 발표했다.

게르스텐마이어의 관점을 정리하면 "리더로서 미국의 역할이 절대적으로 중요하다. 우리는 그 역할을 포기할 수 없다. 현 행정부가 달 탐사를 강력히 밀어붙이는 현상은 무척 고무적이다. … 그러나 그런 정책을 지속 가능한 프로그램으로 만들어가야 한다. 미국이 리더가 될 수 있는 길을 만들어가려면 우리는 의도적으로라도 다른 국가들 및 협력자들과 함께 일하며 계속 앞으로 나아가야 한다. 또한 앞으로도 항상 낙관적으로 생각해야 한다. 우리가 지금까지 그렇게 하지 않았다면, 불가능한 과제들을 앞두고 벌써 오래전에 포기했을 것이다."

| 인사이트 노트

- ◆ 막후에서 조용히 리더십을 발휘하며 문제를 해결하기 위해 일하는 분위기를 만들어가라.
- ◆ 프로젝트가 성공하는 이유를 이해하면 성공하는 데 도움이 되고, 실패하는 이유를 이해하면 성공을 유지하는 데 도움이 된다.
- ◆ 기민한 조직은 회복 탄력성이 뛰어나고, 끊임없이 진화하고, 자발적으로 혁신을 시도하고, 실패로부터 회복하는 방법을 알고 있다.

해결책을 찾아서

22장

하나로 모이는 것은 시작이고,

함께 머무는 것은 진전이며,

함께 일하는 것은 성공이다.

—**헨리 포드, 기업인**

대부분 조직에는 기상천외한 이야기들로 꾸며진 '도시 전설'과 관련된 결정적인 순간들이 있다. 새 직원이 들어오면 그런 이야기들은 더욱 극적으로 과장되어 전해지기 마련이다. 나사의 역사에도 그런 순간들이 많다. 존 글렌이 탑승한 프렌드십 7호가 이륙하기 전에 앨런 셰퍼드가 그에게 슬그머니 밀어 넣었다는 '핸드볼 금지'라는 쪽지부터, 아폴로 13호의 '실패는 선택 사항이 아니다'라는 구호까지, 이를 보면 나사는 과거의 기둥들 위에 세워진 조직이라는 사실을 알 수 있다. 시간이 지나면서 대부분의 멋진 이야기는 자체적으로 생명을 가지고 윤색되면서 조직 문화의 일부가 된다. 게다가 복도에서, 회의가 끝난 뒤에, 때로는 심야에 동료들과 맥주를 함께 마실 때 언급되기도 한다. 그런 이야기 속에서 조직을 움직이는 것이 무엇인지 엿볼 수 있다.

달로 향하는 길에 폭발한 우주선과 같은 어려움에 맞서, 아폴로 13호의 운항 관제팀 및 공학자와 우주비행사 들이 보여준 문제 해결 능력은 '실패는 선택 사항이 아니다'라는 구호로 뚜렷이 증명되었다. 영화 《아폴로 13호》(1995) 덕분에 나사와 기업계에서 이 말을 기억하지 못하는 사람은 거의 없다. 팀이 위기에 빠진 상황에 처한 사람에게는 이 구호가 모든 것을 말해준다. 엄격하고 유능한 해병대 조종사에서 비행 관제사로 변신한 유진 크랜츠가 이 구호를 팀과 함께 공유하는 모습을 상상하기는 조금도 어렵지 않다. 그들은 함께 협력해 일했고, 창의적으로 토론하며 해결책을 찾아냈다. 그들은 우주비행사들이 우주선에 탑승할 때 갖고 탔던 모든 것을 한데 모아 종이와 강력한 접착테이프로 이산화탄소 제거 장치를 만들어내는 기발한 방법을 찾아냈다. 또 다른 도시 전설에 따르면, '타이거팀tiger team'이란 명칭도 그 사건으로 만들어진 것이었다. 하지만 많은 도시 전설이 그렇듯, 이 이야기도 완전하지는 않다.

극초음속

월터 윌리엄스는 1939년 루이지애나 주립 대학에서 항공공학으로 이학사 학위를 받았고, 졸업하자마자 나사 랭글리 연구 센터에 입사해 우주선의 안정성과 제어력을 연구했다. 차근차근 승진하던 윌리엄스는 마침내 캘리포니아 무록에 있는 나사 고속 비행 연구소의 소장이 되었다. 고속 비행 연구 프로그램은 초음속 비행과 관련되고, 극초음속 우주선 시험에서 비롯된 복잡한 문제들과 씨름해야 했다. 많은 사람이 초음속 비행의 역사와 음속 돌파에 관한 이야기는 잘 알고 있지만, 극초음속 비행이란 말에는 "그게 뭐지?"라며 놀라는 반응을 보이는 경우가 많다. 극초음속 비행은 기본적으로 스테로이드가 주입된 초음속 비행이라 생각하면 된다.

우주선이 극초음속으로 비행하면 주변의 공기 분자들이 분해되거나 전하를 흡수하며 변하기 시작한다. 극초음속 비행의 경우, 비행이 항상 같은 속도로 진행되지 않는다. 정확히 말해 '극초음속'은 속도가 비행역학에 유의미한 영향을 미치기 시작한 지점을 가리킨다. 음속보다 대략 5~10배 빠른 속도, 즉 시속 6,173~12,348킬로미터의 속도로 움직이는 비행으로, 한 구성요소에서의 작은 변화가 다른 모든 구성요소 주변의 공기 흐름에 큰 변화를 일으킬 수 있는 환경이 빚어진다. 따라서 극초음속 비행에서는 어떤 오류도 용납되지 않는다.

나사 고속 비행 연구소의 연구 프로그램은 시험비행 범위의 한계를 밀어붙였다. 공학자들에게 독립적으로 설계된 부품들을 조립하는 수준을 넘어, 고도로 통합된 새로운 설계에는 티타튬이나 냉각 니켈 같은 신소재를 사용하라고 요구했다. 연구소는 공군 의무관, 즉 시험비행 조종사들의 건강을 검진하는 의사들에게도 무거운 과제를 부과했다. 따라서 공학자들과 마찬가지로 의사들도 미지의 영역을 개척해야 했다. 월터 윌리엄스는 쓸쓸한 표정으로 당시를 회고했다. "그들 앞에서 의사가 조 워커(극초음속 우주선 X-15 조종사)와 대화를 나누었다. 의사가 워커에게 X-15로 비행하는 동안 혼절했느냐고 물었다. 워커는 '절대 없습니다!'라고 대답했다. 의사가 '혼절하지 않았다는 걸 어떻게 확신합니까?'라고 다시 물었다. 워커는 '제가 1초 동안 무엇을 했느냐에 따라 내 운명이 결정되지 않습니까. 지금 저는 여기에 멀쩡히 앉아 당신과 이야기를 나누고 있으니까요'라고 대답했다."[1]

전공의 경계를 초월하며 팀으로 함께 협력해 일한 덕분에 그들은 난제들을 해결할 수 있었고, 결국에는 노스 아메리카 X-15 로켓을 장착한 우주선을 설계해냈다. 그들이 그 과정에서 배운 교훈은 나중에 우주왕복선의 설계에도 반영되었고, 그 결과로 현재의 우주왕복선은 음속보다 25배 더 빠르게, 즉 초속 8킬로미터의 속도로 비행할 수 있다.

타이거팀

윌리엄스의 팀은 기술 관련 전문가들로 구성되었다. 그들은 때로 의견 충돌을 벌이면서도 치열한 논쟁과 토론을 통해 해결책을 찾았고, 그렇게 공유된 해결책은 이후의 비행에서 다시 시험되었다. 이렇게 자료에 기반한 '시험하라, 배우라, 다시 시도하라'라는 과정은 효과가 있었고, 기술적으로 복잡한 프로젝트를 개발하는 데도 성공적인 접근법으로 증명되었다. 윌리엄스는 나사에도 똑같은 접근법을 적용했다. 나사에서 그는 세계 종합 추적 네트워크의 개발을 지휘했고 머큐리 프로그램에서는 비행 운영 감독으로 일했다. 이렇게 차근차근 승진한 끝에 유인 우주비행국과 나사 본부에서 부국장보를 지냈고, 최종적으로는 나사의 수석 공학자가 되었다.

타이거팀의 기원은 월터 윌리엄스가 1964년에 쓴 글에서 찾아진다. 아폴로 13호의 비행이 있기 수년 전으로, 이 글에서 윌리엄스는 복잡한 과학기술 집약체 설계와 관련된 프로젝트의 관리 원칙을 설명했다. 이때 그는 특정한 문제를 일반적으로 단기간에 해결해야 하는 소규모 기술 전문가 집단을 가리킬 때 '타이거팀'이라는 표현을 사용했다. 타이거팀은 "경험과 열정과 상상력을 기준으로 선발되어 어떤 제한이나 제약도 받지 않고, 우주선 하부 조직이나 모의실험에서 모든 가능한 실패 원인을 끈질기게 추적하는 임무가 부여된 기술 전문가로 구성된 팀"으로 정의되며, 유인 우주비행 초기에 나사 조직 문화의 일부가 되었다.[2]

물론 팀원의 선발 기준이 전문 분야의 경험과 열정인 것은 당연하다.

하지만 위 정의에서 흥미로운 부분은 '어떤 제한이나 제약도 받지 않는' 열정과 상상력이 선발 기준에 포함된 것이다. 팀원이 저마다 열정적으로 일하며 어떤 기준이나 제약도 없이 각자의 생각을 동료들과 나누는 아주 무질서한 환경이 눈앞에 보이는 듯하다. 아마 목소리가 점점 높아지고, 분필이 횡횡 날아다니며, 계산자가 공중에서 붕붕거리고, 숫자와 도표가 노란 공책에 어지럽게 난무할 것이다. 그런 무질서로부터 합의를 끌어내며 문제를 해결할 때, 성공의 문이 열린다.

조지 애비는 나사가 사용한 그 독특한 접근법이 대단히 마음에 들었던지, "내가 나사에 처음 왔을 때, 나는 공군과 나사가 공동으로 진행한 '다이나 소어' 프로그램에 참여하면서 이미 공군식 연구 개발에 길들여져 있었다. 공군에서의 경험과 나사의 새로운 경험 사이에는 현격한 문화 차이가 있었다"라고 말했다.[3] 솔직한 소통을 위한 기준틀의 조성이 타이거팀의 여러 성공 요인 중 하나였다.

월터 윌리엄스가 타이거팀에 관한 글을 발표했을 때 브루스 터크먼은 오하이오주립대학교의 교육심리학 교수였다. 터크먼은 '조직의 발전 단계'로 널리 알려진 이론을 전개한 글에서 "팀이 형성되면 혼돈기

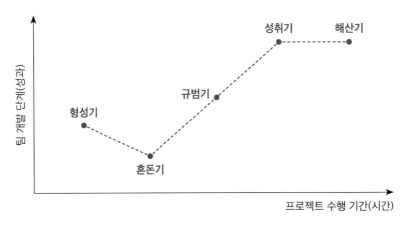

브루스 터크먼 교수가 발표한 조직의 발전 단계

를 거치면서 팀원들이 서로에 대해 잘 알게 되고 일을 어떻게 하는지 파악해가며 신뢰를 구축한다"라고 말했다.[4] 터크먼은 다음 단계인 '규범기norming'로 넘어가기 위해서는 의견 충돌과 성격 차이를 해소하는 게 중요하다고 지적한다. 규범기는 팀이 함께 일하기 시작한 단계다. 이 단계를 넘어 '성취기performing'에 들어서면 팀원들이 생산적으로 함께 일할 수 있다. 터크먼은 어떤 조직에서나 반대 의견이 나올 수 있으며, 그 의견이 적절한 매너와 방식으로 표현된다면 받아들여져야 한다고 인정한다. 터크먼은 다섯 번째 단계로 팀의 목표가 완료된 시점을 강조하며 '해산기adjourning'라고 일컫는 단계를 덧붙였다. 다른 학자들은 이 단계를 '변형기transforming'라고 칭하며, 변화가 조직에 가한 영향에 초점을 맞췄다.

우리의 시선을 조직에서 개인으로 돌려보자. 많은 조직에서 구성원들은 어떤 특수한 팀에 배치되면 "왜 내가 여기에 있지? 무엇을 하라는 걸까? 나는 왜 이 사람들과 함께 일해야 하지? 언제 여기에서 벗어날 수 있을까?"라고 궁금해할 수 있다. 또 항상 우수한 성과를 내는 구성원이 팀에 합류하라는 지시를 거듭해서 받으면 마음속으로 "다른 직원에게 부탁할 수도 있을 텐데"라는 의문을 품을 수 있다. 타이거팀의 팀원들은 이런 의문을 제기하지 않는다. 그들은 자신을 비롯한 다른 팀원들이 해당 팀에 발탁된 이유를 이해하고, 팀의 목표가 무엇인지도 정확히 꿰뚫고 있다. 역량에 기반한 문화를 가진 조직에서 일하기 때문에 팀원들은 각자의 경험을 공유한다. 요컨대 나사의 타이거팀은 열정과 헌신을 다해 일하고, 결국에는 문제를 해결해낸다.

탁월한 성과를 내기 위한 기법으로 개방성과 대화, 브레인스토밍과 토론을 중시하는 문화에서 나사의 타이거팀이 형성기forming에서 곧바로 성취기로 직행한 사실은 조금도 놀랍지 않다. 시간은 어떤 조직에서나 가장 큰 자산이므로, 조직의 문화가 까다롭기 그지없는 문제를 떠맡아 해결해야 한다면 굳이 혼돈기와 규범기를 거칠 필요가 없다. 위험도가 높았던 나사 초기에 활동한 팀원들은 요즘의 타이거팀과 많은 면에서 다르지만, 무척 유능했다. 때때로 의견 충돌로 과열된 논쟁을 벌였지만, 이는 합의와 해결을 위한 과정의 일부였을 뿐이다.

타이거팀은 조직 내에서 일반적인 프로젝트 관리를 대신하는 역할에 그쳐서는 안 된다. 타이거팀을 언제 활용해야 하는지 정확히 아는 것이 중요하다. 다른 말로, 타이거팀은 몇 달이나 몇 년이 아닌, 며칠이나 몇 주 사이에 해결책을 찾아내야 하는 임무, 즉 시간이 한정된 문제에 적합하다. 따라서 과제는 특정한 문제에 국한되어야 하고 타이거팀에 배치된 구성원은 그 분야의 전문가여야 한다. 목표와 일정을 명확히 제한해야 연구 범위가 두서없이 확대되는 것을 막을 수 있다. 범위가 슬금슬금 넓어지기 시작하면 지나치게 광범위해져서 실질적인 해결책을 제시하지 못하는 결론이나 권고에 귀결될 수 있다. 가능하면 팀원에게는 기존의 기한 내에서 충분한 시간을 보장하며 팀 활동에 참여하도록 유도해야 하고, 팀 전체에도 자원이 적절히 지원되어야 한다.

아폴로 13호의 타이거팀이 좋은 예시다. 그들은 우주비행사들을 지구로 안전하게 데려오기 위해 신속하게 조직되었다. 여러 부문의 전문가 집단으로 구성된 해당 팀은 많은 문제를 해결해야 했다. 크랜츠는 폭발 이후의 초기 대응 상황을 회고하며 이렇게 말했다. "내가 타이거팀을 구성하지 않았다는 점이 중요하다. 타이거팀, 정확히 말해 타이거팀의 기반은 예전부터 항상 존재해왔다. 아폴로 프로그램을 진행하는 동안, 우리는 네 운항 관제팀을 두었고 그중 한 팀을 주력 팀으로 지정했다. 임무가 어려움에 부딪혔을 때 실행 계획과 복구 계획을 수립하는 일은 팀 전체의 책임이었지만, 문제를 진단하고 해결하는 책임은 항상 우리 팀에게 주어졌다."

크랜츠와 그의 화이트팀은 교대 근무 시간을 넘기면서까지 초과로 일한 뒤에야 글린 러니와 그의 블랙팀에 인계했다. 그때 크랜츠는 타이거팀을 불러모아, 우주비행사들을 지구로 데려오기 위한 절차와 공학적 문제에 집중하라고 당부했다. "당장 해결해야 할 문제가 많았다. 생존 문제가 걸려 있었고, 전기와 식수를 관리하는 문제도 해결해야 했다. 게다가 우주선을 둘러싼 잔해 구름이 별들을 가렸기 때문에 지구로 순항하는 방법도 생각해내야 했다. … 우리는 문자 그대로 백지 상태, 즉 우주선의 설계와 한계를 무시한 채 작업해야 했다. 따라서 작업을 진행하면서 모든 것을 즉석에서 만들어내야 했다. 팀원 모두가 중요한 역할을 했지만 특별히 기억나는 세 사람은 점검표를 빈틈없이 처리한 아니 올드리치, 전력 문제를 관리한 존 에런, 달 착륙선을 구명정으로 활용하는 가장 효과적인 방법을 생각해내려고 노력한 빌 피터스였다." 그들은 우주비행사들을 지구로 데려오는 해법을 24시간 내에 찾아냈다.[5]

어깨 부상

타이거팀은 아폴로 13호의 경우에 즉각적으로 해결책을 찾아내야 했지만 우주유영에 따른 어깨 부상 문제를 완화하는 전략과 권고 사항을 개발하는 임무에는 5개월이란 오랜 시간이 걸렸다. 대략 3~4년 전부터 우주비행사들이 수중 훈련을 받는 동안 겪는 어깨 부상의 빈도와 강도에 대한 우려가 점점 커지고 있었다. 어깨 부상의 원인은 오리무중이었고, 우주정거장 건설을 완료하려면 우주비행사의 우주유영이 반드시 필요했기 때문에 그 문제를 반드시

> 나는 무언가의 명칭만 알고 싶지 않았다. 그 무엇이 어떻게 기능하는지 모두 알고 싶었다.
>
> —엘리자베스 블랙번,
> 2009년 노벨 생리학상 수상자

해결해야 했다. 우주선을 발사하고 수개월 만에 어깨 부상으로 우주비행사를 잃으면 임무는 물론이고, 우주정거장 건설 자체에도 중대한 영향을 미칠 것이 분명했다.

타이거팀의 과제는 분명했다. 원인을 찾아내고 해결책을 개발해야 했다. 우주비행 승무원 지원, 우주 및 생명 과학, 우주비행 운영, 공학과 우주유영 등 각 분야의 전문가들로 팀이 꾸려졌고, 정형외과와 스포츠 의학 분야의 전문가들도 필요할 때마다 자문가로 초빙되었다. 우주복이 동물의 외골격처럼 관절의 움직임을 적잖게 제약하기 때문에 우주복을 입고 작업하는 일 자체가 무척 힘든 과정이었다. 나사의 공학자들은 두 가지 유형의 어깨 관절이 사용된 우주복을 설계했다. 하나는 어깨의 움직임에 따라 회전하는 방식이고, 다른 하나는 고정된 어깨 구멍을 지닌 우주복이었다. 다수의 우주비행사가 어깨를 움직이기가 상대적으로 편한 회전식 상의Hard Upper Torso, HUT를 선호했다. 하지만 안타깝게도 회전식 HUT는 훈련 과정에서 어깨 관절에 재앙적인 문제를 초래한다는 사실이 확인되면서 퇴출당하고 말았다. 따라서 고정식 HUT가 훈련 과정과 우주에서 사용될 수밖에 없었다.

어깨 부상의 원인을 찾아내기 위해 타이거팀은 어깨의 움직임에 관한 일반적인 생체 역학, 우주복 안에서 어깨의 움직임에 관한 생체 역학, 더 나아가 우주복의 크기와 관련된 인체 측정학과 우주복을 입고 훈련하는 동안 어깨에 가해지는 하중을 먼저 파악해야 했다.

무척 벅찬 난제였다. 타이거팀은 레이저 인체 측정 도구를 사용해 승무원이 우주복을 입은 경우와 그렇지 않은 경우 어깨 관절의 운동성을 비교 조사했고, 하중을 감지하는 난간을 수중 훈련 장치에 부착해 승무원이 훈련 중에 사용하는 다양한 자세에 가해지는 압력을 조사하기도 했다. 이렇게 얻은 데이터에 따르면 고정식 HUT를 입으면 어깨 관절의 운동 범위가 크게 줄어들었고, 뒤집은 자세 같이 특정한 자세로 일할 때는 어깨 관절의 운동성이 손상되었다. 어떤 경우에는 우주복을 입고 훈련하는 동안 어깨 근육의 운동이 제한되어 회전근개라는 어깨 관절 근육 중 하나가 악영향을 받아, 결국에는 부분적으로 혹은 완전히 찢어져 봉합 수술을 받아야 했다.

이런 조사 결과를 바탕으로 타이거팀은 우주복 내에 어깨띠를 두어 악영향을 줄이는 동시에, 가능하면 우주복을 입고 몸을 뒤집은 자세로 훈련하는 과정을 없애라고 권고했으며 즉각적인 실행을 요구했다. 타이거팀의 성공 원인은 명확한 목표 설정, 팀이 활용할 수 있는 광범위한 자료와 전문성, 팀원들이 목표에 집중할 수 있도록 업무량을 줄여준 경영진의 지원에 있었다.[6]

성공 요인

타이거팀의 역할은 우주비행 영역 너머까지 확대되었다.[7] 엄밀히 말하면 윌리엄스의 글이 발표되기 전, 특히 여러 군사 부문에서도 타이거팀이 활용되었다. 아마 타이거팀이 윌리엄스와 그 글을 함께 썼기 때문에, 그리고 해군 시험비행 조종사이던 스콧 크로스필드의 영향도 있었을 것으로 짐작된다. 크로스필드는 나중에 극초음속 우주선 X-15를 제작하던 노스 아메리칸 항공의 수석 시험비행 조종사가 되었다. 여기서 중요한 것은 타이거팀의 기원이 아니라, 여러 조직에서 프로젝트 관리에 타이거팀의 접근법이 선택적으로 적용되었다는 사실이다.

새로운 기술을 개발하면서 혁신을 시도하는 기업들이나 소프트웨어 문제, 보안과 관련된 사고를 조사하는 정보 통신 기업들은 타이거팀의 접근법을 활용해 예외 없이 큰 효과를 기대할 수 있다. 어떤 경우에 타이거팀은 하부 조직을 두고 문제의 해결책을 찾는 데 도움이 될 만한 특정한 과제를 해당 조직에 할당할 수 있다. 타이거팀을 성공으로 이끈 공통점을 나열하면, 팀원들에게 개인적인 의견을 거리낌 없이 말하도록 장려하는 문화, 역량과 전문성 구축에 혼신을 다하는 문화, 목표와 일정을 명확히 설정하고, 소규모의 전문가에게 전적으로 임무를 맡기며 필요한 자원을 적절히 지원하는 문화다. 어쩌면 오늘날 조직 환경에는 과거만큼 순응하는 전문가가 덜 필요할 수 있다. 그러나 경험과 열정, 상상력 및 '모든 가능한 실패 원인'을 끈질기게 추적하는 헌신적인 책임감은 머큐리 프로그램을 시작하던 때만큼이나 오늘날에도 여전히 중요하다.

인사이트 노트

♦ 코앞에 당면한 문제는 즉각적인 해결책이 필요하다. 그 해결책은 전문가들이 함께 머리를 맞대고 일할 때 찾아지는 경우가 많다. 그들에게 기꺼이 기회를 줘야 한다는 뜻이다.

♦ 시험하라, 배우라, 다시 시도하라. 이 과정을 반복하라.

♦ 타이거팀은 아이디어를 솔직하게 공유하고, 계획을 세우고, 그 아이디어를 검증한 뒤에 권고 사항을 간단명료하게 전달함으로써 임무를 성공으로 이끈다.

나사만의 방식

23장

리더십과 학습은
떼어놓고 생각할 수 없다.

—존 F. 케네디

매달 수천 명의 방문객, 협력 업체와 나사의 직원 들이 존슨 우주 센터 정문을 통과한다. 새턴 레인Saturn Lane이란 적절한 이름이 붙여진 길에서 세컨드 스트리트로 방향을 틀면, 보안 검색을 위해 주 출입문 앞에서 일단 멈춰야 한다. 누구도 허락받지 않고는 우주 센터에 들어갈 수 없다. 입장이 허락되면 모두가 로켓 공원 옆을 따라 운전하게 된다. 공원에 세워진 로켓들을 놓칠 수가 없다. 리틀 조 2호, 머큐리-레드스톤, 제미니-타이탄 로켓들이 금방이라도 발사될 듯이 하늘을 향해 있다. 이 로켓들은 우주 프로그램 초기를 떠올리게 해준다. 가장 큰 로켓, 새턴 5호는 비바람으로부터 보호하기 위해 지금은 나지막한 건물 안에 보관되어 있다. 스미스소니언 협회의 국립 항공우주 박물관으로부터 빌려온 이 30층 높이의 로켓은 마치 곧 발사를 위해 수직으로 세워지기를 기다리는 듯이 오래전부터 무방비 상태로 옆으로 뉘어져 있다. 지상에서 110미터 높이로 우뚝 솟은 새턴 5호는 발사대에 놓이고 연료가 주입되면 총 무게가 약 280만 킬로그램에 달한다. 이륙할 때는 340만 킬로그램의 추력으로 지축을 흔들며 올라가 아폴로 우주비행사들을 달까지 데려갔다. 이 거리를 지나가며 로켓들에 눈길을 주지 않고 그 로켓들에 몸을 맡겼던 우주비행사들과 그들을 우주로 보낸 연구원들을 생각하지 않는 일은 불가능하다. 결코 잊지 못할 풍경이다. 대부분 방문객은 과학기술이 빚어낸 그 엄청난 성과를 보며, 경외감과 영감과 의구심이 복합된 감정에 젖는다. 한편 그 로켓들을 나사 문화의 상징으로 보는 사람들도 있다.

조직 문화는 70년 전부터 학자들과 기업계 리더들이 본격적으로 연구해왔다. 세상에는 다양한 기업 문화가 존재하고 조직 문화의 특성과 그에 대한 정의도 제각각 다를 수밖에 없다. 또 복잡한 조직 문화가 있는 반면에 상대적으로 단순한 조직 문화도 있다. 대부분 학자가 동의하는 정의에 따르면, 조직 문화란 구성원들이 조직 내에서 함께 일하는 방식을 뜻한다. 다시 말하면, 업무가 진행되는 방식이란 뜻이다. 따라서 조직 문화는 자부심과 학습과 성장의 근원이 될 수 있지만, 반대로 일에 대한 의욕을 꺾고 좌절감을 안기는 근원이 될 수도 있다. 한창때에 나사의 문화는 구성원 모두가 학습에 열중하며 역량을 구축하는 방향으로 움직였고, 우주탐사를 지원하는 최고 팀의 일원인 것을 자랑스럽게 생각했다. 일부의 평가에 따르면 나사의 문화는 활기차고 역동적이며 현실적이다. 나사는 최고 중 최고인 인재들이 모여 함께 일하고 불가능을 가능하게 만드는 공간이다. 하지만 이런 표현은 나사 문화에 대한 일차원적인 설명에 불과하며, 나사 문화를 정의하는 말은 아니다. 前 나사 국장 마이크 그리핀은 최근 인터뷰에서 나사의 문화를 "나사는 공학engineering 문화다. 우리가 집중해야 하는 것이 바로 그것이다"라고 정의했다.[1] 개인적인 생각이지만 나사에 대한 최고의 정의가 아닐까 싶다.

그리핀은 공학 문화를 명확히 설명하려는 듯 잠시 말을 멈추었고, 신중한 어조로 덧붙였다. "내가 말하는 공학 문화는 구성원들이 학습에 전념하고, 사실에 기반한 논의로 문제를 해결하는 좋은 문화를 뜻한다. 좋은 공학 문화는 더 나아지려고 항상 노력한다. 기술적으로 최첨단을 유지할 수 있어야 한다. 물론 나사에서 우리가 하는 일은 매우 어렵다. 자칫 잘못하면 사람이 죽을 수 있다. 그러나 나사에서 최고는 바로 이 최고의 공학 문화다."

구할 수 있는 최적의 자료를 바탕으로 사실에 기반한 논의는 머큐리와 제미니 프로그램의 초기 성공에 중요한 역할을 했다. 아폴로 1호 화재 사건 이후에 조지 로가 복귀 비행을 준비할 때, 챌린저호 사건 이후에 리처드 트룰리가 우주로의 복귀 비행을 준비할 때, 컬럼비아호 사건 이후에 마이크 그리핀이 복귀 비행을 주도할 때도 이 문화는 중대한 역할을 했다. "최선을 다한다면, 기꺼이 반론을 제기할 수 있어야 한다. 모두가 어떤 점을 두고 똑같은 눈으로 보지는 않기 때문이다. 또한 그것에 부여하는 가중치도 사람마다 다르기 마련이다. 어떤 사실에 모두가 동의를 해도 중요도 면에서는 팀원마다 생각이 다를 수도 있다. 우리가 최선을 다하고 있다는 물리적인 증거는 표면에 드러나는 논의와 논쟁이다. 상대가 누구이든 간에 그 주장을 귀담아들어야 한다. 회의실에서 가장 어린 팀원이 올바른 의견을 제시할 수 있고, 반대로 모두가 구닥다리라 생각하는 가장 나이가 많은 팀원이 정답을 제시할 수도 있다. 한편, 주장은 주장일 뿐이다. 각 주장의 장점에 대해 논의할 수 있어야 한다. 내가 말하는 최선이란 그렇게 한다는 뜻이다."[2] 나사의 고위직 리더들이 수십 년 동안 힘들게 터득한 교훈이 있다면 팀원들에게

"내게 듣기 좋은 말을 하지 마라. 내가 반드시 들어야 하고, 그 말을 들어야 하는 이유를 말하라"라고 요청하는 것이었다.

대부분 조직에서 구성원이 자신의 의견을 거침없이 말하려면 용기가 필요하다. 나사에서도 그런 때가 있었다. 회의하는 동안에 뜨겁게 격론을 벌여도 회의가 끝난 뒤에는 함께 맥주를 마시러 나가는 문화로 팀원들을 지도하려면 강력한 리더십이 필요하다. 나사의 초기 리더들은 솔직한 토론 문화의 장점과 방법을 알았고, 누구나 자신의 의견을 거침없이 말하는 자신감이 환영받는 문화를 성공적으로 정착시켰다. 존슨 우주 센터 소장을 역임하고 '브레이크'라는 호출 신호로 불렸던 제퍼슨 하월은 당시를 이렇게 회고했다. "누군가 경계를 지키지 않고 거칠게 발언함에도 불구하고 다른 팀원들이 부담스럽거나 기분 나쁘게 생각하지 않는다면, 문젯거리를 해결할 수 있는 최적의 환경이다. 유진 크랜츠가 운항 관제팀에 무척 건전한 문화를 심어놓았고, 그 문화가 현재의 운항 관제팀까지 전해졌다. 그들은 서로 뜨겁게 격론을 벌이다가도 문제가 해결되면 서로 등을 두드리고 격려하며 사이좋게 지낸다."[3] 하지만 "팀원들이 기분 나쁘게 받아들이며 원한을 품고 앙갚음하려고 한다면 아무런 효과가 없다는 걸 기억해야 한다. 더구나 대규모 조직에는 많은 부서가 있어, 부서마다 업무를 다른 방식으로 진행하는 경우가 비일비재하다".

어쩌면 존 영이 유인 우주비행에서 가장 존경받는 우주비행사가 된 것은, 우주비행사로서의 신뢰성에 공학자로서의 전문성이 더해진 덕분일 수 있다. 제미니와 아폴로 및 셔틀 스페이스 프로그램에 참가한 베테랑인 존 영은 달 표면을 걸었고, 스페이스 셔틀 프로그램에 따른 첫 궤도 비행 STS-1의 선장이었다. 월요일 아침에 열렸던 우주비행사 회의에서나 나사 리더들과 함께한 보고회에서나 영은 자신의 생각을 항상 거리낌 없이 말했다. 마이크 그리핀은 "존은 어떤 경우든 자신의 생각을 거침없이 말했다"라고 기억한다. 영은 나사의 문화가 아직 정착되지 않았던 시기에는 그런 태도 때문에 징계를 받기도 했다. "존 영은 말년을 존슨 우주 센터 소장의 선임 참모 고문으로 지냈다. 그 직책은 정말 그에게 어울리는 자리가 아니었다. 그런 견책도 존 영의 목소리를 억누를 수 없었다. 감히 말하자면, 존 영은 말을 할 때 지금 내 모습의 표본이었다. 그 어떤 것도 그의 목소리를 잠재울 수 없었다."[4] 어떤 경우에든 옳은 일을 하고 자신의 생각을 가감 없이 밝히겠다는 용기와 진정성과 열의는 나사의 리더들이 구현한 가치였고, 그 가치는 우주비행이란 위험천만한 무대에서 성공할 수 있었던 결정적인 요인이었다. 그 가치를 구현하는 일은 절대 쉽지 않다.

어떤 조직에서나 위 가치들이 부각될 때가 있고 잊힌 듯한 순간도 분명 존재한다. 컬럼비아호의 비극 이후에 다시 우주로 비행하기 위해 노력하는 동안, 그리핀은 직원들에게 다른 의견이 있으면 숨김없이 말하라고 독려했고, 팀원과 리더 들에게는 반대의 목소리를 경청하라고 역설했다. "그렇다고 끝없이 자기 의견을 고집하라는 뜻은 아니다. 자신의 의견을 제시하는 능력이란 상대에게 항복을 받아낼 때까지 자신의 주장을 꺾지 않는 게 아니다. 어떤 주장이나 고유한 장점에 기반을 두어야 한다. 경청과 듣기 피로감listener fatigue 사이에는 만족스러운 중간이 있다. 우리가 최선을 다하는 조직이라면 반대 의견도 환영하고 충돌을 최적의 방법으로 해결할 수 있어야 한다. 최선을 다하지 않는 조직이라면 반대하는 팀원의 주장이 마음에 들지 않는다는 이유로 그를 견책하고 다른 직책을 맡길 것이다."

조직에서 자신의 의견을 거리낌 없이 밝히는 일이 쉽다면 문제 될 것이 없다. 하지만 안타깝게도 그런 환경이 조성되기는 어렵다. 그 때문에 리더가 팀원들에게 각자의 의견을 개진해보라고 독려할 때도 팀원들이 입을 떼지 않는 경우가 많다. **구성원들이 자신의 의견을 아무런**

걱정 없이 밝힐 수 있는 신뢰도가 높은 조직에서 그 문화는 조직의 가치로 승화된다. 반면에 신뢰도가 낮은 조직에서 개인적인 의견을 드러내려면 용기가 필요하고, 팀원 개인에게는 어떤 결과가 닥치더라도 기꺼이 감수하겠다는 기백도 필요하다. 정부 기관의 리더들은 빗발치는 정치적 피드백을 성실하고 진실한 자세로 견뎌내야 한다. 스스로 옳다고 생각되는 일을 한다고 해서 문제가 해결되는 것은 아니다. 어떤 경우에는 다른 사람들만이 옳고 그른 것을 판정할 수 있다. 결국 리더의 과제란 쟁점과 쟁점에 관한 권고 사항을 뒷받침하는 기본적인 데이터를 다른 사람에게 간결하게 전달하는 일이 될 수 있다.

조직 문화를 바꾸는 작업은 어려울 수 있다. 고더드 우주비행 센터 부소장을 역임하고 나사에서 우주비행 담당 국장보를 지낸 조 로젠버그는 고더드에서 비기술적인 시스템의 공학적 난제에 대해 팀원들과 이야기를 나눌 때 "결국에는 사람이 핵심 요소다"라고 말했다. 조직에서 문화를 만들고 수정하고 유지하는 주체는 결국 사람이란 뜻이다. 로젠버그의 철학에 따르면, "문화를 바꾼다고 바로 바뀌지는 않는다. 가치 체계를 바꿔야 한다. 달리 말하면, 구성원들이 하고 싶어 하는 것과 그들에게 동기를 부여하는 것이 바뀌어야 비로소 문화가 바뀐다".

전략적 계획 수립, 조직의 가치를 평가하기 위한 인력 조사, 조직의 새로운 비전을 결정하는 데 조직원의 참여가 동반된다면, 조직이 일하는 방식을 바꾸는 데 도움이 된다. 로젠버그가 말했듯이 "비전을 제시해야 한다. 케네디 우주 센터의 소장을 역임한 로이 브리지스는 비전을 제시하는 데 무척 능숙했다. 비전 제시는 밀어내는 게 아니라 끌어당기는 데 있다. 밀어내기는 정말 힘든 일이다. 그러나 끌어당길 수 있다면, 그것도 가장 뛰어난 인재를 끌어들일 수 있다면 얼마나 좋겠는가. 리더가 진정으로 원하는 것이 바로 그것이다".

브리지스는 우주왕복선 프로그램에 종사하던 인력의 규모에 변화를 가해야 했을 때 아예 새로운 인사 구조를 만들어 유인 우주비행의 미래를 위한 발판으로 삼고 싶었다. 로젠버그의 증언에 따르면, "그의 목표는 인재들을 프로그램에서 밀어내는 게 아니라, 그들이 오고 싶어 하는 곳으로 만드는 것이었다. 그때 그가 확립한 것이 상업용 우주기지라는 개념이었다".[5] 로젠버그는 브리지스를 '사고형 리더thought leader', 즉 팀과 함께하며 새로운 비전을 조직에 심어주기 위해 열심히 일하는 리더로 규정했다. 브리지스가 제시한 새로운 비전에 힘입어 케네디 우주 센터의 문화가 바뀌었고, 더 나아가 민간 기업이 우주선을 발사하는 시대를 대비할 수 있었다.

모든 직원의 마음을 사로잡아라. 팀 전체가 중요하다. 로젠버그가 고더드의 문화를 바꿔가기 시작했을 때, 당시 그곳에서 근무한 캐시 네이도의 증언에 따르면 "그는 치밀하게 짜인 절차를 차근차근 밟아가며 고더드 우주비행 센터에서 앞으로 해야 할 일을 규정한 뒤에, 차세대 리더들로 팀을 구성해 고더드가 지향해야 할 방향을 결정했다". 이때 네이도는 로젠버그에게 "한 단계 더 내려가서 차세대 리더들, 즉 부서장이나 소규모 프로그램 관리자에게도 우리 조직이 어떤 모습을 띠어야 하는지 물어야 한다"라고 제안했다.[6] 좋은 의견을 언제나 환영하며 적극적으로 반영하던 로젠버그는 "점심시간에 집중 의견 수렴 시간을 가지기로 결정했다. 500인분의 피자를 준비했다. … 직원들이 모였다. 이렇게 어떤 결정을 내리기 전에 충분한 시간을 두고 팀원 모두에게 우리가 어떤 생각을 하고 있는지를 알려주었다. 추가적으로 포커스 그룹(일반적으로 10명 내외의 사람들이 집단 토론을 진행함으로써 심층적인 정보 획득을 목적으로 구성된 그룹—편집자)을 둬서, 그들이 원하면 언제라도 전략적 계획 수립 집단을 해체하고 포커스 그룹을 소집했다". 로젠버그의 접근 방식은 효과가 있었고, 그 참여의 경험이 도움이 되었다. 로젠버그는 "직원들로 팀을 구성해 그들 스스로 조직의 변화를 끌어가는 일부라는 자부심을 느끼게 했다. 우리는 그들의 의견에 귀를 기울였고, 그들은 자신들의 아이디어가 반영되는 모습을 보았다. 반면에 그들의 의견이 반영되지 않은 경우에는 납득할 만한 이해가 제시됐다".[7]

우주비행사이자 나사 글렌 연구소 소장을 지낸 자넷 카반디도 비슷한 접근법을 사용해 팀원들이 바람직한 행동을 팀의 문화에 녹여내도록 유도했다. 자넷은 연구소의 이름과 같은 인물, 즉 존 글렌 상원에 기반한 가치와 행동을 집약한 포스터를 제작하기도 했다. 그리하여 그들이 공유하던 약속, '모두가 성공하도록 돕기Helping All to Succeed, 탁월함Excellence, 존중Respect, 개방성Openness, 진실성Integrity, 협력Cooperation, 안전Safety'에 해당하는 단어들의 첫 글자로 만들어낸 구호 'HEROICS(영웅들)'이 센터 내에 울려 퍼졌고, 그 바람직한 행동들을 기록하고 널리 알림으로써 성공적으로 문화를 구축했다.[8]

MIT 슬론 경영대학원의 명예교수 에드거 샤인은 조직 문화 분야의 세계적인 전문가로, 조직 문화에 대한 이해는 그 조직이 일하는 방식을 이해하는 것을 훨씬 넘어서는 무척 복잡한 과정이라고 말했다.[9] 샤인은 조직 문화를 구성하는 요소로 인공물artifact, 옹호 가치espoused value, 조직의 기본적인 전제basic organizational assumption를 제시했다. 인공물은 작업 환경에 명확히 드러나며, 특징을 이루는 가시적인 지표를 가리킨다. 나사에는 가시적인 지표가 어디에나 있고, 이는 직원들의 깊은 책임감과 나사가 지금까지 이룩한 성과에 대한 자부심을 반영한다. 대니얼 골딘이 새로 도안된 '지렁이' 로고를 포기하고 원래의 '미트볼' 로고를 되살려 냈을 때, 그 안에 담긴 숨겨진 메시지는 아폴로 시대 문화로의 복귀였다. 다시 말하면 역량과 위험 관리 및 데이터에 기반한 의사결정에 충실하겠다는 선언이었다. 그리하여 나사의 미트볼은 단순한 로고를 넘어서 탁월한 운영에 대한 자부심과 같은 브랜드의 상징으로 진화했다.

조직이 역경을 맞아 대응하는 모습은 조직 문화의 강점을 보여주는 좋은 본보기다. 나사는 세 번의 비극을 겪었지만 그때마다 역량을 구축하고 위험을 관리하며 솔직한 토론와 데이터에 기반한 결정으로 비극을 딛고 다시 일어섰다. 스페이스 셔틀 프로그램이 취소되었을 때 케네디 우주 센터 팀이 보여준 대응도 기억에서 지워지지 않을 정도로 강력했다. 케네디 우주 센터 팀은 아폴로 프로그램에 사용된 새턴 5호 로켓과 우주왕복선의 발사를 준비할 때 사용된 160미터 높이의 발사체 조립동 지붕에 카메라를 설치해두고 주차장을 깨끗이 비운 뒤에, 수백 명의 팀원이 우주왕복선의 모습을 형상화하는 모습을 필름에 담았다. 우주탐사 시대를 씁쓸하면서도 강력하게 떠올리게 해주는 장면이었다. 한때 세계적인 상징이 되었던 프로그램에 참여했다는 자부심을 표현한 것이었다.

자부심은 조직에 도움이 될 수도 있고 걸림돌이 될 수도 있다. 리더십 전문가 존 맥스웰은 자부심을 리더의 가장 큰 문제라고 정의하며, 겸손의 반대 개념으로 발전할 가능성을 염려한다.[10] 맥스웰의 지적에 따르면, 개인의 자부심은 팀워크와 학습 및 관계 구축에 나쁜 영향을 미치고, 개인이 자신의 잠재력을 완전히 발휘하는 데 방해가 될 수 있다. 그러나 팀의 자부심은 그렇지 않다. 팀 단위의 자부심은 팀원을 달에 보내고, 슈퍼볼(미식 축구를 일컫는다—옮긴이)이나 스탠리 컵(북미 아이스하키 리그—옮긴이)을 차지하게 해준다. 나사의 유능한 리더들은 무척 겸손하다. 일부는 팀보다 개인의 자부심을 더 중요하게 여겨 문제에 빠질 수 있겠지만, 대부분은 팀의 역량과 자부심을 구축하는 데 뛰어난 솜씨를 보인다. 구성원이 조직의 일원이라는 데 자부심을 갖지 못한다면, 조직의 가치에 공감하지 못하고 함께 일하는 일에도 즐거움을 느끼지 못할 가능성이 크다. 그런 상황에서 성공을 기대하기는 어렵다.

팀의 자부심은 나사 곳곳에 스며들어 있다. 나사의 암묵적인 복장 규정에는 나사의 역사뿐 아니라 최고의 성과를 내는 팀의 일원이라는 자부심이 담겨 있다. 운항 관제 센터와 발사 통제 센터에 근무하는 팀원들은 정장을 입고, 일상적인 업무에 종사하는 직원들은 로고가 찍힌 옷을 입는다. 나사의 로고는 임무와 관련된 조직이나 소속 부서를 나타내는 글자 위에 뚜렷하게 그려져 있다. 관찰력이 뛰어난 사람이라면 존슨 우주 센터 주변을 잠시만 걸어도 우주비행사들이 T-38 항공기로 훈련할 때 입는 푸른 비행복이나 기하급수적으로 치솟는 그래프, '상업 승무원commercial crew'이라는 문구가 쓰인 폴로 셔츠가 어디에서든 눈에 띈다는 걸 알아챌 것이다.

우주왕복선 시대에 들어선 요즘에는 'STS-' 뒤에 임무의 순서를 나타내는 숫자가 더해진 셔츠, 즉 해당 임무에 참가한 우주비행사들, 그들의 훈련을 담당한 팀, 운항 관제팀이 입었던 셔츠도 눈에 띈다. 그런 셔츠들은 나사팀의 약어(MOD, FCOD, SLSD, Flight Medicine)의 살아있는 도서관이 되었다. 대부분은 나사의 고유한 로고들이 찍힌 셔츠들이 진열된 의류 전문점 랜즈 엔드Lands' End에서 구매할 수 있다. 어디에서나 눈에 띄는 로고는 나사의 일원이라는 자부심과 사기를 보여주는 지표다. 벽에는 운항 관제팀이 감독한 임무들을 기념하는 명판이 붙어 있고, 명판을 벽에 붙이는 기념식도 열리며, 임무 과정을 찍은 사진들이 복도를 장식하고 있다. 나사의 우주 센터를 방문한 일반인조차 나사의 경이로운 역사를 함께하고 그들이 거둔 업적에 자부심을 느끼게 된다. 바로 이곳이 요즘 '나사' 글자가 적힌 옷들이 유행하는 이유를 설명해주는 듯하다. 옷을 입음으로써 나사가 이룬 업적에 조금이나마 함께 자부심을 느껴보려는 게 아니겠는가.

에드거 샤인은 조직 문화에 관해 구글에서 진행한 강연에서 나사의 시각적 지표들을 이렇게 설명했다. "사람들이 나사에 오면 인류학자들이 인공물이나 유물, 즉 문화의 창조물이라 칭하는 것을 보게 된다. 이는 건물, 옷을 입는 방식, 구조물, 어떤 공간에 들어가는 방법, 문화에

속하는 것으로 시각과 촉각, 후각과 청각으로 느낄 수 있는 모든 것, 표면적으로 드러난 모든 상황들이 포함된다." 조직 문화의 심층에는 '옹호 가치'가 포함된다. "우리는 창의적이다. 우리는 빠르다. 우리는 팀을 기반으로 한다. 이런 것들이 우리가 옹호하는 가치다. 이러한 가치들은 더 깊은 차원에 있지만 우리가 일상적으로 취하는 행동이고, 따라서 굳이 자세히 설명할 필요가 없다. 어떤 면에서 우리가 옹호하는 가치는 모두가 당연하게 여기는 가정일 수 있고, 이곳에서 일할 때 자연스레 터득하게 되는 행동 방식이기도 하다."[11]

나사의 옹호 가치는 조직 문화와 직업 문화가 복합하게 얽힌 결과물이다. 나사를 끌어가는 인력에는 다양한 전문 분야의 공학자과 과학자, 의사와 조종사, 항공우주 전문가, 관리직과 보조직이 있다. 일반적으로 나사 직원은 적어도 하나의 학위를 보유하고 있으며 다수의 분야에서 석사 이상의 학위와 업무 경력을 겸비한 인재들이 많다. 나사는 가장 뛰어나고 똑똑한 인재들이 모이는 곳이기 때문에 지식과 학습이 옹호 가치로 여겨지는 일은 조금도 놀랍지 않다. 또 나사는 다양한 분야의 전문가들이 모인 조직이므로 여러 문화가 뒤범벅될 수밖에 없다. 물론 나사가 주로 공학적인 메커니즘으로 운영되는 것은 맞다. 하지만 그냥 공학이 아닌 다른 전문가들의 여러 직업 문화에 영향을 받은 공학 문화라는 사실이 더 중요하다. 이처럼 직업 문화가 혼합된 조직에서 공통된 옹호 가치를 찾는 최적의 방법은, 다양한 차이가 중첩된 벤 다이어그램을 생각하며 겹치는 부분을 찾는 것일 수 있다. 이때 공통분모에는 열정과 헌신, 강력한 직업의식, 증거나 데이터에 기반한 의사결정, 지식과 학습 능력 등이 포함된다.

샤인의 표현을 빌리면 심층 문화는 '행동을 실질적으로 유도하는' 기본 전제다. 이런 가정은 명확해보일 수 있지만 반대로 더 미묘할 수도 있다. 여하튼 이런 전제는 나사의 역사에 줄곧 전해지는 특성, 즉 엄격함와 유능함, 솔직한 의견 표명과 올바른 선택, 진실성과 성실성 등을 반영한다. 이 전제들은 동료 간의 개인적인 소통, 리더십과 팔로워십을 통해 학습되고 경험되며 리더가 권력, 즉 지위에서 파생되는 권한과 영향력을 어떻게 사용하느냐에 따라 크게 영향을 받는다. 예컨대 개인적인 의견을 거침없이 말하는 능력은 학습되는 가치이지만, 리더가 그렇게 말하는 팀원을 조롱하거나 직간접적으로 견책한다면 정보의 자유로운 흐름은 점점 막힐 것이다. **대화와 토론이 인신공격으로 변한다면, 아이디어를 공유할 이유가 사라진다.** 따라서 조직의 상황을 정확히 인식하고 파악하는 일이 리더에게 특히 중요하다. 우주비행사, 운항 관제팀, 조종사가 현재 상황을 정확히 인식해야 하듯이, 리더는 조직의 효율성을 유지하기 위해 조직 내에서 실제로 어떤 일이 벌어지고 있는지 속속들이 알아야 한다. 나사의 역사에서 이런 인식력이 가장 탁월한 리더는 조지 애비였다.

애비는 전문가들이 조직 내의 관계 구축과 마음챙김의 중요성에 관해 언급하기 훨씬 전에 나사와 협력 업체 간의 관계를 구축함으로써, 조지 로가 아폴로 우주선의

> 중요한 것은 끊임없이 의문을 품고 질문하는 것이다.
> —알베르트 아인슈타인

개발 과정에서 실제로 어떤 일이 벌어지고 있는지를 정확히 파악할 수 있게 해주었다. 로는 정기적인 보고 과정만으로는 듣지 못하는 문제에 관해 리더가 실제로 알아야 성공할 수 있다는 것을 본능적으로 알았다. 우주정거장 프로그램을 시작한 초기에 우주 위원회가 성공하려면 조직의 상황에 대한 인식이 무엇보다 중요했다. 마크 알브레히트는 "내 생각에는 조지 애비가 우주 위원회에 합류하면서부터 실질적인 소통이 이루어졌고, … 셔틀-미르 프로그램의 제1단계를 실제로 구체화하는 데 필요한 그들의 요구 사항 및 프로그램의 실현 가능성을 나사의 관점에서 들여다볼 수 있었다"라고 말했다.

짐 웨더비는 애비와 함께 일했을 때를 이렇게 회고했다. "나사 같은 대규모 사회-기술적인 조직에서 일할 때 리더로서 구성원들이 일을 더 잘할 수 있도록 도움을 주는 최상의 방법은 구성원들이 일하는 문화를 이해하는 것이다. 또 어떻게 해야 그들에게 영감을 줄 수 있는지 알아야 한다. 달리 말하면, 우주비행 문화를 이해해야 한다. 조지 애비는 문화를 바꿨다고 할 수 있을 만큼의 변화를 시도했다."[12] 애비는 팀을 정성껏 관리하는 동시에 프로그램을 위해 도움이 될 만한 행사를 계획하기도 했다. 예컨대 과학과 공학 분야에 대한 학생들의 관심을 불러일으키기 위해 안전의 날에 매운 요리 대회를 개최하고, 지역 봉사 활동의 일환으로 긴뿔소 프로젝트를 진행했다.

애비의 기본적인 전제들(헌신과 진정성, 역량 기반, 존중과 시간 엄수, 옳은 일을 하기, 재능있는 사람에게 기회를 주기)은 당시 존슨 우주 센터의 문화에 스며들었다. 애비는 나사의 역사에서 인재를 찾아내는 최고의 심판관이었고, 그렇게 찾아낸 인재들에게 나사의 리더로 성장할 기회를 주었다. 마이크 그리핀은 조지 애비를 '사람 보는 눈이 탁월한 심판관'으로 묘사하며 "조지는 훌륭한 인재를 찾아내는 데 탁월한 능력이 있었다. 그의 결점과 장점이 무엇이든 간에, 가장 큰 강점은 훌륭한 인재를 찾아내는 능력이었다. 게다가 그가 인재들에게 중대한 책임을 맡기기 위해 그들을 붙잡고 있으리라는 사실을 모두가 알았다"라고 말했다.

1999년 12월 28일, 조지 애비가 STS-103호 귀환 기념행사에서 연설하고 있다.

훗날 케네디 우주 센터 소장을 지낸 빌 파슨스는 존슨 우주 센터 부소장으로 애비 밑에서 일한 적이 있었다. 파슨스는 당시를 이렇게 회고했다. "이런 문화는 조지 애비의 영향이다. 어쩌면 조지 로가 출발점일 수도 있다. 즉 당신이 팀원 몇 명을 뽑아 멘토로서 그들을 지도한다고 해보자. 그들이 리더에게 필요한 자질을 갖고 있으면 리더십을 발휘할 수 있는 다양한 직책에 임명해야 한다. 그 역할을 성공적으로 해내면 계속 승진시킨다. 나의 경우, 조지 애비를 비롯해 나사의 많은 리더와 함께 일했던 경험이 승진하는 데 큰 도움이 되었다. 그 과정에서 그들은 나에게 끊임없이 더 많은 책임을 떠안겼다. 내가 성공하면 훨씬 더 강렬한 인상을 남길 만한 과제에 도전할 수 있는 기회가 주어졌다. 내 경력 전부는 그들로부터 받은 멘토링의 결과였다. 기회를 얻은 뒤에는 일정한 수준까지 성과를 내려 애썼으며, 그 과정에서 많은 것을 배웠다. 애비가 나에게 부소장직을 제안했을 때 내가 그 기준을 통과했다는 사실을 전혀 몰랐다. 내가 그의 엄격한 기준을 통과할 정도로 역량을 키우고 경험을 쌓았다는 걸 당시에는 몰랐다. … 여하튼 나는 준비가 된 상태였음에도 그 기회가 주어졌을 때 스스로는 그렇게 느끼지 못했다. 애비가 나사에서 일하는 동안 유인 우주비행에 엄청난 영향을 미친 덕분에, 내가 아는 나사는 바로 조지 애비의 나사였다. 케네디 우주 센터 소장을 지낸 제이 허니컷도 조지 애비와 함께 일한 적이 있기 때문이었을까? **재능 있는 직원에게 점점 더 무거운 책임을 맡기면서 가르치는 멘토링 문화**는 나에게까지 이어졌다."

애비의 접근법을 모두가 바람직하게 평가하지는 않는다. 그저 그가 원하는 방향으로 조직을 꾸려갔다고 생각하는 사람도 많다. 일부는 '조지의 친구들'이란 표현까지 사용하며 승진 과정이 차별적이라고 노골적으로 비판했다. 그가 회의 시간에 퍼붓는 질문들이나 직원들에게 열정적으로 떠안기는 책임이 준비되지 않은 사람에게는 무척 불편했을게 분명하다. 애비의 질문은 날카롭고 매

운명은 우연의 문제가 아니다, 운명은 선택의 문제다. 운명은 기다려야 하는 것이 아니라 이루어내야 하는 것이다.

—윌리엄 제닝스 브라이언,
前 미국 국무장관

서웠지만 결코 부당하지는 않았다.

웨더비의 회고에 따르면 "내가 우주비행 승무원 운영국 감독이었을 때 애비는 입버릇처럼 물었다. 지난주는 어땠나? 다음 주에 어떨 것 같은가? 그래서 무엇을 배웠나? 지금 다루는 쟁점은 무엇인가? 어려운 점이 있는가? 지금 무슨 일을 하고 있나? 나는 그 모든 질문에 꼬박꼬박 대답해야 했다. 애비는 나에게 여러 책을 참조해도 좋으니 우주비행 승무원 운영실에서 하는 일을 설명해보라 했다. 이 모든 것이 책임감을 키워가는 과정이었다".[13]

웨더비는 리더가 언제나 답을 알아야 할 필요는 없지만, 어떤 문제에 부딪히더라도 진실한 자세로 문제 해결을 위한 계획을 세울 수 있어야 함을 배웠다. 특정한 문제가 구체적으로 드러나지 않더라도 그 문제가 중요하다고 생각되면 애비는 어떤 식으로든 그 문제에 대해 물었다. 애비는 우주 센터에서 어떤 일이 벌어지고 있는지 항상 알았고, 그 무엇도 놓치지 않았으며, 안전을 무엇보다 중요시하고, 옳은 일을 하려고 애썼다. 일부는 이런 접근법을 좋아하고 적극적으로 수용했지만 그를 달갑지 않게 생각하고 불평하는 조직원도 적지 않았다. 하지만 누구도 그가 성취한 업적에 반론을 제기할 수는 없었다. 애비는 안전과 역량, 책임과 학습을 우선시하는 문화를 구축했고, 이 문화는 조지 로가 아폴로 시대에 구축한 문화와 비슷했다. 애비의 시대에는 작은 불행도 없었다. 모두가 알고 있듯 비행이 무조건 일정에 따라 무리하게 진행되지 않았으며, 안전하다는 확신이 들었을 때 발사되었기 때문이다. 문젯거리가 확인되면 우선으로 해결된 덕분에, 애비의 시기에는 나사의 역사에서 비행 횟수가 가장 많았지만 작은 사고조차 발생하지 않았다.

마이크 그리핀은 컬럼비아호의 비극이 일어난 뒤에 나사 국장에 취임했다. 그는 컬럼비아호의 사고에 인사 구조가 영향을 끼쳤을 수 있다는 가정 아래 기본적인 전제를 되짚어봐야 했다. 리더의 가치관은 옳든 그르든 간에 조직원들에게 신속하게 인식되며, 대부분 경우 재임 기간 동안 조직 문화에 깊이 스며든다. 그리핀이 나사와 언론, 행정부와 흉금을 터놓고 소통한 덕분에 그의 가치관은 쉽게 인정을 받았다. 그런 마음가짐은 우주비행을 다시 시작하는 데도 중요한 역할을 했다. 두려움 없는 진정성, 데이터에 기반한 의사결정, 의

前 나사 국장 마이크 그리핀(2005)

논과 토론, 신중한 분석, 가능한 범위 내에서 최선의 결정을 내리기 위해 하나도 놓치지 않으려는 꼼꼼함, 반대 의견을 경청하는 자세는 나사가 일하는 방식에 큰 영향을 미쳤다. 따라서 나사 문화의 기본적인 전제도 크게 달라졌다. 그리핀은 성공에 있어 중요한 결과를 얻기 위해서라면 나사와 행정부에 자처해 반대 목소리를 냈다. 그의 리더십이 없었더라면 우주왕복선을 다시 띄우고 국제 우주정거장 건설을 마무리하는 작업을 다시 시작할 수 있었을지 의심스럽다.

　나사 문화에 관한 이야기는 리더들에 관한 이야기다. 문화를 형성하는 데 영향을 미친 '옹호 가치'와 '기본 전제'가 시대에 따라 변하며 강조되는 접근법도 달라졌기 때문이다. 이 책은 나사를 이끈 리더들이 남긴 유산에 관한 연구자료다. 불가능한 것을 가능하게 만든 많은 순간들이 모여 나사의 문화를 형성하고 영향을 미쳤다. 바로 여기에 나사만의 방식이 있다.

인사이트 노트

♦ 만약 성과를 인정받는 조직이 일탈된 행동을 당연시한다면, 모든 구
   성원이 문화 침식의 위험을 경계해야 한다.

♦ 조직의 상황을 정확히 인식하려면 조직 문화에 대한 이해가 있어야
   한다.

♦ 리더는 새로운 문화를 실행함으로써 기존 문화를 바꾸어갈 수 있다.

1980년 6월 3일, 나사를 이끈 위대한 리더들이 워싱턴에 모였다. 왼쪽부터 시계 방향 순으로 제임스 웹, 키이스 글레넌, 로버트 프로쉬, 토머스 페인, 앨런 러브레이스, 조지 로가 앉아 있다.

마치며

리더십 연구에 관심이 있는 사람을 위한 자료는 차고도 넘친다. 서점의 경영서 코너에 가면 군사형 리더십부터 우화에 기반한 리더십까지, 리더십을 다룬 책들이 책꽂이에 가득하다. 이처럼 기존 자료가 많은데도 불구하고 무엇 때문에 리더십을 주제로 또 한 권의 책을 써야 했을까? 이 질문에 대한 나의 대답은 책에서 언급되는 많은 사람과 함께 일하고, 다양한 리더십 유형을 갖춘 그들이 성공을 끌어내는 모습을 옆에서 지켜본 개인적인 경험과 관계한다. 물론 자기만의 고유한 리더십을 구축하고 리더로서 성장하기 위해서는 개인적인 경험과 더불어 다른 리더들의 이야기로부터 배우는 지속적인 학습이 중요하다는 점을 강조하려는 목적도 있다.

간단히 말해, 이 책에서 다룬 나사의 리더십은 효과가 있다. 지난 60년 동안 유인 우주비행 프로그램에서 폭넓게 활용되며 나사가 이룬 결과들을 통해 그 효과가 입증되지 않았는가. 나사의 리더십은 어떤 분야에서든 열정적인 리더 또는 산전수전을 다 겪은 리더 모두에게 중요하다. 물론 나사 또한 여러 면에서 비판과 분석의 대상이 될 수 있겠다. 누구나 리더십과 관련해 저마다 자신의 의견을 제시하며 왈가왈부하지만, 리더와 중간 관리자와 조직 간의 관계가 성공적으로 구축되는 데 무척 중요하다는 사실을 알고 있는 사람은 거의 없다.

리더십에 관한 많은 책을 쓴 전문가 존 맥스웰은 리더십을 한 단어, 즉 '영향력'으로 규정한다. 많은 사람이 리더는 미래를 내다보고 영감을 주고 낙관적이어야 하며, 조직원들이 성공하도록 지원하는 일에 초점을 맞춰야 한다고 말한다. 리더십에는 다양한 유형이 있으므로 그에 대한 정의도 복잡하지만, "리더십은 영향력이다"라는 문장에서 볼 수 있듯이 최고의 정의는 가장 단순할 때가 많다. 그렇다면 리더십은 구성원들에게 영향력을 행사하는 기술이 된다. 이 단순한 정의에 담긴 명쾌함은 조용히 질문을 건넨 조지 로의 리더십부터 대니얼 골딘의 열정적인 리더십까지, 거의 모든 리더십에 담겨 있는 것이다. 아폴로 13호 우주선이 폭발했을 때 유진 크랜츠가 '실패는 선택 사항이 아니다'라고 말하며 시도한 접근법부터, 당시 이런저런 질문으로 운항 관제팀에 자신감을 북돋아준 글린 러니의 방식까지, 또 컬럼비아호의 비극 이후에 우주왕복선을 다시 우주로 보내기 위해 진정성을 보여주며 데이터에 기반해 결정을 내린 마이크 그리핀의 접근법에서 보이듯이, 팀이 최선의 결과를 끌어내도록 영향력을 미치는 데는 상황마다 다른 접근법이 필요하다.

리더가 구성원들에게 영향을 미치면, 기본적으로 다른 세 형태의 결과가 나타난다. 리더는 조직에 아주 작은 영향이나 부정적인 영향 또는 긍정적인 영향을 줄 수 있다. 조직을 최고의 위치에 올려놓으려고 힘쓰는 리더는 대체로 자기 성찰적이어서, 자신의 접근법이 효과가 있는지를 끊임없이 자문한다. 이러한 리더가 자신이 조직에 미치는 영향이 긍정적이거나 부정적일 수 있고 때로는 중립적일 수 있다는 걸 깨닫는 데는 오랜 시간이 걸리지 않는다. 대규모 조직은 관성, 즉 타성에 젖어 변화에 저항하는 경향을 띤다. 뉴턴이 첫 번째 운동 법칙으로 제시한 관성이란 굴러가는 커다란 공에서 나타나는 속성과 같다. 외부에서 힘이 가해지지 않으면 사물이나 사람이나 똑같이 "하던 것을 계속하는 경향"을 띤다. 리더가 자신이 이끄는 조직을 변화시키려는 열의도 없고 변화에 필요한 방법을 찾으려고도 하지 않는다면, 현재의 상황이 그대로 유지될 뿐이다. 이 상황은 단기적으로는 아무런 문제가 없을 수 있지만, 시간이 흘러감에 따라 변화와 적응이 필요하지 않은 조직은 없을 것이다. 대부분 조직이 새롭게 제기되는 문제에 혁신적이고 기민하게 접근해야 한다. 리더가 팀과 함께 일하며 긍정적인 영향을 줄 수 있을 때 문제는 해결되고, 난제는 극복되며, 조직은 성장한다.

긍정적인 영향이 항상 호응을 얻지는 않는다. 변화는 어렵다. 많은 사람이 무엇이 조직에 필요한지 알고 있지만, 그 무언가를 하려고 하면 저항하는 사람들이 항상 존재한다. 대니얼 골딘은 '그 사람이 임기를 끝내고 떠날 때까지 기다려야지'라고 생각하며 죽은 듯이 지내는 적잖은 고참 공무원들, '이 또한 지나가리라'라고 생각하는 많은 조직원을 어떻게든 처리해야 했다. 일부는 변화보다 안정성과 관성을 소중하게 생각하며 어떻게든 지키내려고 수단과 방법을 가리지 않고 적극적으로 골딘을 쫓아내려고 시도했다.

마이크 그리핀은 자신의 경력에 흠집이 생길 가능성에도 불구하고 우주왕복선을 안전하게 궤도에 다시 올리기 위해 진실한 마음으로 올바른 방향을 선택했다. 조지 애비는 많은 사람에게 비난을 받았지만 그와 함께 일한 사람들은 올바른 일을 하려는 그의 끝없는 열의를 직접 목격했고, 그가 실현한 결과에 인정할 수밖에 없었다. 변화를 유도하는 리더십은 흥미진진하지만, 심약한 사람에게는 어울리지 않는다. 공공연한 비판, 은밀한 비판에 부딪힌 뒤에도 극복하고 원래의 안정된 상태를 되찾는 개인적인 회복 탄력성이 중요하다. 반드시 해야 할 일이라면 어떤 상황에서든 해내려는 성실성과 헌신 및 비전이 있어야 한다. 이를 글로 적기는 쉽고, 그렇게 적힌 글을 읽는 행위는 더 쉽지만, 직접 행동으로 실행하기는 어마어마하게 어렵다.

내적 성찰은 리더가 조직에 부정적인 영향을 미치고 있지 않은지 판단하는 데 도움이 된다. 긍정적인 변화와 부정적인 변화 모두 조직의 반발에 부딪힐 수 있다. 반발만으로는 리더가 올바른 방향으로 가고 있는지 잘못된 방향으로 가고 있는지 판단하는 데 도움이 되지 않는다. 최고의 리더라면 때로는 좋은 리더도 조직을 잘못된 방향으로 끌어갈 수 있다는 사실을 인정하고, 매일 혼자만의 시간을 할애해 현재 상황을 신중하게 평가할 수 있어야 한다. 신뢰하는 동료들의 의견을 심사숙고하고, 객관적인 성과 지표를 신중하게 고려하며, 상황이 잘못된 방향으로 흘러갈 수 있다는 가능성을 능동적으로 고려하는 자세는 궁극적인 성공을 위해 간과할 수 없는 조건이다.

다음으로는 조직이 영향을 받는 과정에 대해 살펴보자. 현대 리더십은 한 명의 영웅이 조직을 끌어간다는 개념에서 탈피해 리더십과 팔로워십 및 팀워크, 역량을 유지하려는 조직 전체의 지속적인 노력을 통해 최적의 결과를 얻는 개념으로 변해가고 있다. 어떤 조직에서나 관리 조직은 계급적인 구조를 따르며, 그 구조도는 조직을 소개하는 슬라이드 앞부분을 차지하는 경우가 많다. 조직을 설명하는 자료에 그런 구조도를 넣는 것과 빼는 것 중 어느 쪽이 나은지 따지는 일은 잠시 넘어가자. 대규모 조직이 대체로 계급적 구조를 띤다는 사실을 고려하면 이런 조직에서 영향력이 확산되는 경로는 명확히 드러난다.

영향력은 커뮤니케이션의 흐름을 따라간다. 영향력이 위에서 아래로 전달된다면 이른바 전통적 리더십이라 칭해진다. 영향력은 동료 사이에서 수평적으로 주고받아질 수도 있다. 일부 조직에서는 팔로워십이라 칭해지는 과정을 통해 아래에서 위로 전달되기도 한다. 나사에서는 팔로워십이 조지 애비조차 종종 뜨겁게 달아오르기 일쑤였던 팀 회의로 조직이 운영되었던 초창기부터 현재까지 효과적으로 사용되었다. 요즘에는 국립 야외 리더십 학교의 프로그램을 통한 리더십과 팔로워십 훈련이 우주에서 장기적으로 체류할 승무원들의 훈련 과정에 도입되었다.

작가 오스카 와일드는 "모방은 평범함이 위대함에게 바치는 가장 진지한 형태의 아첨이다"라고 말했다. 이 말은 흔히 간결하게 인용되고 '진지한'이 '위대한'이나 '고결한'으로 대체되는 경우가 많다. 표절이나 평범함을 옹호하는 문장이라고 해석할 여지도 있지만. 효과가 있는 것은 반복된다는 의미가 이 인용문의 본질이라고 주장하는 해석도 있다.

'개인적인 의견을 정직하게 말한다'라는 핵심 가치를 조직 문화에 적용하면 효과가 있다. 그 가치는 위험도가 높은 조직이 성공하도록 돕지만, 리더들이 경청해야 한다는 조건이 전제된다. **자유로운 발언과 경청은 밀접한 관계가 있다. 리더는 의사결정을 내릴 때 자신에게 주어지는 정보를 신중하게 평가해야 하기 때문이다.** 나사의 리더들은 저마다 독특한 개성을 지녔지만, 그들에게서 발견되는 한 가지 공통점은 최적의 결정을 내리기 위해 능동적으로 경청하고 최적의 자료를 분석한 결과를 바탕으로 토론과 논쟁을 장려했다는 것이다. 위험도가 높은 작업 환경에서는 준비된 상태가 무엇보다 중요하다. 데드라인의 압박을 피할 수 없거나 조직의 목표를 우선시해 데이터를 잘못 해석하거나 데이터에 담긴 뜻을 가볍게 여기면 파국을 초래할 수 있다.

조지 애비와 긴밀히 협력해 일한 적이 있는 사람이라면, 일정에 구애받지 않고 발사할 준비가 끝났을 때 발사한다는 그의 철학을 잘 알고 있다. 나사의 리더 중에서 아폴로 1호, 챌린저호, 컬럼비아호의 비극을 모두 지켜본 사람은 손가락으로 꼽을 정도다. 애비는 그중 한 사람이었다. 나사가 비극을 통해 배운 교훈은 오늘날에는 물론이고 유인 우주비행의 미래를 위해서도 중요하다. 준비 상태를 판단하는 과정은 많은 다른 분야에서도 유의미하게 적용된다. 새로운 약물이나 백신 및 임상 절차를 도입하거나 새로운 제품을 시장에 출시할 때, 완벽하게 준비하는 일이 무척 중요하다. 여러 분야의 많은 규제 기관이 준비된 상태를 점검하는 최적의 방법을 찾아내려 애쓴다면, 그리고 많은 조직이 이 과정을 조직 문화로 구축한다면 큰 이점을 누릴 수 있을 것이다.

대부분 조직에서는 하향식 의사결정 방식이 전통적인 리더십으로 여겨진다. 이 하향식 구조에는 조직원에게 지시함으로써 영향력을 행사하는 보스형 리더부터, 부하 직원들과 협력해 직접 일하고 듣고 배우고 조언하며 신뢰도가 높고 객관적인 자료를 사용해 성과를 평가하면서 책임을 떠안는 리더까지 다양하다. 효과적인 리더십은 새로운 기회와 일자리를 창출하고 경제 성장과 번영을 빚어낼 수 있지만, 비효율적인 리더십은 재앙적인 결과를 초래할 수 있다. 이 때문에 대부분 조직이 효과가 있었던 리더십을 세세하게 분석하는 방향보다 효과가 있었던 리더십을 그저 되풀이하는 식으로 구성원을 가르치며 성장을 도모하는 게 아닌가 싶다. 하버드대학교의 공공 정책 전문대학원, 케네디스쿨에서 공공 리더십 센터를 설립한 바바라 켈러먼은 『리더십의 종말』 (씨앤아이북스, 2012)에서 한 명의 영웅이 조직을 끌어간다는 개념을 탈피해, 리더십과 팔로워십 및 팀워크를 유지하려는 지속적인 노력을 통해 최적의 결과를 얻어내는 쪽으로 초점을 옮겨야 한다고 주장했다. 리더가 조직 내에서 영향력의 흐름을 더 넓은 시야로 본다면, 원하는 결과를 얻기 위해 자신의 역할을 바꾸는 데 도움이 될 수 있다.

흔히 '피어 프레셔peer pressure'라고 칭해지는 현상은 동료로부터 받는 압박을 말하며, 주로 대인 상호작용 면에서 부정적으로 인식된다. 어떤 맥락에서는 이런 인식이 옳을 수 있지만, 동료의 영향력이 조직에 어떻게 도움을 줄 수 있을지 질문을 바꿔보면 긍정적인 관점으로 접근하는 일이 얼마든지 가능하다.

우주왕복선 시대에 케네디 우주 센터의 조직원들은 개인과 조직의 차원 모두에서 역사상 가장 복잡한 우주선을 관리한다는 엄청난 자부심이 있었다. 팀원들은 훈련과 동료의 피드백을 통해 궤도선의 가공 시설에서 작업할 때 공구를 무심코 우주선에 남겨두는 실수를 예방하려면, 공구를 사용한 뒤에 반드시 제자리에 돌려놓아야 한다고 신속하게 배웠다. 공구가 하나라도 없거나 절차를 따르지 않은 팀원에게 잘못을 지적하는 일을 모두가 두려워하지 않았다. 잘잘못을 거침없이 지적하는 방식이 조직 문화의 일부가 된 덕분이었다. 팀원 한 명이 규범을 따르지 않으면 동료들이 "여기는 나사다. 우리는 그런 식으로 일하지 않는다!"라며 따끔하게 지적했다. 손 위생 준수 규칙과 관련해 병원을 대상으로 실시한 조사 결과에 따르면, 실질적인 준수율이 80~90퍼센트에 이른다. 반드시 해야 한다고 모두가 동의한 규칙을 누군가 지키지 않을 때 팀원들이 잘못을 점잖게 지적한다면 동료의 영향력이 긍정적으로 작용할 수 있다.

서로에 대한 신뢰가 높고 존중하는 방식으로 소통이 이루어지는 조직에서 피어 프레셔는 조직을 탁월한 수준까지 끌어올리고 유지하는 데 무척 효과적인 접근법이 될 수 있다. 반면에 신뢰도가 낮고 소통이 제대로 이루어지지 않거나, 개인에 대한 험담과 비난이 잦고, 구성원들의 사기가 갈수록 떨어지고, 실수가 수정되지 않는 조직이라면 필요한 만큼의 성과를 기대하기는 힘들다. 설령 성과가 있더라도 조직의 일원이라는 자부심을 느끼는 조직원은 거의 없을 것이다.

많은 고위 관리자가 인정하듯이, 조직에는 정식으로 관리직에 임명되지 않았지만 영향력이 큰 구성원이 적지 않게 존재한다. 그들의 이름은 조직표에서는 볼 수 없다. 따라서 그들에게 공식적으로 책임이나 권위가 부여된 것은 아니지만 조직 내에서 그들의 영향력을 무시할 수 없다. 그들은 적합한 역량과 적극적으로 조언하려는 의지, 기업 문화에 대한 지식, 올바른 일을 하려는 헌신적인 마음을 지님으로써 동료들로부터 존경을 받는다. 조지 애비는 조직 내에 실제로 어떤 일이 일어나고 있는지 아는 것이 중요하다고 생각했다. 성공을 끌어내려면 리더는 조직에서 실제로 어떤 일이 일어나고 있는지를 잘 알아야 한다. 이상적인 조직이라면 모든 정보가 일반적인 관리 체계를 통해 투명하게 제공될 것이다. 그러나 많은 구성원이 리더에게 결과가 나온 것만을 알리고, 실패한 일에 대해서는 밝히지 않는 덫에 쉽게 빠진다. 조지 애비와 함께 일한 직원이라면 누구나 알겠지만, 애비는 성공한 일뿐만 아니라 효과가 없던 일, 게다가 효과가 없었다면 상황을 평가한 지표를 바탕으로 그 문제를 해결하는 방법까지 알고 싶어 했다.

내가 존슨 우주 센터에서 우주 및 생명 과학부의 책임자로 일할 때 짐 웨더비는 우주비행 승무원 운영실의 책임자였다. 웨더비와 나는 조지 애비에게 직접 보고했고, 우리는 의사결정 과정에 대해 자주 대화를 나누었다. 웨더비는 당시를 이렇게 회고했다.

의사결정은 그저 올바른 결정을 내리는 일이 아니었다. 올바른 결정을 내리려면 구성원들이 리더에게 올바른 정보를 전해주고 있다는 것을 확신할 수 있어야 한다. 애비는 그 분야의 전문가이기도 했다. 애비는 자신에게 보고되는 정보에만 의존하지 않았다. 그는 직접 현장에 나가 직원들의 이야기를 귀담아들으며 보고 내용을 확인했다. 따라서 애비는 조직 내에서 실제로 어떤 일이 벌어지고 있는지 알았고, 조직원들에게 필요한 것, 리더가 알아야 할 사항들을 숨김없이 말하라고 독려할 수 있었다. 조지 애비와 함께 일할 때 나는 '선샤인 리포트sunshine report'라는 표현을 만들어냈다. 압도적으로 리더 다수가 '밝은 햇살로 가득한' 선샤인 리포트를 원한다. 조지는 그렇지 않았다. 우리가 지난주에 무엇을 했고, 다음 주에는 무엇을 할 예정이라는 식으로 보고하면 그는 오히려 따분하다는 표정을 지었다. … 모든 게 순조롭게 진행되고 있다고 그에게 말하면, 그는 흥미 없다는 듯한 몸짓을 내게 해보였다. 그러나 문제나 골칫거리가 생겼다고 보고하면 생기를 되찾고 눈을 반짝거리면서 그 사안에 정말 관심이 많다는 듯한 긍정적인 몸짓을 해보였다. 그리고 그는 취약점을 찾아 알려줌으로써 내 보고에 응답했다. 하기야 사고가 나지 않기를 원한다면 기술 중심 조직에서 취약점을 찾는 과정은 무척 중요하다. 답을 모르는 문제는 상관에게 보고하지 말라는 말이 있지만, 애비는 내가 답을 모르더라도 상관하지 않았다. 따라서 나는 이 말에 동의하지 않는다. 문제를 해결할 방법을 몰라도 나는 '현재로서는 이러한 문제가 발생했습니다'라고 그에게 숨김없이 보고했다. 적어도 내가 문제점을 찾아낸 것만으로, 또 지금은 내가 해결책을 모르더라도 다음 주에는 알아낼 수 있을 거라는 사실만으로도 애비는 흡족해했다. 애비가 나름대로 해결책을 알고 있었는지는 모르지만, 적어도 나는 취약점을 파악했고 우리 팀은 그 문제를 해결하는 데 초점을 맞출 수 있었다. 결국 애비가 원했던 것은 취약점을 찾아내는 것이었다.

내가 애비와 주간 회의를 할 때도 똑같이 경험했고, 이 덕분에 나는 문제점을 밝히는 것을 두려워하지 않았다. 짐 웨더비는 당시를 회고하며 "조지 애비는 기대치를 설정했다. 유인 우주비행 부문에서 그와 함께 일하는 직원들이 헌신적으로 일하도록 유도했고, 책임의 범위도 명확히 규정했다"라고 말했다.

리더는 자신이 의미와 책임, 권한과 권위 및 리더십이 복잡하게 뒤얽힌 위치에 있다는 걸 고려할 수 있어야 한다. "리더는 가장 위에 있으니 책임을 지고, 아랫사람이 마음에 들지 않으면 해고하는 자리"라고 단순하게 생각하는 사람이 많을 것이다. 만약 정말 그렇다면, 당신의 삶과 심지어 당신 가족의 삶까지 모두 리더의 손에 달린 셈이다. 당신은 상관의 마음을 당연히 헤아려야 하고, 당장 처리해야 하는 일보다 상관이 원하는 일을 먼저 처리하려는 덫에 쉽게 빠진다. 나사에서 성공한 리더들은 팀이 반드시 해야 할 일을 하도록, 그것도 완벽하고 안전하게 하도록 유도하는 데 초점을 맞췄다. 나사는 결과가 중요한 조직이다. 그저 임무를 완수하는 일을 넘어서 성공적인 조직의 운영 또한 무엇보다 중요하다. 나사에서 리더십의 순간은 리더와 팀이 성공을 위해 어떻게 협력했느냐로 결정되었다. 그 관계는 리더와 팀이 협력해 일하는 방법을 명확하게 이해하는 데 달려 있지만, 많은 조직이 권한과 권력, 리더십과 책임 사이의 미묘한 차이를 고려하지 않는다.

일반적으로 피라미드 구조를 띠는 조직도는 권한의 분포를 보여주는 그림과도 같다. 가장 위에 있는 리더에게는 조직을 운영할 권한이 부여된다. 지명되었든 선출되었든 그 리더는 조직을 운영할 권한과 책임을 동시에 갖는다. 이러한 권한으로부터 권력, 즉 그가 반드시 해야 한다고 생각하는 일을 밀어붙일 수 있는 권력이 생긴다. 지위에 허락된 권한을 이용해 그런 권력을 휘두른다면, 이는 지시적 리더십directive leadership에 해당한다. 반면에 설득을 통해 조직을 끌어가고, 책임과 기대치를 명확하게 전달하는 동시에 조언을 아끼지 않는 본보기를 보여주며 팀의 역량을 키워가는 리더도 있다. 리더들 대부분은 지위에 수반되는 권한을 지나치게 사용하면 생산적이지 않다는 사실을 알고 있다.

하지만 결과를 얻기 위해 권력을 사용해야 하는 상황이 적지 않게 일어난다. 대니얼 골딘과 마이크 그리핀은 상당수의 중간 관리자들을 교체하고, 보고 구조를 변경했으며, 우주정거장 프로그램의 운명을 위기에 빠뜨린 예산 초과, 우주왕복선 컬럼비아호의 비극에 대응해 새로운 업무 방식을 실행하기 위해 그들의 권한을 사용했다. 두 상황을 극복하려면 단호한 행동이 필요했다. 상당한 변화가 필요한 상황이었다는 걸 고려하면 적절히 사용할 수밖에 없었다. 그들이 조직을 위해 옳은 일을 할 때 호응을 얻지 못하는 경우도 많았지만, 골딘과 그리핀은 폭풍을 이겨낼 수 있었다.

유진 크랜츠와 글린 러니는 아폴로 13호의 사고에 대응해 단호하게 행동했고, 운항 관제팀과 우주비행사들의 역량을 활용해 영향력을 행사함으로써 임무를 끝까지 완수했다. 조지 로는 특유의 영향력을 발휘해 팀을 이끌며 아폴로 1호의 화재 사고로부터 금방 회복함으로써 3년이 채 지나지 않았을 때 달 착륙에 성공하는, 불가능해 보이던 목표를 이루어냈다. 로는 어디에도 기낼 곳이 없는 극히 드문 경우에만 지위에 수반된 권한을 사용했고 원하는 결과를 얻어냈다. 리더가 언제 권력을 행하고 언제 영향력을 사용해야 하는지 알아내기 위한 마법의 공식은 없다. 대부분 경우, 그 공식은 멘토링이나 경험을 통해 학습된다. 이런 이유에서 리더십을 학습하는 과정이 '고난의 학교school of hard knocks'라 일컬어진다.

한쪽 끝에 권위가 있고, 반대편 끝에는 영향력이 있는 연속체를 생각하면 도움이 된다. 리더십 기법은 그 종류가 무척 다양해 연속체의 곳곳에 위치한다. 지시적이고 주도적인 리더십이 권력과 권위에 의존한다면, 비전을 제시하고 코칭과 멘토링을 아끼지 않는 친화적인 리더십은 영향력을 사용하는 기법에 가깝다. 리더가 한 유형의 리더십만을 고집한다면 실질적으로 성공하기에는 불가능하다. 리더의 목표는 상황에 따라 선택할 수 있는 리더십 목록을 개발하는 것이 되어야 한다. 전략적 계획 수립에는 비전 제시형 리더십이 필요하고, 역량을 구축하는 일에는 코칭 및 멘토링을 하는 리더십이 적합하다. 최고의 리더는 상황에 따라 다른 리더십이 필요하다는 것을 알고 융통성 있게 접근한다. 많은 리더가 영향력에 기반한 리더십 발휘에 초점을 맞추지만, 성과를 내지 못한 조직원을 다룰 때는 부분적으로 권력을 이용하겠다는 선택, 결과적으로 조직에게 필요한 것을 하겠다는 의지가 중요하다. 다행히 나사에는 리더십이라는 그 미묘한 능력에 관해 구성원들에게 조언할 수 있는 유능한 리더들이 많았다.

리더가 어떤 유형의 리더십을 선택하든 간에 모든 조직원이 각자의 역할 및 책임을 명확하게 알고 있어야 한다. 어떤 조직에서는 리더의 위치에 있는 사람들이 권한의 범위와 책임 및 그들의 직간접적인 보고가 어떤 영향을 미칠지 알아야 하고, 규칙적인 커뮤니케이션을 통해 조직원들이 각자의 책임을 제대로 이행하고 있는지를 파악해 자신의 의무를 다해야 한다. 규칙적이고 상호를 존중하는 솔직한 커뮤니케이션이 성공의 열쇠다. 경험이 많은 리더가 듣고 싶은 말은 리더로서 반드시 들어야 할 말이지, 보고자의 입장에서 리더가 듣고 싶어할 거라고 생각하는 화려한 언변이 아니다.

일부 조직에서 구성원들이 자신의 책임을 정확히 파악하지 못해 책임을 지지 않는 상황이 발생하는 일도 그다지 놀랍지 않다. 의사소통이 부족하면 책임 의식이 약해지고, 책임 의식이 없으면 업무의 질이 떨어진다. 이런 상황에서는 문제 해결의 책임이 누구에게 있는지 아무도 확신할 수 없다. 따라서 리더는 '엉뚱한 사람에게 화풀이하지만' 그때는 이미 문제가 너무 커져서 구성원 모두에게 알려지고 나서야 자신이 알게 되었다는 사실을 깨닫는 데는 오래 걸리지 않는다. 문제는 해결하기 훨씬 어려워지고 책임자는 더 큰 좌절과 분노에 휩싸인다.

지난 60년 동안 지속된 유인 우주탐사의 역사를 면밀하게 돌이켜보면, 엄청난 성과를 거둔 시대와 힘들었던 시대가 교차된다. 컬럼비아호, 챌린저호, 아폴로 1호의 비극을 초래한 조직 문화와 의사결정 과정을 다룬 글은 지금까지 많이 발표되었지만, 위험도가 높은 환경에서 수행하는 작업은 다른 면에서 살펴볼 여지가 있다. 나사는 항상 위험천만한 상황, 즉 개인이나 팀 모두 안전지대의 경계선에서 일하고 가능한 한 극단까지 밀어붙이며 위험을 관리하는 기법을 개발해야 하는 세계였다.

역사로 짐작할 수 있듯, 머큐리와 제미니와 아폴로 프로그램을 진행하는 동안 나사는 유인 우주비행을 정의하고 재정의하면서 한계를 끊임없이 밀어붙인 조직이었다. 나사는 우주를 비행하는 방법을 전혀 몰랐던 상태에서 10년 만에 우주비행사들을 달에 착륙시킨 뒤 지구로 성공적으로 데려오는 수준에 이르렀다. 그런 결과를 얻기 위해서는 용기와 헌신, 역량이 필요했다. 불가능하다고 생각되는 일을 성취하려면 개인과 팀 모두에게 안전지대의 경계선에서 기꺼이 일하겠다는 의지가 있어야 했다. 임무가 성공한 뒤에는 '다음 단계는 무엇인가?'라는 질문이 당연히 뒤따랐다.

그 질문에 대답하는 일이 항상 쉽지는 않다. 정부 프로그램은 국가 정책, 지원금, 정치적 우선순위에 영향을 받기 때문이다. 아폴로 프로그램의 성공에도 불구하고 베트남 전쟁, 사회 불안, 예산 긴축 등의 상황이 비용이 많이 드는 우주 프로그램을 지속하지 않기로 한 닉슨의 결정에 큰 영향을 미쳤다. 국민이 우주탐사를 위한 국고의 지속적인 지출을 기꺼이 지지했더라도 그것만으로는 부족했을 것이다. 그러나 나사에서 한계를 밀어붙이며 10년이란 시간을 보낸 공학자들과 우주비행사들은 올림픽 대회에 나가 금메달을 딴 듯한 기분을 느꼈다. 하지만 그들의 다음 목표는? 그들이 지금까지 일군 것만큼이나 유의미한 다음 목표로는 무엇이 올 수 있을까?

인간의 한계를 성공적으로 시험하고 새로운 기록을 세우기 위해 땀을 흘리는 과정은 힘들지만 보람이 있다. 아폴로 프로그램의 성과 이후, 인간을 달에 보내는 것보다 못한 목표는 평범하게 여겨졌을 가능성이 크다. 나사가 스카이랩과 아폴로-소유스 프로그램을 추진해 현실에 안주하는 모습을 보였다고 말한다면 이는 지나친 확대 해석이겠지만, 1970년대 수행되었던 임무들이 안전지대에 있었던 것은 사실이다.

따라서 지구 궤도 너머로 인간을 보내는 프로그램, 즉 위험하지만 보람이 큰 프로그램을 중단되고 우주왕복선과 우주정거장을 짓는 방향으로 집중되자 많은 인재의 퇴직이 잇따른 것은 당연했다. 그런 변화가 조직 내부에서 지식과 역량을 활용해 안전하게 일하는 방법을 터득하는 데도 영향을 미쳤을까?

시간이 지나면서 나사가 임무 성공을 중심에 두고 운영의 우선순위를 결정하던 문화에서 우주왕복선 제작에 관련된 계약과 비용을 감독하는, 즉 행정적 효율을 염두에 두고 우선순위를 결정하는 관료주의적 문화로 바뀌었다고 지적하는 목소리가 간혹 들린다. 1981년 4월 12일에 실행된 우주왕복선의 첫 비행 STS-1은 지구 저궤도의 접근성을 높인 동시에, 비용을 절감하며 새로운 다목적 우주선을 성공적으로 개발해냈다. 그 이후로 5년 동안 우주왕복선의 비행 횟수가 꾸준히 증가했다. 운영상 적잖은 문제가 있었지만, 상업용 화물을 궤도에 올려보내고 다른 프로젝트의 요구를 충족해야 하는 일정의 압박에 나사의 우선순위도 달라졌다. 유인 우주비행은 위험 부담이 크므로 우주왕복선 프로그램이 미지의 세계를 탐사하는 새로운 실험적 프로그램이라 생각하는 사람도 적지 않았지만, 나사의 안전범위 안에서 상업용 우주선으로도 충분히 비행할 수 있다고 생각하는 사람도 많았다.

돌이켜보면, 한계를 점점 확장해가는 '데이터에 기반한 결정'으로부터 동일한 행동을 빈번하게 되풀이함으로써 얻는 '경험에 기반한 결정'으로 프로젝트 관리 범위가 달라졌다고 말하기 쉽다. 21세기에 들어 전례 없는 상황들이 벌어지면서 세계 경제와 국가 경제에 영향을 미치고 있다. 기업들은 조직의 기민성에 중점을 두고 고객의 새로운 욕구를 충족하는 동시에 새로운 경영 기법을 도입하려 애쓴다. 많은 조직이 지속적인 성장을 위해 새로운 혁신적 기술이나 경영 기법을 개발하지 않을 수 없을 정도로 안전지대의 한계까지 내몰렸다. 개인과 조직 차원에서 안전지대의 끝자락까지 내몰린 뒤 회복한 나사의 경험은 지금도 여전히 유효하다. 나사가 불확실한 시대에도 번창하는 이유는 최고의 인재를 고용하고, 지속적인 학습과 혁신적인 사고를 게을리하지 않았으며, 신뢰받는 조직을 구축하고, 전문가의 의견을 경청한 데 있으며, 데이터에 기반한 결정과 사려 깊은 리더십의 역할도 컸다.

어떤 조직이든 그렇듯 나사도 고난과 성공의 역사를 되풀이했지만, 나사에서 한때 일한 것을 자랑스럽게 생각하지 않을 사람은 거의 없을 것이다. 최근에 복원된 아폴로 운항 관제 센터에 앉으면 당시의 성공에서 오는 자부심, 임무를 수행하는 동안 무수히 닥친 힘든 순간에 느꼈던 긴장감이 다시 밀려오는 듯하다. 누구나 그 팀의 일원이었으면 어떤 기분이었을지 상상해보지 않을 수 없을 것이다. 나사의 리더들은 자신들이 구축한 팀의 역량과 인간을 우주에 보내는 복잡한 프로젝트의 완벽한 전문가로 성장한 인재들을 직접 지원하는 동시에 믿고 의지했다. 그 결과 나사는 최고의 순간들을 맞을 수 있었다. 리더들은 인간을 달에 보내는 도전, 거의 불가능해 보였던 도전을 시작할 준비를 끝냈음을 입증하기 위해 팀을 절대적으로 신뢰했고, 진실을 알기 위해 끝없이 물었으며, 외부의 독립적인 분석 결과를 비롯해 필요한 데이터를 전적으로 활용했다.

가이드라인

1 승무원의 안전을 최우선하라.

2 프로그램의 모든 요소에 대한 관리 권한과 책임의 경계를 명확히 하라. 하나의 조직, 즉 주계약자가 명확하게 책임지게 하라.

3 프로그램을 진행하는 현실적인 단계를 설정하고, 각 단계에서 의사결정을 위한 시작과 끝의 기준을 명확하게 제시하고, 필요한 역량을 확보하라.

4 행정부와 의회는 프로그램에 내재한 기술적 위험을 정확하게 이해하고, 우주탐사 계획에 필요한 비용을 현실적으로 책정해야 한다.

5 하부 시스템과 모듈 간의 인터페이스를 단순화하라.

6 융통성을 유지하기 위해 프로그램의 안위보다 모듈 방식을 최대한으로 사용하라. 연이은 임무는 과거에 임무를 수행하며 확보한 역량을 기반으로 행해져야 한다. 필요하다면 새로운 과학기술을 통합할 수 있어야 한다.

7 필요하다면 첨단 과학기술을 사용하지만 용인할 수 있는 위험 수준이어야 한다.

8 조직의 인력을 최적으로 활용하라. 기계가 사람만큼 혹은 그 이상으로 해낼 수 있다면 사람에게 부담을 지게 하지 마라. 반대 경우도 마찬가지다.

9 개발 기간이 10년을 넘지 않도록 하라. 그 이상으로 걸리면 비용이 상승하고 열의는 떨어지기 마련이다.

10 프로그램의 필요성에 따라 과학기술의 개발 방향을 조절하라.

11 선외 활동이 추가로 필요한 활동, 즉 궤도에서의 조립 작업을 최소화하거나 없애라.

12 지구를 공전하는 궤도를 더 낮추고 질량을 최소화해 비용을 줄여라.

13 백업 시스템을 별도로 설정해 기본 시스템을 이중적으로 보완하라. 선체와 현장에서의 점검과 유지 작업에만 의존하는 것보다 이중화 설계가 효과적일 수 있다.

14 좋은 인재들을 고용하고 그들을 신뢰하라.

경계해야 할 위험 요소

1 나중에 후회할 요구는 하지 말라. 예컨대 희망 사항을 요구 사항으로 취급하고, 요구 사항이 늘어나는 것을 방지하라.

2 지나치게 많은 사람에게 지나치게 많은 것을 약속하고, 기술적·재정적 위험을 낮게 평가하고, 많은 사람에게 지지받으려고 하지 마라.

3 실질적으로 프로그램을 실행하겠다는 약속 없이, 과학기술 연구와 시험을 무제한으로 계속하겠다고 장담하지 마라.

4 무게와 전력 요구 사항 등 구성 관리와 기준선을 최대한 신속하게 설정하라.

5 소프트웨어를 반드시 점검하고 실행하라. 소프트웨어는 프로그램의 제약 요소보다 지원 요소로 사용하는 게 바람직하다.

6 프로그램에서 관리와 통제를 직접 받지 않는 부분들의 개발을 개별적으로 허용하지 말라.

7 틀렸을 때는 틀렸다고 정직하게 말할 수 있어야 한다.

감사의 글

★ 이 책을 함께 쓴 엘리자베스 하월에게 고맙다. 근면과 인내와 끈기, 열정적이고 낙관적인 자세로 내 많은 전화를 묵묵히 받아준 것에 감사할 따름이다. 신속한 응답과 끝없는 수정 작업에도 진정으로 감사하다. 당신과 함께 일할 수 있어 정말 기뻤고, 앞으로도 함께 작업할 수 있기를 기대한다.

나사의 전현직 관리자들에게도 깊이 감사하고 싶다. 그들은 바쁜 와중에도 나에게 기꺼이 시간을 할애해주었다. 내 리더십 여정은 그들과의 대화를 통해 더욱 풍요로워졌기에, 그들의 통찰에 감사하지 않을 수 없다. 나사 리더십의 역사에 관해 글을 쓴다는 것은 나에게 커다란 도전이었다. 이 책을 선택한 독자들이 리더십을 키우는 데 작은 도움이 되었으면 한다. 이 책에 등장하지 않는 다른 리더와 이야기가 궁금한 독자도 있을 것이다. 나사의 역사에는 탁월한 리더십이 빛을 발했던 순간들이 아주 많았다. 아직도 우리 가슴을 벅차게 해주는 순간들이다. 독자들이 즐겁게 읽어주었기를 바라며, 그 이야기들이 리더십과 팔로워십 및 팀워크의 다양한 면면을 이해하는 데 도움이 되었다면 더는 바랄 것이 없겠다.

맥 에번스, 대니얼 골딘, 마이크 그리핀, 조 로젠버그, 조지 애비, 빌 게르스텐마이어, 비크, 빌 파슨스, 데이브 킹, 랜디 브린클리, 자넷 카반디, 짐 웨더비, 캐시 네이도에게 "당신들과 함께 일할 수 있어 영광"이었다는 말을 전하고 싶다. 나는 그들과 늦은 밤까지 오랜 시간 논쟁했던 적이 한두 번이 아니었고, 힘든 순간과 기쁜 순간 그리고 애도의 시간도 함께 나누었다. 그때의 기억을 영원히 잊지 못할 것이다. 나사의 수석 의료관을 지낸 아놀드 니코고시안와 리치 윌리엄스에게도 감사하고 싶다. 그들은 뛰어난 멘토이자 동료였으며 좋은 친구였다. 또 승무원의 건강과 안전을 위해 최선을 다하고 탁월한 능력을 보여준 우주 및 생명 과학부의 팀원들에게도 감사의 뜻을 전한다. 특히 존과 다이애나, 그들이 없었다면 나는 아무것도 해낼 수 없었을 것이다.

지혜와 지표, 겸손과 우정의 상징인 조지 애비에게도 고맙다. 내 리더십을 믿어주며 내게 기회를 주었던 것에 깊이 감사하다. 항상 올바른 길을 선택하려던 당신의 열정은 지금도 모두에게 중요한 귀감이 되어주고 있다.

캐나다우주국의 동료들에게도 함께 일하는 영광을 누린 것에 감사하고 싶다. 그들의 도움으로 나는 캐나다를 대표해 두 번이나 우주비행에 나설 수 있었다. 이 모든 것을 가능하게 해준 맥 에번스의 리더십에 특별한 감사를 전한다. 그의 유산으로 캐나다는 우주탐사에 나선 국가가 되었다. 내가 우주와 바다에 있을 때 내 건강을 지켜주고 내 가족을 돌봐준 장 마르크와 OSM 팀에게도 감사의 뜻을 전하고 싶다.

우주비행사 운영국의 동료들에게 고맙다는 말을 전하고 싶다. 그들은 뛰어난 리더십과 팔로워십 및 팀워크를 보여주었다. 역시 뛰어난 팀워크를 보여준 STS-90과 STS-11, NEEMO-7과 9의 승무원들에게도 감사하고 싶다.

ECW 출판사의 잭 데이비드 발행인과 직원들에게 특별한 감사를 드린다. 이 책의 집필 작업에 보여준 관심과 변함없는 지원, 원고에 투입된 오랜 시간에 감사할 따름이다.

내게 격려를 아끼지 않고 인내와 이해심을 보여준 아내 캐시와 올리비아, 에반과 테오에게도 고맙다.

내 원고를 읽고 건설적인 비판을 해준 좋은 친구이자 YMCA 캐나다의 前 사장 겸 CEO 스콧 홀데인에게도 감사의 말을 전하고 싶다.

끝으로, 리더십과 팀워크에 관심을 가지고 이 책을 선택해준 독자들에게도 감사드린다. 리더십 여정은 많은 우여곡절이 함께하는 평생의 과정이며, 끊임없이 배워야 할 기회로 가득한 시간이기도 하다. 나는 직접적인 경험을 통해 리더십의 여정이 어떤 사람에게는 어렵다는 걸 알지만, 그 과정에서 얻을 수 있는 성취는 어려움을 보상하고도 남는다. 여러분이 지금까지 거둔 성과는 물론이고, 앞으로 쟁취할 성과에도 미리 축하의 인사를 전한다.

데이브 윌리엄스

★★ 무엇보다 먼저, 이 책을 함께 쓴 데이브 윌리엄스에게 감사하고 싶다. 리더십과 팀워크에 관한 그의 통찰은 이 책을 쓰는 과정에서 많은 도움이 되었다. 데이브는 겸손하기 이를 데 없는 사람이라, 내가 그에 대해 이렇게 말하는 것조차 마땅치 않게 생각할 것이다. 그러나 데이브는 이 책을 쓰는 과정에서 필연적으로 수반된 마감 기한과 과중한 조사 작업에도 근면하고 열정적인 마음가짐을 잃지 않았다. 데이브는 CEO, 나사의 관리자, 캐나다를 대표한 우주비행사, 수중 탐사 임무,

응급의학 전문의로 일하며 쌓은 다양한 능력과 경험을 이 책에 담아냈다. 이런 점에서 데이브보다 나은 공저자는 없었을 것이다. 게다가 이 책을 쓰는 동안 그가 보여준 열의에는 고개가 저절로 숙여진다. 데이브! 이 특별한 임무에 나를 초대해줘서 정말 고맙습니다.

인터뷰를 통해, 또 이 책의 초고를 읽은 뒤에 자신의 경험을 아낌없이 들려준 우주 관련 조직의 리더들에게도 감사하고 싶다. 그들의 조언은 이 이야기의 중심축을 잡는 데 큰 도움이 되었다. 그들이 너그럽게 할애해준 수십 시간의 인터뷰를 통해 우리는 많은 통찰을 얻었다. 우주 관련 조직의 리더들이 책과 인터뷰를 통해 남겨놓은 무수한 일화에서도 많은 것을 배웠다. 막후에서 근면하게 일하며 자신의 이야기를 공론장에 옮겨놓음으로써 후대에 좋은 자료를 남겨준 사람들에게도 감사하고 싶다. 데이브와 나는 우리에게 시간을 기꺼이 할애해준 사람들 모두에게 크게 감사하므로, 우리가 그들의 이야기를 공정하게 다루었기를 바랄 뿐이다.

내 글을 지속적으로 지원해주고, 초고에 관한 건설적인 피드백을 가져다줌으로써 차별성을 띤 논평을 남겨준 ECW 출판사에게도 감사한다. ECW는 많은 전자 메일과 전화 통화로 기꺼이 시간을 내주며 이 책의 비전을 논의해주었을 뿐만 아니라, 구상부터 출판과 홍보까지 모든 면에서 뜨거운 열정을 보여주었다. 데이브와 내가 이 책을 통해 보여주려던 접근 방식을 이해해준 그들에게 고마울 따름이다.

책을 쓰는 일에 특별한 추진력이 필요하다는 걸 이해하고, 리더십이라는 복잡한 주제에 접근하는 방법에 관한 조언을 아끼지 않은 남편 J에게 특별히 감사하고 싶다. 그는 우리가 함께한 시간 동안 내가 네 권의 책을 쓰는 모습을 지켜보았다. 그는 그 과정을 그저 지지하는 데 그치지 않고, 끝없는 신뢰를 보내주고 앞으로도 책을 쓰라며 독려를 아끼지 않았다. 이런 이유에서도 나는 그에게 깊이 감사하지 않을 수 없다.

끝으로, 이 책을 읽어줄 모든 독자에게 감사한다. 나사의 리더십 이야기가 당신들의 리더십 함양에도 도움이 되기를 바랄 뿐이다.

엘리자베스 하월

★★★　나사가 1958년 설립된 후, 제미니와 아폴로 및 아폴로-소유스 프로그램에서 핵심적인 역할을 해낸 리더, 글린 러니에게 깊은 경의를 보낸다. 러니는 리더에게 필요한 많은 자질을 지녔지만, 그중에서도 특히 겸손의 미덕을 보여준 탁월한 리더였다. 이 책이 최종적으로 편집되고 있던 2021년 3월, 그가 세상을 떠났다. 그는 나사의 위대한 리더 중 한 명으로 영원히 기억될 것이다. 그의 가족에게 심심한 위로를 보내며, 러니가 우주 공동체를 위해 봉사할 수 있도록 뒷받침해준 그들에게도 감사의 말을 전한다.

옮긴이의 글

불가능해 보이는 난제를 어떻게 풀어냈을까?

이 책은 우주탐사를 주도한 나사의 이야기를 중심으로 위 물음에 답한다. 나사의 전 직원이 헌신적으로 일했기 덕분에 가능했다고 답할 수 있지만, 그들을 이끈 리더의 존재를 무시할 수는 없다. 우리가 아직도 2002년 월드컵을 기억에 떠올리며 히딩크 감독을 입에 올리는 모습을 보면, 조직원 전체의 면면보다 리더 한 명의 마음가짐과 철학이 훨씬 더 중요할 수 있다.

머큐리와 제미니 프로그램에 관해, 랑데부와 도킹 이외에 다른 이야기는 거의 언급되지 않지만, 아폴로 1호의 사고부터 최근의 우주왕복선과 우주정거장까지 다룬다는 점에서 이 책은 나사의 간략한 역사서로도 읽힐 수 있다. 이 책에서도 살펴볼 수 있지만 조직의 성장은 재난적 사고를 극복하는 과정에서 이루어진다. 그때마다 나사에는 탁월한 리더가 나타났고, 그들이 나사의 조직 문화를 바꾸어가며 무엇보다 안전을 우선시하는 지금의 나사를 만들어냈다.

아폴로 1호의 화재 사고, 챌린저호의 폭발 사고, 컬럼비아호의 공중분해가 중점적으로 다루어지고, 그 아픔을 딛고 다시 우주비행을 시작하게 된 과정에서 활약한 리더들의 이야기가 곁들여진다. 리더들의 일침이 우리 가슴에 와닿는 교훈이 되는 경우가 많다. 우리는 보통 '역사는 되풀이된다'라고 언급하며 과거로부터 교훈을 얻어야 한다고 말한다. 그럴듯한 교훈이면서, 멋지게도 들린다. 하지만 존슨 우주 센터 소장과 나사 국장을 지낸 조지 애비는 전혀 다르게 말한다. 우리가 과거로부터 교훈을 얻어야 하는 것은 맞지만 "역사가 반복되는 게 아니라, 우리가 과거로부터 배우지 않아 역사를 되풀이하는 것이다"라고 말한다. 정말 가슴이 뜨끔하지 않은가!

그럼 우리는 왜 잘못된 역사를 되풀이하는 걸까? 이 질문에 대한 대답 또한 이 책에서, 즉 나사의 리더들에게서 구할 수 있다. 그들은 '어떤 상황에서도 올바른 쪽을 선택하라!'고 가르친다. 편법을 사용하면 당장 그 순간은 무마할 수 있을지 몰라도, 그 잘못이 누적되어 결국에는 폭발하기 마련이다. 이 교훈은 지금 우리 상황에도 완벽하게 맞아떨어진다.

어떤 책이 좋은 책인가? 훌륭한 저자가 대단한 출판사에서 출간해 많은 독자에게 호응을 얻은 책이 될 수도 있겠지만, 독자마다 다를 수 있다는 게 내 생각이다. 내 마음을 흔들어놓은 구절이 하나라도 있다면 내 기준에서 좋은 책이다. 이런 의미에서 이 책은 정말 좋은 책이라고 할 수 있다. 어떤 저자가 "역사가 반복되는 것이 아니라, 우리가 과거로부터 배우지 않아 역사를 되풀이하는 것이다"라고 감히 말할 수 있겠는가. 또 그 이유가 "우리가 어떤 상황에서도 올바른 쪽을 선택하지 않았기 때문"이라고 당당하게 말할 수 있겠는가. 다른 감동적인 이야기도 많지만, 이 두 문장만으로도 이 책의 가치는 충분하다.

강주헌

주

1장

1 Charles Fishman, "The birth of the electronic beep, the most ubiquitous sound design in the world," Fast Company, 2019년 6월 8일 최종 수정. https://www.fastcompany.com/90361076/the-birth-of-the-electronic-beep-the-most-ubiquitous-sound-design-in-the-world.

2 Peter Pindjak, "The Eisenhower Administration's Road to Space Militarization" (석사 논문, Evanston, IL: Northwestern State University, 2009), 48.

3 James L. Schefter, *The Race: The Uncensored Story of How America Beat Russia to the Moon* (New York: Doubleday, 1999).

4 NASA History Office, "60 Years Ago: Vanguard Fails to Reach Orbit," 2018년 1월 20일 최종 수정, https://www.nasa.gov/feature/60-years-ago-vanguard-fails-to-reach-orbit.

5 Keith Glennan, Martin Collins와 Dr. Allan Needell과의 인터뷰, NASA Johnson Space Center Oral History Project (JSC OHP), episode 5 (1987년 5월 29일), audio, 4:19.

6 Glennan, 위의 인터뷰, 4:19.

7 Glennan, 위의 인터뷰, 4:19.

8 Glennan, 위의 인터뷰, 6:19.

9 Roger D. Launius, "Leaders, Visionaries and Designers," NASA History Report. https://www.nasa.gov/50th/50th_magazine/leaders.html.

10 Glennan, 위의 인터뷰, 8:19.

11 Glennan, 위의 인터뷰, 14:19.

12 Glennan, 위의 인터뷰, 15:19.

13 Owen E. Maynard, 1999년 4월 21일, Carol Butler와의 인터뷰, JSC OHP, https://historycollection.jsc.nasa.gov/JSCHistoryPortal/history/oral_histories/MaynardOE/MaynardOE_4-21-99.htm.

14 Chris Gainor, *Arrows to the Moon*, (Burlington, ON: Apogee Books, 2001), 37.

15 Launius, "Leaders, Visionaries and Designers."

2장

1 Stever Report. Richard Jurek's *The Ultimate Engineer: The Remarkable Life of NASA's Visionary Leader George M. Low* (Lincoln, NE: University of Nebraska Press, 2019, e-book), 67에서 인용.

2 Robert R. Gilruth의 발언은 Glen E. Swanson's *Before This Decade is Out, Personal Reflections of the Apollo Program*, NASA SP-4223, 1999, 66에서 인용.

3 Robert R. Gilruth의 평가는 Richard Jurek's The Ultimate Engineer (e-book), 44에서 인용.

4 Jurek, *The Ultimate Engineer* (e-book), 50.

5 George M. Low의 발언은 Richard Jurek's *The Ultimate Engineer* (e-book), 48에서 인용.

6 Manfred "Dutch" von Ehrenfried, "Appendix 1" in *The Birth of NASA* (Springer Praxis Books, 2016), 179.

7 National Academy of Sciences, the *Biographical Memoirs: Volume 84* (Washington, DC: The National Academies Press, 2004), 93에서 인용한 Chris Kraft의 발언.

8 Christopher C. Kraft, Jr., Flight: My Life in Mission Control (New York: Penguin Group, 2001), 67.

9 Kraft, *Flight*, 67.

10 McKinsey & Company, definition of "organizational agility."

11 Kraft, *Flight*, 67.

12 Kraft, *Flight*, 71.

13 National Weather Service, "Summary of the January 18-20th 1961 Nor'easter," https://www.weather.gov/rlx/jan61.

14 Robert R. Gilruth, David DeVorkin과 John Mauer와의 인터뷰, episode 6, JSC OHP, 1987년 3월 2일, https://airandspace.si.edu/research/projects/oral-histories/TRANSCPT/GILRUTH6.HTM.

15 Gilruth, 인터뷰, 1987.

3장

1 Gilruth, "From Wallops Island to Project Mercury, 1945-1958: A memoir." *Essays on the History of Rocketry and Astronautics*, Vol. 2. NASA Technical Research Server, 445, https://ntrs.nasa.gov/citations/19770026126.

2 Gilruth, "memoir," 471.

3 Eugene F. Kranz, Roy Neal과의 인터뷰, JSC OHP, 1998년 3월 19일, https://historycollection.jsc.nasa.gov/JSCHistoryPortal/history/oral_histories/KranzEF/KranzEF_3-19-98.htm.

4 Kranz, 위의 인터뷰, 1998.

5 Kranz, 위의 인터뷰, 1998.

6 Kranz, 위의 인터뷰, 1998.

7 James M. Grimwood, Loyd S. Jr. Swenson, and Charles C. Alexander, *This New Ocean: A History of Project Mercury*, NASA SP-4201 in The NASA History Series (Washington, DC: NASA History Office, 1998).

8 Kraft or Kranz.

9 Jeffrey Pfeffer and Robert L. Sutton, *The Knowing-Doing Gap: How Smart Companies Turn Knowledge into Action* (Brighton, MA: Harvard Business Review Press, 1999), 29.

10 Pfeffer and Sutton, *The Knowing-Doing Gap*, 42.

11 John Glenn with Nick Taylor, *John Glenn: A Memoir* (New York: Bantam Books, 1999), 260.

12 Glenn, *Memoir*, 269.

13 Christopher C. Kraft, Jr., *Flight: My Life in Mission Control* (New York: Penguin Group, 2001), 158.

14 Kraft, *Flight*, 158.

15 Kraft, *Flight*, 160.

16 Kranz, 1998.

17 David J. Shayler, *Disasters and Accidents in Manned Spaceflight* (Springer Praxis, 2000), 353.

18 Shayler, 355.

19 Kraft, Rebecca Wright와의 인터뷰, JSC OHP, 2012년 8월 6일, https://historycollection.jsc.nasa.gov/JSCHistoryPortal/history/oral_histories/KraftCC/KraftCC_8-6-12.htm.

20 Kranz, 위의 인터뷰, 1998.

21 Kranz, 위의 인터뷰, 1998.

22 Kranz, 위의 인터뷰, 1998.

23 Kranz, 위의 인터뷰, 1998.

24 Kranz, 위의 인터뷰, 1998.

4장

1 David R. Williams, "The Apollo 1 Tragedy," NASA, 2018, https://nssdc.gsfc.nasa.gov/planetary/lunar/apollo1info.html.

2 Betty Grissom and Henry Still, *Starfall* (New York: Thomas Y. Crowley Company, 1974), 24.

3 Apollo 204 Review Board, "Findings, Determinations and Recommendations," NASA Historical Reference Collection, NASA History Office, NASA Headquarters. https://history.nasa.gov/Apollo204/find.html.

4 Frank Borman, "Hearings Before the Subcommittee on NASA Oversight of the Committee on Science and Astronautics" (U.S. House of Representatives, Ninetieth Congress, First Session: April 10, 11, 12, 17, 21; May 10, 1967), 85.

5 Borman, 85.

6 Apollo 204 Review Board, "Description of Test Sequence and Objectives: Events from Initiation of the Plugs-Out Test Until the T-10 Minute Hold," NASA Historical Reference Collection NASA History Office, NASA Headquarters, https://history.nasa.gov/Apollo204/desc.html.

7 Nassim Nicholas Taleb, *The Black Swan: The Impact of the Highly Improbable* (New York: Random House, 2007), xx.

8 Frank Borman, Catherine Harwood와의 인터뷰, JSC OHP, 1999년 4월 13일, https://historycollection.jsc.nasa.gov/JSCHistoryPortal/history/oral_histories/BormanF/Bormanff_4-13-99.htm.

5장

1 Courtney G. Brooks, James M. Grimwood, and Loyd S. Jr. Swenson, *Chariots for Apollo: The NASA History of Manned Lunar Spacecraft to 1969* (North Chelmsford, MA: Courier Corporation, 2012), 11.

2 Glen E. Swanson (ed.), "George M. Low (1926–1984)" in *Before This Decade Is Out*, NASA SP-4223, NASA History Series, 2012. https://history.nasa.gov/SP-4223/ch13.htm.

3 Bob Granath, "Gemini XII Crew Masters the Challenges of Spacewalks," NASA, 2016, https://www.nasa.gov/feature/gemini-xii-crew-masters-the-challenges-of-spacewalks.

4 Richard Jurek, *The Ultimate Engineer: The Remarkable Life of NASA's Visionary Leader George M. Low.* (Lincoln, NE: University of Nebraska Press, 2019), 131.

5 Daniel H. Pink, Drive: *The Surprising Truth About What Motivates Us* (New York: Riverhead Books, 2011).

6장

1 Eric M. Jones (ed.), "The First Lunar Landing," Apollo 11 Lunar Surface Journal, 2018년 5월 10일 최종 수정, https://www.hq.nasa.gov/alsj/a11/a11.landing.html.

2 Wayne Hale, "Nexus of Evil," Wayne Hale's Blog, 2010년 2월 16일, https://blogs.nasa.gov/waynehalesblog/2010/02/16/post_1266353065166/.

3 Jones, 2018.

4 Francis E. "Frank" Hughes, Rebecca Wright와의 인터뷰, JSC OHP, 2013년 9월 17일, https://historycollection.jsc.nasa.gov/JSCHistoryPortal/history/oral_histories/HughesFE/HughesFE_9-17-13.htm.

5 Jones, Eric M. (ed.) "Building on Experience," Apollo Lunar Surface Journal, 2014년 6월 10일 최종 수정, https://www.hq.nasa.gov/alsj/apollo.precurs.html.

6 Thomas P. Stafford, interview by William Vantine, JSC OHP, 1997년 10월 15일, https://historycollection.jsc.nasa.gov/JSCHistoryPortal/history/oral_histories/StaffordTP/StaffordTP_10-15-97.htm.

7 John R. Garman, Kevin M. Rusnak과의 인터뷰, JSC OHP, 2001년 3월 27일, https://historycollection.jsc.nasa.gov/JSCHistoryPortal/history/oral_histories/GarmanJR/GarmanJR_3-27-01.htm.

7장

1 Richard Hollingham, "The Switch That Saved a Moon Mission from Disaster," BBC, 2019, https://www.bbc.com/future/article/20191108-the-switch-that-saved-a-moon-mission-from-disaster.

2 Hollingham, "The Switch That Saved a Moon Mission."

3 Charles J. Conrad and Alan B. Shepard, "Ocean of Storms and Fra Mauro" in *Apollo Expeditions to the Moon*, NASA SP-350, 1975. https://history.nasa.gov/SP-350/ch-12-1.html.

4 John W. Aaron, Kevin M. Rusnak, JSC OHP, 2000년 1월 18일, https://historycollection.jsc.nasa.gov/JSCHistoryPortal/history/oral_histories/AaronJW/AaronJW_1-18-00.htm.

5 Eric M. Jones (ed.), "TV Troubles" in Apollo 12 Lunar Surface Journal, 2017년 8월 4일 최종 수정. https://www.hq.nasa.gov/alsj/a12/a12.tvtrbls.html.

6 Jones, "TV Troubles."

7 Jones, "TV Troubles."

8 Richard F. Gordon, Jr., interview by Michelle Kelly, JSC OHP, 1997년 10월 17일, https://historycollection.jsc.nasa.gov/JSCHistoryPortal/history/oral_histories/GordonRF/GordonRF_10-17-97.htm.

8장

1 James A. Lovell, Jr., interview by Ron Stone, JSC OHP, 1999년 5월 25일, https://historycollection.jsc.nasa.gov/JSCHistoryPortal/history/oral_histories/LovellJA/LovellJA_5-25-99.htm.

2 Williams, David R. "The Apollo 13 Accident," NASA, 2016, https://nssdc.gsfc.nasa.gov/planetary/lunar/ap13acc.html.

3 Eugene F. Kranz, Jennifer Ross-Nazzal과의 인터뷰, JSC OHP, 2011년 12월 7일, https://historycollection.jsc.NASA.gov/JSCHistoryPortal/history/oral_histories/KranzEF/KranzEF_12-7-11.htm.

4 Eugene F. Kranz, interview by Rebecca Wright, JSC OHP, 1999년 1월 8일, https://historycollection.jsc.nasa.gov/JSCHistoryPortal/history/oral_histories/KranzEF/KranzEF_1-8-99.htm.

5 Glynn S. Lunney, "Thought Leader Series: An Evening with Glynn Lunney," Space Center Houston, 2018년 11월 15일 비디오, https://spacecenter.org/video-thought-leader-series-an-evening-with-glynn-lunney/.

6 Ken Mattingly, Andrew Chaikin와의 인터뷰, *Voices from the Moon* (New York: Penguin Group, 2009), 139.

9장

1 Edward Clinton Ezell and Linda Neuman Ezell, "Prologue" in *The Partnership: A History of the Apollo-Soyuz Test Project*, NASA SP-4209, NASA History Series, 1978, https://www.hq.nasa.gov/office/pao/History/SP-4209/toc.htm.

2 Glynn S. Lunney, Carol Butler와의 인터뷰, JSC OHP, 1999년 3월 30일, https://

historycollection.jsc.nasa.gov/JSCHistoryPortal/history/oral_histories/LunneyGS/
LunneyGS_3-30-99.htm.

3   Thomas P. Stafford, William Vantine와의 인터뷰, JSC OHP, 1997년 10월 15일, https://
historycollection.jsc.nasa.gov/JSCHistoryPortal/history/oral_histories/StaffordTP/
StaffordTP_10-15-97.htm.

4   Culbertson, Frank L. "What's in a name?" 10th Congress of The Association of Space
Explorers, 1996년 10월 3일에 제출된 원고, https://spaceflight.nasa.gov/history/shuttle-mir/
references/to-r-documents-mirmeanings.htm.

5   Sagdeev, Roald. "United States-Soviet Space Cooperation during the Cold War." NASA,
2008. https://www.nasa.gov/50th/50th_magazine/coldWarCoOp.html.

10장

1   Steve Garber (ed.), "Transcript of the Challenger Crew Comments from the Operational
Recorder," NASA, 2003, https://history.nasa.gov/transcript.html.

2   Jay H. Greene, interview by Sandra Johnson, JSC OHP, 2004년 12월 8일, https://
historycollection.jsc.nasa.gov/JSCHistoryPortal/history/oral_histories/GreeneJH/
GreeneJH_12-8-04.htm.

3   Diane Vaughan, *The Challenger Launch Decision: Risky Technology, Culture, and Deviance at NASA*
(Chicago: University of Chicago Press, 1997).

4   The Rogers Commission, "The Contributing Cause of the Accident," Report of the
Presidential Commission on the Space Shuttle Challenger Accident. NASA, 1986, https://
history.nasa.gov/rogersrep/v1ch5.htm.

5   Gerald W. Smith, Rebecca Wright와의 인터뷰, JSC OHP, 2011년 5월 12일, https://
historycollection.jsc.nasa.gov/JSCHistoryPortal/history/oral_histories/STS-R/SmithGW/
SmithGW_5-12-11.htm.

11장

1   Valerie Neal, "Remembering Challenger 25 Years Later," Smithsonian Institution National
Air and Space Museum, https://airandspace.si.edu/stories/editorial/remembering-
challenger-25-years-later.

2   The Rogers Commission, "The Contributing Cause of the Accident," Report of the
Presidential Commission on the Space Shuttle Challenger Accident, NASA, 1986, https://
history.nasa.gov/rogersrep/v1ch5.htm.

3   David Ignatius, "Did The Media Goad NASA Into the Challenger Disaster?" *The
Washington Post*, 1986, https://www.washingtonpost.com/archive/opinions/1986/03/30/
did-the-media-goad-nasa-into-the-challenger-disaster/e0c8669d-a809-4c8d-a4f8-

50652b892274/.

Arnold D. Aldrich, "Challenger," NASA Program Report, 2008, 3.

Robert L. Crippen, Rebecca Wright와의 인터뷰, JSC OHP, 2006년 5월 26일, https://
historycollection.jsc.nasa.gov/JSCHistoryPortal/history/oral_histories/CrippenRL/
CrippenRL_5-26-06.htm.

Aldrich, Rebecca Wright와의 인터뷰, JSC OHP, 2008년 4월 28일, https://historycollection.
jsc.nasa.gov/JSCHistoryPortal/history/oral_histories/AldrichAD/AldrichAD_4-28-08.
htm.

Aldrich, "Challenger," internal NASA report, JSC OHP, 2008년 8월 27일.

12장

George M. Low, Richard Jurek's *The Ultimate Engineer: The Remarkable Life of NASA's Visionary
Leader George M. Low* (Lincoln, NE: University of Nebraska Press, 2019, e-book), 218에서 인용.

Jurek, *The Ultimate Engineer*, 160.

Augustine Committee, "Report of the Advisory Committee On the Future of the U.S.
Space Program, 1990," https://history.nasa.gov/augustine/racfup1.htm.

Kathy Sawyer, "Truly Fired as NASA Chief," *The Washington Post*, February 13, 1992.

Richard Truly, in Michael Cassut's *The Astronaut Maker* Chicago Review Press, 2018.

Ken Mattingley in Michael Cassut's *The Astronaut Maker*, 92.

George Abbey, David R. Williams와의 인터뷰, DRW, 2020.

Jurek, *The Ultimate Engineer*, 65.

Abbey, DRW 인터뷰.

John Kanengieter and Aparna Rajagopal-Durbin, "Wilderness Leadership — on the Job,"
Harvard Business Review, April 2012.

Abbey, DRW 인터뷰.

Cassut, *The Astronaut Maker*, 330-331.

Abbey, DRW 인터뷰.

Cassut, The Astronaut Maker, 334.

Andrew Chaikin, "George Abbey: NASA's Most Controversial Figure," Space.com, 2001.

Mark Albrecht, Rebecca Wright와의 인터뷰, JSC OHP, 1999년 4월 20일, https://
historycollection.jsc.nasa.gov/JSCHistoryPortal/history/oral_histories/Shuttle-Mir/
AlbrechtMJ/AlbrechtMJ_4-20-99.htm.

13장

Ben Evans, "Techno-turkey: Remembering Hubble's Vision Troubles, 30 Years On,"
Astronomy.com, 2020년 6월 26일, https://astronomy.com/news/2020/06/techno-turkey-

remembering-hubbles-vision-troubles-30-years-on.

2 *Orlando Sentinel*, "Lost in Space" 1990년 5월 17일, https://www.orlandosentinel.com/news/os-xpm-1990-05-17-9005170447-story.html.

3 Daniel S. Goldin, interview by DRW, 2020.

4 Goldin, DRW 인터뷰.

5 W. Henry Lambright, "Transforming Government: Dan Goldin & the Remaking of NASA," PWC leadership study, 2001.

6 Goldin, DRW 인터뷰

7 Jim Wetherbee, DRW 인터뷰, 2020.

8 Goldin, DRW 인터뷰.

9 Goldin, DRW 인터뷰.

10 Gregg Easterbrook, "Don't Replace the Chief Shaking up Space Agency: 나사's Daniel Goldin is doing what has been long overdue-making the agency cost-effective and flexible-and he should be kept on the job." *Los Angeles Times*, 1992년 11월 29일.

11 Easterbrook, "Goldin," 1992.

12 Sean Holton, "NASA Countdown: Goldin to Remain?" *Orlando Sentinel*, 1992년 12월 10일.

13 Glen E. Swanson, "Worms and Wings, Meatballs and Swooshes: NASA Insignias in Popular Culture," The Space Review, 2020. https://www.thespacereview.com/article/3947/1.

14 Swanson, "NASA insignias."

15 Kathy Sawyer, "White House to Retain Goldin as NASA Chief," *The Washington Post*, 1993년 6월 24일.

16 Marcia Dunn, "NASA's Goldin Boy Wants to Boldly Go Where No Man Has Gone Before: Space: He's outspoken, determined and in charge. Dan Goldin is shooting for the stars with plans for a space station and a mission to Mars," *Los Angeles Times*, 1994년 7월 17일.

17 Dunn, "NASA's Goldin Boy."

14장

1 Daniel S. Goldin, DRW 인터뷰, 2020.

2 Gregg Easterbrook, "Don't Replace the Chief Shaking up Space Agency: NASA's Daniel Goldin is doing what has been long overdue-making the agency cost-effective and flexible - and he should be kept on the job," *Los Angeles Times*, 1992년 11월 29일.

3 Cassut, *The Astronaut Maker*, 342.

4 Sawyer, "Retain Goldin As NASA Chief."

5 Cassut, 352.

6 Cassut, 353.

7 Michael Mott, Rebecca Wright와의 인터뷰 , JSC OHP, 1999년 4월 23일, https://
historycollection.jsc.nasa.gov/JSCHistoryPortal/history/oral_histories/Shuttle-Mir/
MottM/MottM_4-23-99.htm.

8 Cassut, 357.

9 Cassut, 358.

10 Thomas P. Stafford, "Appendix: Legacies" in *America at the Threshold*, Synthesis Group report,
1961년 5월 6일, https://history.nasa.gov/staffordrep/main_toc.PDF.

11 Stafford, "Appendix: Legacies," *America at the Threshold*, Synthetic Group.

12 Stafford, "Appendix: Legacies," *America at the Threshold*, Synthetic Group.

13 Andrew Chaikin, "George Abbey: NASA's Most Controversial Figure," Space.com, 2001년
2월 26일.

15장

1 William (Mac) Evans, DRW 인터뷰, 2020.

2 Roald Sagdeev and Susan Eisenhower, "United States–Soviet Space Cooperation during
the Cold War," 2011, https://www.nasa.gov/5oth/50th_magazine/coldWarCoOp.html.

3 Evans, DRW 인터뷰.

4 Evans, DRW 인터뷰.

5 Sagdeev and Eisenhower, "States–Soviet Space Cooperation."

6 UPI Article, "Challenger Disaster: World Reacts in Sorrow," U.S. News, 2016년 1월 28일.

7 UPI Article, "Challenger Disaster."

8 Goldin, 인터뷰.

9 Sarah Y. Keightly, "Chuck Vest to Head Committee," MIT *Technical Review* 113(16):1, 1993.

10 The American Presidency Project, "Statement on the Space Station Program by President
Bill Clinton," 1993년 6월 17일.

11 Evans, DRW 인터뷰.

12 Albrecht, 인터뷰. (12장, 주 16을 참조할 것).

13 American Presidency Project, 1993.

14 Goldin, DRW 인터뷰.

15 Albrecht, 인터뷰.

16 Goldin, DRW 인터뷰.

17 William (Bill) Gerstenmaier, DRW 인터뷰, 2020.

18 Kathy Sawyer, "Docking Crash Cripples Mir Space Station," *The Washington Post*, 1997년 6월
26일.

19 Clay Morgan, "NASA History of Shuttle MIR, The United States and Russia Share
History's Highest Stage," The NASA History Series, NASA SP-2001-4225, 116.

20 Morgan, 116.

21 Morgan, 116.

22 Keith Cowing, "Dan Goldin Did It His Way," SpaceRef, 2001년 12월 5일.

16장

1   Northrop Grumman v. United States of America, Contract Formation; Consideration 10 U.S.C. No. 97-359C, 2000년 4월 7일.

2   James F. Peltz and Greg Miller, "Boeing Wins Bid on Space Station: Technology: NASA also singles out Houston as command center for streamlined project. Contract may hurt Southland's McDonnell Douglas and Rockwell," *Los Angeles Times*, 1993년 8월 18일.

3   Carolyn Huntoon, interview by Rebecca Wright, JSC OHP, 2002년 6월 5일, https://historycollection.jsc.nasa.gov/JSCHistoryPortal/history/oral_histories/HuntoonCL/HuntoonCL_6-5-02.htm.

4   Huntoon, 인터뷰

5   Cassut, *The Astronaut Maker*, 368.

6   Mott, 인터뷰. (14장, 주7을 참조할 것)

7   Huntoon, 인터뷰.

8   Jim Wetherbee, DRW 인터뷰, 2020.

9   Wetherbee, DRW 인터뷰.

10 Wetherbee, DRW 인터뷰.

11 Huntoon, 인터뷰.

12 Huntoon, 인터뷰.

13 Goldin, DRW 인터뷰.

14 Randy Brinkley, Rebecca Wright와의 인터뷰, JSC OHP, 2016년 2월 23일, https://historycollection.jsc.nasa.gov/JSCHistoryPortal/history/oral_histories/ISS/BrinklelyRH/BrinkleyRH_2-23-16.htm.

15 Brinkley, 인터뷰

16 Abbey, DRW 인터뷰.

17 Abbey, DRW 인터뷰.

18 Abbey, DRW 인터뷰.

17장

1   Jerry Linenger, "Space: Astronaut Jerry Linenger Is Interviewed after Fire in Space," The Associated Press와의 인터뷰, AP Archive, 2015년 7월 21일, video, https://www.youtube.com/watch?v=gKbHhzPJOVM.

2   Linenger, Mir-23 Mission 인터뷰, NASA, week of March 21, 1997.

3   Linenger, Mir 인터뷰.

4 "Preparing for Long Duration Spaceflight," NASA Expeditionary Training Syllabus, 7.

5 Linenger, Mir 인터뷰.

6 Michael Foale, Rebecca Wright와의 인터뷰, JSC OHP, 1998년 6월 16일, https://historycollection.jsc.nasa.gov/JSCHistoryPortal/history/oral_histories/Shuttle-Mir/FoaleCM/FoaleCM_6-16-98.htm.

7 Foale, 인터뷰.

8 Kathy Sawyer, "Astronaut Foale Recounts Collision at Space Station," *The Washington Post*, 1997년 10월 30일.

9 Foale, 인터뷰.

10 Foale, 인터뷰.

11 Dorothy Winsor, "Communication Failures Contributing to the Challenger Accident: An Example of Technical Communicators," *IEEE Transactions on Professional Communication* 31, no. 3 (1998): 101-107.

12 Alan J. MacDonald, "Space Shuttle Challenger Disaster," American Society of Civil Engineers과의 인터뷰, 2015년 11월 18일, video, https://www.youtube.com/watch?v=QbtY_WI-hYI.

13 Appendix A-8 legacies, Synthesis Group report, 1991, 130. (부록 A를 참조할 것)

18장

1 Jim Wetherbee, *Controlling Risk in a Dangerous World* (New York: Morgan James Publishing, 2016).

2 Wetherbee, DRW 인터뷰.

3 Cassut, *The Astronaut Maker*, 190.

19장

1 Edward Tufte, "Beautiful Evidence," Intelligence Squared, London, UK, 2010년 5월 19일 강연.

2 Report of Columbia Accident Investigation Board (CAIB), 2003년 8월 26일, 162, htttps://www.nasa.gov/Columbia/home/CAIB_Vol1.html.

3 Geoff Brumfeil, "Total Failure: When the Space Shuttle Didn't Come Home," *All Things Considered*, NPR, 2017년 5월 17일, audio, https://www.npr.org/2017/05/17/527052122/total-failure-when-the-space-shuttle-didnt-come-home.

4 Brumfeil, NPR 인터뷰.

5 CAIB Report, 2003, 9.

6 CAIB Report, 2003, 9.

7 Diane Vaughan, *The Challenger Launch Decision: Risky Technology, Culture, and Deviance at NASA* (Chicago, IL: University of Chicago Press, 1996).

8 CAIB Report, 191.

9 CAIB Report, 193.

10 Mike and Becky Griffin, DRW 인터뷰, 2020.

11 Griffin, DRW 인터뷰.

12 Griffin, DRW 인터뷰.

13 Griffin, DRW 인터뷰.

14 George W. Bush, "Remarks by the President at the Memorial Service in Honor of the STS-107 Crew," NASA Lyndon B. Johnson Space Center, 2003년 2월 4일.

20장

1 Joe Rothenberg, DRW 인터뷰, 2020.

2 Rothenberg, DRW 인터뷰.

3 Rothenberg, DRW 인터뷰.

4 Randy Brinkley, Rich Dinkel과의 인터뷰, JSC OHP, 1998년 1월 25일, https://historycollection.jsc.nasa.gov/JSCHistory Portal/history/oral_histories/BrinkleyR/BrinkleyR_1-25-98.htm.

5 Rothenberg, DRW 인터뷰.

6 Denise Chow, "Saving Hubble: Astronauts Recall 1st Space Telescope Repair Mission 20 Years Ago," Space.com, 2013년 12월 2일, https://www.space.com/23640-hubble-space-telescope-repair-anniversary.html.

21장

1 William (Bill) Gerstenmaier, DRW 인터뷰, 2020.

2 Gerstenmaier, DRW 인터뷰.

3 Gerstenmaier, DRW 인터뷰.

4 Gerstenmaier, "William Gerstenmaier on Lessons Learned from Large NASA Projects," NASA APPEL Knowledge Services 인터뷰, 2018년 12월 6일, video, https://www.youtube.com/watch?v=ymPnLUT196Q.

5 Meghan Bartels, "NASA Administrator Promises Investigation into Astronauts' Emergency Landing After Soyuz Failure," 2018년 10월 11일, https://www.space.com/ 42098-soyuz-rocket-launch-abort-nasa-chief-statement.html.

6 Gerstenmaier, DRW 인터뷰.

22장

1 Walter C. Williams의 인터뷰, Addison M. Rothrock, Jay Holmes and Eugene M. Emme,

John F. Kennedy Oral History Collection, 1964년 3월 25일.

2 J. R. Dempsey, W. A. Davis, A. S. Crossfield, and Walter C. Williams, "Program Management in Design and Development," in Third Annual Aerospace Reliability and Maintainability Conference, Society of Automotive Engineers, 1964.

3 Abbey, interview, 2020.

4 Bruce Tuckman, "Developmental Sequence in Small Groups," Group Facilitation: A Research and Applications Journal, 63(6): 71–72, 1965.

5 Hamish Lindsay, "Apollo 13: 'Houston We've Had a Problem,'" 2020년 4월 15일.

6 David R. Williams and Brian J. Jones, "EMU Shoulder Injury Tiger Team Report," 2003년 9월, NASA/TM-2003-212058.

7 Shane Springer, "Tigers in the Office," Medium.com, 2019년 7월 17일, https://medium.com/swth/tiger-team-for-business-efficiency-30a47a3bf4c6

23장

1 Griffin, DRW 인터뷰.

2 Griffin, DRW 인터뷰.

3 Jefferson Howell, DRW 인터뷰, 2020.

4 Griffin, DRW 인터뷰.

5 Rothenberg, DRW 인터뷰.

6 Kathy Nado, DRW 인터뷰, 2020.

7 Rothenberg, DRW 인터뷰.

8 Janet L. Kavandi, DRW 인터뷰, 2020.

9 Edgar Schein, "A Culture Discussion with Edgar Schein," Tim Kuppler와의 인터뷰, CultureUniversity.com, 2016년 1월 10일, video, https://www.youtube.com/watch?v=gPqz315HSdg.

10 John Maxwell, "The Problem of Pride," 2014년 1월 22일, https://www.johnmaxwell.com/blog/the-problem-of-pride/.

11 Edgar Schein, "Humble Leadership," presentation at Google, 2016년 2월 2일, video, https://www.youtube.com/watch?v=6wJaNKIALLw.

12 Wetherbee, DRW 인터뷰.

13 Wetherbee, DRW 인터뷰.

통합 그룹 보고서

1 Appendix A-8 legacies, Synthesis Group report, 1991, 130

옮긴이 강주헌

한국외국어대학교 프랑스어과를 졸업한 뒤 같은 대학원에서 석사 및 박사학위를 받았고 프랑스 브장송 대학에서 수학했다. 번역의 탁월성을 인정받아 2003년 '올해의 출판인 특별상'을 수상했으며, 현재 영어와 프랑스어 전문번역가로 활발하게 활동 중이다. 옮긴 책으로 『성공의 문을 여는 마스터키』 『습관의 힘』 『총균쇠』 『12가지 인생의 법칙』 『빌 브라이슨의 발칙한 미국 산책』 『촘스키처럼 생각하는 법』 등 100여 권이 있으며, 지은 책으로 『원서, 읽(힌)다』 『기획에는 국경도 없다』 『강주헌의 영어번역 테크닉』 등이 있다.

나사는 어떻게 일하는가

1판 1쇄 발행 2024년 12월 13일

지은이 데이브 윌리엄스, 엘리자베스 하월
옮긴이 강주헌
발행인 박명곤 **CEO** 박지성 **CFO** 김영은
기획편집1팀 채대광, 김준원, 이승미, 김윤아, 백환희, 이상지
기획편집2팀 박일귀, 이은빈, 강민형, 이지은, 박고은
디자인팀 구경표, 유채민, 윤신혜, 임지선
마케팅팀 임우열, 김은지, 전상미, 이호, 최고은

펴낸곳 (주)현대지성
출판등록 제406-2014-000124호
전화 070-7791-2136 **팩스** 0303-3444-2136
주소 서울시 강서구 마곡중앙6로 40, 장흥빌딩 10층
홈페이지 www.hdjisung.com **이메일** support@hdjisung.com
제작처 영신사

ⓒ 현대지성 2024

"Curious and Creative people make Inspiring Contents"
현대지성은 여러분의 의견 하나하나를 소중히 받고 있습니다.
원고 투고, 오탈자 제보, 제휴 제안은 support@hdjisung.com으로 보내 주세요.

현대지성 홈페이지

이 책을 만든 사람들
기획 박일귀 **편집** 이지은 **디자인** 임지선